免费停车的高昂代价
（上册）
The High Cost of Free Parking (Volume I)

〔美〕唐纳德·舒普(Donald Shoup)　著

冯苏苇　译

科学出版社

北京

图字：01-2018-0154 号

内 容 简 介

    一个世纪以来，机动车导向的公共政策给西方社会带来很多负面影响。美国城市为建筑物设定了停车位最低数量标准，并规定所有新建筑必须为免费停车的高峰需求提供充足的停车位。本书质疑了这样的规定，认为提供免费停车会产生很多显而易见的成本，包括抬高房价，对汽车的不合理补贴，扭曲出行方式，城市蔓延，社会隔离和环境损害等。免费或低价的停车政策还导致汽车为寻找停车位而巡游，产生更多的车辆行驶里程。本书提供了一些可行的解决方案：收取公平的停车市场价格，废除停车位最低数量标准，将停车收入返还社区，改善社区的公共服务，来缓解推行过程中可能遭遇的政治障碍。

    本书读者为城市规划与管理、交通运输等相关专业的研究者、管理者以及学生。

图书在版编目（CIP）数据

  免费停车的高昂代价：全 2 册/（美）唐纳德·舒普(Donald Shoup)著；冯苏苇译.—北京：科学出版社，2024.3
  书名原文：The High Cost of Free Parking
  ISBN 978-7-03-074857-7

  Ⅰ. ①免… Ⅱ. ①唐… ②冯… Ⅲ. ①城市–存车–研究–美国
Ⅳ. ①U491.7

  中国国家版本馆 CIP 数据核字(2023)第 027656 号

责任编辑：王丽平　孙翠勤 / 责任校对：彭珍珍
责任印制：赵　博 / 封面设计：无极书装

科 学 出 版 社 出版
北京东黄城根北街 16 号
邮政编码：100717
http://www.sciencep.com
北京富资园科技发展有限公司印刷
科学出版社发行　各地新华书店经销
*
2024 年 3 月第 一 版　　开本：720×1000　1/16
2024 年 8 月第二次印刷　　印张：47 3/4
字数：970 000
定价：**288.00 元**（全 2 册）
（如有印装质量问题，我社负责调换）

对唐纳德·舒普教授
和《免费停车的高昂代价》的评论

"唐纳德·舒普是加利福尼亚大学洛杉矶分校城市规划教授，他研究停车如何定价，以及更多的停车位是否有利于城市，这些研究掀起了一场缓解交通拥堵的思想革命。"

——《纽约时报》

"这是一本非同寻常的著作。一个恰当的描述性副标题可以是'你真正想知道但不敢问的任何关于停车的问题'。"

——《城市设计杂志》

"城市规划史册上的里程碑。这本重要的著作如此精彩绝伦，值得每一位规划师将其摆在书架的突出位置。"

——罗伯特·瑟夫洛，加州大学伯克利分校城市与区域规划教授

"这本书从深度和广度上论述了停车问题，想象一下，在书里，唐纳德·舒普对停车议题侃侃而谈，像詹姆斯·米切纳的信手拈来，像简·雅各布斯的深邃洞察，像刘易斯·芒福德的激情四射。这本书注定会成为城市规划的经典之作。"

——马丁·瓦克斯，美国注册规划师协会会员，加州大学伯克利分校城市与区域规划、土木与环境工程荣誉教授

"停车摇滚巨星。"

——《华尔街日报》

"我们曾对路外停车标准知之甚少，城市规划师和经济学家应该感到惭愧。舒普展示了停车标准如何从根本上塑造了建成环境，通常让它变得更坏了。"

——José A. Gómez-Ibáñez，哈佛大学城市规划与公共政策 Derek C.Bok 教授

"停车政策的简·雅各布斯。"

——《大华盛顿特区》

"这本独具匠心的著作是所有政策制定者、社区组织、规划师和市民的必读之作。小汽车成瘾有上百年历史了，唐纳德·舒普以足够的幽默和智慧迎难而上，怀抱着希望，确信前方终有治愈的解药。"

——安妮·韦尔内兹·穆登，华盛顿大学建筑学、城市设计与规划教授

"停车改革教父。"

——Terrapass①

"停车研究大师。"

——《盖恩斯维尔太阳报》

"(本书) 坚信城市主义可以在城市蔓延的余波中显现。舒普主张，如果允许商场、超市乃至商业街减少停车场，以更有用的功能代替过剩的停车位，那么在地球另一边的荷兰，郊区居民或许可以开始实施最伟大的土地复垦计划。展望未来，公寓建筑和连栋房屋在停车场边缘涌现，由此产生近乎完整的社区，取代空荡荡的沥青停车场。"

——《转型中》

"舒普以一种清晰而渐进的方式，让所有人，从停车业余爱好者到规划专业人员，参与到这个迷惑而严肃的话题中。"

——《规划理论与实践》

"(舒普) 为那些寻求改革规制、规划和设计范式的人，提供了一笔饱含资源、信息和事实的财富。"

——《规划文献杂志》

"舒普在这本书中的成就令人印象深刻。他给一个人们经常不屑一提的话题——停车——带来了一束光芒，而停车对城市形态影响巨大。实在难以想象，在我读过的所有城市领域著作中，恐怕没有一个议题曾被如此这般地忽视过，同时对改善城市生活又具有示范性的潜力。"

——《读书笔记》

---

① Terrapass 是一家向个人和企业提供碳补偿产品的社会企业，总部设在加利福尼亚州旧金山，利用会员购买产品的收益来资助减少温室气体的项目，如风力发电场和沼气池。(译者注)

"停车大神。"

——《洛杉矶人》

"《免费停车的高昂代价》是一本最受欢迎的畅销书，除了它史诗般的长度之外，毫无疑问值得高度赞扬。作者唐纳德·舒普是美国注册规划师协会会员，加州大学洛杉矶分校城市规划教授，他展示了一部有关免费停车的精心之作。免费停车是都市生活中一个令人疑惑不解的事实，也是一个规划师多年来习以为常的现象，舒普对它的研究已达数十年之久。"

—— Planetizen 网站①

"对任何关心美国城市的人而言，这本书都值得一读。舒普帮助我们理解，我们正在花掉数以百万美元来储存汽车，我们该如何使用这些钱，如何找到解决停车问题的方法以打造健康社区。"

——迈克尔·S. 杜卡基斯，马萨诸塞州前州长，美国西北大学政治科学特聘教授

---

① https://www.planetizen.com/. (译者注)

致　帕特

致　　谢

这本书写了很长时间，以至于我欠下许多脑力债务。首先，我要感谢我的妻子帕特，她是有史以来一位丈夫所拥有的最好的编辑。她反复阅读了手稿的所有版本，提出了很多想法，给予我不懈的鼓励。在我的生命中，这些都还是她最微不足道的贡献。

我也很感激在加州大学洛杉矶分校一起工作的博士生们。Don Pickrell 和 Richard Willson 以雇主付费的停车问题为选题撰写论文，非常感谢他们教给我的一切。Mary Jane Breinholt, Jeffrey Brown, Daniel Chatman, Gregg Doyle, Daniel Hess, Hiro Iseki, Eugene Kim, David King, Jianling Lee, Lewison Lem, Michael Manville, William Pitkin, Lisa Schweitzer 和 Paul Sorensen 以敏锐的批判眼光通读了全部或部分手稿，做出了许多重要贡献。

我还要感谢许多同事，他们对稿件发表了评论，提出了宝贵的建议。我从他们那里学到了很多，包括 Daniel Benson, Kiran Bhatt, Leland Burns, Robert Cervero, Randall Crane, Elizabeth Deakin, Renee Fortier, William Francis, José Gómez-Ibáñez, Peter Gordon, Genevieve Giuliano, Paul Helmle, Thomas Higgins, Stanley Hoffman, Robin Liggett, Anastasia Loukaitou-Sideris, Frank Mittelbach, Joseph Morton, Vinit Mukija, John Pucher, Nicholas Pyle, Margaret Richardson, Frank Shoup, Richard Steinman, Mark Stocki, Peter Valk, Martin Wachs, Melvin Webber 和 Joel Woodhull。

一些机构，包括加州空气资源委员会、林肯土地政策研究所、加州大学交通中心、美国交通部和美国环境保护局为我的停车研究提供了宝贵的资金。不过，应该承认，我有时可能会以他们不愿意的方式使用资金。每年都有规划专业的新生来到加州大学洛杉矶分校学习，大多数学生按照学校要求选择我在公共研究模块开设的课程。每次总会遇到其中的一些学生，他们像是优秀的作家，文章读起来很有趣。我把研究经费中很大一部分，用于雇这些小有成就的作家，担任我稿件的编辑，他们花了很多年才理清出本书的头绪。如果你发现这本书读起来相当轻松，可以像我一样对他们表示感谢：Ellison Alegre, Heather Barnett, Aaron Bernardin, Matthew Benjamin, Jennifer Bruno, Eric Carlson, Joy Chen, Francisco Contreras, T. H. Culhane, Daniel Dermitzel, Amy Ford, Simon Fraser, Jeanne Gilbert, Kay Gilbert, Leslie Goldenberg, Mark Hansen, Tania Hayes, Susan Herre, Kathleen

Hiyaki, Kevin Holliday, Mimi Holt, Jeffrey Jones, Douglas Kolozsvari, Danny Krouk, Cheol-ho Lee, Trent Lethco, Christopher Lock, Bravishwar Mallavarapu, Douglas Miller, Andrew Mondschein, Eric Morris, Jeremy Nelson, Todd Nelson, Virginia Parks, Thomas Rice, Rafael Ruiz, Michael Sabel, Yuji Sakaguchi, Charles Sciammas, Gian-Claudia Sciara, Alexander Smith, Manuel Soto, Seth Stark, Florian Urban, Joseph Vardner, Kylee Williams 和 Matthew Zisman。轻松阅读的背后是艰苦的写作，我的学生编辑们花了很多时间，帮助我表达自己究竟想说什么。和他们一起工作是一种乐趣，我希望他们从我身上学到的东西，和我从他们身上学到的一样多。

本书一些章节改编自以前发表的论文，这些期刊包括 *Access, Journal of the American Planning Association, Journal of Planning Education and Research, Journal of Regional Science and Urban Economics, Journal of Transportation and Statistics, Transport Policy, Transportation, Transportation Quarterly, Transportation Research, Transportation Research Record* 以及 *Traffic Quarterly*。这些期刊的编辑们经常给出实质性的修改意见。我特别感谢 *Access* 的编辑，Melvin Webber，他为美国交通政策领域出色的写作水平树立了卓越的标准。

最后，我要感谢美国规划协会的编辑，James Hecimovich，他对我的鼓励、热情以及明智的建议，把我的手稿变为了一本著作。同时感谢 Jim 的编辑助理，Rhonda Smith，她对书中许多数字、表格和参考文献进行了无可挑剔的编辑。

虽然我严厉批评了目前的规划实践，对美国规划协会 (APA) 的一些出版物也颇有微词，但协会不仅对这些批评持开放态度，而且愿意出版它，这证明了我们正直诚实的职业操守。我强烈谴责规划师解决停车问题的方式，但我是对战略和战术的控诉，而不是针对其动机。不管我们的看法有多大差异，我相信，我所批评的一切正与我自己一样，都有改善城市生活的目标。如何完成此项任务，正是我们这个行业经久不衰的议题，我希望本书将开启一场对话，带给我们一个更好的答案。毕竟，这就是我们之所以成为城市规划师的理由。

中 文 版 序

中国免费停车的高昂代价

作为机动化进程的后来者，中国机动车保有量以惊人的速度增长。中国千人机动车保有量从 2000 年的 11 辆增长到 2019 年的 179 辆，19 年之间翻了 16 倍。2019 年，新车年销售量为 1800 万辆，超出美国和日本的新车销量总和。汽车数量快速增长带来严重的交通拥堵和危险的空气污染，使中国城市不堪重负。这种增长会像美国在 20 世纪那样持续下去吗？

2000 年中国的汽车拥有率与美国在 1912 年时一样 (见第 1 章图 1-1)，但在 2019 年它已升至美国在 1926 年的水平。一旦中国达到美国在 2000 年的汽车拥有率水平 (每千人 771 辆)，它将拥有 11 亿辆汽车。那么，何处可以停放这 11 亿辆汽车？

停车位的可用性会严重影响人们拥有的汽车数量。在美国，99％的汽车出行以免费停车结束，而这种免费停车鼓励了机动车保有量的快速增长。两种停车政策可以解释这种免费停车是如何产生的。首先，城市要求新建筑提供充足的路外停车位。其次，几乎所有的路内停车都是免费的。即使是纽约市三百万个路内停车位中，也只有 3％收取停车费。

不幸的是，中国采用了相同的停车政策——设置路外停车标准①以及让大多数路内停车免费——在美国，这两种政策产生了严重的问题。但是，美国目前正在改革停车政策，以矫正一百多年来错误的管理。中国可以审视这些改革如何在美国产生效果，并决定是否在中国的情境下采用这些改革措施。

《免费停车的高昂代价》揭示了 20 世纪美国停车政策如何逐渐而微妙地步入歧途，并提出三项基本的改革措施以解决问题：

(1) 取消路外停车标准；

(2) 对路内停车按需求收费；

(3) 在设置咪表的街道，将停车收入用于改善公共服务。

世界各国的城市都在采用这些改革措施，但它们是否适合中国的情况？序言后面介绍了这些改革中的一个案例，一个没有路外停车的北京历史街区的做法。

---

① 本书中 parking requirement，意为停车配建标准，简称停车标准。另外，原文 required parking，翻译时采用配建停车位、所要求的停车位、所需停车位。(译者注)

这个社区大多数家庭没有小汽车，拥车家庭的平均收入几乎是无车家庭的三倍。研究表明，对路内停车按需求收费可以解决车主的停车问题，所得收入可以为重要的公共服务提供资金。贫困的无车居民无需付费，而公共服务可使每个人受益。

任何城市可以进行路边停车的试点项目，并使用收入为社区的公共服务提供资金。如果居民不喜欢试点的结果，城市可以取消该项目。相反，如果居民确实喜欢试点的结果，城市可以将这个自我融资的项目推广到其他社区。

这些停车改革措施借鉴了各个政治领域的想法。政府拥有土地，通过收取市场价格以管理土地，支出所得收入来提供公共服务。社区层面的停车改革可以适用于以下社区：① 路内停车过于拥挤；② 公共服务供应不足；③ 大多数居民不拥有汽车，以及 ④ 拥有汽车的居民收入更高。中国城市拥有许多满足这四条标准的社区。

对路内停车收取市场价格看似激进，但它在中国具有深厚的思想根源。一百多年前，孙中山先生曾提出土地改革纲领的范本，以土地租金为公共服务筹集资金，停车改革可以遵循这一传统。

停车改革可以改善城市、经济和环境，还有地球。我们希望，《免费停车的高昂代价》中译本将推动有关的讨论，尤其是政府、市场和社会如何以适当的角色参与公共土地用于私人停车方面的管理。

唐纳德 • 舒普　冯苏苇

2020 年 2 月 26 日

停车受益区在中国①

引　言

从全球范围来看，很多低收入社区都面临两大突出难题：超负荷的路内停车和低配置的公共服务。一项政策可以同时解决这两个难题：基于市场价格征收路内停车费，并将其收入用于本地公共服务运营。

管理停车最好的方式就是收取合理的停车费。根据地点和时间调整停车价格，确保各街区随时都有 1~2 个空闲停车位。这一政策被称为停车价格的金发姑娘原则，即：过多停车位空置意味停车价格过高；反之，没有空闲停车位说明停车价格过低。如果各街区有 1~2 个停车位空闲，可以让驾驶人较为容易地在目的地找到停车位，则此时价格为最优。因为，这种情况下停车位的使用频率也恰到好处，有大部分停车位处于使用状态，同时又留有空间为随时新来的停车者提供车位。

新技术应用已经解决了许多路内停车收费的技术难题。咪表能够根据时间段按不同费率收取停车费，而感应装置能够报告停车位的实时使用情况。剩下问题在于人们对收取停车费的接受程度。

停车受益区

部分美国城市为了让收取停车费获得更多的支持，采取让利益群体分享停车收入的形式。通常情况下，当停车咪表获得的收入都汇入城市普通资金，其使用情况不为人知，本地的商户和居民并不支持路内停车收费。一旦将收取的停车费用于社区公共服务建设，则很容易获得当地居民的支持。通过划分停车受益区，社区中工作或者生活的居民和业主们能直接感受到停车收入为本社区带来的好处。

帕萨迪纳老城，位于美国加州帕萨迪纳市的一处历史商业区，见证了停车受益区的成功。通过将每年超过 100 万美元的路内停车收入用于修缮人行道、种植行道树、增加历史景观以及强化警察巡逻力度，该社区面貌得到了极大的提高。停车收入帮助帕萨迪纳老城从一个过去的破旧地区变为一处极受欢迎的场所。受这

① 本文最初发表在 *Journal of Planning Education and Research*，后转载于《城市交通》杂志 2016 年第 6 期。Donald Shoup, Quan Yuan, and Xin Jiang. Charging for Parking to Finance Public Services, *Journal of Planning Education and Research*, 2017, 37(2): 136-149.

一案例启发,奥斯丁、休斯敦、墨西哥城和圣迭戈等城市都建立了停车受益区,将停车收入与公共服务设施建设相结合。

那么停车受益区是否适用于中国?为了回答这一问题,本文以北京市一处历史街区为研究案例。虽然案例主要针对该社区,但是研究发现,该政策对于具有以下特点的社区都具有适用价值:① 路内停车需求大,但缺乏有效管理;② 公共服务设施供给不足;③ 区域内大部分居民不使用路内停车位或不拥有私人汽车;④ 拥有私人汽车的居民收入相对较高。此类社区在很多城市都有,尤其是亚洲、非洲和拉丁美洲的城市更为普遍。

胡同中的停车和公共服务

停车合法化

胡同通常 3～9 m 宽。北京市政府规定,宽度不超过 6 m 的胡同中禁止停车。在比较宽的胡同中,机动车只能停放在画有白色实线的合法固定停车位内。然而,由于停车空间的缺乏,违章停车的现象在胡同中时有发生,甚至得到地方管理机关的默许。

考虑到有限的停车位可能随时被他人占据,许多车主几乎不使用已经占据停车位的车辆。还有的车主会使用各种临时装置 (如搭建临时车棚等) 来确保对停车位的长期使用。实际上,机动车车主对道路的蚕食行为是将公共土地私有化的过程。

正是因为违章停车现象的出现,也让真正切实有效地执行规章变得困难。占据部分机动车道、人行道和自行车道空间的违章停车占所有停车行为的比例高达45％(2013 年数据)。而针对这一现象的最佳解决方案就是将违章停车空间合法化,即考虑行人、非机动车、货运卡车和应急车辆的需求,结合城市设计确定的原则以及本地居民停车需求,规范路内停车行为。

停车用地的合法化也意味着将停车位的范围予以明确并获得确定的使用权。这一合法化过程主要有两个好处。首先,停车将更为方便和可预知,减少因违章停车造成的交通混乱和瘫痪。其次,停车费为资助公共服务建设提供了基础。

更好的公共服务

如果城市将路内停车的收入作为提高公共服务质量的资金。许多居民,尤其是不使用路内停车位或者没有私人汽车的居民,很有可能会支持在其社区中收取停车费。虽然北京大部分胡同已有给水、电力和通信设施,但仍有很多胡同缺少符合卫生条件的排污设施,当地居民只能依靠公共厕所。超负荷的停车和落后的公共厕所建设是许多胡同都存在的问题。本文试图探索一种制度安排,通过收取停车费为改善公共卫生环境提供充足的资金,并且,方便的停车环境和干净清洁的环卫设施能得到当地居民的认可和支持。

试探性项目的实施

近期对北京市两条胡同实施的停车合法化带动公共服务设施改善的实践性探索中,本文有幸获得其中详细信息。本文研究对象主要针对北京市西城区西四北七条胡同。该胡同共有 247 户家庭,660 名居民。停车自治管理项目的主要内容包括治理车辆乱停乱放,杜绝胡同内占道障碍物,以及通过发放停车证的方式为本胡同居民预留停车位 (见图 1)。

图 1　北京市西城区西四北七条胡同中规范化后的停车位

图片来源:姜昕

该项目同时包含公共服务设施提升改造的任务。居委会招募公共厕所卫生员,安装监控摄像头,建立 24 小时治安巡视制度。私人公司同时为社区提供道路清理、垃圾回收以及景观维护等服务。

项目财务分析

初始和运营成本

在北七条胡同,维持公共服务设施的资金全部来自街道办补贴,而停车是免费的。进一步研究路内停车费的收入是否足够取代原有政府补贴。项目用于北七条胡同的初始成本包括垃圾回收、景观建设、停车位合法化,共约 38 万元。运营成本包括公共厕所卫生员、垃圾收集员和巡逻员的工资,共约 15 万元/年。

周边有许多其他社区同样存在停车混乱和公共服务设施不足的问题,然而,仅依靠政府补贴无法将此项目的成功经验有效推广。因此,如果对社区内的路内停车进行收费，产生的收入是否能够支持类似项目在其他社区的开展？为回答这个问题，本文研究了北七条胡同潜在的停车收入情况。

来自路内停车的收入

分配停车许可证可以有很多方式 (比如抽签)，对停车许可证进行收费是唯一能够为公共服务提供收入的方式，而拍卖制度则是最简单的达到市场价格水平的一种方式。北京市对住宅、商业和办公用地进行拍卖，而中国其他一些城市则对车辆牌照进行拍卖。因此，使用拍卖制度进行公共土地资源分配是合理且常见的。

统一价格拍卖经常被用于拍卖大量均质的物品。这种形式被广泛应用于美国各大学停车许可证的出售。如果对北七条胡同的 52 个停车位用统一价格进行拍卖，假设胡同每个居民都可以参与一次竞价，竞价价格按照降序排列，价格最高的 52 名竞价者获得许可证。所有的竞价成功者都只支付这 52 份竞价中的最低价格。因此，除了出价最低者，其他所有成功者所支付的价格都比其竞价价格低。统一价格拍卖会鼓励更多的人参与竞价，因为竞价高者并不需要冒着支付高于成交价格的风险。你可以根据支付意愿尽可能提高竞争价格，以确保获得停车许可证，但并不需要最终支付该价格。

拍卖成交价将与附近路外停车的市场价格相关联。例如，如果居民可以租用附近的停车库进行停车，他们愿意支付给胡同内部停车位的价格则不会超过该租金价格。根据调查，北七条胡同附近的停车库租金不低于 500 元/月，因此我们假设该胡同内停车许可证的合理价格也大致为 500 元/月。如果最终成交价为 500 元/月，52 个停车许可证每年能够售出约 31.2 万元，这些收入可以用于社区公共服务建设。

虽然对于车主来说，500 元并不算便宜，但他们将获得方便的停车服务和有保证的停车位，而这些资源在停车位紧张的城市区域将越来越昂贵。由于停车费被用于公共服务建设，同时获得停车位保障和公共服务品质提升将进一步吸引社区居民参与拍卖。特别是在一些社区中，大部分居民不使用路内停车位或者不拥有私人汽车，停车受益区很可能会得到这一群体的支持。

项目回报期

以北七条胡同为例，500 元/月的停车许可证能够产生 31.2 万元/年的收入，这是公共服务设施当年运营成本的两倍。每年 15.6 万元的净收入与 40 万元的初始投入，可以算出该项目投资回报期约 2.5 年。也就是说，停车收入不仅能够负担运营成本，也能较快地偿还初始成本。这意味着，这样的项目可以实现项目资金的自给自足，并能够推广运用于其他社区。如果停车收入达不到上述数额，或者政府不将所有收入投入到本社区中，回报周期将有所延长，但并不影响项目的长期前景。

停车受益区的政策前景

传统居民停车证模式对停车费用的定价远低于市场价格，这是由于住户对于自己住宅门口的停车位具有由空间邻近带来的地缘优势和影响，住户有可能抵制对自家门前停车位收取市场价格。停车受益区以传统的居民停车证为基础，但在三个方面有所区别：1) 车主对停车证支付市场价，而不是自定的非市场价格；2) 停车证数量与停车位数量对应；3) 停车收入用于改善基础设施和公共服务设施建设与运营。当大部分居民不使用路内停车或者不拥有私人汽车时，更完善的基础设施和公共服务给居民带来的效用将大于免费停车产生的效用。

为研究这一模式的政策可行性，在此引用相关地区机动车保有量的数据 (见表 1)。截止到 2013 年底，西四北七条胡同拥有汽车的住户占 35%，有 65% 的住户将无偿从停车受益区政策享受到基础设施和公共服务设施改善的利益，也就是说享受这项免费福利的住户将占到整个胡同住户的 2/3。如果这些不拥有汽车的住户选择牺牲胡同内的免费停车机会来改善公共服务，停车受益区这一政策便具有可行性。

表 1　北京市不同区域私人机动车拥有量

	北京市	西城区	西四北六条	西四北七条
居民户数	8,350,000	515,000	229	247
拥有私人机动车的居民户数	3,510,000	201,000	71	86
无私人机动车的居民户数	4,840,000	314,000	158	161
拥有私人机动车比例	42%	39%	31%	35%
无私人机动车比例	58%	61%	69%	65%

数据来源：《北京市统计年鉴 2013》、《北京市 2013 年国民经济和社会发展统计公报》和西四北六条居委会的相关数据

停车受益区的政策公平性

虽然与拍卖停车位相比，随机抽取停车位的方式看似给予居民更为平等的机会，但无法为改善公共服务设施品质提供资金上的支持。随机抽取的方式会把具有高价值的土地分配给少数幸运儿，但是对其他人不产生任何额外的惠益。因为，随机方式让少数汽车拥有者享有免费停车好处，而让大多数相对贫困、买不起车的家庭无法获益，其实并不是一个公平的策略。

假设停车收费能够带来每年 31.2 万元的收益，并用来投资改善公共服务设施水平，免费停车意味着对拥有小汽车的居民提供每年 31.2 万元的补助。难道为 52 户拥有汽车的居民提供免费停车会比为 247 户居民提供更完善的公共服务更为重要吗？如果一个城市已经对停车进行收费，并且每年投入 31.2 万元在提供更好的公共服务上，没有人会建议政府取消公共服务的改善以提供免费停车。

　　停车受益区采用的自下而上的管理方式是否会因停车收费给低收入家庭带来不公平的负担？在北京拥有私人汽车的家庭中，家庭收入超出没有私人汽车的家庭收入的 2 倍 (见表 2)。西四北七条胡同里拥有汽车的住户，家庭平均年收入将近是无私人汽车住户家庭收入的 3 倍。因此，对停车收费并且将这笔专款用于公共服务设施的改善，也就是将富裕家庭的收入转移支付用于给贫困家庭。由于相对富裕、拥有汽车的居民为较贫困居民的公共服务设施改善买单，对路边停车采取收费并不太会受到对于政策公平性的质疑。

表 2   北京不同区域家庭年均收入 (元)

	北京市	西四北六条	西四北七条
所有居民家庭	80,612	21,902	22,100
拥有私人机动车家庭	101,778	37,044	37,872
无私人机动车家庭	48,864	15,098	13,676
拥车家庭与无车家庭收入比	208%	245%	277%

数据来源：《北京市统计年鉴 2013》、《北京市 2013 年国民经济和社会发展统计公报》和西四北六条居委会的相关数据

　　停车受益区很有可能成为一种管理路内停车的有效方式，一种为公共服务筹资的公平途径。但这会涉及公共土地的私有化问题吗？政府拥有土地，对停车征收市场价格，并且将收益用于改进公共服务。

结论：将难题转变成机遇

　　土地属于社区，停车受益区将路内停车区域的价值货币化，并将收益用于社区福利。本文关于北京胡同的案例研究表明，对沿街停车进行收费能够有效为公共支出筹资，并且在最多 3 年时间内得到回报。在试点案例中，大部分住户没有汽车，并且拥有汽车的家庭平均年收入是不拥有汽车家庭的近 3 倍。通过停车收费为公共服务筹资能够将收入从富裕的拥车家庭转移至贫穷的无车家庭。无论是富裕还是贫穷的居民都能够从更规范的停车与更完善的公共服务中受益。停车受益区尤为适用于满足以下情况的高密度街区：① 沿街停车混乱且停车位短缺；② 公共服务与基础设施落后；③ 土地价值高昂；④ 大部分居民不使用路内停车位或者不拥有汽车；⑤ 拥车居民收入相对较高。

　　任何一个城市都能够开展停车收费以为公共服务筹资的试点项目。如果结果未达到预期，政府就可以取消这个政策，其成本也很小。如果居民对结果满意，政府可以在其他街区推行这一自我筹资的项目。由于街区将获得一定的资金使用权与决策权，居民能够在管理自己的社区上获得更多权利。停车受益区将成为一项高收益、低成本、政策可行性高的用于改善城市、环境、交通和经济的政策。

译 者 序

从地价税、平均地权到停车收费

2019 年初，我开始翻译唐纳德·舒普教授的《免费停车的高昂代价》。在一封邮件中，我和舒普教授讨论给中译本的序言定一个基调，他提到了亨利·乔治和孙中山的关系，这引起了我的关注。引发我的好奇的，是亨利·乔治与孙中山在学术理论和革命实践之间的传承，以及《免费停车的高昂代价》如何从学理上继承了两位大家的思想。正如舒普教授在中文版序言里所说的那样："一百多年前，孙中山先生曾提出土地改革纲领的范本，以土地租金为公共服务筹集资金，停车改革可以遵循这一传统。"这篇小文尝试梳理地价税、平均地权与停车收费之间的学理线索，以期为近代"西学东渐"增添一个小小的脚注。

亨利·乔治与地价税

亨利·乔治 (Henry George，1839~1897) 是美国 19 世纪末期的知名社会活动家和经济学家。他认为土地占有是不平等的主要根源，提倡征收单一地价税的主张，曾经在一些欧美国家盛行一时，颇有影响。他主张土地国有，征收地价税归公共所有，废除一切其他税收，使社会财富趋于平均。

亨利·乔治不主张废除私有制，"不必没收土地，只需没收地租"。[①]这是从英国古典政治经济学派李嘉图、约翰·穆勒那儿继承下来的，他们早就预言土地为天然产物，其所生地租应归公共所有。亨利·乔治的理论贡献，是对于这一政治经济学中古老的命题——地租问题，试图以征收单一地价税归公共所有的办法来解决。把地价税作为出发点，又以地价税为归宿，这是亨利·乔治单税论的最大特点。[②]

这里简单回顾亨利·乔治的生平及其地价税的思想。乔治 1839 年出生于费城，从未受过政治或经济学方面的教育。12 岁辍学后在印度号商船上当水手，19 岁前往加州淘金，进入《旧金山时报》当排字工人，开始研究中国苦力的问题。年

---

① George, Henry. 1879 [1938]. Progress and Poverty, an Inquiry into the Cause of Industrial Depressions and of Increase of Want with Increase of Wealth; the Remedy. New York: Modern Library, 412.

② 夏良才，论孙中山与亨利·乔治，近代史研究，1986(6)：38-55.

轻的乔治注意到巨大的财富和赤贫并存的现象，下决心去解释并改善这种贫富关系。他在业余时间开始写作，最初的作品包括《进步与贫困》。

在《进步与贫困》里，他把资本主义生产方式造成的经济危机、罢工风潮和民不聊生，归因于土地垄断，他在该书中抨击土地投机者和垄断者，认为土地私人占有是社会贫富不均的主要根源，主张征收单一的地价税归公共所有。乔治论述了土地税作为政府"天经地义"的收入来源的两大理由。

首先，土地征税是公平的，因为是社区而不是个人创造了土地价值：

"因此，按土地价值征税是所有税收中最具公平正义的。地价税仅对从社会中获得特殊而宝贵利益的人征收，同时征收税率由他们的获益程度决定。本质上，它由社区征收，为社区所用，其价值最终为社区所创造。这是一种公共财产共同使用的实践。"①

其次，土地税并不会减少对房屋建设和维护的激励，它能促使业主对土地"物尽其用"，即产生最高的租金。相反，对建筑物直接征税，则会减少投资回报，从而减少对房屋建设和维护的激励。乔治还指出，土地税增加的收入将使城市能够削减其他税种，并刺激经济增长：

"那些阻碍自由交易进程并给各行各业带来压力的税收，就像强力弹簧秤上的沉重砝码，理应被卸下并废除。注入的新鲜能量使生产重现生机，贸易将得到激励，偏远的经济动脉也会接受到这种激励。"②

乔治提出的最雄心勃勃的建议是，土地税可以产生足够的收入，并取代经济中其他所有的税收。因此，土地税顺理成章地成为"单一税"，取代所有的劳动力和资本税。他认为，这种税收转移将使企业释放活力，创造社会进步并消除贫困。

实际上这些观点并非第一次提出。在亨利·乔治开始写作的一个世纪之前，亚当·斯密就在《国富论》中为土地价值税做过宣传：

"地租仍然是比房屋税收更为适合的税收方式。来自地租的税收不会抬高房屋租金。它将完全施加于土地拥有人，而他总是扮演垄断者角色，并对使用他的土地所获得的收益索取最大租金。"③

亨利·乔治与亚当·斯密不谋而合，但两人观点上的一致，并未给乔治赢得经济学界的普遍支持。大多数当代经济学家都认为乔治的理论荒谬甚至疯狂，但他的想法吸引了众多追随者。乔治也因《进步与贫穷》一书声名大噪，该书曾在世界各国售出数百万册，为他赢得国际声誉。

---

① George, Henry. 1879 [1938]. Progress and Poverty, an Inquiry into the Cause of Industrial Depressions and of Increase of Want with Increase of Wealth; the Remedy. New York: Modern Library, 421.

② George, Henry. 1879 [1938]. Progress and Poverty, an Inquiry into the Cause of Industrial Depressions and of Increase of Want with Increase of Wealth; the Remedy. New York: Modern Library, 434.

③ Smith, Adam. 1776 [1937]. An Inquiry into the Nature and Causes of the Wealth of Nations. New York: Modern Library: 795.

经济史学家马克·布劳认为，"在 19 世纪后半叶的英语国家中，年轻热情的知识分子们辩论的核心议题并不是马克思，而是亨利·乔治"。[①] 孙中山对亨利的评价也充满赞誉之词："美人有卓尔基亨利 (Henry George) 者，……，曾著一书，名为《进步与贫穷》，其意以为世界愈文明，人类愈贫穷，著于经济学分配之不当，主张土地公有。其说风行一时，为各国学者所赞同，其阐发地税法之理由，尤其为精确，遂发生单税社会主义一说。"[②]

1886 年，乔治作为联合劳工党候选人竞选纽约市长。在竞选纲领中，他提出纽约自治，把公用事业收归市政所有，实施劳动保护，男女同工同酬等主张，博得了广大劳动群众和中产阶级的赞赏，使他获得了 31% 的选票，得票超过共和党候选人西奥多·罗斯福，后者不屑一顾地称之为"完全廉价的改革家"。[③] 最后乔治以微弱劣势败北。1897 年，乔治再次竞选纽约市长职位，但他本人在这次竞选中去世 (1897 年 10 月)。[④]

当代经济学家对乔治有过激烈的批评，对此，约瑟夫·熊彼特在著作《经济分析史》中写道：

"除了他的灵丹妙药 (单一税) 和与此相关的用语外，[乔治] 是一位非常正统的经济学家……那些专业经济学家仅仅关注单一税的提法，并指责亨利·乔治的说教、根源和门派，这对他是不公平的。单一税的提法……在经济学上不是不合理的，只是在如何征收上陷入一种毫无根据的过度乐观。"[⑤]

唐纳德·舒普教授评论说，自《进步与贫困》发表以来，许多风靡一时的经济理论早已消失得无影无踪，但经济学家依然在讨论土地价值税。尽管最初乔治的观点遭到大部分经济学家的反对，而后一度为人所忽视，但现在大部分经济学家认同乔治对土地而非建筑物征收财产税的核心主张。虽然亨利·乔治有些言论过于激进，但他的理论本质上是正确的。弥尔顿·弗里德曼认为，最不具破坏性的税收就是亨利·乔治多年前提出的、对未经改良的土地价值征收财产税。[⑥]

理查德·阿诺特和约瑟夫·斯蒂格利茨指出，在一定假设下，城市土地租金总额与公共物品总支出基本相等，因此，土地租金或许可以真正为地方政府提供资金，经济学家此前曾拒绝过这一提议。[⑦] 为了向这一思想的原创者致敬，阿诺特和斯蒂

[①] Blaug, Mark, ed. 1992. Henry George(1839–1897). London: Edward Elgar, ix.

[②] 《在上海中国社会党的演说》，《孙中山全集》(第二卷): 513-514.

[③] Cord, Steven. 1965. Henry George: Dreamer or Realist? Philadelphia: University of Pennsylvania Press, 36.

[④] 夏良才，论孙中山与亨利·乔治，近代史研究，1986 年 6 期，38-55.

[⑤] Schumpeter, Joseph. 1954. History of Economic Analysis, New York: Oxford University Press, 865.

[⑥] Blaug, Mark, ed. 1992. Henry George(1839–1897). London: Edward Elgar, x.

[⑦] Arnott, Richard, and Joseph Stiglitz. 1979. "Aggregate Land Rents, Expenditure on Public Goods, and Optimal City Size." Quarterly Journal of Economics 93, no. 4 (November): 471-500.

格利茨将他们的发现命名为"亨利·乔治定理"①。然而，尽管土地价值税兼具效率和税收潜力，但大多数城市仍继续对土地和建筑物征收相同的税率。这使得乔治的"地价税"在学术界有广泛的影响力，然而实践中却呈现"叫好不叫座"的状况。

孙中山与平均地权

孙中山的民生主义思想，正如大家所知道的，与亨利·乔治有密切关系。亨利·乔治的代表作《进步与贫困》，描绘了一幅既能发展生产又能取消贫困的美好画图，它在欧美风行一时，也确实吸引了正处于上升时期的中国资产阶级革命派。孙中山想在建国之初付诸实施的民生主义，就是以亨利·乔治学说为蓝本的。同盟会重要的理论宣传家冯自由曾评价道："其对于欧美学者之经济思想，最服膺者为亨利·佐治（Henry George）之单税论，即平均地权之思想所由起也。"②

孙中山在 1896 年和 1904 年到过美国本土，曾目睹亨利·乔治单税运动在美国的发展情况。③在 19 世纪 90 年代初，孙中山在旅欧期间再次接触到亨利·乔治的单税论以及其他社会主义学说。孙中山之所以将解决社会问题的基点放在土地问题上，并采纳乔治以"单一税"实现"土地国有"的方案，是有其思想根源的。土地问题历来是中国封建统治者和起义农民关注的首要问题，孙中山是在对资本主义制度深感失望的情况下探索社会革命问题的。他在美国奔走革命期间，正是贝米拉④、亨利·乔治的"社会主义"运动颇为高涨的时期，这对他必然产生影响。贝米拉和亨利·乔治都是美国国内地税改革和公用事业公有化运动的积极倡导者。而彼时孙中山正在寻找防止资本主义发展的途径，试图一劳永逸地解决中国问题，因此对乔治的见解和设想深表赞赏，"遂发生单税社会主义之一说"，决意在中国实施土地国有政策，"土地国有后，必能耕者而后授以田。"孙中山接受了亨利·乔治的单税论，又参照中国古代土地共有学说，最终形成了以平均地权为核心的民生主义。

1912 年，孙中山明确把亨利·乔治的全部学说作为改革纲领的基础，他曾在不同场合把自己的主张与亨利·乔治的单税论联系在一起。"若能将平均地权做到，那么社会革命已成七八分了"。改革纲领涵盖"核定地价"、"照价收买"、"照价收税"和"增价归公"等内容。⑤随后，广东成为孙中山实施平均地权、溢价归

① 乔治认为，单一税可以取代所有其他联邦和地方税收，而阿诺特（Arnott）和斯蒂格利茨（Stiglitz）则发现，它可以取代所有其他地方税。

② 冯自由，《革命逸史》，中华书局，1981 年，第三册，第 133 页。

③ 夏良才，论孙中山与亨利·乔治，近代史研究，1986，6：38-55.

④ 贝拉米（E. Bellamy），美国社会主义运动家，著有乌托邦小说《回头看记略》，鼓吹土地、物资等均应归国家所有的思想。

⑤ 陈映芳，"平均地权"与亨利·乔治的"单一税"——兼谈孙中山理论与实践结合之失误，史林，1986，2：79-83.

公的最早的试验场：先更换地契，确定契税抽值标准，然后照价纳税。孙中山把平均地权和资本国有化看作实现民生主义的两股平行轨道，相辅相成，互相促进，这就是孙中山依照亨利·乔治学说希望能在中国进行改革的基本内容。同时，孙中山希望亨利·乔治的学说在中国广泛流传，为更多人所接受，从而能理解并赞同他的民生主义思想。

亨利·乔治学说表达的是欧美资产阶级在 19 世纪末的要求，机械地引用其理论断然解决不了中国的问题。孙中山"平均地权"纲领突破这一点，吸收了数派资产阶级经济理论，使其成为一个有机整体。它反映了孙中山及其他革命党人数十年探索的结果，标志着资产阶级革命政党初期思想理论趋于成熟。然而，受限于当时中国特殊的社会性质与现状，一套符合中国资产阶级民主革命斗争需要的土地改革方案并未形成。一百多年前，孙中山"平均地权"纲领的提出和实践可以看作是亨利·乔治学说"中国化"的一次尝试。

免费停车与市场定价

唐纳德·舒普教授在《免费停车的高昂代价》一书中写道：亨利·乔治在 1897 年去世，汽车恰逢此时出现，那么，乔治的观点与停车有什么关系呢？

20 世纪 10~20 年代，汽车快速增长引发了停车问题。由于停车咪表直到 1935 年才发明出来，这个时期的路边停车依然维持免费，但城市不再有足够的空间，让每个人在任何时间、任何地方随意停车。司机们转着圈、寻找一个空闲的路边车位，汽车堵塞了交通，给城市管理造成了困扰。在 20 世纪 30 年代，美国分区规划法规 (zoning ordinances) 开始要求设置路外停车场 (off-street parking)，以解决停车位短缺问题。城市规划师假设大多数人会开着汽车出行，在工作、购物或用餐时就地停车，然后驶向下一个目的地。为适应这种汽车导向的生活方式，分区规划法规要求每个场所或建筑自行提供足够大的停车场，以满足免费停车的高峰需求。如今，美国大部分商业建筑均被要求提供大于自身面积的停车场。例如，一个餐馆所要求的停车场占据的土地，通常比自身面积还大三倍。分区规划法规为每类场所和建筑制定了最低停车位标准，实际上鼓励人们开车出行，而且人们在抵达目的地后通常会享受免费停车，因而造成了这样的局面：2001 年全美家庭出行调查发现，在距离小于 50 英里[①]的出行中，87% 由个人机动车完成，仅 1.5% 由公共交通完成。

免费停车和最低停车位标准造成的社会危害可见一斑，那么，如何打破这些错误规制导致的死循环？鉴于汽车的使用和停放要消耗大量的土地资源，在《免费停车的高昂代价》中，唐纳德·舒普教授建议从亨利·乔治的学说中寻找破解

① 1 英尺 =0.3048 米，1 英里 =1609.344 米，1 英亩 =4046.8648 平方米。

之策，并理清地价税与停车之间的主要联系。

首先，如果对路边停车收取市场价格，其收入是一种可用于资助地方政府的土地租金。亨利·乔治认为，土地租金是政府最合适的收入来源，而路边停车按市场定价可以产生土地租金，用于资助地方政府。这不仅是明智的交通政策，也是合理的财政政策。人们很少考虑将路边停车位"出租"，尽管停车位的面积很小，且停车持续的时间很短，但它确实可以出租。停车位是通常可租用的最小土地，既然有5%~8%的城市土地用于路边停车，因此，按市场价格收费可以产生可观的收入。此外，路边停车位是固定供给的，由此产生的收入是纯土地租金。需求决定了路边停车位的租用价值，这种价值为公共所有，地方政府可将这些收入用于公共服务。路边停车收费与亨利·乔治的理念非常契合，而且是比征税更简单的方式来获得土地租金。

其次，亨利·乔治认为，对建筑物直接征税会减少投资回报，从而减少对房屋建设和维护的激励。路边停车免费或停车位以低于市场价格使用，容易造成停车位的短缺，反过来导致城市对每种用地都设置路外停车标准，这些标准实际上就像对建筑物课税一样。因此，免费路边停车和路外停车标准恰好与亨利·乔治建议的完全相反：城市无法从路边停车获得土地租金，反而对建筑物课以重税。因此，城市仍可以通过调整两项相关政策，以获得土地价值税的大部分好处：对路边停车收取市场价格，并取消路外停车配建标准。①

缘起与致谢

在2020年2月的一封邮件中，唐纳德·舒普教授忧心忡忡地说，他曾和几位中国访问学者谈起过孙中山，但似乎知道的人不多，难道年轻一代已经忘记他了吗？他建议我把亨利·乔治与孙中山在理论与实践上的关联，写入《免费停车的高昂代价》中文版序言之中。我回复说，我很乐意这样做，因为在20世纪初，我的姨公陈雄（广东梅县人）跟随孙中山先生南征北伐，在家族中留下传奇故事。一百多年前，孙中山先生在旅美期间接触到亨利·乔治的学说，形成"平均地权"的思想，并将其纲领引入中国早期革命实践之中；今天，借由《免费停车的高昂代价》中译本的出版，中国读者再次与亨利·乔治的学说相遇，并有机会了解停车市场化改革对它的继承和创新。

目前，《免费停车的高昂代价》一书在全球已经有了几十种语言的译本，对舒普教授而言，最开心的莫过于中文版和俄文版的出版。作为学者，对其学术价值最大的肯定，就是检验其提出的理论假说的适用性。一方面，检验一种社会科学

---

① Donald C. Shoup. 2005. *The High Cost of Free Parking*. Washington D C: Planners Press, American Planning Association.

理论最好的方式，就是将它放置在不同的社会制度之下，看看它是否可以适用于迥异的情景，毕竟理论来源于实践，终究要经受实践的检验；另一方面，差异化的应用场景无疑给理论的创新和深化提供了宝贵的机会。随着《免费停车的高昂代价》中译本的出版，亨利·乔治的学说再次来到中国，这一次，学术的传播或将推动思想的交流，乃至推动人类共同理想的实现。

　　据说，在翻译《免费停车的高昂代价》的四年中，伟大的土星一直在我语言表达和交流的宫位徘徊。在翻译过程中，为了寻找与原作者最适合的语言表达风格，遣词造句，反复揣摩，四易其稿，深深体会到"信达雅"的不易。好在翻译的过程中得到了诸多师友的无私帮助，他们有的给予精神上的鼓励，有的直接参与了本书的部分翻译工作，在这里我表示由衷的感谢，他们是 (按姓氏拼音排序)：方嘉雯，费达生，郭继孚，李海宁，黎锦霖，刘守刚，卢珊，石飞，孙海瑞，孙雨涵，汪洋铭，王思倩，王学勇，杨亚宇，袁泉，曾纪茂，邹颖，张鹏，张雪等。科学出版社王丽平老师也给予大力支持和热心帮助，这里一并致谢。

　　舒普教授深知翻译的不易，送给我两句名言，这里与各位读者分享，权当作这篇序言的结束语——

Perfection is achieved, not when there is nothing more to add, but when there is nothing left to take away. (完美并不在于增无可增，而在于减无可减。)

——Antoine de Saint-Exupéry[1]

Everything is vague to a degree you do not realize till you have tried to make it precise. (一切都是模糊的，直到你试图使它精确化才会意识到。)

——Bertrand Russell[2]

冯苏苇

2021 年 5 月 31 日

---

①　安东尼·德·圣-埃克苏佩里 (Antoine de Saint-Exupéry，1900~1944)，法国作家。他是法国最早的一代飞行员之一。1940 年流亡美国，侨居纽约，埋头文学创作。1943 年参加盟军在北非的抗战。1944 年他在执行第八次飞行侦察任务时失踪。其作品主要描述飞行员生活，代表作有小说《夜航》，散文集《人的大地》《空军飞行员》，童话《小王子》等。

②　伯特兰·阿瑟·威廉·罗素 (Bertrand Arthur William Russell，1872~1970)，英国哲学家、数学家、逻辑学家、历史学家、文学家，分析哲学的主要创始人，世界和平运动的倡导者和组织者。罗素 1950 年获得诺贝尔文学奖，主要作品有《西方哲学史》、《哲学问题》、《心的分析》和《物的分析》等。罗素不仅在哲学、逻辑和数学上成就显著，而且在教育学、社会学、政治学和文学等许多领域都有建树。

前　言

停车改革进展报告

> 我们所有人，如果心安理得感到舒适、健康和安全，那么会对过去欠下一笔债。当然，我们无法补偿过去，只能给未来赠送礼物来偿还这笔债。

——简·雅各布斯

谁能料到一本 750 页关于停车的书会大受欢迎，再次出版简装本呢？《免费停车的高昂代价》吸引了一批追随者，一个迹象是这本书在 Facebook (脸书) 上的群组有大约一千名成员，他们自称"舒普粉"①。这个群组的观点看似激进，但成员们都支持停车的市场定价，这听起来倒挺保守的。由于这一广泛的兴趣遍及整个政治光谱②，美国规划协会出版了这个简装本，让更多人买得起，特别是让即将成为下一代城市规划师的学生们买得起。

该书在 2005 年推出精装本时，除了一例不太重要的书评可以忽略之外，其他书评的意见都非常好。[1] 然而，比好评更重要的是，在过去六年中许多城市采纳了书中提出的政策，因此这次简装本的出版提供了一次机会，让我们回顾这些年来停车改革方面的进展。在这篇前言中，我将讨论与书中建议的三项基本政策有关的改革：

(1) 为路边停车制定适当的价格；(2) 返还停车收入，以支付当地公共服务；(3) 取消停车位下限标准。(关于这些改革的更多信息见第 611-634 页后记。)

我希望，这些改革进展能使读者相信，我的政策建议并不是停留在理论上或是过于理想主义，而是易于实践且富有现实意义。一个好消息是，对于几十年来糟糕的停车规划所造成的损害，修复起来要比听之任之更加简单易行。

1. 为路边停车正确定价

城市应该为路边停车制定正确的价格，因为错误的价格会产生糟糕的结果。如果定价过低，停车位供不应求，人们不得不巡游寻找停车位，由此产生的交通

---

① 原文为 Shoupistas。(译者注)

② 原文为 Political Spectrum，政治光谱是一种把不同的观点放在一个或多个几何坐标 (geometric axes) 上，对比或形象化不同政治立场的方式。(译者注)

量比例高得惊人。1927 年至 2001 年间进行的 16 项研究发现，平均而言，有 30％
的汽车在拥挤交通中为停车四处巡游 (见第 11 章)。新的研究继而发现，许多司
机像老鹰寻找猎物一样为寻找路边停车位四处巡游。比如在纽约市，研究者对停
在红绿灯前的司机进行访谈时，发现曼哈顿一条街道上 28％的司机以及布鲁克林
一条街道上 45％的司机都在为路边停车巡游。[2]

在另一项研究中，观察者发现，在曼哈顿上西区 15 个街区中，找到路边停车
位的平均时间为 3.1 分钟，平均巡游距离为 0.37 英里。利用这些观察结果进一步
测算发现，仅仅这 15 个街区中，每年为寻找低价停车位而产生的巡游导致过剩
的 366,000 车英里数，并产生 325 吨二氧化碳。[3]

绩效停车定价

在拥挤城市里，免费路边停车给一部分司机带来微小而短暂的收益，对他们
而言，在一个特定的日子偶然找到免费停车位，看起来运气不错，但对其他人而
言，每天却要承受巨大的社会成本。为了管理路边停车，避免巡游而带来的问题，
一些城市已经开始根据地点和时间调整路边停车价格，使路边停车位的占用率保
持在 85％，相当于每八个停车位会有一个空位。如果有很多空位，表明价格过高，
如果没有空位，则价格过低。如果一个街区有一两个车位是空的，而且司机到达
目的地后能找到停车位，那么这个价格就是合适的。我们可以称之为停车定价的
金发姑娘原则①。

在拥挤的城市中，虽然巡游似乎是生活不可避免的结果，但一些司机相信他
们拥有足够好的"停车业力"②，一种在到达目的地时能找到路边停车位的不可
思议的能力。根据概率原理，一些司机在寻找停车位时会比其他人幸运，他们可
能将这种幸运解释为一种难得的礼物，而不是纯粹的机会。设定正确的停车价格，
可以给所有的司机带来良好的停车业力。

一些城市在每个街区设置一到两个空闲的路边停车位，作为停车收费的绩效
定价③。它可以从三个方面改善效率。首先，路边停车将会更有效率。如果每个街
区只有一个或两个路边停车位被占用，那么这些停车位将得到很好的利用，同时
对于想要停车的司机来说，也可以随时使用。其次，交通系统运行更有效率，因

---

① 原文为 "Goldilocks principle of parking prices"。在《唐纳德·舒普：停车政策能够改变世界》(《城市
交通》2016 年第 4 期) 一文中，袁泉把 Goldilocks principle 译为 "金发姑娘原则"。周江评在《大学校园停车
治理方式研究——以美国大学为例》(《公共治理评论》2016 年第 2 辑) 一文中，把它译为 "刚刚好"原则。(译
者注)

② 原文为 parking karma。(译者注)

③ 一些城市采用 performance pricing 这个术语，意思是价格随需求变化，这样停车系统将运行得更好。在
这个词组中，performance 是形容词，表明价格改善停车系统的绩效，比如每个街区有一个空车位。这样停车、
交通和经济将运行得更好。有了绩效停车定价，司机们可以像找到加油站一样，方便地找到地方停车。(Donald
Shoup，2017 年 11 月 8 日写给冯苏苇的邮件)

为没有了停车巡游，也就不会阻塞交通，浪费燃料，污染空气，浪费司机的时间。最后，经济运行将更加高效。在商业区，司机会停车、购物，然后迅速离开，让其他顾客使用这些车位。

SF*park* 项目。在美国交通部资助下，旧金山开始了一项雄心勃勃的计划，名为 SF*park*，为路边停车正确定价。该市正在安装可以收取可变价格的咪表以及实时测量停车位占用率的传感器。因此可以了解占用率的信息，并能够根据占用率调整路边停车价格。旧金山准备每月调整一次价格，每小时价格变动不超过 50 美分。通过一个反复试验过程上下调整价格，以找出随时间和地点变化的价格结构，确保每个街区保持一或两个空闲的停车位。[4]

SF*park* 的核心思想是，不观察占用率就无法为路边停车设置正确的价格。目标是找出最低价格，为每个街区留出一两个空车位。图 P-1 显示，在拥挤的 A 区抬高价格，仅将一辆车转移到不太拥挤的 B 区，可以显著改善交通系统的效率。这种转移将消除 A 区的巡游，同时使 B 区空闲的车位得到利用。即使当附近街区的路边停车位全部被占用时，每个街区仅将一辆车从路边停车位转移到附近的路外停车场，就可以消除巡游现象。停车价格和地点选择的微小变化可以大大提高交通效率。

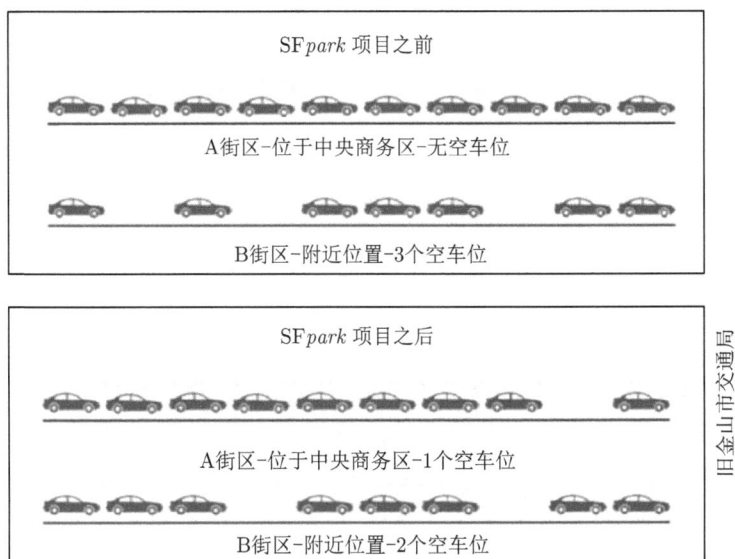

图 P-1　绩效定价为每个街区产生空车位

除了管理路边停车位供给外，SF*park* 还采用一项清晰的原则来制定路边停车位价格，消除围绕停车问题产生的政治化过程[①]：在不造成停车短缺的情况下，城

---

① 原文为 depoliticize parking，即停车脱离政治化过程。(译者注)

市可以收取的最低价格。因为旧金山已经为路边停车应该如何运作制定了政策目标，即停车需求将决定价格。

绩效停车项目并不依赖复杂的模型来设定价格；相反，它通过实际观察的结果来定价。停车系统由收入目标转变为结果目标，并选择占用率来反映预期结果，从此市议会不再需要为停车价格投票。如果路边有太多的空车位，价格就会下降，如果路边没有空余的车位，价格就会上涨。想赚更多的钱不再是提高价格的正当理由。依靠一个客观规则的力量来制定价格，这就结束了围绕停车产生的政治问题。

在筹建 SF$park$ 项目的过程中，旧金山对停车位进行了一次普查，发现共有281,000 个路内停车位①，大约占全市所有公共停车位的 58%。旧金山每三个人就有一个路内停车位，但仅有 9% 的停车位安装了咪表。[5] 将 SF$park$ 项目扩展到路边停车位不足的地区，可以极大地改善这一宝贵资产的管理状况，并为当地公共投资带来可观的收入。

其他几个城市——包括洛杉矶、纽约、西雅图和华盛顿特区——也采用了类似的绩效停车政策。在本书后记中将详细介绍这些项目。

反对 SF$park$。司机为免费路边停车而巡游，付出的是时间而不是金钱，他们的巡游堵塞了交通，污染了空气，浪费了燃料。相比之下，司机按照绩效定价为路边停车付费，可以提供资金来改善公共服务。尽管如此，一些人反对为路边停车支付任何费用。旧金山的一个组织，"立即行动停止战争、结束种族歧视"联盟 (ANSWER)②，强烈反对并试图阻止 SF$park$，但没有成功。他们的一份传单宣称：

> 反对增加咪表！让富人付费，而不是工人！不要压榨工人和小企业。这是在对人民征税！是时候团结起来，抗击咪表的掠夺！[6]

ANSWER 反对为获得石油发动海外战争，却在美国本土支持免费停车，这类逻辑混乱在停车政策的辩论中相当常见。人们对停车问题的思考似乎发生在爬行动物的大脑皮质，这是大脑中最原始的部分，负责"战斗还是逃跑"这种仓促的决定，例如避免被吃掉。[7] 据说，爬行动物的大脑皮质控制与攻击性、支配性、领土性以及仪式显示③有关的本能行为——这些重要因素在停车巡游以及停车政策辩论中都能找到。

ANSWER 联盟对 SF$park$ 的批评是错误的。在旧金山，30% 的家庭没有小汽车，市政府用停车咪表的所有收入补贴公共交通。富人开车寻找低价路边停车位，

---

① 原文为 on-street spaces。(译者注)
② 原文为 the Act Now to Stop War and End Racism，缩写为 ANSWER。(译者注)
③ 原文为 ritual display。(译者注)

造成了交通拥堵,许多穷人只能乘坐公交并陷入交通堵塞的泥潭。[8]

　　不愿交钱停车的司机经常把穷人像人肉盾牌一样挡在前面,声称停车收费会损害穷人的利益。实际上,免费路边停车限制了公共服务收入,穷人更难像富人一样通过购买方式获得公共服务。最穷的人买不起汽车,但他们可以从公共服务中受益——比如公共交通——而停车费可以为公交提供资金。使用路边停车收入支付当地公共服务,比保持路边免费停车并提供充足的路外停车位更为公平 (见第 470–478 页)。

　　另一些人反对绩效停车定价,可能是因为不熟悉,只有亲身体验才会改变主意。一旦司机们习惯了绩效定价,看到价格有升有降,就有可能开始认为随时可用的路边停车是物有所值的。对当代人来说似乎站不住脚的东西,可能会成为子孙后代不可或缺之物。熟悉了就会接受,正如托马斯·佩因写道:"时间比理性更能使人皈依。"

绩效定价的新技术

　　设定占用率目标比实现目标要容易。那么,一个城市该如何调整停车价格,使每个街区都留有一或两个空闲的路边停车位?幸运的是,用于停车收费和测量占用率的技术近年来发展迅速。新技术使城市不仅可以按一天不同时间段设定不同的价格,而且还可以测量路边停车位的实际占用情况。

　　占用率传感器是一种很有前途的新技术 (见图 P-2)。[9] 这些传感器大约有冰球大小,安装在每个路边停车位上,无论是在街道表面上,还是在街道下方几英寸处。当一吨金属①停在上面时,它们会感应到地球磁场的变化,并将这些信息发送到中心数据库。旧金山使用传感器数据,每月调整一次停车价格来实现设定的占用率目标。[10]

图 P-2　占用率传感器

来源:www.streetlinenetworks.com

---

① 这里指汽车。(译者注)

可变价格收费技术也取得了进展。多车位咪表可以在一天中收取可变价格,这些价格可以远程更新而无需触碰咪表。加州大学洛杉矶分校 (UCLA) 校园的多车位停车咪表一天内收取四种不同价格,停车价格也不会总显示在咪表上。当司机触摸咪表上的按钮时,数字显示屏显示当时的停车价格 (见图 P-3)。例如,在高峰时段校园中心的停车费第一个小时是 3 美元,第二个小时是 4 美元。在一所大学停车,这样的收费太高了吗?如果不看看结果,就无法回答这个问题。路边停车合理定价,就像最高法院法官波特·斯图尔德对色情的定义那样:"我看一眼,就知道是它。"①

图 P-3   可变的停车价格

桩号:05769

图片由 Donald C. Shoup 提供

UCLA 没有安装占用率传感器,但我每四分钟对图 P-3 中的 8 个停车位进行一小时的拍照,并计算占用率。实际上,我就是个占用率传感器。留出一或两个空车位的目标在 87% 的时间内得以实现,平均占用率是 83%(见图 P-4)。我并不是说,每小时 3 美元是路边停车的合适价格,我想表达的是,每小时 3 美元,只要在对的地方,就是对的价格。高科技咪表与占用率传感器的结合,将使城市能够为任何地方的路边停车制定合适的价格。

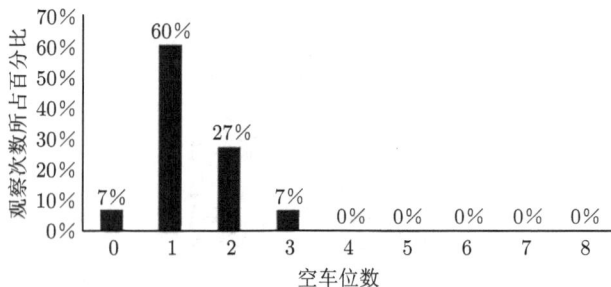

图 P-4   停车位利用得很好,但仍有空位

---

① 原文为 "I know it when I see it"。(译者注)

　　那么，停车价格应该降低一些吗？如果价格更低一些，那么所有的车位通常都是满的，司机们不得不巡游来寻找车位。这样的巡游浪费燃油，污染空气，堵塞交通，并增加碳排放。那么，停车价格应该提高一些吗？如果价格更高一些，更少司机会付费停车，那么更多停车位将继续空置。在商业区，商店将失去顾客，城市失去营业税收入，雇员失去工作，经济也受到影响。所以，除了在每个街区留出一或两个空闲车位，还有谁能推荐一个更好的路边停车定价原则呢？

　　小型化是另一种技术，它甚至允许单个停车位咪表提供复杂的功能，如可变价格、远程更新、信用卡支付和太阳能 (见图 P-5)。[11] 使用信用卡付费的司机停车时间会比预期更长，并且返回时重新插入信用卡扣除未使用的时间，然后再付款。[12] 这种安排有两个好处。首先，它减少了不确定性。司机们无需猜测要付多少钱，担心自己猜错了，或者急忙赶回来续费以免收到罚单。其次，司机只按使用的时间付费。

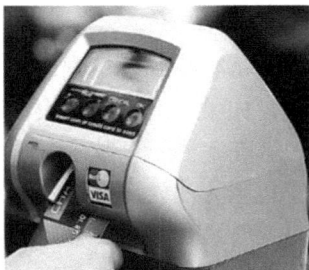

图 P-5　智慧咪表
图片来源：IPS Group Inc.，圣迭戈

　　日益流行的手机支付功能为司机提供按时计费功能，而无需担心在咪表过期之前必须赶回 (见第 343 页)。因此，路边停车付费与其他按时计费的服务一样方便且无需担心，就像长途电话。如果城市取消咪表的时间限制，让司机可以选择在咪表上使用信用卡或手机支付，那么绩效定价会给司机带来更大的便利而容易接受。

　　由于占用率传感器和停车咪表为每个停车位提供实时信息，城市可以及时掌握每个街区占用但未付费的停车位信息，使执法人员能够将重点放在违法率高的区域。停车咪表付费就像购买保险单，以防收到停车罚单。这是一场赌博，如果超时停车罚款的概率更高，就会鼓励司机为咪表付费而不是去冒险吃罚单。

　　这两项新技术——占用率传感器和远程设置的可变价格咪表——就像十九世纪收银机的发明改变了零售业一样，深刻地改变停车和交通。它们将释放当前用于免费停车的巨大土地价值，并将交通带入市场经济。

合理定价让顾客盈门

当我到一个城市推广绩效停车定价方案时，听众中有人抱怨说："如果我们城市晚上使用停车咪表，我就再也不会开车到市区餐馆吃饭了。"如果晚上咪表开始工作后，大部分路边停车位仍然空无一人，那么这种抵制市中心餐馆的狠话，听起来颇有说服力。但这样的狠话忽略了绩效定价的关键论点：如果咪表定价正确，此时大多数停车位被占用，每个街区仅留下一或两个空车位。如果大多数停车位被占满了，咪表不可能把所有的顾客赶走。

咪表会把一些司机赶走，但这些司机本应占用的路边停车位，将提供给那些愿意付费停车的顾客，前提是他们可以轻松地在想去的街区找到一个方便的路边停车位。如果路边车位几乎全部被占用，商家不应担心绩效价格会损害生意。况且，谁会在餐馆留下更多的小费？是那些总能在目的地方便地找到停车位，愿意为停车费买单的司机，还是那些仅仅是冲着免费停车而来，愿意花更多时间四处巡游的司机？

好处还不止于更多的小费。每当我到餐馆吃饭时，通常会询问服务员他们在哪里停车。服务员经常告诉我，如果该地区的咪表在晚上六点停止工作，他们尽量在下午六点前到达，这样很容易找到一个咪表，整个晚上都可以免费停车。但这些被服务员用掉的路边停车位就无法为潜在的顾客服务了。相反，如果城市对路边停车采用绩效价格，在需要时延长咪表运行时间以管理需求，那么服务员可以选择路外停车场或停在更远的较便宜的路边车位，为更多的餐馆顾客提供最方便的停车位，顾客付给服务员的小费就会更多。

人们的常识和实证研究均表明，路边停车实施绩效定价会激励更多的人拼车，因为合乘可以分担停车费，而单独驾驶则支付全部费用（见第 316 页）。选择路边免费停车的餐馆服务员可能单独开车，但来餐馆吃饭的人，可能是两人、三人或四人一起开车前来，一起付停车费。此外，由于司机是按停车时间付费，绩效定价可以加快车位的周转率。如果夜间一个路边停车位周转两次，每个车位则可以服务两批前来用餐的顾客，而不仅仅是一个服务员（见第 317–320 页）。这里有两个原因——搭载更多乘客的车辆以及更快的车位周转率——路边停车的绩效定价将吸引更多顾客前来商业区消费。有了更多的顾客，餐馆就可以扩大规模，雇更多的服务员，缴纳更多的营业税。因此，以绩效价格来管理路边停车可以使很多人受益，甚至包括那些不居住在咪表地区的市民。

绩效定价的另一个优势是，在经济萧条时期，它有助于缓解客流需求的下滑。路边停车价格会自动下降以吸引顾客。更便宜的路边停车将有助于商业复苏并防止失业。相反，如果在经济萧条时期路边停车价格仍然居高不下，那么路边停车位将使用不足，商店失去顾客，更多的人失去工作。

如果城市通过绩效定价管理路边停车来消除巡游，那么巡游的车辆将何去何从？因为司机不再需要提前 5 到 10 分钟到达目的地寻找路边停车位，车辆行程将缩短 5 到 10 分钟。此时交通量的减少不是来自车辆出行的减少，而是来自车辆出行时间的缩短。

每个人都想得到免费的东西，但是我们不应该把免费停车作为交通定价和公共财政的原则。采用绩效定价管理路边停车可以为商业、社区、城市、交通和环境带来诸多好处。既然想停车，那就应该付费才对。

2. 返还停车收入用于当地公共服务

司机们想要免费停车，这永远不会改变。然而，可以改变的是人们为路边停车付费的想法。想要说服人们为社区的路边停车付费，最简单的方法是将所得收入用于支付新增的社区公共服务，比如修缮人行道、种植行道树以及将电线埋入地下。也就是说，城市可以为每个社区提供一个一揽子计划，其中既包括绩效定价的路边停车，也包括由咪表收入支付的新增公共服务。绩效定价将改善停车状况，而所得收入将改善社区服务。在社区生活、工作以及拥有财产的居民会看到咪表的钱真正发挥作用，而且这样的一揽子计划将比单独提供咪表更受欢迎。

地方政治

老帕萨迪纳，加利福尼亚州帕萨迪纳的一个历史性商业区，是一个典型的例子，该市利用停车咪表收入为增加的公共服务提供资金，然后这一地区得到了显著改善 (见第 16 章)。每年将咪表收费所得的 100 万美元用于新的公共服务，使原本商业贫民区成为南加州最受欢迎的旅游目的地之一。近年来，这样的成功甚至变得更快。2010 年，老帕萨迪纳著名的商业领袖玛丽莲·布坎南讲述了他们对咪表收入的使用过程：

> 我们对公共–私人停车场管理状况之所以有效，是因为我们 (老帕萨迪纳商业社区) 所带来的知识……我们对老帕萨迪纳充满热情，有商业头脑，能认识到长期的好处。钱的使用还是一个非常私人的问题，你不能将个人的钱直接投入公共基金里去。我们的钱属于老帕萨迪纳，我们知道如何善用它。不是自私地使用，而是为了社区的利益，这最终会帮助到我们这些生意人。[13]

如果所有的停车费收入都消失在城市普通基金里，即使现在先进的硬件可以收取绩效价格，商业领袖和居民可能不再会为了咪表而奔波。将停车收入用于支付当地公共服务，可能获得地方支持绩效定价必要的政治条件。如果咪表的钱留在社区，它可能会用在当地居民非常看重的服务上。如果一个社区的新公共支出由该社区产生的新收入提供资金，城市其他地区的居民可能会发现这种支出更容易接受。

一些人似乎认为停车咪表的收入既不应该进入城市普通基金，也不应该返还给社区，而是应该进入一个为驾车者设立的信托基金——例如用于建造路外停车库。但如果每个社区的停车咪表收入都进入该社区的一个信托基金，而且这笔钱可以用于该社区最优先考虑的事项，比如更清洁和更安全的人行道，那么居民可能很快就会意识到，补贴汽车并不是信托基金的最佳用途。

雷德伍德市

2005 年，位于旧金山南部的加利福尼亚州雷德伍德市①通过一项立法确立绩效停车政策，并将收入返回给咪表所在区域。市议会为路边停车设计了一项绩效目标——85％的目标占用率——并赋予城市管理者调整价格以实现目标占用率的责任。因此，市议会设定的是停车政策，而不是停车价格。与此同时，市议会将咪表收入专门用于该区域的公共改善项目。一旦商家明白收入仍将保留在咪表区域，他们就会强烈支持这项提案，市议会议员一致投了赞成票。

当雷德伍德市开始对路边停车实施绩效定价时，它取消了咪表的时间限制，这正是项目最有特色之处。[14] 因为路边停车价格比附近的路外停车场要贵，大多数想长时间停车的司机自然选择了路外停车场。

雷德伍德市绩效停车条例

为了实现停车供给管理目标，使停车供给与不同时间、地点的需求合理匹配，本条例特别设定一个百分之八十五 (85％) 的目标占用率。

在市中心安装停车咪表的区域，停车经理应该对每一块停车区域的平均占用率进行调查。并根据调查结果，以 0.25 美分为间隔调整收费标准，以实现占用率目标。

在市中心咪表区域的边界以内，由路内和路外停车产生的收入应与其他城市基金分开核算，并只能用于该区域……在中心城核心咪表区域内使用，或为增进该区域的利益而使用。

《雷德伍德市市政法规》第 20.120 条和第 20.121 条

---

① 雷德伍德市 (Redwood city) 是旧金山湾区西北边的一座城市。(译者注)

当咪表在夜间工作时，取消路边停车的时间限制尤为重要。对那些想到餐馆吃饭或看电影的人而言，咪表一个小时的限制几乎毫无用处。2009 年，为了获得新的收入，洛杉矶将商业区咪表的运行时间延长至晚上 8：00，但仍保留了许多咪表的一小时限制。结果很多停车位晚上一直空置，大部分收入来自超时停车的罚款。由于时间限制，餐馆或剧院的顾客很难停车，也惹恼了收到罚单的顾客，从而损害了周边的商业。如果顾客可以方便地在路边停车，商业会更加繁荣，城市将获得更多的营业税收入，可见取消时间限制以及对路边停车定价这两项措施，将使每个街区都有一或两个空车位，这对每个人都有帮助。

本书的后记将介绍其他城市类似的项目——包括得克萨斯州奥斯汀、密苏里州圣路易斯市、加利福尼亚州文图拉市和华盛顿特区在内的其他几个城市的项目——它们指定了路边停车收入的用途，用于支付设置咪表区域内的公共服务。

3. 取消最低停车位标准

改革不仅要采取好的政策，而且要废除坏的政策。很多城市可以采取的两项好政策是路边停车绩效定价和将收入用于支付地方公共服务。相比之下，要求所有建筑物提供充足的停车位则是一项糟糕的政策，城市应该废除这样的坏政策。

在希腊神话中，丰饶角①会随主人之愿，总是装满主人想要的东西。第 1 章和第 10 章表明，城市通过设定规则来禁止无法提供充足停车位的建筑物，这确实给予我们想要的免费停车，但是这种"丰饶角"式的停车供给扭曲了人们的交通选择，降低了城市设计的价值，破坏了经济，恶化了环境。最低停车位标准就像 20 世纪 20 年代禁酒令那样弊大于利，应该废除。

一些城市已经开始取消最低停车位标准②，至少在市中心，原因有二。首先，停车标准阻碍了小块空地的加密开发③，毕竟这些空地既要造新建筑又要按要求提供停车位的做法既困难又昂贵。其次，最低停车位标准阻碍许多缺少停车位的老建筑改造成新用途（见第 83–86 页和第 130–133 页）。

在媒体报刊上搜索"最低停车位标准"，发现有 129 份报道显示，自 2005 年以来，这些城市在市中心取消了最低路外停车位标准。虽然报刊文章并不代表所有城市都在做什么，但这些文章包含很多关于为什么城市开始改变政策的评论。至少在市中心商业区，一些民选官员已经确信这样的观点：停车标准对他们想做的事情踩刹车，而对他们反对的事情却又踩油门。取消停车位下限标准的一些理由包括"提升市中心住宅的活力"（马萨诸塞州格林菲尔德），"建造更多老百姓买得

---

① 原文为 cornucopia，是指希腊神话中的聚宝盆，象征丰饶的羊角，角内呈现满溢的鲜花、水果等。（译者注）

② 原文为 minimum parking requirements，也可译为停车位下限标准。（译者注）

③ 原文为 infill redevelopment，也译为填充式再开发。（译者注）

起的住房"(迈阿密),"满足小企业的需要"(密歇根州马斯基根),"给企业家更多的灵活性,创建一个有活力的城市中心"(爱达荷州桑德波因特),"防止丑陋且汽车导向的联排房屋蔓延"(西雅图)。

上述引文表明,城市通过取消最低停车位标准来趋利避害。合乎逻辑的推论是停车标准会产生不良结果,阻碍良好结果的发生。[15] 然而,取消最低停车位标准与限制停车,或让城市陷入停车位节食①状态并不相同。相反,停车位下限标准迫使城市提供停车位,而取消这一标准只是停止这种强制供给。商业可以自由提供他们想要的停车位数量。

以洛杉矶市中心为例

许多老城区都有一些精致的建筑,但条件很差。最低停车位标准的存在使修复这些历史建筑变得困难或不可能,因为它们很少能达到新用途所要求的停车位数量。洛杉矶的春天街②曾以西部华尔街闻名,就是一个很好的例子。它拥有全美最完整的建筑收藏,包括建于 1900 年至 1930 年间完好无损的办公建筑群。从 20世纪 60 年代开始,城市更新计划将大部分办公用地向西移到了邦克山③的几个街区,并使春天街许多华丽的装饰艺术风格④和古典博克斯风格⑤的建筑空置,只在一楼用作零售用途。

1999 年,洛杉矶通过了《适应性再利用条例》(ARO)⑥,该条例允许将经济状况不佳或历史意义重大的办公楼改造成新的住宅单元——而无需新增停车位(图 P-6)。在 1999 年之前,洛杉矶曾规定市中心每栋公寓单元必须有两个停车位;实际上城市这样的决定意味着与其拥有达不到停车位数量要求的房子,还不如没有房子。[16] 迈克尔·曼维尔研究了 ARO 产生的结果,发现当一个城市取消停车位下限标准后,事情就会变得好起来。[17]

在 1999 年到 2008 年间,开发商依据 ARO 将 56 栋历史悠久的办公建筑改造成至少 7,300 套新住宅单元。所有的办公建筑至少已经空置了五年,许多办公楼空置的时间更长。相比之下,在 1970 年至 2000 年间市中心仅新增了 4,300 套住房单元。[18]

持怀疑态度的人质问,如果开发商想将办公建筑改造为不带两个停车位住房单元,那么银行是否会为他们提供资金?但事实证明这些质疑错了。开发商平均为每个单元提供了 1.3 个车位,其中 0.9 个为路边停车位,0.4 个为附近停车场或

---

① 原文为 parking diet。(译者注)
② 原文为 Spring Street。(译者注)
③ 原文为 Bunker Hill。(译者注)
④ 原文为 Art Deco。(译者注)
⑤ 原文为 Beaux Arts。(译者注)
⑥ 原文为 Adaptive Reuse Ordinance,简称 ARO。(译者注)

车库的车位。如果 ARO 没有被采纳，城市会要求每个单元必须有两个路边停车位，甚至比开发商实际能提供的多出两倍。曼维尔指出，"提供路外停车位的能力有助于开发商同时满足贷款人的要求，最大限度地降低开发成本，并且极大地发挥旧建筑的潜力"。[19] 曼维尔的研究表明，放松对新建筑停车位数量和区位的管制，是恢复和改造 56 栋办公建筑的关键因素。他总结道，取消停车位下限标准"让更多的住宅出现，也使住宅的种类增加。不仅建造出更多的单元，而且这些单元位于经久失修、废弃无用的建筑和社区之中。此外，这些建筑几乎有一半通过租用部分或全部停车位而解放出来，允许它们去满足一类从未充分享受停车服务的人群——无车人群的使用"。[20]

图 P-6　洛杉矶历史办公建筑改造成居民住宅，但没有增加现场停车位 ①
图片由 Donald C. Shoup 提供

　　ARO 还免除了改造后的办公楼不受其他规划要求的限制，如住宅用途的密度和高度限制，因此，免除停车位下限标准并不是改造的唯一理由。尽管如此，如果城市没有取消停车位下限标准，这些改造就不会发生，而改建项目生意兴隆，表明存在一个面向没有两辆小汽车人群的住宅市场。这些结果有力地说明了在 ARO 通过之前，停车位下限标准一直阻碍着很多废弃办公建筑的修复和改建。

---

　　① 现场停车 On-site parking，是指与建筑物处于同一地块上、服务于该建筑的路外停车位，比如建筑物的地下停车场，或者与建筑邻接的停车场。大多数城市要求建筑提供路外停车位，也会要求停车位与建筑处在同一场所，而不是离场所有一段距离。(Donald Shoup，2017 年 11 月 13 日给冯苏苇的邮件)

ARO 还带来了其他好处。它可以保护许多空置多年的历史建筑，如果停车位下限标准一直存在，这些建筑可能会被拆除。历史建筑对任何城市都是一种稀缺资源，有证据表明停车位下限标准阻碍了这些建筑的保护工作。1999 年，ARO 通过时仅适用于市区，但其效果很快显现出来，2003 年被推广到全市范围。

ARO 不仅保存了个别历史建筑，而且还保留了一个历史街区。春天街金融区 1979 年被列入国家历史遗迹名录[①]，但据《洛杉矶时报》报道，那时它就是"一个流氓、流浪汉和酒鬼的社区——一个充满了回声缭绕建筑的社区，这些建筑除了底楼之外空无一物"。[21] 如果空置的办公建筑毁掉一个社区，那么保护并转换为住宅用途反而有助于修复社区。取消路外停车位下限标准的好处不仅在于历史保护。改造项目创造了很多就业机会，政府在改造后的建筑上获得更高的房产税收入。

洛杉矶 ARO 表明，取消路外停车位下限标准可以带来良好的效果。我们通常看不到没有发生的事情，也无法评估它的价值，但春天街上这些改造得熠熠生辉的建筑向我们展示了一些美好的事情：洛杉矶一直在反对停车位下限标准，其他城市现在也这样做。

硅谷的例子

一些城市正在取消或减少市中心的路外停车位下限标准，但大多数人居住和工作在中心城以外的地区。在郊区，城市通常要求更多的空间留给小汽车而不是居民。图 P-7 显示加州圣何塞一些土地利用中建筑类型和所要求停车位数量的关系。[22] 例如，餐馆要求配置的停车面积是用餐区的八倍之多。即使所要求的停车位只是断断续续地使用，比如城市也要求拍卖行提供足够多的停车位数量以满足高峰时期免费停车需求。[23]

在圣何塞许多地方以及硅谷其他区域，高的停车位下限标准有助于解释停车主导型的土地利用模式。图 P-8 中的上图是一个停车–无导向发展的例子[②]。开发商几乎不会提供比城市要求更多的停车位 (见第 76–78 页)，因此考虑到周围的停车位数量，图中的建筑会尽可能体积庞大。许多车位，尤其是在停车场周边和街道附近的车位，几乎一直都是空置的。那么，如果圣何塞取消路外停车位下限标准，对路边停车实施绩效定价，并将收入返还给咪表区域，会发生什么呢？业主也许会认为，他们的土地用来造房子比空置的停车位更有价值。

在硅谷，每个人都抱怨高房价、长途通勤、交通拥堵、空气污染以及难以吸引员工。在停车场周围建造住房有助于解决上述问题。图 P-8 中的下图显示在取消停车位下限标准之后可能发生的情况。如果公寓楼建在人行道旁边，任何步行、骑

---

① 原文为 National Register of Historic Place。(译者注)
② 原文为 parking-disoriented development。(译者注)

车或开车经过的人都会看到真正的城市场景。最明智的出行方式就是住得离目的地足够近，而且这种邻近工作的住宅将给步行上班的通勤者带来开车之外的体验。

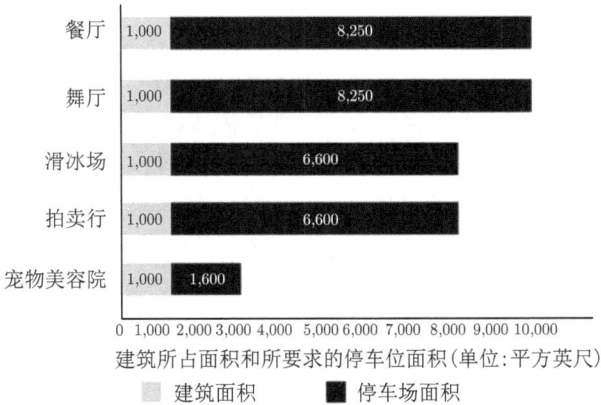

图 P-7　圣何塞最低停车位标准

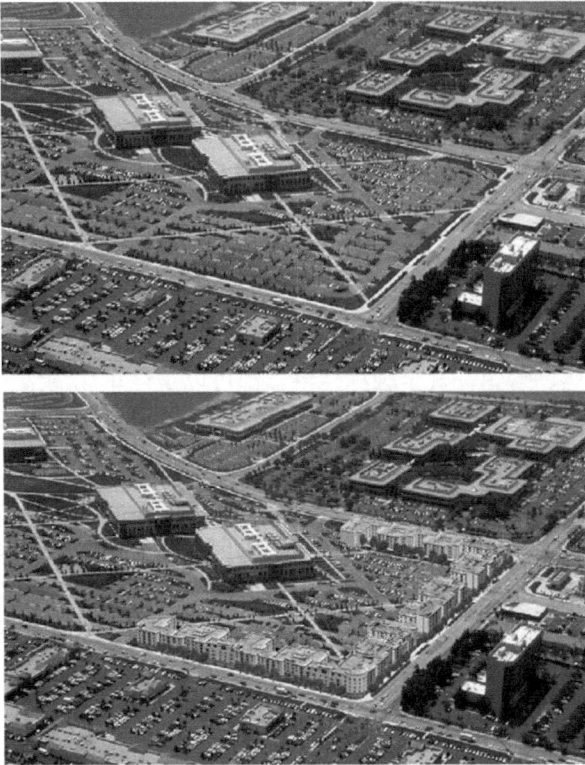

图 P-8　加上线性建筑之前和之后的硅谷停车场

图片来源：斯图尔特·科恩，交通和土地利用的耦合

线性建筑

　　新城市主义者把那些遮住停车场或车库的建筑物称为线性建筑 ①。图 P-9 显示了插入图 P-8 底部图片中的一种线性建筑。[24] 术语线性意味着包装 (wrapping) 是以一种表面的方式来隐藏内部的东西，但在这种情况下，包装本身可能比它将取代的停车位更有价值。停车场可能是这片外围土地最不赚钱的利用方式，因为几乎任何其他的用途都会产生更多的收入。停车和其他任何事物一样都有机会成本。

　　由于土地的集约利用，房屋可以不用新建停车场，因为现有的停车位可以在办公楼和公寓之间共用。为了避免停车位短缺，房东可能不得不从公寓和办公室的租金中扣除停车费，因此车主只需为他们使用的停车位付费 (见第 20 章)。一些在附近办公楼工作的居民可能会发现，他们只需要一辆车就可以轻松地生活，而且很感激他们有自由租用一套公寓而不必为两个车位付费。

　　如果城市取消停车位下限标准，将不得不采用路边停车绩效定价以防止溢出效应，而这将产生另一个巨大的好处：为路边停车支付的所有资金将成为地方公共服务的新收入来源。路边停车的市场价值太高了而不能不计算成本收益。

　　取消住宅和办公建筑的停车标准可以产生一连串的好处：缩短通勤时间、减少交通、更健康的经济、更清洁的环境和更实惠的住房。好处不止于此。如果我们改革停车规划的错误导向，那么现在花在汽车和燃料上的钱将用于其他方面。汽车和燃料经常进口，但我们不能进口公寓楼。将支出从汽车、燃料和停车转向住房建设，将增加许多职业的劳动力需求，比如建筑师、木匠、电工、工程师、园丁、玻璃工、辅助工、律师、锁匠、油漆工、管道工、房屋中介、屋顶维修工、测量师，甚至城市规划师。减少石油进口，雇佣所有这些人进行加密开发建设②，将促进整个经济繁荣。

　　图 P-9 所示的五层公寓楼并不是线性建筑的唯一选择。庭院式公寓、联排住宅、办公楼、商店、餐馆，甚至独栋住宅，都可以是停车场周边土地的最佳用途。线性建筑而不是停车场可以改变一个城市的风貌。如果城市不再要求提供路外停车位，那么庞大的郊区停车场可以演变成真正的社区。

　　人们很容易看到停车位下限标准造成的不良后果——到处都是沥青，街道缺乏活力。但很难看到由于停车位下限标准的阻碍而无法显示的良好效果。然而，Photoshop 软件可以告诉我们没有停车位下限标准的城市会是什么样子。不妨换个角度去看所造成的混乱，假设我们有一个意外的土地储备，随时可用于建造与工作邻近的住房。但现在这片土地被停车位下限标准限制住了，如果城市取消不明智的停车位标准，那么我们可收回土地的规模将与荷兰的大小相媲美。

---

　　① 原文为 liner buildings，线性建筑是建在停车场或停车库外围的建筑物，它把停车场从人行道上隐藏起来。(Donald Shoup, 2017 年 11 月 8 日给冯苏苇的邮件)

　　② 原文为 infill development。(译者注)

图 P-9　线性建筑
图片来源：Donald C. Shoup

停车政策，一场无声的变革

　　学术研究一再表明，停车位下限标准对城市、经济和环境造成广泛破坏。但这些学术研究对规划实践影响甚微。大多数城市规划师继续设定停车位下限标准，就好像什么也没发生过一样。专业人士对停车位下限标准的执念似乎是群体思维[①]的一个典型例子，耶鲁心理学教授欧文·贾尼斯[②]将其定义为"当人们深深融入到一个有凝聚力的群体时所采用的一种思维模式，成员们争取一致意见的努力压倒了他们客观评估替代行动方案的动机"。[25] 贾尼斯用群体思维描述一种有缺陷的决策过程，而停车位下限标准的制定过程表现出大部分的症状：不全面调查替代方案；不充分研究决策目标；不考虑优先选项的风险；信息搜集不足以及处理手头信息时的选择性偏差。[26] 不幸的是，有关停车的学术研究对从业者的群体思维几乎没有影响，尽管研究表明停车规划实践的核心部分确实产生了不小的损害。

　　要求彼得为保罗的停车付费，而保罗为彼得的停车付费，这不是个好主意。人们应该为自己的停车买单，就像他们为自己的汽车和汽油买单那样。规划专业给城市停车位标准提出糟糕的建议，使我们的城市变得更适合小汽车——却几乎没有引起规划师们的注意。[27] 停车位下限标准掩盖了停车的成本，但规划师却无法取消它，而且免费停车通常意味着全额补贴停车。至少，停车位下限标准应该贴上强烈警告标签，提醒人们注意它所有危险的副作用。

　　假设城市要求所有的快餐店在每个汉堡里都要搭配炸薯条。这些薯条看起来是免费的，但它们要付出昂贵的金钱和健康代价。那些不吃薯条的人会为他们的汉堡支付更高的价格，但却得不到任何好处。那些不会单独点薯条的人情况也会

---

　　① 原文为 groupthink。（译者注）

　　② 欧文·贾尼斯 (Irving Lester Janis, 1918~1990)，美国心理学家，致力于政策制定的心理学分析、危机管理等方面的研究，因其提出的群体思维 (Groupthink) 理论而闻名。（译者注）

更糟，因为他们吃的是原本不愿意购买的不健康食物。即使是那些在没有免费搭售之前想买薯条的人，情况也没有得到改善，因为汉堡价格可能会上涨以弥补薯条的成本。和这个例子相比，停车位下限标准又有何不同？停车位下限标准迫使那些穷得买不起小汽车的人为他们根本不会使用的停车位买单，鼓励其他人购买更多的汽车，并比他们单独支付停车费时开得更多。我并不是说不要停车位，而是说停车位数量应该由一个公平的市场来决定。

尽管停车规划实践中存在制度惯性，但改革正在萌芽。城市规划发生范式转型时往往不太明显，而当它们发生之后，又很难判断出有什么变化。但转变是会发生的。规划师只是开始以一种新的方式理解城市，几乎不记得过去他们对城市有什么不同的理解。目前正在进行的渐进式改革表明，路外停车位下限标准不会很快消失，而是慢慢退出舞台。城市可能会缓慢地从停车位下限标准转向绩效停车定价，而不会明确承认停车规划曾经出过问题。然而，规划师最终可能会认识到停车位下限标准是一杯毒酒，它提供充足的免费停车，同时隐藏了许多成本。充足的免费停车是以牺牲我们城市的未来为代价的。

所有停车问题都涉及政治，停车改革的前景取决于政治环境的包容性。来自各个政治派别的不同利益群体可能出于不同的原因支持从停车位下限标准转向绩效停车定价。自由主义者看到它将增加公共支出。保守派看到它将减少政府监管。环保主义者看到它将减少能源消耗、空气污染和碳排放。商业领袖们看到它将减轻企业的负担。新城市主义者看到它使居住区具有更高的密度，人们不会过度使用汽车。自由至上主义者看到它增加个人选择的机会。开发商看到它降低建筑成本。社区行动者看到它将公共决策权下放给地方一级。民选官员看到它减少交通拥堵，鼓励加密开发，并在不增加税收的情况下为地方公共服务买单。目前的停车规划系统造成了如此广泛的危害，正确的改革几乎可以惠及所有人。

但所有这些人都想要免费停车。他们可能对免费停车没有意识形态或专业上的兴趣，但他们确实对免费停车有一种个人兴趣。这种对免费停车的个人兴趣有助于解释停车位下限标准为什么会到处流行。但是，正确使用停车咪表的收入也会产生一种个人兴趣，抵消个人对路边停车收费的关注。城市可以将咪表所得的收入用于加强该地区的公共服务，为绩效停车定价创造必要的政治支持（见第16章和第17章）。

简·雅各布斯和罗伯特·摩西可能都会同意，对路边停车收取绩效定价并利用收入改善社区服务是一项好的公共政策。简·雅各布斯喜欢热闹的社区，罗伯特·摩西擅长用收费为公共项目融资的艺术。将雅各布斯和摩西的优点结合起来，可以引导城市告别停车位下限标准的艰辛之路，走上绩效停车定价的康庄大道。

这本书里，我关注的是绩效停车政策如何修复停车位下限标准给美国城市造成的损害，但同样的政策也适用于汽车保有量尚不太高的发展中国家。即使是汽车保有量较低的国家也会遭遇混乱的停车问题，正如这段墨西哥城的描述所示：

> 小汽车几乎占据了墨西哥城每平方英寸的公共空间。车主们把车并列或排成三列胡乱停在街道上，更不用说路缘、人行道、花园、小巷、林荫道和自行车道了。[28]

在印度，神圣的汽车①在拥挤的城市里也存在相同的问题，尽管印度只有 14% 的家庭拥有小汽车，而且集中在相对富裕的阶层。[29]

贫困国家的许多大城市人口密度如此之高，以至于即使家庭拥有汽车的比例很低，也会导致汽车的高密度。如果这些城市对路边停车采取绩效定价，并将收入用于支付地方公共服务，那么如此多的穷人将得益于由如此少的富人支付的公共福利，这在以前从未发生过。即使是司机也会受益，因为绩效定价有助于解决在这些城市拥有汽车的两大难题：交通拥堵和停车位短缺。

市场价格可以管理好停车位需求。如果城市继续提供免费路边停车，并要求充足的路外停车位，那么并不是绩效定价没有发生作用，而是规划师和政客们选择不去改变现状。这里有一条坦途，但我们需要意志力。通过改革错误的免费停车规划，我们可以为未来赠送巨大的礼物。无论是不断蔓延的富裕城市，还是拥挤不堪的贫困城市，对路边停车实施绩效定价，将收入用于地方公共服务，以及取消路外停车位下限标准，都可以使世界变得更加美好。

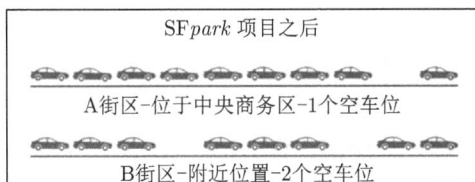

SF park 项目之后
A街区-位于中央商务区-1个空车位
B街区-附近位置-2个空车位

前言注释

1. 24 份书评参见网址：http//its.ucla.edu/shoup/BookReviews.pdf.
2. Schaller(2006，1，15) 及交通替代方案 (2007，1)。
3. 交通替代方案 (2008，10)。另一种了解巡游的方法是询问司机要花多长时间寻找停车位。2010 年对英国 9,000 名司机进行的一项调查发现，英国司机平均每天花 25 分钟或一年 152 小时巡游寻找车位 (Macrae，2010)。对于一个开了 50 年车的人来，相当于有 11 个月在巡游。伦敦人损失的时间最多，平均每年 182 小时，或 50 年里有 54 周用于寻找停车位。

---

① 原文为 sacred cars，暗示在印度小汽车的地位和圣牛一样。(译者注)

4. 同样在美国交通部的资助下，洛杉矶实施了一个类似的项目，名为 ExpressPark(Groves，2010)。加州伯克利在两个社区推行"动态停车收费"项目。在洛杉矶，占用率传感器将路边车位空置信息发送到 iPhone 应用程序 Parker，该应用程序提供实时地图，显示附近有 4 个以上、2 个以上或 2 个以下空闲路边停车位的城市街区以及"摇滚明星"街区——空闲车位最多且距离最近的街区。该应用程序还显示咪表时间限制、价格、是否可使用信用卡或硬币等信息。

5. 普查不包括居民区的路外停车位。数据可以在网站下载：http://sfpark.org/2010/04/05/parkingcensus.

6. ANSWER 联盟的网址为：www.answercoalition.org/national/index.html.

7. 例如，可参见 Raskin(2007)。

8. 即使是抱怨付停车费的富人也可能转向公共交通。看看这个发生在贝弗利山的例子："60 岁的格伦·罗斯滕是贝弗利山的一位退休房地产投资者，他上周五乘公共汽车去罗德欧大道的卡地亚购物。罗斯滕花了大约 1,000 美元买了一副新太阳镜后说，'你不喜欢因为停车而被敲诈，尤其当你把一般花在贝弗利山的钱花出去的时候'。他说，'停车费不会压垮我，这只是个原则问题。如果我要花 1,000 美元买太阳镜，我就不应该再花钱在停车上。'"(Hennessy-Fisk 和 Abdollah，2007)

9. Barry(2010)。

10. SF*park* 有一个很好的网站来描述这个项目，包括一个展示该项目如何运作的视频短片：http://sfpark.org.

11. Pierce(2010)。多车位咪表还提供一种新的功能：按车牌号付费。司机在支付停车费时，在收费处输入车牌号码。他们不需要记住车位号，也不需要回到车上出示收据。停车场管理员使用车载的车牌识别摄像头与支付数据库进行通信，检查司机是否付款或持有住宅停车区许可证。

12. 支付系统有两种方式：(1) 启动-持续，即司机插入信用卡，预付一个固定停车时段，离开时重新插卡扣除尚未使用的时间，或者 (2) 启动-停止，即司机插入信用卡开始支付停车费，离开时再次插卡停止计费。手机支付同样有相同的启动-持续和启动-停止两种选项。

13. Salzman(2010，27)。

14. 在《华尔街日报》一篇关于雷德伍德市项目的文章中，Conor Dougherty (2007) 写道："在以往，谢里尔·安格尔不得不在染发过程中跳起来，头发上缠着金属箔，脖子上围着一件黑色塑料斗篷，赶到咪表前投入更多的硬币。有两次，这家自助存储公司的区域经理在没有及时赶到的情况下，收到了 25 美元停车罚单。现在咪表取消了时间限制，她可以付一次钱，等做完头发再回来。"

15. 很多媒体文章都描述过路外停车位下限标准如何影响建筑物布局并妨碍其使用。例如伊利诺伊州大屠杀纪念馆花费了两千五百万美元，一份建筑设计报告这样描述："博物馆主演讲厅的座位数原本定为 293 个，但不得不减少到 270 个以满足停车标准。"（"大屠杀纪念馆对场地规划进行修改"，《先锋报》，2005 年 12 月）。再看看这篇关于佛罗里达州一家餐馆的报道："城市规划师建议批准场地规划的变更，但在推荐意见中附加了几个条件。其中最主要的要求是将餐馆面积减少 1,500 平方英尺，以满足白天停车需要。"（"瓜纳巴纳斯餐馆申请朱庇特市批准完成改造"，《朱庇特信使报》，2005 年 12 月 4 日）。

16. Behdada(2006) 解释了 ARO 的历史。根据 ARO 将一栋办公建筑改造为住宅用途，洛杉矶市政法规第 12.222-A 26(h)(3) 节要求"停车位数量应该与 1999 年 6 月 3 日现场停车位数量保持一致"。

17. Manville(2010)。

18. Manville(2010，12)。

19. Manville(2010，17)。

20. Manville(2010，26)。

21. Dreyfuss(1982)。

22. 路外停车位的平均面积假定为 330 平方英尺，包括停车场或停车楼中车辆通行所需的过道。圣何塞每千平方英尺餐馆需要 25 个停车位，因此每千平方英尺餐馆的停车场面积为 8,250 平方英尺 (25 个车位 × 330 平方英尺)。

23. 见圣何塞市政条例表 20-190。

24. 插入停车场外围的住宅建筑，是从洛杉矶市中心复制而来。

25. Janis(1982，9)。群体思维的其他定义强调了遵从和不加批判地接受大多数人的观点；决策时缺乏创造性或个人责任感；没有批判性检验、分析和评估想法的情况下寻求共识；尽量减少冲突的愿望；不考虑所有的事实，特别是那些与多数人意见相抵触的事实而作出决定。

26. Janis(1982，175)。

27. 对北卡罗来纳州 30 个城市和县的土地利用规划进行调查，发现只有两个城市和县包含对路外停车位下限标准的讨论。Rodriguez 等 (2004，7) 解释，停车位下限标准"位于土地利用和交通规划之间的交叉点，因此很少明确包含在两种类型的规划中"。

28. Dickerson(2004)。

29. 科学和环境研究中心 (2009) 解释了新德里停车改革如何减少交通拥堵、空气污染和能源消耗；节约司机的时间和燃油；改善社区商业和环境。Barter(2010) 研究了 14 个亚洲城市的停车政策，并提出了很多有前景的政策改革。交通与发展政策研究所近期也出版了两份很好的报告，一份关于美国停车改革 (Weinberger、Kaehny 和 Rufo，2010)，另一份关于欧洲的改革 (Kodransky 和 Hermann，2011)。

目　　录

第 II 部分　为停车而巡游

表 格 目 录

图 目 录

第 1 章　21 世纪停车问题

> 直到失去，才知道曾拥有什么。他们铺平了天堂的路，盖了个停车场。
>
> ——杰妮·米歇尔 ①

　　孩子们玩《大富翁》游戏时首先学会了免费停车。游戏中免费停车的几率很低，和进监狱的几率差不多。但在这一点上《大富翁》误导了它的玩家，因为在美国 99% 的汽车出行中，停车是免费的。[1] 本书将指出《大富翁》游戏里的另一个谎言，因为在现实世界中，没有所谓的"免费"停车。停车成本隐藏在其他所有东西上涨的价格中。除了巨大的货币成本外，免费停车还给城市、经济和环境带来许多其他的隐性成本。

　　为什么大部分停车是免费的？20 世纪初，只有富人才有汽车，开车的人只是把新车停在路边，这里原来拴着马和马车。可是到 19 世纪 10~20 年代汽车拥有量迅速增长时，就出现了停车问题。路边停车仍然免费（停车咪表直到 1935 年才发明），但是已经没有足够的空间让每个人随时随地停车。司机们徒劳地兜着圈，寻找空闲的路边车位，他们的车阻塞了交通。在 20 世纪 30 年代，城市开始在分区规划法规中要求设置路外停车位，以解决停车位不足的问题，但产生的结果却很不可思议。一位市长兴奋地写道：

> 　　我们认为将停车纳入分区规划是最伟大的进步 …… 结果非常好，远远好于我们的预期。简言之，呼吁所有新建筑都按其自身用途提供相应数量的停车位。[2]

　　这听起来是个好主意。从某种意义上说，这曾经是一个好主意。要求所有新建筑提供充足的现场停车位，确实解决了一个问题——免费路边停车位的短缺——但是这一解决方案很快就产生了新的问题。城市规划师开始设想，大多数人会开车到任何地方，在工作、购物或用餐时就地停车，然后开车前往下一个目的地。城市开始要求每个场所自行提供足够大的停车场，以满足预期的免费停车高峰需求，而如今，大部分商业建筑均被要求自行提供比建筑本身更大的停车场。例如，餐馆所需的停车场面积通常至少是其自身的三倍。路外停车标准鼓励每个人开车去任何地方，因

---

　　① 杰妮·米歇尔 (Joni Mitchell)，20 世纪 60 年代加拿大著名女歌手，她的音乐涉及民谣、摇滚、爵士等众多领域，影响了目前很多成功的歌手，她还是位出色的诗人、画家，1997 年入选摇滚名人殿堂。"You don't know what you've got till it's gone. They paved paradise and put up a parking lot" 来自她演唱的歌曲 *Big Yellow Taxi*。(译者注)

为人们知道抵达目的地后通常可以免费停车,结果造成了这样的局面:在美国,87%的出行都是由私人机动车完成的,只有 1.5% 的出行使用公共交通。[3]

如果司机不付停车费,那么由谁来付呢?每个人都在付费,即使是那些从不开车的人。最初,开发商为建造所需的停车位付费,但不久之后就是租客付费了,然后是他们的客户,等等,直到停车成本扩散到经济系统的每一个角落。当我们在商店购物,在餐馆吃饭或看电影时,都在间接地支付停车费,因为停车成本包含在商品价格、餐费和电影票之中。由于只有一小部分钱转手支付停车费,我们丝毫没有察觉几乎在每一笔商业交易中支持汽车。居民支付更高的房价来为停车付费。企业支付更高的物业租金来为停车付费。购物者为所购的每件商品支付更高的价格来为停车付费。我们并不是以开车人的角色来为停车买单,而是以所有其他的角色——作为消费者、投资人、工人、居民和纳税人——我们付出了高昂的代价。即使是没有车的人也要为"免费"停车付费。

路外停车标准使停车成本呈现集体化[①]趋势,因为它允许每个人免费停车,而其他人则承担费用。当停车成本隐藏在其他商品和服务的价格中时,没有人能够因为减少停车而少花钱。把停车成本与其他所有东西的价格捆绑在一起,使得人们的出行选择倾向于汽车,而不是公共交通、自行车和步行。因此,路外停车标准改变了我们建设城市的方式,我们的出行方式以及所消耗的能源。所有按要求提供的停车位都会占用土地,使城市蔓延开来,延长出行距离。同时,不管我们想去任何地方,免费停车减少了开车成本,因此增加的出行距离和降低的开车成本合并在一起,使汽车成为大多数出行显而易见的选择。由于公路运输占美国石油消费量的一半,同时占世界石油产量的四分之一,目前美国机动车消耗世界石油总量的八分之一。免费停车有助于解释这种病入膏肓的汽车依赖症、快速的城市蔓延以及过度的能源使用。[4]

停车影响了交通和土地利用,但是它所产生的效应经常被忽视或误解。许多人看到了城市问题——拥堵、污染、衰败和蔓延——但即使是对汽车最严厉的批评者,也常常未能将这些问题与停车政策联系起来。看看这些唱衰汽车的故事,它们具有史诗般的标题:车类还是人类、汽车狂热、穷途末路、铺路机和铲平的路,以及毁灭之路[②]。[5] 路外停车位下限标准造就了汽车–沥青道路[③]的主导地位,它充斥于上述作者的批评言论之中,但几乎没有一本书提到停车。停车是大多数机动化交通研究中的一个盲点。无论是争论性还是分析性的风格,大部分关于小汽车和城市的书都忽视了停车在交通和土地利用中扮演的角色。

---

① 原文为 collectivize。(译者注)

② 原文为 Autokind vs. Mankind, Car Mania, Dead End, The Pavers and the Paved, and Road to Ruin。(译者注)

③ 原文为 automobile-and-asphalt。(译者注)

记者偶尔也会写一些关于停车的文章，通常是以批评的语气。《纽约时报》专栏记者大卫·布鲁克斯这样描述一位购物者前往洒水城①郊区大卖场：

> 他走进停车场，汽车顶盖反射着太阳光，让他睁不开眼睛。停车场如此之大，他几乎看不到停车场另一头的沃尔玛、3B 家居②、全尺码老海军③在热气中闪烁着。这个购物中心实在……太大了，购物者不得不开车从一家店逛到另一家店，斜着穿过无限空旷的停车场……巨大的停车场像群岛一般散布着——一个又一个，被巨型箱子般的建筑物环绕着，建筑物的中间通常漆着赛车条纹，以打破无窗外墙的单调乏味。[6]

布鲁克斯描述了一个非常真实的场景，许多担忧城市蔓延的人谴责大型零售卖场使土地利用过度扩张。但很少有人意识到，城市要求这些"黑色撒旦式卖场"的开发商提供大量的停车位，但这些停车位大部分时间是空的，一辆车也没有。[7]

我曾想开个玩笑以唤起人们对错误停车政策的关注，使用一些危言耸听的警示性标题作为书名，比如"停车末日到了"或"停车末日之战"④。我最终选择了更温和的书名《免费停车的高昂代价》，因为这种矛盾的说法⑤抓住了免费停车与其隐藏成本之间的冲突。在这本书里，我指出"免费"停车扭曲了交通选择，使城市设计贬值，破坏了经济，恶化了环境。我认为，美国城市在停车政策上犯了毁灭性的错误，我建议进行改革，以消除近一个世纪以来错误规划所造成的损害。

汽车爆发式增长

解决停车问题是至关重要的，因为世界其他国家正准备重蹈美国的覆辙。美国采用汽车的速度比其他国家快得多，程度也要大得多，许多因素有助于解释这一现象——土地丰富、人口增长迅速、燃料价格低、收入高等等。同时，充足的免费停车也有助于推高对小汽车需求，因为它大大降低了汽车的拥有成本。并且，因为我们拥有很多汽车，所以需要很多土地来停放它们。我们可以推算，如果其他国家在 20 世纪末拥有的汽车数量达到美国人拥有的数量，那么整个世界将需要多少土地来停车。

1896 年 2 月，美国销售了第一辆汽油车。[8] 到 2000 年，美国每千人拥有 771 辆汽车。图 1-1 给出了 1900 年至 2000 年美国车辆拥有率（每千人拥有机动车数

---

① 原文为 Sprinkler City。（译者注）

② 原文为 Bed Bath & Beyond。Bed Bath & Beyond 公司是美国最大的出售高品质床上用品和家庭用品的连锁商店，简称 3B 家居。（译者注）

③ 原文为 area-code-sized Old Navy。Old Navy 是盖璞公司 (Gap Inc.) 旗下品牌之一，也是美国最大的服装零售品牌之一。（译者注）

④ 原文为 Aparkalypse Now or Parkageddon。（译者注）

⑤ 原文为 oxymoron，即矛盾修辞法。（译者注）

量)。除了大萧条期间、第二次世界大战和 20 世纪 90 年代初的衰退,其余时间里车辆拥有率都在快速上升。另外 15 个国家在 2000 年的车辆拥有率与美国相同的年份并列标明在图表中。2000 年,法国的拥车率与 1972 年的美国持平,丹麦与 1961 年的美国持平,中国与 1912 年的美国持平。[9]

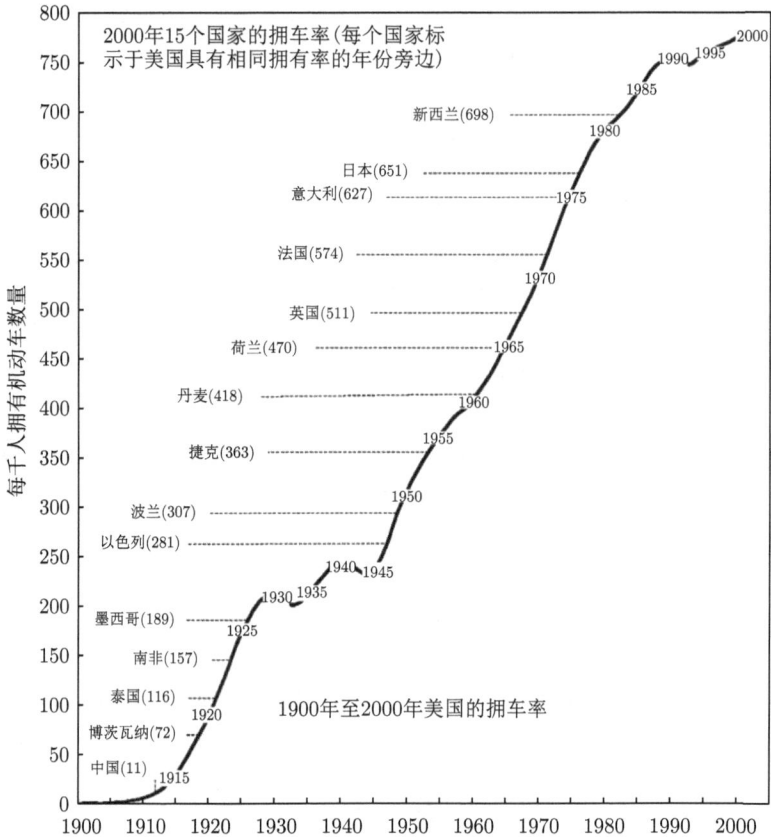

图 1-1   车辆拥有率:1900 年至 2000 年的美国和 2000 年 15 个其他国家 (每千人拥有机动车数量)

来源:附录 H 中表 H-1 和 H-2

中国现在是世界第四大新车市场 (仅次于美国、日本和德国),但美国在 20 世纪 90 年代增加的汽车数量 (2,900 万辆) 仍然是中国 2000 年 (1,300 万辆) 的两倍多。然而,其他国家的汽车保有量也在逐渐超越美国。自 1950 年以来,美国以外地区的汽车保有量增长速度是美国本土的两倍多 (见图 1-2)。[10] 然而,综合起来,2000 年美国以外的世界每千人拥有的汽车仅为 89 辆——相当于 1920 年美国的拥车率。但正如美国汽车拥有率在 1920 年后的五年里翻了一番,其他国家也可能很快出现快速增长趋势。

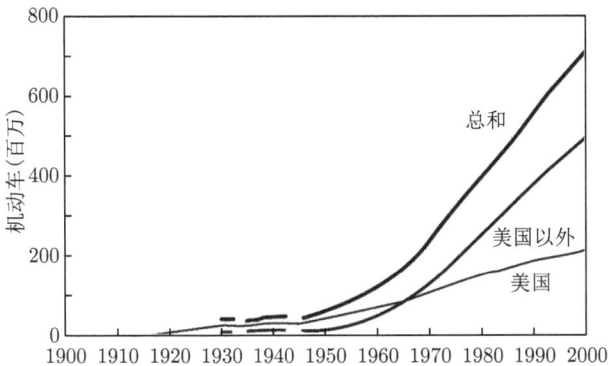

图 1-2　地球上的机动车数量

来源：附录 H 中表 H-1

2000 年地球上 61 亿人口拥有 7.35 亿辆机动车。试想一下，如果地球上所有国家的汽车拥有率在 2000 年达到与美国相同的水平，那将会发生什么：即使人口不增加，车辆也将达到 47 亿。[11] 一个足够容纳 47 亿辆汽车的停车场，其面积将相当于英国或希腊的面积。[12] 如果每辆车需要 4 个停车位 (一个在家，三个在其他目的地)，47 亿辆车则需要 190 亿个停车位，放下这么多车的停车场相当于法国或西班牙大小。[13] 更多的汽车也需要更多的土地来修建道路、加油站、二手车经销商、汽车墓地和轮胎堆放场。

如果按这个汽车保有量的趋势继续下去，在 21 世纪末，全世界汽车保有量将超过 47 亿辆。即使汽车保有量每年只增长 2%，也会从 2000 年的 7.35 亿辆增加到 2100 年的 50 亿辆。这个世界可以为 50 亿辆车提供石油吗？在 50 亿辆车排出的废气中，人类还能呼吸吗？而且，这 50 亿辆车又该停在哪里？

这些问题并非危言耸听。由于技术和政策会发生变化，简单的预测往往质量不高。例如，一个世纪前，箱式马车把城市弄得脏乱不堪。1900 年的纽约，马匹每天在街上堆积 250 万磅[①]粪便。[14] 按照当时的交通需求预测，公共卫生灾难似乎不可避免，但后来无马的车辆解决了这个问题。现在，无马的车辆也有自己的问题，但新的解决方案将会出现。改进后的技术将提高燃料效率，减少尾气排放，但仅靠技术不可能解决停车问题。不管我们的汽车有多省油，也不管它们排放的污染有多少，我们总是需要一个地方来停放它们，而汽车的一生中，平均 95% 的时间是停着的。[15]

这本书提出了解决停车问题的新政策方案。毕竟，我们不想看到法国或西班牙被填平了当作停车场。然而，在提出任何解决方案之前，我首先解释造成大多数停车问题的根源，在于把路边停车当作一种公地来对待。

———————————

① 1 磅 ≈ 0.4536 千克。

"公地"问题

免费路边停车是一个典型的"公地"问题。属于社区的土地,每个人都可以免费使用,称为公地。城市生活要求对许多土地 (如街道、人行道和公园) 拥有共同所有权,但一味忽视公共财产以及管理不善会造成严重的问题。亚里士多德观察到:

> 大多数人所共有的东西,很少有人关心它。每个人都只考虑自己的利益,几乎不考虑共同利益。[16]

典型的公地问题发生在一块乡村土地上,社区的所有成员都可以自由使用,在土地上免费放牧。这种开放式的安排在一个有很多草的小社区很有效。随着社区的发展,牲畜的数量也会增加,最终,虽然可能需要一段时间才能注意到,但土地已经被侵占和过度放牧。哈佛经济学家托马斯·谢林描述了这个问题:

> 公地已经成为一个范例,在这种情况下,人们追求自己的利益时相互影响,如果能够加以约束的话,他们的集体生活可能会更好,但是没有人能够通过自我约束而获得个人利益。在英格兰或新英格兰殖民地的乡村,公共牧场不仅是村民的共同财产,还可以无限制地开放给牲畜吃草。公地上投放的牛 (或羊及其他动物) 越多,每只动物吃到的牧草就越少——被牲畜践踏的草地也越多——但只要在公地上放牧能带来一点好处,村民们就有动力这样做。[17]

免费停车场是一块铺着沥青的公地:就像牛在争夺稀缺的草地,司机们则为寻找稀缺的路边停车位而竞争。为寻找车位而巡游时,司机们浪费了时间和燃料,阻塞了交通,污染了空气,而当找到一个车位后,他们没有动机节省停车时间。

在很多人都想使用稀缺公共资源的地方,自我约束不会产生任何的个人回报。免费路边停车因而演变成一个完美的公地问题——没人拥有它,但每个人都想使用它。在著名的《公地悲剧》一文中,加勒特·哈丁用路边停车来描述这个问题:

> 在圣诞购物季节,市中心的停车咪表上贴满了塑料袋,上面写着:"圣诞节之后再打开。市长和市议会提供免费停车。"换句话说,面对停车位稀缺、需求增长的前景,市政府重新设定了公地规则。[18]

一些城市在 12 月份总是把停车咪表包装成礼品,并在圣诞节给开车的人送上一个公地问题。尽管选民可能会感谢市长和市议会在需求高峰期免费停车,但空置的车位变得更加难找。司机们绕着街区寻找路边停车位,而一旦找到,他们会比付费时停留得更久。对司机个人有意义的做法对整个社区都是不利的。

　　尽管城市规划师并没有忽视免费路边停车带来的公地问题，但他们却给出了错误的诊断。规划师并没有识别出问题的根源，即没有按市场价格对路边停车收费，而是认为发生了市场失灵，没有提供足够的路外停车位。因此，城市需要为所有新建筑提供充足的现场停车位。这项政策背后的逻辑很简单：开发项目增加了停车需求，但城市可以要求开发商提供足够的现场停车位来满足这种新需求。例如，如果一栋新建筑增加了 100 个车位的需求，那么城市可以直接要求它提供 100个新车位，确保对稀缺路边停车位的竞争不会加剧。路边停车仍然是一个公地问题，而城市还是要求提供足够的路外停车位来满足日益增长的需求。

　　然而，这样的解决方案存在一个主要缺陷，就是规划师对需求的估计方式：他们没有将需求作为价格的函数进行估算。取而代之的是，他们做出一个未说明（甚至是无意识）的假设，即所有停车都是免费的。他们估计出免费停车的需求，然后要求提供足够的停车位来满足这一需求。实际上，城市规划师将免费停车视为一种权利，他们认为，由此产生的免费停车需求是一种必须满足的"需要"。路外停车位下限标准制造出大量的停车位，驱动停车市场价格趋向于零，这就解释了为什么司机可以在 99% 的行程中免费停车。路外停车位下限标准是一种汽车的催孕药[①]。

　　大多数市场如此依赖价格来分配资源——这个规律太普遍了，以至于很难想象市场还能以其他方式运作。尽管如此，各大城市几乎试图完全不采用价格工具来管理停车。要看清这种做法的荒谬之处，就要从一个新的角度来看待它。城市要求路外停车位，是因为假设市场可能无法提供足够的停车位。但市场并不能以每个人都能负担得起的价格提供许多东西。例如，市场无法为许多家庭提供经济适用房。经济适用房的支持者通常发现，由于市场无法解决保障房的供给而使自己陷入一场艰难的战斗中，但城市却不假思索地提出停车位下限标准以确保停车费用合理。城市坚持要求为每一种土地利用提供充足的路外停车位，而不是对路内停车位收取公平的市场价格。因此，我们大多数人几乎到哪里都会开车。

扭曲的出行选择

　　每个运输系统有三个要素：车辆、通行权[②]和终端容量。例如，铁路运输有火车、轨道和车站。海洋运输有船只、海洋和海港。航空运输有飞机、天空和机场。

---

　　① 原文为 a fertility drug for cars。（译者注）

　　② 通行权，属于地役权（easement）的一种，在他人拥有的土地上通行经过的权利。《布莱克法律词典》（*Black's Law Dictionary*）中这样解释：通行权建立在使用行为或合同约定基础之上，当途经一块他人所有的土地或物业时，它是一项个人拥有的合法权利（C F. Bryan A. Gamer, *Black's Law Dictionary*，第 7 版，第 1588 页，West Group，1999）。（译者注）

汽车运输有汽车、道路和停车场。终端容量有两个特点，使汽车运输有别于其他所有运输系统。首先，汽车运输需要巨大的终端容量——所谓土地饥渴①——因为汽车太多，而且每辆车得有几个停车位。其次，99%的机动车出行是免费停车，因为路外停车标准将汽车终端容量的成本从运输部门移出并转移到经济系统的几乎所有地方。免费停车有助于解释汽车终端容量的巨大需求。通过将停车成本从司机身上转移到几乎所有人身上，路外停车标准为开车人提供了巨额补贴，从而增加对汽车、停车位和车辆出行的需求。

对于一次典型的上班之旅，上班时停车的费用 (如果由司机支付的话) 超过汽车通勤全部自付费用的一半。[19] 但是大多数司机并不自己支付停车费，或者即使付费，至少不会以司机的角色来付费。因为停车的成本回收价格②在汽车出行总成本中所占的比例如此之大，"免费"停车严重扭曲了人们的出行选择，使之转向单独驾驶，而远离其他需要较少终端容量的出行方式：公共交通、合乘、骑车以及——极端情况下的——步行，它需要鞋子和人行道，但根本没有终端容量。免费停车为最短的车辆出行提供每英里最高的补贴——如果没有停车补贴，我们很可能通过步行、骑自行车或公共交通出行。免费停车是一种邀请，无论我们去哪里都可以开车前往。

致死的疗法

大多数人知道城市要求每一栋建筑提供路外停车位，但很少人知道——甚至是规划专业人士也不知道——这些要求会如何影响城市。为了理解停车标准如何损害城市，先看看一个流行的医学疗法是如何毒害数百万患者的。

一个类比：铅中毒

从古代到 20 世纪，医生一直将铅作为治疗各种疾病的良药。一部 18 世纪医学专著写道：

> 在阅读下面的论述后，读者会倾向于认为这种金属 (铅) 是大多数
> 需要手术治疗的疾病的最有效疗法之一。[20]

医生们建议用"铅疗法"治疗脓肿、烧伤、癌症、挫伤、痛风、枪伤、炎症、疥疮、痔疮、风湿、疝气、扭伤、关节僵硬和溃疡。铅对治疗这些疾病确实有用，因为它对微生物有毒性，所以具有局部抗菌功能。但是，医生们并不明白铅对人体是有毒的，医学上滥用铅导致许多病人死亡。[21] 虽然直到 19 世纪末，铅中毒——铅疗

---

① 原文为 land-hungry。(译者注)
② 原文为 cost-recovery price。(译者注)

法的副产品——很大程度上没有引起注意，但一些早期的批评者，如本杰明·富兰克林，认识到了这种危害。由于是个印刷工，富兰克林和铅有很多接触，1786年，他给一位朋友的信中写道：

> 人们认为铅有害的观点至少存在六十多年了；你会关注到，一个有用的真理要过多久才会被人们知晓，而在被广泛接受和实践之前，这个真理一直存在着。22

尽管富兰克林发出过警告，直到 20 世纪，医生一直把铅作为一种药物。他们这样做的原因可以理解：当治疗的症状消失后，成功很容易归因于铅疗法。但是当治疗不起作用时，或者——更糟的是——当铅慢慢地杀死病人时，确切的原因就不那么明显了；病人一开始就生病了，任何因素都有可能发生作用。铅疗法有时会产生局部的防腐效果，确实有助于治愈一种医疗问题，但经常使用会给整个人带来高昂的代价。23

路外停车位下限标准也是类似的。它们产生局部的收益——大量的免费停车——同时损害了整个城市。免费停车增加对汽车的需求，更多的汽车导致交通拥堵、空气污染和能源消耗。更多的交通拥堵反过来促使人们寻求更多的局部补救措施，如拓宽街道、增加快速路，甚至提高停车标准。路外停车标准悄然造成了城市范围内的问题，而这些问题远比它们要解决的局部问题严重得多。

虽然停车标准类似于铅疗法，在产生局部利益的同时损害了整个系统，但这一比较只到此为止。毕竟，铅中毒会导致人死亡，而停车标准不会。但我们不会因此而高兴起来。直到 20 世纪，医生仍然推荐铅作为药物，尽管他们的病人经常死于这种疗法。如果不管证据多么有力，医生对铅疗法的致死效应认识得如此缓慢，那么规划师可能要花上更长时间，才能认识到停车标准所产生的更微妙的系统性损害。

没有好的理论或未经仔细研究就演变为传统观念，铅疗法和停车标准并不是唯一的专业实践。就在一个世纪前，医疗实践还相当落后。刘易斯·托马斯 (纽约纪念斯隆·凯特林癌症中心主席) 在 1981 年撰文，描述了 1896 年发表的一部前沿医学著作。该书展示了一张大约在 1900 年医疗实践的图片，与今天的停车规划极为相似。以下是托马斯对该书令人惊讶的描述：

> 过去和现在都一样，公众的期望是医生会做点什么。任何疾病都有推荐的疗法……书中每隔一页都包含一种新的、复杂的治疗方法，总是建议或告诫要通过死记硬背来学习 (因为它很少有任何内在的意义)，并严格按照所述的治疗程序进行。急性脊髓灰质炎的治疗方法是皮下注射士的宁；应用水蛭；服用颠茄和汞的泻剂剂量；在患肢上敷上含

汞和碘的厚软膏；对肌肉进行感应电刺激；服用阿司匹林之后的冷水浴以及拔罐 [放血] ……所有这一切都有一种制度化的愚蠢，把一个庞大的无意义和危险的治疗体系拼凑在一起，事实上确实如此。这些碎片经过深思熟虑拼凑而成，几乎像是稀薄的空气，但也许并非无足轻重。经验主义只做了一点小小的贡献，但每个案例都足以使它流行起来。24

这种对精确且符合规定的愚蠢疗法的描述，与当前停车政策有着令人沮丧的相似之处。每种土地利用都要符合生搬硬套而来的停车标准。加油站必须为每根进油管提供 1.5 个停车位，陵墓必须按每小时可容纳的最大葬礼数提供 10 个停车位。25 为什么？没人知道。这样的标准很少有任何内在的意义，但必须严格按照要求提供停车位。经验主义只做了一点小小的贡献，但每条标准的案例都足以让它纳入分区法规。医学是一个比城市规划古老得多的职业，也许停车规划与 1900 年的医学处于智力发展的同一阶段。规划师面临着巨大的压力，不得不采取措施解决停车问题，并且，正如一个世纪前医生们所做的那样，他们为此建立了"一个庞大的无意义和危险的治疗体系"。路外停车标准解决不了交通问题，反而使问题恶化了。

规划师带来的大灾难①

当前，停车标准已经在规划实践中根深蒂固，但经验表明，未来的规划师可能为之遗憾。20 世纪 50 年代和 60 年代的规划师也曾投入到一些真正糟糕的想法中去。高层公共住房项目曾经是最先进的，但后来许多城市都拆除了这些住房。城市更新 (简·雅各布斯将其比作放血) 曾经是城市中心最有前景的方案，但现在大多数城市都放弃了这些方案，转而进行历史保护。同样，一些城市将停车下限标准转变为停车上限②，其他城市可能也会效仿。我们最终会认识到自身的错误，也许有一天我们会谴责停车下限标准，就像我们现在谴责 20 世纪的城市复兴灾难一样。26

停车标准所引发的问题类似于医学上的医源性疾病。医源性疾病 *Iatrogenic* (由医生引起的疾病) 由一个希腊语 *iatros*(医生)＋ *genic*(产生) 组合而成。医疗史充满了医源性疾病,包括铅中毒。由规划师引起的大灾难可以称为 *Poleodomogenic*，一个希腊语 *Poleodomos*(城市规划师)＋ *genic*(产生) 的组合。像贫民窟拆迁和城市更新这样的大灾难之所以发生，是因为城市规划师有时会把潘多拉盒子当成工具箱。在《反思实践者：专业人士如何在行动中思考》③一书中，麻省理工学院规划教授唐纳德·舍恩这样描述道：

---

① 原文为 Poleodomogenic Catastrophes。(译者注)
② 原文为 parking caps。(译者注)
③ 原文为 The Reflective Practitioner: How Professionals Think in Action。(译者注)

规划的实施产生了违反直觉的结果、有害的副作用以及不必要的副产品。旨在解决问题的规划要么未能解决问题，要么造成的问题比其解决的问题更糟糕。[27]

这种对规划的悲叹与刘易斯·托马斯对医学的看法相似：

医学的趋势是不断去尝试，任何事都要坚持"试一试"。也许，随着诊断和治疗的科学基础不断成熟，这一职业将不再容易受到时尚和幻想的影响，但长期以来初衷良善的愚蠢之行，既令人尴尬，也令人警醒。[28]

我相信规划师最终会承认，路外停车标准是一种初衷良善的愚蠢之行，与铅疗法类似——一种作为治疗方法的毒药。大多数场所需要停车位，但如果你拥有太多的好东西，好事就会变成坏事。"量入为出"的原则完全适用于停车。[29] 当开出超过剂量的停车位处方，规划师是在毒害城市。这话听起来很刺耳，但这是对当前规划实践的批评，而不是针对规划师个人的批评。开出铅疗法的医生遵循的是他们那个时代的专业原则，就像要求过量停车位的规划师也在遵循我们这个时代的专业原则。停车规划已经引起严重的不良反应，如果一项政策是根据其后果来判断好坏，那么路外停车标准就是一场大灾难。我希望与铅中毒的类比能唤醒那些人，他们支持停车标准，解释其理由并为其方法辩护，但即使对最坏实践的变革也可能是一个缓慢的过程 (正如本·富兰克林预测的那样)，停车标准也不可能是一个例外。

当然，职业引发的灾难并不是城市规划和医学独有的。在泰坦尼克号沉没前，造船厂低估了对救生艇的需求。在挑战号爆炸前，工程师们低估了安全发射航天飞机所需的环境温度，在哥伦比亚号烧毁之前，他们低估了泡沫碎片撞击航天飞机机翼造成的损害。有时，正如此类悲剧性灾难必须发生以刺激行业改革，但是——就像铅疗法一样——停车标准产生的有害后果是潜移默化的。然而，我们处处面临这些后果：汽车依赖、交通拥堵、能源浪费、空气污染，甚至可能是全球气候变化。虽然停车标准不是这些问题唯一的原因，但它加剧了这些问题。

21 世纪停车解决方案

如果停车标准弊大于利，那么 21 世纪的城市该如何规划停车？在这本书中，我分析了停车问题，批评了当前的规划实践，并提出改革建议。为了说明我的论点，我将总结这本书的三个主要部分。第一部分和第二部分分析停车问题，第三部分提出解决方案。

　　第一部分探讨我们目前的停车规划方法。城市规划师为每种土地利用设定停车位下限标准，但这些标准往往凭空捏造，或是基于构思不周的研究 (比如在停车场免费停车高峰期采集的样本)，并且研究基础相当有限 (比如典型样本量在统计上不充分)。继而，这些错误的标准和政策从一个城市复制到另一个城市，并得以保留下来。当前的停车政策并没有经过深思熟虑，带来了许多重大的成本 (例如推高房价、不公正地补贴汽车、扭曲交通选择、城市蔓延、社会不公平以及经济和环境恶化)。除了错误量化采集数据的缺陷之外，停车标准也脱离了任何定性的标准：它们忽视结果看起来到底应该是什么样。

图 1-3　　人人都想要停车，但拥有好东西不能过犹不及

　　第二部分表明，当停车收费过低时，城市无意中制造出一种为路边停车而巡游的经济激励。对六个城市的研究表明，在拥挤的交通中，平均有 30% 的汽车为停车而巡游。巡游在不增加车辆或实际行程的情况下增加了车辆行程。所有这些巡游集聚起来的后果就是——拥堵的交通、浪费的时间、被挥霍的汽油以及污染的空气——这些后果十分惊人。

　　第三部分为停车问题提出新的解决方案。它描述了一个运行良好的市场，价格随着每天和每周的不同时间而变化，使可变需求与路边停车位的固定供给相互平衡。如果城市对路边停车收费，司机通常可以在目的地附近找到一个可用的车位。因此，按市场定价的路边停车将节省时间、减少拥堵、节约能源、改善空气质量，并产生公共收入。路边停车的真正障碍是政治上的，而不是技术上的。因此，我认为，城市可以将所有咪表的收入返还给所在的社区来克服这一政治障碍。社区以外的人为路边停车付费最多，然后用这笔收入来支付社区公共服务，这样可以说服本地居民支持对路边停车收费。如果城市对路边停车收费，溢出效应不再成为一个问题，因此可以取消路外停车标准。这三项改革措施——对路边停车收取公平的市场价格、将由此产生的收入返还给所在社区，以及取消路外停车的分区标准——可以使我们的个人激励措施与集体利益相一致，几乎不需要任何代价就能产生巨大的效益。所有这些收入都将用于补贴市民和当地，而不是补贴停车和小汽车。

总之，这本书不仅对免费停车提出批评，同时也给规划师们提供建议，尤其在经济、社会、环境以及美学等方面——如何进行合理、有效、公平的停车规划，本书对新的方法进行了论证。

第 1 章注释

1. 1990 年，全美个人交通调查，询问受访者在这趟出行中是否支付停车费，并对照前一天的机动车出行情况作答 (见附录 B)。受访者表示，他们 99% 的出行都是免费停车。大多数司机可能觉得在超过 1% 的行程中为停车费买单，而且许多人就是这样做的。毫无疑问，那些居住在更古老、更紧凑城市的人，比那些生活在蔓延郊区的人更频繁地支付停车费。美国人每年产生 2,350 亿趟机动车出行，如果有 1% 的出行需要付费停车，那么每年支付停车费超过 20 亿次，然而每年免费停车仍有 2,330 亿次。

2. Mogren 和 Smith(1952，27)。

3. 2001 年全美家庭出行调查发现，在小于 50 英里的出行中，87% 由个人机动车完成。其余的出行中，1.5% 乘坐公共交通，1.7% 校车，8.6% 步行，1.7% 其他交通方式 (美国交通部，2003a，第 21 和 25 条)。

4. 见 Davis 和 Diegel(2002，表 1.4、1.13 和 2.5) 有关美国能源消耗数据。2001 年，美国的运输能耗占世界石油消费总量的 25.9%(表 1.4)。运输业占美国石油消费量的 67.3%(表 1.13)，公路运输业占美国运输业石油消耗量的 75.5%(表 2.5)。因此，美国公路运输占世界石油消费量的 13.2%(25.9%×67.3%×75.5%)。公路运输是指由小汽车、卡车、摩托车和公交车出行。2001 年美国进口价值 1,040 亿美元的石油，占进口总额的 8%，占贸易逆差余额的 29%(美国人口普查局，2002a，图表 1、6 和 9)。

5. 见 Schneider(1971)、Wolf(1996)、Buel(1973)、Kelly(1971) 和 Mowbray (1969)。"停车"一词在这些书的索引中都没有出现。学者们也没有分析停车如何影响交通和城市。考虑由杰出的交通和城市规划学者近期出版的两本书籍：《运输经济学与政策论文集》(*Essays in Transportation Economics and Policy*)，作者为

Gómez-Ibáñez、Tye 和 Winston(1999)，以及《城市土地利用规划》(*Urban Land Use Planning*)，作者为 Kaiser、Godschalk 和 Chapin(1995)；停车都没有出现在这两本书的索引中。

6. Brooks(2002，19 和 24)。

7. Willian Blake(1757~1827) 提到一个早期的土地利用问题 (工业革命时期的烟雾工厂)，当时他问道："耶路撒冷是建在这里/在这些黑暗的恶魔工厂中吗？"

8. Flink(1976，15) 报告说，Charles 和 Frank Duryea 做成了第一笔交易。

9. 附录 H 显示 1900—2000 年人口和机动车数据。新西兰在车辆拥有量方面排名靠前，这是因为新西兰人口密度低 (一个比英国大 10% 的国家拥有 400 万人口) 以及大量来自日本的二手车供应；日本和新西兰都是靠左行驶，日本采取严格的车辆检查制度，大力鼓励使用几年后的二手车辆出口。

10. 世界其他地区的车辆总数仅在 1946 年 (1930 年、1935 年和 1937 年至 1940 年) 之前的选定年份提供。虽然美国 1965 年拥有世界上一半的机动车，但 2000 年它只拥有 30%。

11. 2000 年地球上 60.79 亿人口拥有 7.35 亿辆汽车。如果 60.79 亿人口每千人拥有 771 辆车 (美国在 2000 年的拥车率)，那么将拥有 47 亿辆车——超出 2000 年地球上实际车辆数量的六倍。

12. 并非所有的机动车是小汽车，小汽车以外的车辆——比如卡车——占用的停车空间甚至更大，因此估算 47 亿辆汽车所需的停车空间，将比停放 47 亿机动车所需的空间要小 (被低估了)。一个典型的停车场每英亩大约可容纳 130 辆汽车 (每辆车 335 平方英尺)；这相当于每平方英里 83,200 辆车 (每英亩 130 辆车 × 每平方英里 640 英亩)。在这个密度下，47 亿停放的汽车将占据约 56,000 平方英里 (47 亿辆汽车 ÷ 每平方英里 83,200 辆汽车)。英格兰和希腊各占 51,000 平方英里。

13. 停车位与汽车的比例见第 7 章。法国面积为 212,000 平方英里，西班牙面积为 192,000 平方英里。另一种方式设想停放 47 亿辆汽车所需的面积，是看一个足够容纳 100 辆汽车的停车场究竟有多大。要停放 47 亿辆汽车，需要 4,700 万个可同时停放 100 辆汽车的停车场。

14. Flink(1976，34)。

15. 燃油价格上涨将刺激燃油效率提高，同样停车价格的上涨将刺激停车效率提高。例如，自动化车库可以减少停车所需的空间，因为通常它们在同一体积内存储的汽车数量是传统车库的两倍 (见附录 A)。其他的改进，如共享汽车的安排，也可能减少汽车依次停放所耗费的时间。汽车平均停车时间见附录 B。

16. 亚里士多德 (《政治学》，第二卷，第三章)。一个世纪前，雅典历史学家修昔底德也曾有过类似的观察："(伯罗奔尼撒人) 只花很少一部分 (时间) 考虑公共事务，而将大部分时间投入国内利益；每个人都认为自己的疏忽没有害处，有远见的思考应该是别人的事情，因此当同一个概念被每个人单独接受时，人们没有察觉到共同利益正在被集体地破坏。"(修昔底德，第 1 卷，第 141 节，第 69 页)。Ronald Lipp(2001，92) 评论说，人类有忽视共同利益的倾向是如此根本以至于文献检索会在许多文化中找到早期陈述。

17. Schelling(1978，111-113)。

18. Hardin(1977，21)。加勒特·哈丁是加州大学圣巴巴拉分校人类生态学教授，著有许多关于生物学、生态学和伦理学的书籍和文章。Hardin(1977，27) 还以停车咪表为例，说明鼓励负责任行为的社会安排："想让市中心购物者适度地使用停车位，我们推荐用咪表管理短时停放，交通罚款应针对长时停放。我们没有必要限制公民想停放的时间；只需要让他这样做的成本越来越高。无须禁止，而是为他提供一些仔细设计得有差异的选项。"然而，在几乎任何地方的中心商业区，大部分咪表和路边停车都是免费的。

19. 第 7 章表明，对于一次典型的通勤出行，如果雇主支付停车费，司机开车通勤的总可变成本 (运行成本加停车成本) 为每天 2.32 美元，但如果是司机付费，则每天 8.09 美元。因此，工作场所免费停车补贴了汽车通勤总可变成本的 71%。

20. Goulard(1784，2)。

21. 对铅的医疗史研究中，Jane Lin-Fu(1992) 将铅中毒描述为唯一可预防的人为疾病，人们容忍这种疾病持续流行有几个世纪了。

22. 1786 年 7 月 31 日写给 Benjamin Vaughn 的信。再版于 Goodman(1945，556)。可查询网页:www.ledizolv.com/LearnAbout/LeadHazards/benfranklin.asp。也可参见 McCord(1953，398)。在 20 世纪大部分时间里，汽油都添加了铅 (从而加剧了城市空气污染)，这表明富兰克林是正确的，他警告说，在一个有价值的真理在为人所知并付诸行动之前可能会有很长时间。汽油中的铅添加剂改善了汽车性能，但是污染了司机 (及其他人) 呼吸的空气。

23. 铅有很多用途，这些用途带来的直接好处很受欢迎，但是长期危害却没有被认识到。罗马人将氧化铅当作化妆品，用铅罐准备食物，用铅容器储存葡萄酒 (铅尝起来有甜味，能改善葡萄酒的味道)，喝用铅管输送的水 (水管工 "plumber" 一词来源于拉丁语的铅 *plumbum*)。铅中毒甚至可能是罗马帝国衰落的原因之一。密歇根大学环境化学家 Jerome Nriagu(1983) 认为，贵族饮食的含铅量异常丰富，这有助于解释为什么罗马最初的贵族家庭到公元 2 世纪只剩下一个。尽管历史上肯定有许多人死于铅中毒，但在他们死后很长一段时间内却很难诊断。然而，著名的路德维希·冯·贝多芬头发案提供了令人震惊的证据。贝多芬一生曾遭受许多痛苦的医疗问题：肾结石、肝炎、风湿、皮肤病和耳聋。1827 年他去世时，崇拜者从他的尸体上剪下一缕头发，把它们当作圣物崇拜。1995 年，对贝多芬几缕头发的分析表明，贝多芬死后体内的铅含量是正常情况的 40 多倍 (Martin 2000，235)。铅中毒可能已经导致或至少加重他的许多疾病。贝多芬体内铅的来源尚不清楚，可能来源于含铅的炊具或餐具，或是通过“铅垂”减轻其苦味的葡萄酒，或是铅疗法。

24. Thomas(1981，40)。Lewis Thomas，医学博士，曾任纽约大学医学院院长和纪念斯隆·凯特林癌症中心主席兼校长。托马斯在 20 世纪 30 年代进入医学院时，他的父亲 (也是一名医生) 给了他一本教科书 (《婴儿和儿童治疗学》)，建议说尽管这本书已经过时了，但其中有些东西可能是有用的。成为一名医学院学生后，年轻的托马斯翻阅了这本书，他发现这本书不但令人费解，而且与 20 世纪 30 年代的医学毫不相关，但随着年龄增长，这本书作为展示 1900 年医学界现状的历史文献吸引了他。这本书的杰出作者 (Dr. Abraham Jacobi) 是他那个时代医学学术界的重要人物之一，他写的教科书很畅销，已经发行了好几个版本。

25. 见第 3 章表 3-4。

26. 考虑这些在交通规划中的 180 度转弯。20 世纪 50 年代，许多城市采用单行道加快中心城通行速度，到 90 年代又将其改为双向街道以实现稳静交通。同样，在 20 世纪 50 年代，许多城市为了加快交通速度取消了市中心的路边停车，转而提供路外停车场。20 世纪 90 年代，一个常见的策略是重新开发路外停车场以增加市中心的密度，又恢复路边停车来实现稳静交通，并将行人与移动的车辆隔离开来。

27. Schön(1983，206)。同样，伯克利规划教授 Michael Teitz(2000，304) 提到 “20 世纪 50 年代和 60 年代公共住房和城市更新带来的灾难……然而，可以公平地说，规划师确实从这些错误中吸取了教训。”

28. Thomas(1981，42)。同样地，Reyner Banham、Paul Barker、Peter Hall 以及 Cedric Price(1969，435-436) 写道，“规划往往会从一种时尚滑向另一种时尚，在同样突然接受之后，又突然产生反感……总是受制于一些过时的经验法则。”

29. 16 世纪瑞士医生 Paracelsus(1493–1541) 写道，“Dosis facit venenum” (剂量过多，良药变成毒药)。没有什么东西本质上是有毒的，但一个系统中任何东西过多了，可能就变成了毒药。

第 I 部分　为免费停车而规划

保罗已经注意到，在洛杉矶，汽车是一类几乎活着的特殊物种。这个城市到处是它们的旅馆和美容店，餐馆和幼儿园——一些巨大而昂贵的建筑物供它们休息停放，洗涤擦亮，加油喂食，或伤后治疗。它们说个不停，还养着宠物——后窗总能看到被塞进去的宠物狗和猴子，玩具和幸运符挂在仪表板上方，天线上舞动着毛皮尾巴。喇叭里播放着各种声音……却几乎看不到人。汽车的数量比人多出十倍。保罗构思着一个故事，这个故事慢慢呈现出一个事实，汽车才是这个城市真正的居民，一个秘密的优等种族，能够将人类善加利用，或将人类作为宠物。

——艾莉森·卢里 [①]，《无处之城》

[①] 艾莉森·卢里 (Alison Lurie)，美国作家和学者，她的小说被认为是社会讽刺的代表作。《无处之城》(*The Nowhere City*, 1965) 发生在洛杉矶，艾莉森·卢里和全家 1957 年到 1961 年居住在那里，主角包括一位年轻女明星、一位精神病医生以及其他当地角色。(译者注，注释来自 http://www.alisonlurie.com/html/bio.html)

第 2 章 非自然选择

话说三遍，即为真理。

——刘易斯·卡罗尔 [①]

一开始地球上并没有停车场。规划师说，让停车场出现吧，于是就有了停车场。规划师发现这玩意儿还挺好。他接着说，给每块土地按照种类都弄上路外停车场吧。开发商就根据土地的种类，为每块土地提供路外停车场。然后规划师瞅着，这一切都很好啊。他对小汽车说，繁衍吧，快快生长吧，把地球填满，征服它，掌管地上一切活着的生物。规划师看着自己所做的一切，随后领悟到，这一切似乎并不太美好。

停车标准的起源

为什么规划师要求按每种用地类型提供路外停车场？因为如果路边停车是免费的，而开发商又不能提供足够的路外停车位，那么竞争稀缺的路边停车位将导致当地交通拥堵。愤怒的市民会质问城市规划师和民选官员，为什么让这种事情发生？为避免这些由停车带来的溢出效应，大多数城市要求开发商至少提供足够的现场停车位，以容纳由每个场所吸引而来的所有小汽车。典型的市政法规这样描述停车标准的目标：

> 每个停车场在使用时应提供足够的路外停车位，以满足该地所有活动产生的停车需求。[1]

这个目标听起来很合理，但要建多少停车位才能"满足该地所有活动产生的停车需求"？如果路边停车是免费的，城市想要防止溢出效应，开发商必须提供至少足够的现场车位，以满足免费停车的需求。

本章表明，城市规划师并没有对特定场所的停车需求展开相应分析以确定停车标准。相反，他们通常 (1) 参考全国调查，其中的高峰停车占用率在有充足免费停车而无公交的郊区场所采集，或者 (2) 复制其他城市的停车标准。因此，城

[①] 刘易斯·卡罗尔 (Lewis Carroll，1832~1898)，英国数学家、逻辑学家、童话作家、牧师和摄影师。(译者注)

市对停车位数量的要求如此之高，以至于司机在 99% 的出行中都免费停车。² 由于所到之处几乎都有免费停车，几乎每个人都开车出行，而不必借助公交、合乘、自行车或步行等其他方式。

大众渴望免费停车①

显然，司机想要随处停车，又不用付费。我们对免费停车的渴望有助于解释为什么规划师发明路外停车标准之后，这些标准迅速蔓延。1946 年对 76 个城市的调查发现，只有 17% 的城市在分区规划法规中有停车标准。五年后，这些城市中有 71% 设置了停车标准，或正在采纳这种做法。³ 与分区规划本身不同的是，几乎没有规划实践传播得如此之快。停车标准并不是强加给不情愿的公众，也不是汽车制造商阴谋的产物；相反，停车标准是民主决策的结果。

早在 1944 年，洛杉矶县规划委员会认识到，城市应该要求每栋建筑至少提供与商店或办公场所建筑面积相当的停车位：

> 虽然停车标准随特定商店或办公建筑会有所不同，但可以设定一个不可减少的最低停车位标准，其等同于零售或商业的建筑面积。⁴

同样地，1952 年爱德华·莫格伦和威尔伯·史密斯在《分区规划与交通》一书中断言：

> [城市] 需要将路外停车的分区规划标准建立在最大可能的建筑用途以及增加的汽车出行量上，而不是基于常规的建筑使用情况以及现有的汽车出行因素。⁵

在停车标准有了多年实践之后，1991 年美国规划协会在规划咨询服务②(PAS)报告中指出：

> 专业文献中广泛接受的观点是，一个要求"过量"停车位的标准只会产生更低的城市密度以及更大、不可渗透的地表面积。如果不加以批判的话，路外停车场会迅速发展并吞噬大量土地。⁶

路外停车位确实占据了大量的土地，但停车位下限标准却让规划师和开发商认为，只有当停车位不足时，停车才是个问题。但是，停车位过多也是个问题——它浪费金钱，降低城市设计的价值，增加不可渗透的地表面积，并鼓励过度使用小汽车。

---

① 标题原文为 huddled masses yearning to park free。它来源于自由女神像底座铭文："Give me your tired, your poor, your huddled masses yearning to breathe free"，意为："给我，你那劳瘁贫贱的流民，那向往自由的呼吸"。这里做了转译。(译者注)

② 原文为 Planning Advisory Service，简称 PAS。(译者注)

规划，无需定价

城市规划师对停车问题作出诊断，却使问题的解决变得极其昂贵。他们坚信问题出在停车位短缺上，要求提供足够的路外停车位来满足免费停车的高峰需求。加州理工大学规划教授理查德·威尔森访谈了 138 个城市的规划官员，调查如何设定停车标准，他们被问及，"为什么你们的城市设有停车位下限标准？"最常见的回答是"为了提供足够的停车位"。[7] 那么多少才算足够呢？隐含的答案是要有足够的停车位来满足免费停车的需求。

埃诺交通基金会的罗伯特·威恩特和赫伯特·莱文森解释说，大多数城市要求每种用地类型都能提供足够的路外停车位，以满足常见的高峰停车需求：

> 大多数地方政府通过分区规划法规制定停车供给政策，要求土地利用提供足够的路外停车位，以易行、方便、可达的方式开展各种活动，同时保持交通的自由流动。目标是提供足够的停车位来应对经常发生的高峰停车需求……停车需求是指在某个特定时间停放车辆的累积效应，它是在某一特定场所进行活动的结果。[8]

类似地，PAS 报告指出，路外停车标准应该满足高峰停车需求，以确保不出现溢出效应：

> 大多数研究显示，开发项目提供了足够的停车位，以满足观察到的高峰需求而不出现溢出的状况。重要的是，为了给停车标准设定基准，必须确定高峰需求。[9]

规划师将停车需求定义为一个场所观察到的高峰停车占用率，却没有考虑司机为停车付费的价格因素。之后，城市要求每种用地类型必须至少提供足够的停车位以满足高峰需求，而不考虑所要求停车位的建设成本有多么高昂。因此，观察到的最高停车需求就变成了最低标准供应量。实际上，城市告诉开发商，无论成本多高，效益多小，如果想在我们城市开发建设，就必须提供充足的现场停车位。

停车位是交通系统的重要组成部分，它们产生了巨大的效益，但这并不意味着我们需要更多的停车位，或者说，停车应该是免费的。食品也能带来巨大的好处，但并不意味着我们需要更多的食品，或者说，食品应该免费。规划师在设定停车位下限标准时，并没有像经济学家那样定义需求和供给。例如，经济学家并没有将食品需求定义为在免费自助餐上消费食品的峰值数量，按照那样的定义，超重的食客会一直吃到效用为零的最后一口。在制定政策法规时，经济学家们也没有建议，无论花费多少，餐馆都应该按标准至少提供某些数量的免费食品。然而，规划师确实将停车需求定义为免费停车场所的峰值数量，城市也确实要求开发商无论成本如何至少提供某些数量的停车位。可见，停车规划是一种不考虑价格的规划。

一些开发商自愿提供充足的免费停车，因为他们认为收益大于成本，但这是他们的自愿选择，并不能成为要求所有开发商提供现场停车的理由。一些城市明确要求提供免费的现场停车位数量，如洛杉矶的这项具体规划条例所述：

> 对于办公和其他商业用途，每千平方英尺的总建筑面积应至少提供三个停车位，并对所有顾客和雇员免费开放。[10]

这个法规适用于威尔榭大道沿途的路段，该路段有洛杉矶最好的公交服务。一些城市禁止对市内任何地方的停车收费。例如，加利福尼亚州蒙特利公园市规定："当机动车停泊是与本 [条例] 所允许的一种或多种用途相关时，不应该收取任何费用"。[11]

停车标准反映了交通政策制定中一个共同模式：政治家和规划师对于市场短缺的代表性反应，是希望通过物理而不是经济的方案来解决问题。他们建造新的道路，而不是为已有的道路定价，他们为路外停车位设定数量标准，而不是对路边停车收费。但这就引出了一个新的问题：每块土地在使用中到底真正需要多少停车位？

规划，无需理论

规划师在实践中设定停车标准，规划教育并没有为其提供任何指导，教科书也不能提供什么帮助。不妨看看 F. 斯图尔特·蔡平及其合著者所写的四个版本的《城市土地利用规划》。[12] 这本著名的教材是城市土地利用规划的圣经，但没有一版提到了停车。区域科学、交通规划和城市经济学的大多数教科书也忽略了停车。[13] 我曾问过许多城市规划教授，他们所在的系是否为规划师设定停车标准提供一些指导，可答案总是否定的。规划专业的学生对停车标准几乎一无所知，也许是因为教授们什么也没有教给他们。不知为何，这个占地面积最大、对交通系统影响最深的城市土地利用类型，一直为各学科的学者所忽视。

停车标准是分区规划法规的主要组成部分，而规划专业教育对它的介绍有所欠缺，这是一个相当薄弱的环节，特别是考虑到我们大多数出行都依赖汽车。诺曼·威廉斯和约翰·泰勒在《美国规划法》一书中解释说，分区规划法规有三种基本的规定：

1. 用途许可——比如住宅区、商业区和工业区；
2. 体积许可——根据建筑面积比例、高度限制、建筑退让和开放空间的要求来规定；
3. 路外停车标准。[14]

用途许可和体积许可的规定告诉开发商和业主，在一个特定的场所他们能做什么或不能做什么：例如，你可以建造单户住宅但不能建公寓楼，你不能在建筑红线五英尺以内或超出 45 英尺以上的高度建造房屋。但是，停车标准告诉开发商和业主他们必须做什么：例如在一栋办公楼内，每千平方英尺建筑面积必须提供 4 个停车位，或在一个公寓楼内，每个住宅单元必须提供 3 个停车位。可见，停车标准通过为小汽车提供停车位将成本强加给社会，但是规划师并没有估算出停车标准给小汽车发放的隐性补贴，也没有估算出它对交通和土地利用的影响。

早在 20 世纪 30 年代城市开始要求路外停车标准之前，用途许可和体积许可的规定就已经确立。爱荷华大学城市规划教授约翰·肖指出："停车标准几乎被普遍采用，表明过去 60 年来地方分区控制发生了最根本的变化。"[15] 即使休斯敦没有按用途许可和体积许可进行分区规划，也要求为每一种用地类型设定路外停车标准。[16] 停车标准作为城市规划的一个主要特征，深刻地影响着交通和城市，但是规划教育却忽视了它，这也许验证了麻省理工学院规划教授唐纳德·舍恩的谴责：大学致力于"传授一揽子知识，却有选择地忽视了对专业技能的培养"。[17]

尽管缺乏专业训练，但每个城市的执业规划师必须为每种用地类型设定停车标准。全国通用的分区规划法规包含了数千种不同的停车标准，即路外停车的一万条戒律①。规划师设定停车标准几乎就像医生开药一样，但他们没有理论，也没有培训，而且往往没有数据来帮助他们。没有教科书解释停车标准的理论，因为根本就不存在理论。教授们无法教会学生如何设定停车标准，因为没人曾经研究过该如何设定这些标准。

如果没有洞察力，规划师在实践中该如何预测每种用地类型究竟需要多少停车位？为了回答这个问题，理查德·威尔逊对规划主管和高级规划师进行访谈，他询问，"你通常采用哪些信息来源以设定工作场所停车位下限标准？"45% 的受访者认为"调查附近城市"是最重要的手段，而"(参考) 交通工程师学会手册"则排在第二位，占 15%。相当多的规划师回答"不知道"(5%)，多于他们委托进行停车研究(3%)。[18] 根据城市土地研究所罗伯特·邓菲的说法，"地方规划法规通常基于某些人制定的标准，或基于交通工程师学会 (ITE) 的停车数据"[19]，我将解释这两种策略——复制其他城市的做法以及参考 ITE 数据——以及这样做所产生的问题。

第一步：复制其他城市的做法

PAS 发布了一系列全国性的调查，规划师可以参考这些调查来了解其他城市的停车标准。这些调查告诉我们城市需要多少停车位，而不是一个城市应该需要

---

① 原文为 Ten Thousand Commandments。(译者注)

多少停车位。尽管如此，PAS 发现规划师照搬了其他城市的标准，因为他们没有其他选择。

规划咨询服务调查

PAS 报告认为，停车标准调查是对这类强烈信息需求的一种自然反应：

> [我们] 每年收到数百个请求，有关不同用地类型所对应的路外停车标准——实际上，我们每年收到有关停车标准的请求比其他方面的都要多。起草路外停车标准显然是规划机构最重要的任务之一。一般来说，市民对停车场的可用性及其对交通网络的影响，以及最终对社区生活质量的影响有着极大的关注。当然，这也会对开发商及其项目产生重大影响，经常会涉及重要的实施成本。[20]

自 1964 年以来，PAS 对五项停车标准进行了五次调查，结果表明停车规划有两个主要特点。首先，停车标准往往是从其他城市复制而来。第二，它们往往缺乏依据——或根本没有依据。我们可以用 PAS 的原话来总结其主要结论：

> 在起草停车标准时所使用的基本假设是未知的。[21]
> 复制其他城市的停车标准可能只是重复别人的错误。[22]
> 规划师对每种用地类型的停车需求到底了解多少，至少有十几种用地类型仍然是个谜。[23]
> 标准起草过程中逻辑上的荒谬扭曲有时使我们无法确定对于同样的用地类型，两个城市中哪一个需要更多的停车位。[24]
> 许多社区制定了停车标准，要求开发建设远超需求的停车位。[25]

显然，PAS 在质疑规划师制订停车标准的方式，同时它还阐述了抄袭其他城市标准所带来的问题：

> 自从分区规划法规在法律上明确要求提供路外停车位这一原则以来，法规起草者一直在问这样的问题：一个免下车餐馆应该提供多少个停车位——或对其他类型的用地也提出相同的问题。这个问题的回答通常取决于其他司法管辖区的法规标准。然后有两个选择：第一，查阅该机构档案中 [其他城市] 的法规，第二，查询全国范围内公布的调查结果。这里隐含的假设是，其他地区必须知道他们在做什么 (毕竟这些法规是被采纳的)，因此，采用"接近于平均水平"的停车标准是相对安全的做法。这可能只会导致重复别人的错误。[26]

　　为什么规划师会照搬其他城市的标准——在不了解其他城市标准的前提下——冒着重复他人错误的风险？PAS 解释了规划师在制定停车标准时偷工减料的强烈诱惑：

　　　　规划师需要在下次规划委员会会议上给出一个数字标准，而无法以"我真的不知道"来回答最初的问题 [应该提供多少个停车位]。[27]

　　规划师没有特殊的专业知识来估计停车需求，但他们必须提供一个答案。这一困境解释了每年规划师们向 PAS 提出的最常见的问题：我们应该设置多少个停车位？尽管 PAS 对自己的全美停车标准调查数据持保留意见，但规划师确实利用这些调查来复制其他城市的标准。康涅狄格州分区规划管理者卡罗尔·古尔德在《交通规划》中写道：

　　　　大多数分区规定中的停车标准并不是建立在经验分析之上，即研究任一种用地类型如何设定标准以满足顾客需求，而似乎是从一个社区"传给"另一个社区。[28]

　　因此，大多数停车标准只不过是一种集体预感。它们是皮埃特罗·尼沃拉所说的"偶然性城市政策"的完美例子，这些政策对城市设计具有深远但未被普遍承认的影响。

陈旧的规划工具

　　APA 具有里程碑意义的著作《精明增长立法指南：规划和管理变革的示范法规》①错失了一次良机来改变停车标准的猜想模式。《立法指南》在 2002 年出版时恰逢"精明增长"项目的巅峰期，这个 APA 耗时 7 年、花费 250 万美元打造的项目旨在改革过时的规划法规。该《立法指南》的总编辑斯图尔特·梅克解释了这一目标：

　　　　我们的规划工具可以追溯到另一个时代。它们是过时的，也不适合手头的工作……规划法规的改革是当代一次严肃的思考，影响到这个国家的每个州、地区和社区。这本 2002 年版的《立法指南》将提供这一问题的解决方法，在所提供的法定选择中——有许多来自当代规划实践和一些州的成功经验——以帮助立法者、州和地方政府官员、规划师和相关公民，为我们今天所面临的规划议题做出合理、知情的选择。[29]

---

　　① 原文为 *Growing Smart Legislative Guidebook: Model Statutes for Planning and the Management of Change*，简称《立法指南》。(译者注)

实际上 APA 咨询了美国几乎所有相关的利益集团,《华盛顿邮报》记者尼尔·皮尔斯报道说:"APA 似乎不遗余力地检查、理顺和完善它所发布的一系列规划工具。"[30] 这本重达 11 磅、1,514 页的《立法指南》建议对除了一项——停车标准之外的任何规划问题进行改革。这本《立法指南》72 页的索引有五页以 P 开头的单词,但停车 (Parking) 一词却不在其中。[31]

停车是交通和土地利用的重要组成部分,PAS 收到的关于停车标准的问题比任何其他主题都多。然而,《精明增长立法指南》还是忽略了停车议题,好像规划师与停车问题无关。但实际上规划师对停车问题大有可为,正如艾伦·雅各布斯 (伯克利城市规划教授,旧金山城市规划委员会前主任) 所解释的那样:

> 汽车的停放是一个普遍存在的问题。为单个街道或社区,或为一个中心区域准备一项规划时,停车肯定是一个主要议题——作为一个争论焦点——停车问题比住房问题更耗费时间和精力。[32]

同样,芝加哥大学法学教授理查德·爱泼斯坦认为:

> 在大多数社区,停车是最困难也最容易引发政治争议的问题之一。任何目睹过当地规划委员会程序的人都知道,委员会对停车议题的争论会变得多么激烈,就像一场战斗。[33]

鉴于停车在城市规划中的重要性,人们也许会认为《立法指南》一书对停车问题的忽视是一种偶然的偏差,但事实并非如此。停车 (Parking) 一词并没有出现在 APA 出版的其他书籍的索引中,好像它与讨论的问题无关,比如①:《1890年以来的美国城市规划》、《面向市民的规划指南》、《城市分区规划:过去和未来前沿》、《综合城市规划:导引与释义》、《增长管理的原则与实践》、《都市计划准备工作导则》、《让场所与众不同》、《邻里规划:市民和规划师指南》、《美国小城镇规划》、《地方政府规划实践》、《策略性规划:规划师面临的挑战和机遇》和《分区与美国梦》。[34]

即使是关于分区规划的经典著作,如《分区规划博弈》和《再论分区规划博弈》②都没有提到停车或停车标准。[35] 停车议题并不是偶然从所有规划教科书中消失的;因为大多数规划师和规划教授们对停车知之甚少,即使提到停车,他们

---

① 原书名依次为 *American City Planning Since 1890*; *The Citizen's Guide to Planning*; *City Zoning: The Once and Future Frontire*; *Comprehensive City Planning: Introduction and Explanation*; *Growth Management Principles and Practices*; *Guidelines for Preparing Urban Plans*; *Making Places Special*; *Neighborhood Planning: A Guide for Citizens and Planners*; *Planning Small Town America*; *The Practice of Local Government Planning*; *Strategic Planning: Threats and Opportunities for Planners*; *Zoning and the American Dream*。(译者注)

② 两本书的英文为 *The Zoning Game* 和 *The Zoning Game Revisited*。(译者注)

也几乎无话可说。不光是规划师们忽视了停车议题；可以看看 1,124 页的《土地开发手册：规划、工程与测量》[①]，这是一本指导开发商实践的庞大的操作指南。但书中没有一处提到停车。[36]

当然，有些 APA 的书确实提到了停车，但经常谈得太少。考虑 305 页的《小城镇规划手册》关于停车的唯一参考：

> 停车位总是对城市的视觉特征构成挑战。大多数社区都有足够的停车位，但车位通常很分散，不方便，看起来也没有吸引力。精心设计的规划方案将方便人们进入商业区，并且采用树木和其他植被作为景观装饰，有助于停车区域与城镇外观保持一致。[37]

没有人会反对这个建议，但规划师应认识到停车位的分散特征，并且是停车标准导致了这种模式。停车位的供给在视觉上也没什么吸引力，因为分区规划要求提供足够的停车位来充分满足免费停车的高峰需求，但很大程度上忽视了它们的设计。

黄金法则

城市规划师几乎得不到关于如何设定停车标准的学术或专业指导。根据 PAS，规划师也很少有时间分析这些标准：

> 很少有社区投入工作时间或财力资源对当地停车标准进行全面审查。很多社区甚至没有资源来分析一些用地类型的停车标准。由于这些限制，停车标准经常从一个规范转移到另一个规范，而没有根据城市的具体停车需求进行调整。[38]

如果规划师真的以一种不科学的方式照搬其他城市的停车标准，我们不妨称之为"非自然选择"，那么不同城市的停车标准应该会随着时间的推移而趋同。真的会这样吗？我们可以用两份南加利福尼亚州 117 个城市办公建筑停车标准调查来检验这种趋同假设。停车顾问雷克斯·林克在 1975 年进行了第一次调查，我在 1993 年重新做了一次，以检验停车标准的变化趋势（见附录 A 表 A-2）。这两份调查显示，规划师们设定的标准接近其他城市的平均水平。1975 年，办公建筑最常见的标准是每千平方英尺建筑面积 4 车位。到 1993 年，那些在 1975 年停车标准中少于 4 车位的城市，有 65％提高了停车标准，但没有一个城市降低标准；在多于 1975 年 4 车位的城市中，80％降低了标准，但没有一个城市提高标准。这种收敛使每千平方英尺设定 4 车位的城市所占比例翻了一番，从 1975 年的 27％增加到 1993 年的 54％。

---

① 原文为 *Land Development Handbook: Planning, Engineering, and Surveying*。(译者注)

　　有时实践者将办公建筑每千平方英尺 4 个停车位称为停车规划的"神奇数字"或"黄金法则"。例如，城市土地研究所表示，"在一个办公建筑停车位开发项目中，为租户和访客车辆提供现场停车与建筑本身几乎同等重要……每千平方英尺净出租空间①提供 4 个停车位 (或每 250 平方英尺 1 个车位) 是一个非常理想的解决方案"。[39] 从表面上看这似乎合情合理，但 4 个停车位至少占用 1,200 平方英尺 (包括匝道和出入通道的面积)。因此，黄金法则为停放汽车提供的空间，相比司机工作的办公空间至少多了 20%——更多空间为汽车，而不是为人。即使是高级管理人员也很少有比停车所需的 300 平方英尺大得多的办公室，而且许多上班族占用的隔间比他们的停车位小得多。当规划师遵循黄金法则时，小汽车变成了城市的主宰。

第二步：参考 ITE 数据

　　规划师有关停车的另一个常见信息来源是交通工程师学会②(ITE) 发布的《停车生成》报告③。在编制这本报告时，交通工程师测量了各种用地类型的停车占用率，并且 ITE 针对每一类土地利用给出一个"停车生成率"④，该比率将高峰停车占用率⑤与土地利用特征联系起来，比如一个场所的建筑面积或雇员人数。ITE 在 1987 年版《停车生成》中描述了估计停车生成率所采用的数据：

> 　　绝大多数的数据…… 来自郊区的开发区，那里很少或根本没有公共交通…… 获得可靠停车生成数据的理想地点应…… 包含充足、方便的停车设施，并专门用于该场所产生的交通…… 调查的目的是统计停车需求高峰期停放的车辆数量。[40]

　　这 101 个停车生成率中有一半是来自四项或更少的研究，22% 是基于一项研究。[41] 由于美国 99% 的汽车出行是免费停车，大多数调查场所可能提供免费停车。因此，停车生成率测量的是一些郊区场所观察到的高峰停车需求，那里有充足的免费停车，但没有公共交通。这就导致城市规划师利用这些停车生成率来设定停车标准，其实是在塑造一个几乎人人开车、抵达目的地后免费停车的城市。2001年，美国所有出行中 87% 由个人机动车完成，8.6% 由步行完成，只有 1.5% 是乘坐公共交通。[42] 可见，除非我们找到一种消除步行的方法，否则，再也无法显著

---

① 原文为 net rentable space。(译者注)
② 原文为 Institute of Transportation Engineers。(译者注)
③ 原文为 *Parking Generation*。(译者注)
④ 原文为 parking generation rate。(译者注)
⑤ 原文为 peak parking occupancy。(译者注)

提高小汽车在所有出行中的分担率[①]。

停车生成率产生的问题

《停车生成》是一个值得怀疑的数据来源，其理由如下。首先，免费停车提高了停车生成率。案例研究表明，与司机付费停车相比，雇主付费停车增加了大约三分之一的通勤停车需求。[43] 其次，测量选择缺乏公共交通的郊区场所，这也提高了停车生成率，因为人们通常喜欢开车去这些地方；因此，在步行或乘坐公共交通出行较多的地区，生成率高估了这些地区的停车需求。最后，对高峰停车需求的关注推高了停车生成率；一些用地类型的高峰需求每年可能只持续几个小时。《停车生成》产生的问题比它能解决的问题要多，再仔细研究它的调查方法就会发现严重的缺陷。

图 2-1 是《停车生成》第二版代表性的一页。它报告了一种人们熟悉的土地利用方式——快餐店——在一个工作日的停车位峰值。[44] 图上每个点代表一次研究 (基于某一天某个地点的观察)。例如，连续五天观察一家餐馆的停车占用率，在

停车生成率				
平均生成率	生成率范围	标准差	研究数	平均 1,000 总平方英尺可租面积
9.95	3.55~15.92	3.41	18	3

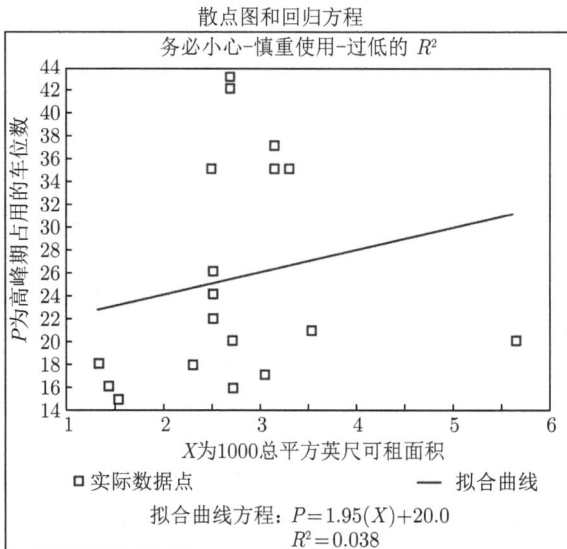

散点图和回归方程

务必小心-慎重使用-过低的 R^2

拟合曲线方程：$P = 1.95(X) + 20.0$
$R^2 = 0.038$

图 2-1 ITE 停车生成率，快餐店免下车取餐口 (《停车生成》第二版，1987)
工作日高峰占用的车位数与 1,000 总平方英尺可租面积
来源：1TE(1987, 146)

[①] 这里是反语，因为步行的分担率实在太低，而小汽车占了大部分份额。(译者注)

图上会出现五个点。[45] 在一次研究中观察到的高峰停车占用率除以餐馆的建筑面积，即为该研究对应的停车生成率。在 18 次研究中，停车生成率从每千平方英尺可租建筑面积 3.55 个到 15.92 个车位之间变化。请注意，最大的餐馆产生的高峰停车占用率最低，而中型餐馆产生的停车占用率最高。图底部拟合曲线 (回归) 方程的 R^2 为 0.038，接近于零，证实了该样本从视觉上看停车需求与建筑面积无关的印象。[46] 然而，ITE 仍然给出了该样本的平均停车生成率——规划师通常将其解释为停车需求与建筑面积之间的关系——精确到每千平方英尺建筑面积 9.95 个车位。

这种精确度具有误导性。图下方的公式表明，一家快餐店产生的高峰停车占用率为 20 个车位 (截距) 加上每千平方英尺建筑面积 1.95 车位 (系数)。但该系数的 95% 置信区间为每千平方英尺 −3 到 +7 个车位。[47] 由于这个区间包含零，这些数据无法表明停车需求与建筑面积之间存在相关性。平均停车生成率为每千平方英尺 9.95 车位来自于截距，而与建筑面积无关，并且拟合曲线几乎是水平的。[48] 数据散点图确实包含警告"务必小心–慎重使用–过低的 R^2"，这个建议固然很好，但是，面对这些数据显示的停车需求与建筑面积无关的结论，规划师又该如何谨慎地使用停车生成率呢？

停车需求的夸张估计

除了许多停车生成率出现统计不显著问题之外，免费停车的高峰需求还被严重高估了。下面看一看知名咨询机构帕森斯运输集团[①]在家得宝连锁店[②]高峰停车占用率研究中发现的结果。帕森斯在周六，即一周中最繁忙的一天，每小时对 17 个家得宝连锁店的停车占用率进行观察，发现"连锁店每平方英尺面积与所测量的高峰停车需求之间没有相关性"。[49] 因为所有商店在相似的建筑中出售相同的商品，所以这次选用的样本比 ITE 估计停车生成率的大部分样本更为适合，但高峰停车占用率仍与建筑面积无关。帕森斯以家得宝连锁店为研究对象得到了 ITE 从未考虑过的重要数据——每家连锁店的销售利润。毫不奇怪的是，一家商店的高峰停车占用率与它的销售利润相关：销售额较高的连锁店停车场中有更多的小汽车。帕森斯利用每家连锁店的销售数据来预测其在一年中第五个最忙工作日的高峰停车占用率，并选择这一天作为停车需求供给的"设计日"。帕森斯解释道：

> 选择第 5 个最忙工作日作为设计日，意味着在一年最繁忙的四或五天的高峰时间里，一些顾客可能不会很快找到停车位；但是，顾客在其他时间找到停车位应该不存在问题。[50]

---

① 原文为 Parsons Transportation Group。(译者注)
② Home Depot，即美国家得宝公司，为全球领先的家居建材用品零售商，美国第二大零售商。(译者注)

帕森斯同时采用了每家连锁店在研究日和一年中销售额第五高的那一天的销售收入，来预测第五个最忙工作日的高峰停车占用率。例如，如果某家商店在研究日观察到的高峰停车占用率为 200 个车位，并且该店在一年第五个最忙日的销售收入比研究日多出 50%，帕森斯估计，该店一年第五个最忙日的高峰停车占用率为 300 个车位。[51] 表 2-1 显示了所估计的 17 家门店第五个最忙日的高峰停车占用率 (见第一列)；平均值为 316 个车位 (见最后一行)。

帕森斯将所测算的商店高峰停车占用率，与《停车生成》数据进行了比较，包括五金/油漆/家装等商店基于建筑面积的停车生成率。第 2 列和第 3 列分别显示了同一种用地类型，从停车生成率推测出的高峰停车占用率，以及由回归方程估算的结果。由 ITE 停车生成率推出的平均高峰停车占用率 (420 个车位)，要比帕森斯估计的 316 个车位高出 33%。从 ITE 回归方程推出的高峰停车使用率 (524 个车位) 比帕森斯的估计值高出 66%。

接着，帕森斯比较了这些估算的高峰停车占用率与每家连锁店实际的停车位数量 (第 4 列)，以及城市要求此类用地每千平方英尺建筑面积提供 5 个车位 (第 5 列) 的标准。平均每家商店提供了 530 个车位，比帕森斯估算的一年第五个最忙日高峰停车占用率高出 67%。最后，市政要求的按建筑面积计算的平均停车标准为 639 个车位，比第五个最忙日的高峰停车占用率还多出两倍。[52]

帕森斯有两个发现值得关注。第一，这些家得宝连锁店的高峰停车占用率与建筑面积无关。第二，ITE 的指导方针和城市停车标准均导致一年最忙时间里停车位超额供给。

值得注意的是，高峰停车占用率与高峰需求是两码事。经济学家将高峰需求定义为停车价格与停车数量之间的关系；而将免费停车场所观察到的高峰停车占用率称为"高峰需求、价格为零时的停车需求数量"。当 ITE 停车生成率 (对应于价格为零时的高峰停车占用率) 被宽松地定义为"停车需求"时，就会产生混乱。停车生成率实际上是指免费停车时的高峰需求。为了明确停车高峰占用率和停车需求之间的区别，想象一下巧克力消费的类似研究。营养学家观察一小组非随机抽样的过度放纵的人群，并测量他们每天吃的巧克力数量。所有巧克力都是免费的——每个人可以在任何时候免费再吃一块香浓牛奶巧克力，但他们必须为除巧克力以外的其他食物付费。这个样本消耗的巧克力峰值数量并不能测量出"巧克力需求"，正如停车生成率不能衡量"停车需求"一样。

家得宝连锁店在一年第五个最忙日测量出高峰停车占用率为每千平方英尺 2.5 个车位，而不是 5 个车位。即使停车供给只有每千平方英尺 2.5 个车位，但最糟糕的情况是，在全年最繁忙的四五个小时里，少数司机开进停车场，也不会马上找到空位。一些顾客可能会选择在一年中五个高峰时段不开车去家得宝连锁店——一个小小的不方便——然后停车"短缺"问题可能就会迎刃而解。

表 2-1　高峰停车占用率和最低停车位标准 (基于 17 个家得宝连锁店)

门店编号 G	第五个最忙日高峰占用率估计值 (1)	ITE 停车发生率平均值 (2)	ITE 停车发生率回归方程 (3)	停车位供给量 (4)	每千平方英尺车位需求数 (5)
1	502	430	539	540	654
2	347	445	562	462	676
3	426	428	536	443	651
4	433	427	535	648	650
5	383	430	539	703	654
6	287	433	543	594	658
7	290	447	566	489	680
8	269	379	460	439	576
9	310	426	533	461	647
10	274	427	534	539	649
11	292	428	535	570	650
12	267	428	536	459	650
13	373	330	387	532	501
14	238	433	543	528	658
15	243	430	539	565	653
16	233	436	548	568	662
17	210	386	472	462	587
总计	5,377	7,143	8,908	9,002	10,855
平均数	316	420	524	530	639

来源：帕森斯运输集团 (2002, 第 12 和 19 页)。

尽管 ITE 给出的停车生成率缺少科学依据，甚至会严重高估免费停车的高峰需求，但那些参考《停车生成》制定停车标准的规划师却表现得像惊慌的祈求者一般，在强大的图腾面前弯腰祷告。ITE 用权威的标志免除了规划师独立思考的义务，因为书中有简单的答案。ITE 提供了一个精确的现成数字，但没有解决棘手的公共政策问题，尽管它警告说，"本报告的用户在使用基于少量研究的数据时应格外谨慎"。[53] 这听起来就像卫生部长要求在香烟盒写上警告一样令人怀疑。用户有义务谨慎行事，但规划师仍依赖 ITE 的停车生成率来设定其社区的停车位下限标准。例如，美国快餐店停车位标准的中位数是每千平方英尺建筑面积 10 个车位——几乎等同于 ITE 报告的每千平方英尺 9.95 个车位的停车生成率。[54] 因为停车场每个车位大约占据 330 平方英尺的土地，每千平方英尺建筑面积需要 10 个车位的停车标准导致停车场面积超过餐馆自身的三倍。[55] 规划师预计停车位下限标准可以满足免费停车的高峰需求，停车生成率则准确预测了这个停车需求！当 ITE 发令时，城市规划师在洗耳恭听。

为不确定性规划

当规划师、开发商和租户对未来的停车需求知之甚少时，城市要求他们在申请许可证过程中提供停车位。停车需求的不确定性无可避免，这有助于解释为什么城市经常要求提供更多停车位来满足高峰需求。例如，一栋办公建筑最开始被用于公司总部，经理配备 300 平方英尺办公室，然后由一家电话销售公司使用，每位销售员配备 30 平方英尺隔间。将这么多员工塞入一栋建筑中大大增加停车需求。在一项对 57 个就业中心的调查中，罗伯特·塞维罗发现建筑入住率在每千平方英尺 0.5 人至 6 人之间变化 (比率为 12:1)。[56] 在一项对 33 栋低层办公楼的类似调查中，格伦事务所[①]发现入住率从每千平方英尺 1.6 人至 17 人 (比率为 11:1)。[57] 在西雅图地区，一项对 36 个就业中心的调查发现，人口密度从每千平方英尺 0.5 人变化到 5.6 人 (比率为 11:1)。[58] 考虑到建筑入住率可能的变化范围如此之大，没有人能够准确预测办公建筑在生命周期内的停车需求。

　　ITE 提供数据的格式有助于解释城市在应对不确定性时为什么需要过多的停车位。图 2-2 显示《停车生成》第二版中有关非常规酒店[②]的报告。(四种停车生成率的观测值已添加到散点图。) 四个观测值似乎太少，不足以测算停车生成率，但超过半数的 ITE 停车生成率却是基于四个或更少的观测值基础上完成的。

　　考虑所观察高峰需求的变化幅度 (每客房停车位从 0.29 个到 0.68 个)，当规划师要求为一家酒店设定停车标准时，他们该怎么办呢？ITE 报告称，平均高峰停车占有率为每客房 0.52 个停车位。交通工程师史蒂文·史密斯指出，如果一个城市仅要求足够的停车位来满足平均停车生成率，那么大约一半的场所将遭遇比这一平均值更高的峰值停车需求，所需的停车供应量可能不足。[59]

　　在酒店的例子中，为安全起见，为什么不要求按照观察到的最高需求设置每客房 0.68 个车位？也许每客房 0.75 个车位就不会那么随意了，而每客房 1 个车位似乎也是可行的。PAS 报告了八个城市的酒店停车标准：两个城市要求每客房 0.75 个车位，另外两个城市要求每客房 0.9 个车位，四个城市要求每客房 1 个车位。当设定停车位标准时，规划师对最大停车需求的估计显得相当随意且不确定，然后将最大需求向上修正以设定停车位下限标准。

　　史密斯推荐了一种安全的分析方法，停车位下限标准应满足所有场所观察到的高峰停车需求第 85 分位值：

　　　　设定停车供给水平是一项政策决策，带有一定程度的风险，涉及实际的停车需求将高于或低于 (或随时间变化可能两者都有) 预测需求……[图 2-3] 展示了《停车生成》查看数据的不同方式。对于面积在 10 万至 20 万总平方英尺之间的普通办公建筑，它是停车生成率 (每 1,000 总平方英尺高峰停车数) 的累积分布情况……一种确定停车需求水平的方法，是将停车供给水平设定在曲线的某一百分位之处 (见图

_____

　　① 原文为 Gruen Associates。(译者注)

　　② 原文为 nonconvention hotel。(译者注)

2-3)。以 85% 百分位为例。假设正在规划的建筑与《停车生成》现场样本组具有一致的特征，那么可以说，停车需求将有 85% 的概率低于每 1,000 总平方英尺 3.1 个车位。[60]

这一推理有助于解释为什么停车标准经常超过 ITE 停车生成率，后者代表免费停车的平均高峰需求。史密斯样本中需求 85% 百分位 (每千平方英尺 3.1 车位) 比平均水平 (每千平方英尺 2.5 车位) 高出 24%。但是，要求足够的停车位来满足高峰停车需求 85% 百分位水平 (而不管停车位成本是多少) 是不明智和不切实际的。不明智是因为这会导致比目前更多的免费停车，不切实际是因为半数的停车生成率是基于四次或更少的观察 (22% 是基于一次观察)。

停车生成率

平均生成率	生成率范围	标准差	研究数	平均房间数
0.52	0.29~0.68	*	4	188

散点图和回归方程

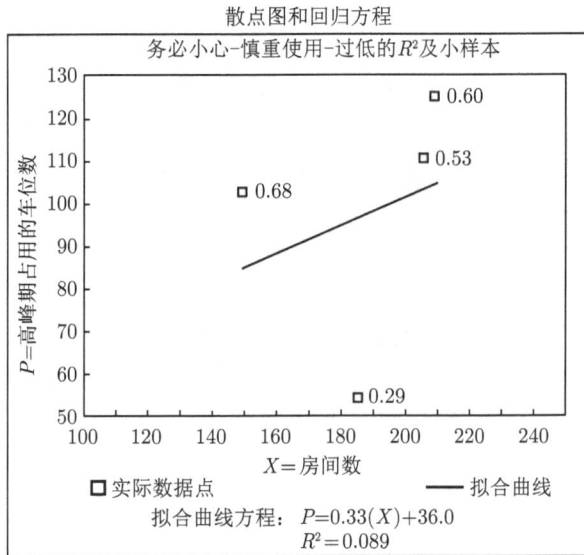

务必小心-慎重使用-过低的 R^2 及小样本

P=高峰期占用的车位数 ; X=房间数

数据点: 0.60, 0.53, 0.68, 0.29

□ 实际数据点   —— 拟合曲线

拟合曲线方程：$P=0.33(X)+36.0$
$R^2=0.089$

图 2-2 ITE 非常规酒店的停车生成率 (《停车生成》第二版，1987)
工作日高峰占用的车位数 vs：房间数

来源：ITE(1987, 44)

2004 年，ITE 发布第三版《停车生成》，图 2-4 显示其中一家快餐店的出行生成报告。[61] 与 1987 年第二版一样，散点图显示建筑面积与高峰停车数之间几乎不存在明显的相关性。1987 年版和 2004 年版的主要差别在于数据呈现方式的变化。高峰时段定义为下午 12:00—1:00，高峰停车占用率明确定义为"停车需求"。2004 年每千平方英尺高峰停车占用率平均为 9.90 辆，与 1987 年的 9.95 辆几乎相同，但 2004 年版中这一平均值的残差有所增加。在 2004 年 46 个研究场所样本中，高峰停车占用率为每千平方英尺 1.45~23.32 辆。最大餐馆的停车占用率位列倒数第二，而中型餐馆的停车占用率最高。没有显示拟合曲线方程和 R^2，但平均停车生成率的 95% 置信区间为每千平方英尺 8.51~11.29 辆。请注意，在回归方程中，这个置信区间并没有放在建筑面积系数旁边，而是用于检验停车位占用率是否与建筑面积有关。由散点图数据计算得到回归方程，R^2 为 0.11，这意味着建筑面积的变化仅能解释高峰停车占用率变化的 11%。快速看一眼这个散点图，也会发现建筑面积与停靠车辆的相关性其实并不大。

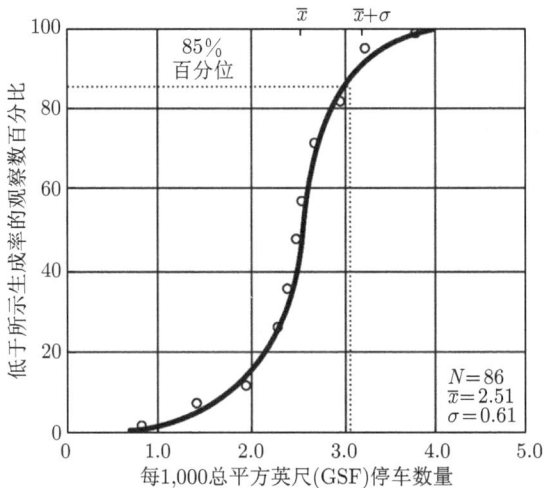

图 2-3　面积为 100,000~299,000 平方英尺的普通办公建筑，停车生成率的累积分布

来源：Smith(1990，27)

第三版的主要创新是增加了停车生成率 85% 百分位：每千平方英尺 14.81 辆。那么，这些新增信息对于停车位下限标准意味着什么？好吧，有一种解释是，如果规划师想确保至少 85% 的机会有足够的停车位，来满足郊区有免费停车场的快餐店有史以来的停车高峰需求，那么就应该要求每千平方英尺建筑面积至少配置 14.81 个车位，尽管样本在停车高峰期的占用率与建筑面积无关。[62] 在第二版和第三版《停车生成》中，最重要的变化是给出了 85% 百分位，它肯定会对交通和土地利用规划产生不利影响。

价格可以调节停车需求 (就像大多数其他商品和服务一样)，但城市绕开市场直接规制停车供给。如果批准建设的开发项目随后产生停车溢出效应，规划师和政客们希望避免批评的声音，所以城市就设定标准要求过度提供停车位，但后来这些车位往往空置，无车可停。人们希望避免因没有足够的免费停车位而受到批评，这有助于解释为什么规划师看起来总假设每个家庭至少拥有两辆车，而每个人只要出行就会开车。因为之后这些假设决定了所有新开发项目所需的停车供给数量，它们已经成为自我实现的预言。停车规划所犯的错误实际上已经融入城市形态之中。1961 年，英国交通经济学家 D. H. Glassborow 有预见性地观察到，"停车收费的好处是，如果它们不见效就可以放弃，但城市里由推土机建造的昂贵工程，其成本是无法收回的"。[63]

统计量	高峰期需求
高峰期	中午 12:00 至下午 1:00
研究场所数量	46
研究场所的平均面积	3,400 平方英尺 GFA
高峰期平均停车需求	每 1,000 平方英尺 GFA 9.90 辆车
标准差	4.81
变异系数	49%
95%置信区间	每 1,000 平方英尺 GFA 8.51–11.29 辆车
变化范围	每 1,000 平方英尺 GFA 1.45–23.32 辆车
第 85 分位数	每 1,000 平方英尺 GFA 14.81 辆车
第 33 分位数	每 1,000 平方英尺 GFA 7.46 辆车

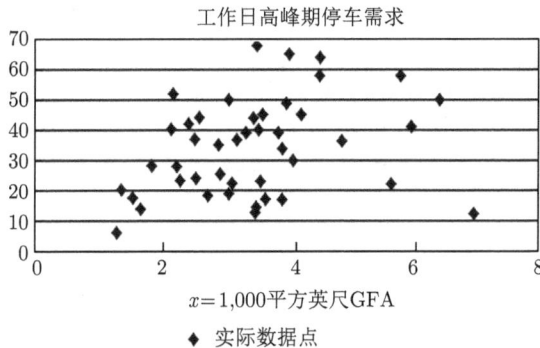

工作日高峰期停车需求

$x=1,000$平方英尺GFA

◆ 实际数据点

图 2-4　ITE 停车生成率，设有免下车窗口的快餐店 (《停车生成》第三版，2004)
工作日平均高峰时段停车需求 vs:1,000 平方英尺总建筑面积 [①]

来源：ITE(2004，288)

为了应对停车需求预测的不确定性，一些城市允许开发商提供较少的停车位，条件是当需求超出预期时，开发商可将预留的土地转变为停车位。例如，加利福尼亚州帕洛阿尔托市允许停车标准最多可减少 50%，条件是这一差额可以通过景观保护加以弥补。后来这些景观保护中，没有一个将预留土地转变为停车用途。[64]

出行生成率产生的问题

一个场所的停车需求取决于去往该地的车辆出行，ITE 发布了另外一份报告

----

① 原文为 GFA(gross floor area)，总建筑面积或总楼面面积。(译者注)

《出行生成》，反映车辆出行次数与土地利用的关系。它给出每一种用地类型的"出行生成率"，用于预测在给定时段到达和离开该类用地的车辆出行数量。1997 年版的《出行生成》这样描述用于估计出行生成率的数据：

> 本文件基于公共机构、开发商、咨询公司和协会向研究所提交的超过 3,750 份出行生成研究报告……数据主要采集自郊区，这些场所很少或根本没有公交服务、附近缺少行人便利设施或交通需求管理 (TDM) 项目。[65]

正如前面讨论的停车生成量估算，ITE 对调查地点的停车价格只字不提，与停车生成量调查一样，大多数样本都很小：公布的 1,515 个出行生成率中，有一半是基于五个或更少地点的调查，23% 仅基于一个地点的调查。[66] 因此，出行生成率衡量的车辆平均出行次数来自几个有大量免费停车但没有公交、行人设施或 TDM 项目的郊区地点。依靠这些出行生成率设计交通系统，城市规划师是为小汽车而不是为人规划城市。

图 2-5 显示 1987 年版《出行生成》有关快餐店的页面。[67] 它报告了一个工作日到达和离开八个调查场所的车辆出行次数。[68] 这八项研究中的每一项在图中用一个点表示，该点显示每天的车辆出行次数 (纵轴) 和餐馆建筑面积 (横轴)。用车辆出行次数除以建筑面积得到餐馆的出行生成率，八个地点的生成率在每千平方英尺 284 到 1,360 次之间。从图中可以看出，该样本中的车辆出行与建筑面积并不相关，位于图下方的回归方程 R^2 为 0.069，极低的数值证实了这一点。[69] 然而，ITE 报告了样本的平均出行生成率——城市规划师通常将其解释为建筑面积与车辆出行有一定相关性——准确地说，每千平方英尺建筑面积每天有 632.125 趟出行。[70] 出行生成率看起来很准确，因为它很精确，但这种精确性又具有误导性。将出行生成率写成每千平方英尺 632 次，而不是 632.125 次，几乎不会改变交通或土地利用决策，因此，小数点后三位的精度除了给人一种准确的印象外，没有任何作用。

图 2-5 底部的回归方程表明，快餐店产生 1,168 次出行 (截距) 加上每千平方英尺建筑面积 242.75 次出行 (系数)，但是系数的 95% 置信区间为每千平方英尺 −650 至 +1,141 次。[71] 由于这个置信区间包含零，数据不能表明车辆出行与建筑面积之间具有相关性。报告中的平均出行生成率意味着较大的餐馆会产生更多的车辆出行，但图上却显示最小的餐馆产生的出行最多，中型餐馆产生的出行最少。尽管其精度很高，但平均出行生成率 (每天每千平方英尺 632.125 次车辆出行) 仍不可靠，无法用于交通规划。

出行生成率

工作日每 1,000 平方英尺总建筑面积平均车辆行程末端				
平均出行率	出行率范围	标准差	研究数	平均 1,000 平方英尺 GFA
632.125	284.000~1359.500	*	8	3.0

散点图与方程

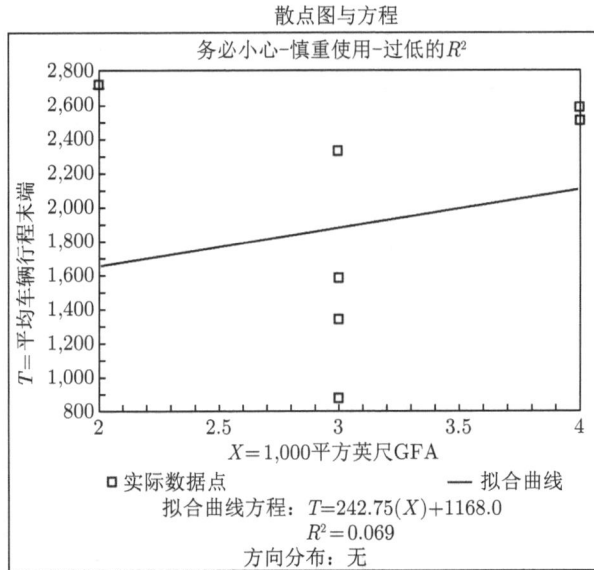

务必小心-慎重使用-过低的 R^2

拟合曲线方程: $T=242.75(X)+1168.0$
$R^2=0.069$
方向分布: 无

图 2-5   ITE 出行生成率，设有免下车窗口的快餐店 (《出行生成》第四版，1987)
工作日平均车辆行程末端 [①] vs: 1,000 平方英尺总建筑面积

来源: ITE(1987, 1199)

　　假设图 2-5 显示的是血液中胆固醇水平 (纵轴) 与 8 名患者 (横轴) 每天服用的阿司匹林药片数量之间的函数关系。这些数据无法说服医学研究者相信阿司匹林会产生效果。但回到交通领域，数据似乎说服了许多工程师和规划师，一个快餐店每天每千平方英尺产生 632.125 次车辆出行。停车和出行生成率将一些基本的观察规律与粗糙的测量过程结合起来，其中不乏有缺陷的统计过程和错误的经济解释。在交通规划中，我们需要更少的精确性——以及更多的真实性。

统计不显著

　　数据量的多寡重要吗？根据传统的统计推断规则，ITE 数据并不能说明一家快餐店的建筑面积对车辆出行或停车需求的影响，因为在这两种情况下，建筑面积系数的 95％置信区间均包含零。[72] 这并不是说停车需求和车辆出行与餐馆的大小不相关，因为常识表明它们有某种关联。然而，过低的 R^2 表明，除了建筑面积以外的其他因素 (如停车价格、社区密度或食物质量) 解释了这些餐馆停车需

————————————
① 原文为 Average Vehicle Trip Ends。(译者注)

求和车辆出行的大部分变化。在两个停车和出行生成的样本中，数据量并不重要，而且根据建筑面积公布精确的平均停车和出行生成率具有误导性。

交通规划的真相

从圣迭戈到旧金山有多远？估计 632.125 英里是精确的 (precise)，但并不准确 (accurate)。估计在 400~500 英里之间的距离不那么精确，但更准确，因为正确答案是 460 英里。

然而，如果你不知道圣迭戈到旧金山有多远，你会相信谁：一个自信地说 632.125 英里的人，还是一个估计说大约在 400~500 英里之间的人？可能是那个说 632.125 英里的人，因为精确的数字给人确定的印象。

ITE 的停车和出行生成率引发了交通规划使用统计数据的一个常见问题。以极其精确的方式报告数据，意味着其准确性有相当好的可信度，但交通工程师和城市规划师通常采用精确的数字报告高度不确定的估计。对于这些精确但不确定的数据，如果对其准确性抱有不必要的信任，就会导致错误的交通和土地利用政策。

一家快餐店停车和出行生成率的这种极端精确性和统计不显著的奇异结合，提出了一个重要问题：有多少其他土地利用的停车和出行生成率在统计上是不显著的？1987 年版的《出行生成》没有说明统计显著性的规则，但它确实对大部分用地类型的散点图和回归方程至少给出两个以上的数据点。尽管如此，对于另外一些用地类型，它给出的数据点不超过 10 个。考虑休闲用地的出行生成报告。ITE 给出了 14 份相关研究，但表示"没有散点图或回归方程——数据不足"。[73] 这 14 项研究中的出行生成率从最高的每工作日每英亩 296 次变化到最低 0.066 次，比率为 4500 : 1。考虑到这么大的变化范围，将平均出行生成率精确到每英亩 3.635 趟，非常具有误导性。

ITE 在 1991 年版的《出行生成》中首次提到了统计显著性条件：

> 只有在满足以下三个条件时，本报告才会显示最优拟合曲线：
> - R^2 大于或等于 0.25。
> - 样本量大于或等于 4。
> - 出行次数随自变量增加而增加。[74]

第三个条件显然是不科学的。例如，假设 R^2 大于 0.25、样本量大于 4，但车辆出行次数随建筑面积增加而减少 (满足前两个条件，但不满足第三个)。在这种情况下，ITE 给出平均出行生成率 (这意味着车辆出行次数随建筑面积增加而

增加)，而不是质疑这个生成率的回归方程。因此，所陈述的条件掩盖了与假设关系相矛盾的事实。[75] 在一个更为严密的世界里，人们可以检验用地类型和车辆出行的关系，而不只是简单假设它们存在关系，而且绝不能隐藏一个被质疑的前提假设的统计检验结果。出行生成数据更接近于数字占卦术，而不是统计学。

图 2-6 来自 1991 年版的《出行生成》，显示了这三个条件如何影响快餐店所报告的出行生成。它显示与第四版相同的八个散点，但省略了回归方程、R^2 以及警告语"务必小心–慎重使用–过低的 R^2"。因为第四版的数据没有变化，这个缺省的 R^2 仍为 0.069，但第五版对不必要的精确性更为谨慎：它将平均出行生成率由每千平方英尺 632.125 次缩减到 632.12 次。[76]

每 1,000 平方英尺总建筑面积出行生成		
平均生成率	生成率范围	标准差
632.12	$284.00 \sim 1359.50$	266.29

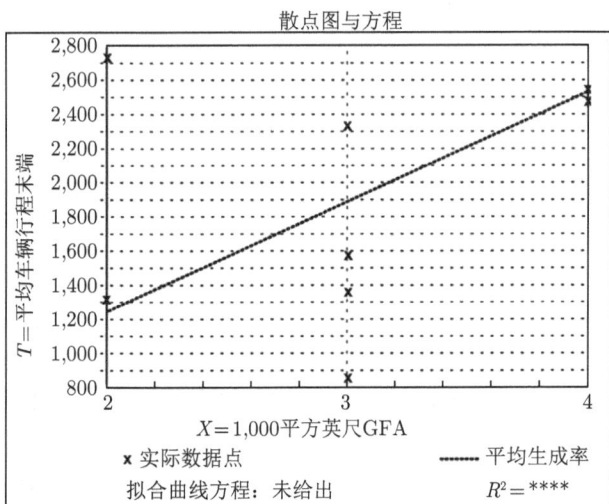

图 2-6　ITE 出行生成率，设有免下车窗口的快餐店（《出行生成》第五版，1991)
工作日平均车辆出行末端 vs: 1,000 平方英尺总建筑面积

研究数: 8
平均 1 000 平方英尺 GFA: 3
方向分布: 50% 到达, 50% 离开

来源：ITE(1991，1308)

ITE 在 1997 年版的《出行生成》中修订了其报告规则。[77] 在新规则下，只有当 R^2 大于或等于 0.5 时才会给出回归方程，而其他两个条件保持不变 (即样本量为 4 个或更多，车辆出行次数随自变量增加而增加)。图 2-7 显示第六版关于快餐店出行生成报告。(ITE 没有解释为什么在第四版和第五版中，所有八个研究地点恰好都是 2、3 和 4 千平方英尺，但第六版中没有一个研究与这些面积相

匹配。) 研究数量增加到 21 个, 平均出行生成率下降到每千平方英尺 496.12 次。R^2 小于 0.5, 但没有告知具体是多少。由于第五版生成率为每千平方英尺 632.12 次, 比较这两个方程可能会发现, 1991 年至 1997 年间, 快餐店的汽车出行次数下降了 22%。但是, 由于之前的生成率 (632.12) 与新的生成率 (496.12) 是从几乎没有相关性的建筑面积和车辆出行次数中得出的, 这个下降的百分比或许来自不可信数据得到的虚假结论。[78] 2003 年, ITE 出版了第七版的《出行生成》, 但快餐店在一个工作日的那一页与第六版的页面完全相同 (见图 2-7)。[79]

每 1,000 平方英尺总建筑面积出行生成		
平均生成率	生成率范围	标准差
496.12	195.98~1132.92	242.52

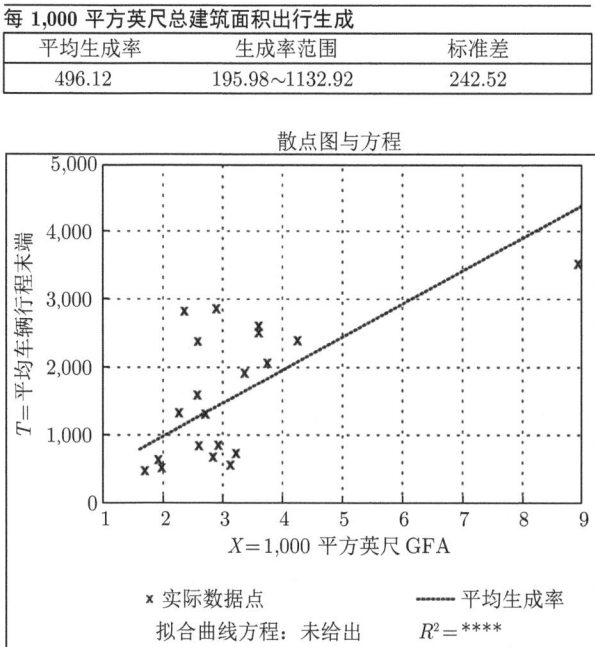

散点图与方程

实际数据点　　　　　平均生成率

拟合曲线方程: 未给出　　　　$R^2 = ****$

图 2-7　ITE 出行生成率, 设有免下车窗口的快餐店 (《出行生成》第六版, 1997)

工作日平均车辆出行末端 vs: 1,000 平方英尺总建筑面积

研究数: 21
平均 1,000 平方英尺 GFA: 3
方向分布: 50% 到达, 50% 离开

来源: ITE(1997, 1401)

1997 年版本中, 1,515 个出行生成率中只有 34% 给出了回归方程。虽然 66% 的生成率没有满足三个显著性条件中的至少一条, ITE 还是为每种用地类型发布了一个精确的生成率, 无论样本有多小或车辆出行与建筑面积有多不相关。比如考虑报告一家设有免下车窗口、但无室内座位的快餐店的出行生成率, 这是 2003 年第七版首次报告的一种新的土地用途 (见图 2-8)。调查了两个场所, 发现较大的餐馆产生更少的车辆出行数。然而, ITE 给出了两个场所的平均出行生成率, 并绘制了一条线, 表明较大的餐馆会产生更多的车辆出行数。这种精确性与常理相

悖，但事实确实如此：在一个工作日交通高峰时段，相邻的街道上每千平方英尺有 153.85 次车辆出行。因此，仅凭两项观测结果就足以推断出这一新用地类型的数据，尽管其精确的出行生成率和散点图在统计上是荒谬的。[80]

每 1,000 平方尺总建筑面积出行生成

平均生成率	生成率范围	标准差
153.85	124.37~191.56	*

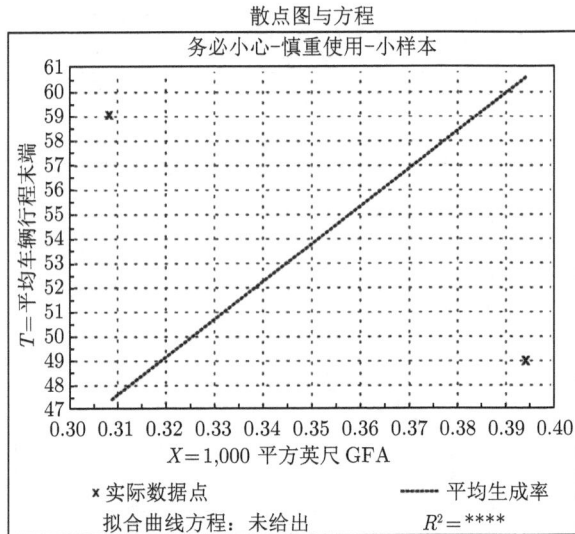

散点图与方程

务必小心-慎重使用-小样本

图 2-8   ITE 出行生成率，设有免下车窗口、但无室内座位的快餐店（《出行生成》第七版，2003）

工作日平均车辆出行末端 vs:1,000 平方英尺总建筑面积

邻近街道高峰时段交通，下午 4 至 6 点之间的 1 小时

研究数：2
平均 1,000 平方英尺 GFA：0.35
方向分布：54% 到达，46% 离开

来源：ITE(2003，1773)

出行生成率仅是交通预测中重力模型的一个简化版本，它们的统计不显著并不让人惊讶。重力模型根据分区特征和广义交通成本预测起点和终点分区之间的出行数，而出行生成率仅作为建筑面积（或其他变量）的函数来预测到达和离开一个场所的车辆出行数，它并不考虑成本。20 世纪 70 年代，加州大学伯克利分校丹尼尔·麦克法登教授（因其对离散选择理论和方法的贡献获得诺贝尔经济学奖）将出行需求预测的分析重点从分区之间的出行转变为个体出行，从而使出行需求预测发生革命性变化。正如他所言，"分区不会产生出行；但人们会产生出行"。[81] 类似地，土地利用不会产生车辆出行，但人们会产生车辆出行。

对于相同的用地类型 (如快餐店)，不同地点的交通情况可能会有很大差异，影响达到和离开每个场所车辆出行次数的因素众多，而建筑面积只是其中一个 (甚至可能不是关键因素)。虽然单靠一个建筑面积变量无法准确预测车辆出行次数，但城市规划师和交通工程师仍将出行生成量作为建筑规模的函数进行报告，因为他们一直这样做。然而，尽管出行生成率具有一定的精确性，但对土地利用与交通之间关系的估计并不可靠，理论依据也相对不足。ITE 停车和出行生成率是另一个例子，迈克尔·布鲁克斯 (美国规划协会和美国规划院校联合会前任主席) 指出，"遗憾的是，许多所谓合理的规划原则只是建立在传统基础上，却经久不衰"。[82] ITE 的停车和出行生成数据与其说是土地利用、停车需求和车辆出行之间关系的事实，不如说提出了一个重要的问题：为什么这些关系往往在统计上不显著？

有效数字

ITE 的惯例是将每个停车和出行生成率四舍五入到小数点后两位数字，这模糊了精度和准确性之间的区别。[83] 一个估计值总是存在一些相关的不确定性，用来表示估计值的有效位数应该反映出这种不确定性。一个数字的最低有效位数①是离小数点右边最远的一个，除非另有说明，否则任何数字的精度通常设为最低有效位数 ±1。在典型的工程背景下，用五个有效数字表示的估计值似乎比仅用两个有效数字表示的估计值更准确。用于表示估计值的有效位数应与相关的不确定性有关，因此，ITE 自动保留小数点后两位的惯例是不适当和不科学的。准确度比小数点后的数字一致性更重要，ITE 不应仅仅为了统一而报告无关紧要的数字。

如果所有《停车生成》和《出行生成》的用户都受过统计学和交通工程方面的良好训练，那么 ITE 荒谬的精度就不那么重要了，但实际的用户是一个广泛而多样化的群体。[84]ITE 自己也说，"《出行生成》是一个教育工具，面向规划师、交通专业人士、分区规划委员会以及对拟建项目的车辆出行量感兴趣的其他读者"。[85] 这些人中的许多人没有受过统计学和交通工程方面的培训。分区规划委员会由选举产生或受聘于各自的职位，履行他们作为志愿者的职责，并在很大程度上依赖《停车生成》和《出行生成》等参考资料。他们可能不会意识到，报告上的生成率经常在统计上不显著，而且仅涉及郊区有充足免费停车却没有公交的场所。

严重的后果

由于许多人依赖 ITE 手册来预测城市发展对停车和交通的影响，但手册以误导性的精度报告统计上不显著的估计值，这就产生了严重的问题，例如，在评估开发项目的影响时，有时为了一个精确的出行发生率是否正确，开发商和城市管理部门会产生激烈的争论。就发生率的不确定性而言，这种争论是可笑的。不过，

---

① 原文为 the least significant digit。(译者注)

证明对错的责任被转移到开发商身上，他们必须支付专项研究费用，以证明实际的出行生成率可能低于 ITE 手册上的数字。一些分区法规规定，当土地用途未明确列入分区法规中的停车标准清单时，则默认采用该土地用途的 ITE 停车生成率。因此，《停车生成》直接决定了许多城市的停车标准。[86] 而且由于开发商希望他们的项目能够在最少的谈判和最短的延迟下获得批准，他们通常会毫无异议地提供所有要求的停车位。

有些城市甚至根据出行生成率来划分分区的类别。考虑加利福尼亚州贝弗利山的分区规划条例：

> 使用强度不得超过交通工程师学会最新版本的《出行生成》中规定的每千平方英尺总建筑面积每小时十六 (16) 辆车次，或每天 200 辆车次。[87]

因此，精确但是不确定的 ITE 数据决定了城市允许使用哪种用地类型。

按理说，缺乏统计或理论基础的所谓科学法庭证词现在通常被称为"垃圾科学"。如果它们基于统计不显著的结果，停车和出行生成率有可能被归为垃圾科学，尽管它们一旦纳入市政法规就很难被质疑。规划本质上是一种不确定的活动，但是土地利用规制的法律制度使规划决策难以承认不确定性。承认停车和出行生成率的基础薄弱，将使土地利用决策面临无数来自开发商、邻里社团、财产权拥护者的法律诉讼，所有这些人都可以正当地质疑这种设定停车标准"科学"的合法性，并可能为更多或更少的停车位数量而辩论。此外，大多数人没有接受过统计学方面的训练，采用一个置信区间而不是一个精确的估计可能会给他们带来困惑。最后，为研究支付了大量资金的客户都觉得他们理应得到确定的结果。这种对确定性的渴望——或者至少是一种可信度的表象——解释了为什么交通工程师、城市规划师、开发商和民选官员依赖于这些精确的点估计来报告高度不确定的停车和出行生成率。

在美国以外的地区也会将 ITE 的停车生成率用于规划目的，甚至比在美国本土使用得更不恰当。在一份关于新加坡商业开发项目的停车生成研究中，Henry Fan 和 Soi Hoi Lam 报告说，"在可能的情况下，亚洲城市拟建开发项目的停车标准根据西方城市制定的比率来确定"。[88] 当 Fan 和 Lam 研究新加坡 13 个商业场所高峰停车占用率时，发现停车生成率仅为《停车生成》报告中的三分之一或四分之一。[89] 显然，美国以外地区使用 ITE 数据来设定停车位下限标准，可能会导致停车位总量过剩。

诱发需求

交通科学处于人口统计学和地理学的交叉之处。不管身处何方，人们经常需要达到某处，出行需求因而从分散的空间活动中诱发出来。[90] 停车需求也是诱发产生的，但是被什么诱发而来？家以外场所的停车需求来自车辆前往这些场所的需求，在家停车的需求则来自汽车保有量，而汽车保有量本身又来自选择驾车出行的需求。在一些特殊情况下，比如购买老爷车，停车需求来自拥有古典汽车本身的需求，而不是来自出行需求，但是很少有人把停车看作是出行的最终目的。

汽车出行诱发的需求与停车诱发的需求，在一个关键之处会有所不同。汽车出行需求取决于离你想去的地方有多远，而停车需求则取决于在你达到目的地之后想停留多久——即出行-末端-小时数[①]或停车持续时间[②]。车辆至一个场所的出行量与在该场所停车持续时间的关系，决定了每个场所的"停车周转率"。

停车周转率问题

将每天开至一个场所停放的汽车数量除以该场所的停车位，可得到停车周转率[③]，它反映了一天中依次占用一个停车位的平均汽车数量。例如，如果每天有 100 辆车停在一个有 20 个车位的场所，那么周转率为每天每车位 5 辆车。如果 ITE 的停车和出行生成数据是可靠的，它们应该给出每种用地类型停车周转率的可靠估计。但是，实际情况是这样吗？

对于《出行生成》和《停车生成》两书中可比较的用地类型，表 2-2 给出了它们的出行生成率 (第 1 列) 和停车生成率 (第 2 列)。[91] 第 3 列为停车周转率。例如，如果快餐店每天每千平方英尺建筑面积产生 316.1 次车辆往返出行，高峰停车占用率为 10 个车位，那么平均每个常规的工作日大约有 32 辆不同的汽车占用每个停车位 (316.1÷10)。[92]

这些数据产生了一些奇怪的结果。家具店的停车周转率每天每车位只有 1.8 辆车，这意味着交易缓慢。在网球俱乐部，一天有 23 辆车，这意味着快速周转。在一家便利市场，每天每个车位上停留过 315 辆不同的汽车，这意味着顾客疯狂地采购。数据也显示出另一些反常现象。免下车窗口应该可以减少停车需求，因为有些客户在进行交易时不停车。尽管如此，在一家有免下车窗口的银行，停车生成率是没有窗口的银行的七倍 (每千平方英尺 4.2 车位和 0.6 车位)，这与人们预期的相反。在银行增设一个免下车窗口，肯定不会将高峰停车需求提高七倍之多。[93]

用一个不确定的估计值除以另一个估计值会使不确定性增加。单独来看，每个停车或出行生成率都貌似有理，但是其中隐含的停车周转率看起来却很可疑。网球俱乐部一天每个车位难道真的有 23 辆车占据？一家没有免下车窗口的银行，一天每个车位难道会被 151 辆不同的汽车占据？这些奇怪的周转率恰恰提供了进

---

① 原文为 trip-end-hours。(译者注)

② 原文为 parking duration。(译者注)

③ 原文为 parking turnover rate。(译者注)

一步的证据，要么停车生成率或出行生成率——要么两者同时——不可靠。它们不可靠的部分原因是它们基于小样本 (表内 23 个用地类型中有 6 个的停车或出行生成率基于一次单独的调查)。此外，每种用地类型的停车和出行生成量是在不同地点和时间进行调查。[94] 这些难以置信的周转率还揭示出一个更严重的问题：对交通和土地利用规划而言，停车和出行生成率是带有误导性的指南。

表 2-2　停车周转率

土地用途	出行发生数	停车发生数	停车周转率
	(往返出行数/天)	(车位)	(往返出行数/车位)
	(1)	(2)	(3)=(1)/(2)
制造业	1.9	1.6	1.2
研究中心	3	**1.8**	1.7
家具店	2.2	1.2	1.8
高层公寓	2.1	0.9	2.4
住宅公寓	3	1.1	2.7
诊所	**11.9**	4.1	2.9
大学	1.2	0.4	3.3
医院	5.9	1.8	3.3
高中	0.7	0.2	3.6
优质餐馆	47.8	12.5	3.8
仓库	2.4	0.5	4.9
码头	1.5	**0.3**	5.8
退休社区	1.7	0.3	6.1
政府机构	**34.5**	3.8	9
折扣商店	35.6	3.6	10
五金店	25.6	2.4	10.6
超市	62.8	2.9	21.9
网球俱乐部	**16.5**	0.7	23.2
快餐店 (带免下车窗口)	316.1	10	31.6
快餐店 (不带免下车窗口)	388.6	11.7	33.3
银行 (带免下车窗口)	145.6	4.2	34.4
银行 (不带免下车窗口)	95	**0.6**	150.8
日用杂货市场	443.5	1.4	314.6

周转率按如下单位计算：公寓楼、高层住宅和退休社区的每个住宅单元；医院的每张床位；小艇停靠区的每个锚位；高校和大学的每位学生以及其他用地类型的每千平方英尺建筑面积。所有比例均为工作日。黑体字标出的周转率来自一次单独调查。

来源：交通工程师学会 (1987a，1987b)。

为蔓延而规划

当 ITE 停车和出行生成率用于城市规划时，它们的统计缺陷造成了严重后果。大多数 ITE 样本太小，无法得出具有统计意义的结论，而 ITE 收集数据的方法使停车和出行率较高的场所观测结果偏高。较大的样本可以减少统计不显著问题，但与生成率有关的一个更严重的问题依然存在：它们测量的是拥有充足免费停车的郊区场所的高峰停车需求和车辆出行数。利用这些数据来规划一个城市，最终会导致更多的交通出行、更低的城市密度以及更大的城市蔓延。

那么，ITE 停车和出行生成率如何影响交通和土地利用规划？可以看看美国免费停车规划的六步循环过程 (见图 2-9)。第一步，交通工程师调查几个有免费停车场但没有公交的郊区场所的高峰停车需求，ITE 以误导性的精度将这些结果发布在《停车生成》上。第二步，城市规划师查询《停车生成》以设定停车位下限标准，这样观察到的最大停车位需求变成强制要求的最小停车供给。第三步，开发商按城市要求提供所有停车位，过多的供给使大多数停车价格趋向于零，而较低的汽车出行价格增加了车辆出行数量。第四步，交通工程师在有免费停车场但没

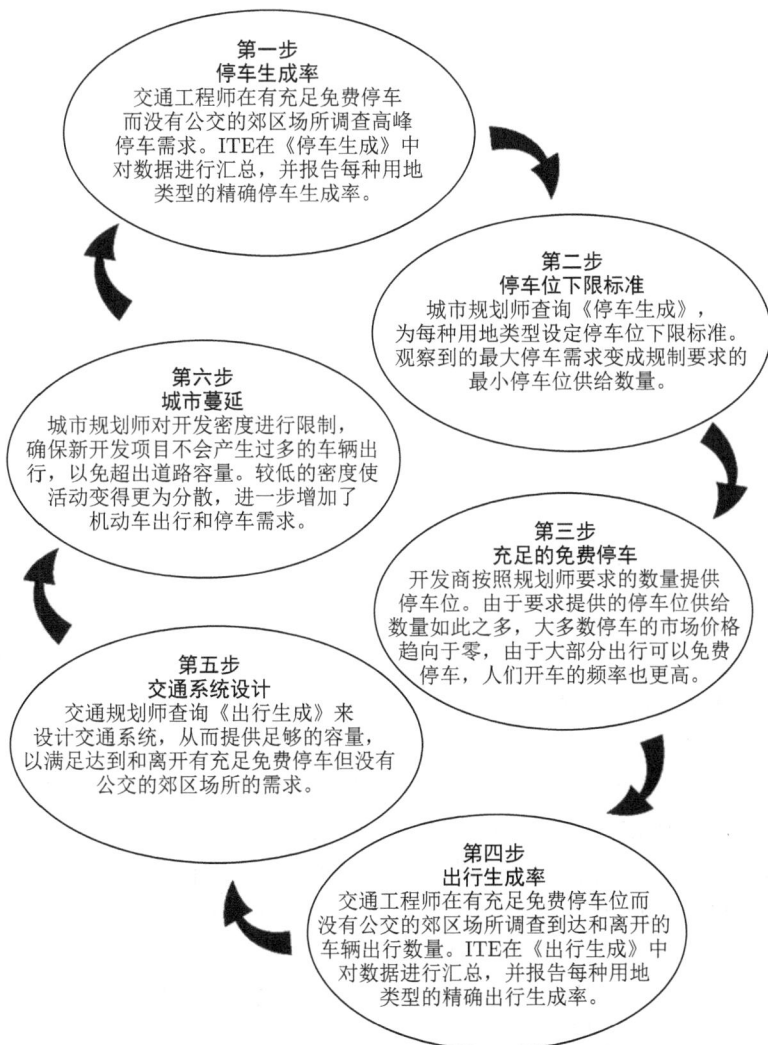

第一步
停车生成率
交通工程师在有充足免费停车而没有公交的郊区场所调查高峰停车需求。ITE在《停车生成》中对数据进行汇总，并报告每种用地类型的精确停车生成率。

第二步
停车位下限标准
城市规划师查询《停车生成》，为每种用地类型设定停车位下限标准。观察到的最大停车需求变成规制要求的最小停车位供给数量。

第六步
城市蔓延
城市规划师对开发密度进行限制，确保新开发项目不会产生过多的车辆出行，以免超出道路容量。较低的密度使活动变得更为分散，进一步增加了机动车出行和停车需求。

第三步
充足的免费停车
开发商按照规划师要求的数量提供停车位。由于要求提供的停车位供给数量如此之多，大多数停车的市场价格趋向于零，由于大部分出行可以免费停车，人们开车的频率也更高。

第五步
交通系统设计
交通规划师查询《出行生成》来设计交通系统，从而提供足够的容量，以满足达到和离开有充足免费停车但没公交的郊区场所的需求。

第四步
出行生成率
交通工程师在有充足免费停车位而没有公交的郊区场所调查到达和离开的车辆出行数量。ITE在《出行生成》中对数据进行汇总，并报告每种用地类型的精确出行生成率。

图 2-9 免费停车规划的六个步骤

有公交的郊区场所，调查到达和离开的车辆出行数量，ITE 将结果以误导性精度发布在《出行生成》中。第五步，交通规划师参考《出行生成》作为设计交通系统的指南，将汽车吸引至免费停车之处。[95] 第六步，城市降低可允许的密度，这样开发项目就不会产生更多车辆出行，以免超出邻近道路所能承载的容量。这种低密度将各种活动分散得更远，增加公交、自行车和步行的成本，并进一步增加汽车出行和停车需求。当交通工程师再次在有免费停车场但没有公交的郊区场所调查高峰停车需求时，这个循环就完成了——真是令人称奇——结果发现我们"需要"更多的停车位。错误地使用精确的数字来报告不确定的数据，给这种精心设计但不科学的做法披上了一层严谨的外衣，循环论证的逻辑解释了为什么停车、交通和土地利用的规划出现微妙、渐进的错误。[96]

　　ITE 数据并没有直接导致这种循环过程，在最早版本的《出行生成》(1976) 和《停车生成》(1985) 出版之前，这种循环过程开始扭曲交通和土地利用规划。1965 年，经济学家埃德加·胡佛用至今仍适用的语言描述了循环规划过程：

　　　　在实践中，公路建设项目与停车建设项目的分离 (它们分属于不同且相对独立的官僚机构或权力部门) 导致了更为有害的因素。我们知道这样一个故事：一个人为了吃完黄油，多拿了一块面包，然后又拿了一块黄油来吃剩下的面包，如此下去，直到吃撑为止。同样，每一条新的高速公路进入拥挤地区，都会观察到需求以及公众对更多停车设施的压力增加；市区每增加一个停车场，就会增加更多新的高速公路需求，以吸引更多的人前来；循环往复，遥遥无期。其中涉及两个相互独立的公共部门，每一个都可以令人信服地争辩说，它只是在努力满足一种无可否认的强劲且不断增长的需求。[97]

　　自从 1965 年胡佛的观察以来，唯一的变化是，交通工程师和城市规划师现在有了精确的停车和出行生成率，以量化停车和公路那种"无可否认的强劲且不断增长的需求"。工程师和规划师在收集和解释停车和出行生成数据时相互促进，他们的互动有助于解释为什么美国停车规划实际上是在规划免费停车。

　　对于道路，高速公路建设时期的规划策略是"预测且提供"①，即先预测交通量，然后建设足够的道路空间来容纳交通量。到了 20 世纪 70 年代，急剧上升的公共支出减缓了大多数高速公路项目的发展速度，尤其是在加利福尼亚州，新开通的高速公路里程数在 1966 年达到峰值 342 英里，之后下降至 1972 年仅有的 66 英里，到 1978 年仅有 17 英里，12 年内下降了 95%。[98] 相比之下，对于停车的规划策略是"预测且要求"②。结果预测-且-要求的停车策略甚至比预测-且-提供的道路策略

————————————

① 原文为 predict and provide。(译者注)

② 原文为 predict and require。(译者注)

更具灾难性，因为停车成本完全是隐蔽的，并且在规划过程中也没有预算限制。城市要求提供停车位，从不考虑停车应该如何收费，不考虑建设和维护成本，也不考虑对交通、土地利用、经济和环境会产生更广泛的影响。停车标准也忽视了当地的发展背景。更高的城市密度一定程度上减少了汽车保有量，部分原因是步行、自行车和公共交通可以到达更多地方，但城市很少降低高密度开发项目的停车标准。高速公路建设时代已经结束，但停车建设时代正进入全盛时期。

不妨假设城市采用与停车融资类似的方式为造路提供资金。城市要求新建筑为增加足够的道路容量付费，以解决所有额外产生的车辆出行。例如，每栋新建筑要支付道路拓宽和交叉口扩容的费用以满足开车出行的新增需求，以免增加交通拥堵。和停车成本一样，道路的成本会以更高的价格从开车人转移到除开车以外的一切事物。这是个好主意吗？当然不是，因为除了司机以外，每个人都会为道路买单，而且车辆出行也会增加。如果不考虑道路和停车场的资金来源，我们就无法预测交通量，当开车人不直接为道路和停车付费时，他们自然会"需要"更多的道路和停车场。

将道路成本从开车人身上转移出去是不明智的，但许多地方政府正是这么做的。在新的住宅小区，开发商必须支付所有内部道路的全部成本，而这些成本将转移到土地所有者或购房者身上，而不是机动车驾驶者。从空中俯瞰当地街道，通常能看到停泊的汽车远远超过正在行驶的汽车，因此开发商造路的成本很大一部分是补贴停车而不是开车。无车的居民和有多辆车的居民一样为当地的道路买单。此外，加州的一项调查发现，59%的县郡和56%的城市对新开发项目征收"交通影响费"，为道路改善提供资金。42%市辖区的收费依据是拟建项目每天的车辆出行次数，34%是基于项目规模（平方英尺，住宅单元数），23%是基于高峰小时车辆出行次数。[99] 例如在加州信号山，开发项目每天产生的费用为每车次 66 美元，"根据交通工程师学会最新出版的《交通生成》手册"，出行次数通过项目规模乘以出行生成率计算。[100] 例如，快餐店出行生成率为每千平方英尺 496.12 次（见图 2-7）。因此，信号山的交通影响费为每千平方英尺 32,744 美元（66 美元 ×496.12 次），或每平方英尺餐馆面积 32.74 美元。因此，出行生成率决定了城市的税率。当然，餐馆也必须满足城市停车标准。

ITE 自然会对任何误用停车和出行生成率的行为表示遗憾，并警告用户在 R^2 较低时要当心（尽管它在最新版本的《停车生成》和《出行生成》中删除了这一警告）。ITE 还建议用户根据特殊情况修改出行生成率：

> 在特定场所，用户可能需要修改本文件中的出行生成率以适应以下情形：公交服务、合乘或其他 TDM（交通需求管理）措施、增加行人和自行车出行机会，或者场所及周围区域的其他特征。[101]

尽管如此，ITE 并未建议用户如何根据场所或周围区域的任何特征来修改生成率，并且由于停车价格会影响出行生成，ITE 也没有将停车价格纳入特征列表中。[102] 对预测高峰停车使用率和车辆出行数而言，《停车生成》和《出行生成》是相当粗略的指南，适用于预测低密度、郊区、单一用途场所的停车高峰期占用率和车辆出行数量，这些用地有免费停车，没有其他方式替代小汽车，而不适用于预测其他地方。停车需求和车辆出行可能随用地类型变化较小，还不及一些被ITE 忽略的因素，如停车价格、城市密度、小汽车替代方式的可得性等影响更大。

对《停车生成》数据的一个幼稚解释是，免费停车的高峰需求就是停车需求，ITE 本身似乎也接受这一点。ITE 的另一份出版物《交通和土地开发》将停车需求定义为：

> 在特定时间段内给定区域所需的停车位数量……一个可用的数据源是 ITE 的《停车生成》第二版。它包含 60 多种不同用地类型的停车需求特征。[103]

这个定义反映了大多数司机对停车需求的看法。每当停车场人满为患时，我们自然会得出这样的结论，停车场不能满足需求，而不是停车价格太便宜了。而且，当停车场经常爆满时，我们得出的结论是应该增加停车位标准，而不是应该支付更多停车费。ITE 数据很容易被误用，因为即使统计上不显著，它们看起来也合情合理。

数据使用者应该经常扪心自问，数据是否适合预期的用途。只有使用者会误用数据，但是当 ITE 采用精确的数字给出统计不显著的估计时，好像在邀请人们来误用这些数据。这种虚假的精度有助于让停车标准和出行生成率成为规划行业的教条。

诚实的错误

停车和出行生成数据中的向上偏差①不同于高估拟建交通项目预期效益的战略误报。研究过交通预测重复性错误的分析师通常认为，预测者及其委托人的经济利益有助于解释这样的结果。Bent Flyvbjerg、Mette Holm 和 Søren Buhl 在《美国规划协会杂志》②上撰文说：

> 当一个项目向前推进时，它为工程师和建筑公司创造了工作机会，许多利益相关者也赚到钱了。如果这些利益相关者参与或间接影响预测过程，那么可能会以某种方式影响结果，使项目更有可能建成。对这

---

① 原文为 upward biases，向上偏差或向上偏误。（译者注）

② 原文为 Journal of the American Planning Association。（译者注）

些利益相关者来说，低估成本和高估收益将在经济上是合理的，因为这会增加收入和利润的可能性。[104]

他们对 258 个总成本为 900 亿美元的交通项目进行抽样研究，发现用于决定是否建设这些项目的预测存在系统性误导。当然，道路、桥梁、铁路和隧道都是为公共利益服务的，但它们也服务于建筑公司、工会、工程师、政客、投资人、律师和开发商的私人利益，所有这些人都希望对项目的收益和成本做出乐观预测。

交通经济学家唐·皮克雷尔在比较美国八个城市轨道项目开通后实际乘坐率与预测值时发现存在类似的错误。他发现，有七个项目实际乘坐率少于预测值的一半。八个项目中有七个的成本也远高于预期，成本超支比例从 17% 到大于 150% 不等。他总结说，这些错误的根源并不是预测乘坐率和成本的困难，因为几乎每一个错误都将规划选择导向同一个方向：建设轨道交通。他还得出结论，联邦政府对轨道项目的拨款有助于解释这种乐观的预测：

> 公共交通规划过程被简化为一个论坛，在这个论坛上，地方官员利用夸大的预测与其他城市的同行竞争，为他们已经承诺支持的项目争取联邦资金，但他们认识到，在与可行的替代方案进行不偏不倚的比较时，他们无法获胜。[105]

马丁·瓦克斯解释说，规划师的预测并不是简单的分析性研究，因为规划师为雇主或委托人工作，他们出于意识形态、政治承诺或经济上的私利而偏爱特定的政策或项目。因此，当规划师预测拟建项目的结果时已经划分好了立场：

> 规划师经常被困在两个相互竞争的角色模型之间。一方面，规划师可能把自己看作是"科学家"，他们分析数据以发现真相，并得出最佳行动方案。另一方面，规划师将自己视为"倡导者"，他们利用数据和模型来证明，在特定情况下客户或雇主首选的行动方案是最佳选择。这两个角色天生就相互冲突。[106]

交通预测中这些众所周知的问题产生一个重要的疑问：停车和出行生成率的估计出现系统性向上偏差是否源于对结果的经济利益？我认为，答案绝对是否定的。交通工程师们正在努力发现真相，但停车和出行生成率之所以出现向上偏差，是因为规划师测量的是高峰期的停车使用率，以及在有充足免费停车且没有公共交通的郊区场所观察车辆出行数量。这种偏差是真实存在的，而策略性地歪曲事实并不是导致这些偏差的原因。编撰《停车生成》和《出行生成》的志愿者委员会致力于交通工程专业，他们与错误陈述结果没有任何个人利益关系。错误不是为迎合某些人的个人利益而产生的。

停车和出行生成研究产生向上偏差是可以理解的。想要统计达到一个场所汽车数量的愿望解释了为什么"获取可靠停车生成数据的理想场所应该 …… 包括大量便利的停车设施，且交通量由独立使用该场所产生"。[107] 停车生成率偏向于有充足免费停车场的郊区场所，因为这些是唯一满足条件的地点，容易识别停放的汽车归于每个特定目的地，且供应不限制需求。这同样适用于出行生成率。例如需要对每一位顾客进行面谈，估计每个人开车到市中心用餐的车辆出行数，或计算他们停放的汽车数量。在人口稠密的城市地区，停车和出行生成不容易观察到。

在报告准确的停车和出行生成率时，难以容忍的是忽视了传统的统计推断规则。大多数样本都太小了，很难找出用地类型与停车使用率或车辆出行之间的统计显著关系。由于缺失了标准统计检验过程，因此不愿意向读者指出大部分停车和出行生成率在统计上不显著。除了郊区偏差和统计不显著问题，ITE 无法控制《停车生成》和《出行生成》研究的准确性。任何人可以提交一份这样的研究成果，包括作为课堂练习的学生，因此这些数据并不真正符合科学观察的要求。如果我们接受这样的准则，即最差的数据来源也能保证研究结果是好的，那么停车和出行生成的预测质量就会严重受损。

精确而不准确

土地利用决策究竟产生了什么结果？停车和出行生成的估算反映了这一重要信息的实际需求。市民们想知道开发项目如何影响周边社区的停车需求和交通拥堵。开发商想知道需要为雇员和顾客提供多少停车位。规划师们想知道如何规制开发项目以防止出现停车和交通问题。政治家想知道如何避免不开心的停车者发出抱怨。这些都是合理的关注点，但以不必要的精度报告停车和出行生成率，既造成对数据的误解，也造成对数据的错误信心。对于思维简单的用户来说，这些精确的比率看起来就像常数，类似于水的沸点或光速。这种虚假的精度正像经济学家弗里德里希·哈耶克在 1974 年诺贝尔经济学奖演讲中所说的知识伪装，他警告说，

> 不加批判地接受貌似科学的论断，在更广泛的领域里造成了长期的危害 …… 总有一些人会假装，也许是真诚地相信，他们可以做更多的事情来满足民众的需求。对专家而言，要区分以科学名义提出的合法和不合法的主张往往是相当困难的，而且在许多情况下，外行人也不可能做到这一点。[108]

当规划师设定停车标准、工程师设计交通系统时，他们通常把停车和出行生成看作物理规律，把 ITE 数据当作科学观察。但是，正如另一位伟大的经济学家约翰·冯·诺依曼所说，"如果你连自己都不知道在说什么，那么对某件事情的精

确毫无意义"。[109] 停车和出行生成是一个鲜为人知的现象,它们都取决于许多因素,尤其是停车价格。不管你喜欢与否,需求是价格的函数,而不是一个固定的数字,不会因为我们忽视它而不再是事实。(如果比萨是免费的,你会多吃多少? 当然会比按片付费多很多。) 如果不考虑价格来估计停车需求,这是一种没有经济效益的规划。大多数城市的规划都是基于一个未声明的假设,即停车应免费——不管成本有多高,效益有多小。

五种简单的变革

城市规划师和交通工程师自认为他们知道土地利用如何影响停车和出行生成,他们倾向于抵制关于交通和土地利用之间关系的新观点。ITE 精确但误导性的停车和出行生成率在实践中催生了规划标准,要求提供无处不在的免费停车,这使得汽车在交通系统占据主导地位。怎样才能改善这种状况? 这里有五种简单的改革措施:

1. ITE 应该声明,报告中每个停车和出行生成率仅适用于有充足的免费停车场而没有公交、行人设施或 TDM 项目的郊区场所。

2. ITE 应该给出报告中每个停车和出行生成率的回归方程和 R^2,并说明方程中建筑面积的回归系数 (或其他自变量) 是否与零不相关。

3. ITE 应该给出停车和出行生成率的置信区间,而不仅仅是精确的点估计。

4. 城市规划师应认识到,即使 ITE 数据是准确的,它们仅适用于郊区有免费停车而没有公交服务的场所。采用这些数据设定停车位下限标准,将决定一个低密度、汽车主导、到处是免费停车的城市形态。如果规划师不降低公交站附近的停车标准,那就是在假设人们开车频次与没有公交时一样多。

5. 最后,英国版的《出行生成》提出了一些可能的改进措施。"出行率信息计算机系统"①(TRICS) 给出每个调查点及其周围环境特征的完整信息。[110] 因此,使用者可以基于可比较的场所信息来估计出行生成率。除了车辆计数,TRICS 还包括了到达和离开一个场所的所有人群 (行人、骑车者、公交用户以及小汽车使用者) 计数,TRICS 不仅包括汽车出行,还从更广阔的角度看待交通运输。当包含了所有出行方式时,个人出行生成率通常远高于车辆出行率。

由于其狭隘的关注点集中在郊区有充足免费停车场所的车辆计数,《出行生成》对美国交通和土地利用之间的关系提供了精确但不确定、扭曲且不完整的测量方法。幸运的是,ITE 停车和出行生成委员会②在每一版《停车生成》和《出行生成》中寻求改进。在今后的版本中,他们应该满足于较少的精确性,而努力提

---

① 原文为 Trip Rate Information Computer System。(译者注)

② 原文为 Parking and Trip Generation Committees。(译者注)

高准确性。[111]

　　交通工程师和城市规划师也应该思考刘易斯·芒福德的这一警告："在一个人人都拥有私人汽车的时代，乘坐私人机动车进入城市每一栋建筑的权利，实际上就是摧毁城市的权利。"[112] 交通工程师与城市规划师在生产和消费停车及出行生成数据时，他们不正常的互动已经严重损害美国城市。对《停车生成》和《出行生成》的改革将减少一些对停车和出行"需求"的普遍误解，并将改善交通和土地利用规划。大致正确总比完全错误要好。

结论：停车需求的完美概念

　　停车规划背后的愿景是一种提供免下车服务的乌托邦之旅，城市通过立法将这一愿景落实到每一栋新建筑上，而不考虑成本有多么昂贵。满足高峰期免费停车需求的路外停车位下限标准，实际上就是免费停车标准。城市规划师可能迷信停车需求这个完美的概念，而经济学家则相信市场选择会揭示消费者对汽车出行的偏好。但是，停车需求既不是完美的构思，也不会从公平市场的消费者偏好中产生。事实上，规划师在很久以前就与市场结合在一起，导致了今天汽车和停车需求的膨胀。

第 2 章注释

　　1. 加利福尼亚州布埃纳公园市 (Buena Park)，城市法规第 19.536.040 节。规划咨询服务 (Planning Advisory Service，2002，7) 在美国城市路外停车位下限标准的最新调查中称，"大多数 [城市] 只是简单地声明，比如'本章的规定是为了确保提供足够的路外停车设施以满足城市内的停车需求'"。

　　2. 见附录 B。

　　3. Mogren 和 Smith(1952，29)。样本包括 1946 年和 1951 年 76 个相同的城市。从 1951 年的调查中剔除无关应答者后，81％的城市已经或正在采用停车标准；在 1946 年的调查中不存在无关应答者。

　　4. "商业区"，洛杉矶地区规划委员会，洛杉矶，加利福尼亚，1944 年；引用自 Mogren 和 Smith(1952，33)。这个"不能减少的最低"停车位标准对零售业建筑面积或商业面积保持相同的配置，为每千平方英尺零售或办公空间约 3 个停车位。仅仅在 16 年之后，城市土地研究所 (Urban Land Institute) 报告说，"根据购物中心规划方面的长期试验和经验，社区建设者委员会建议 1 平方英尺总建筑面积配置 3 平方英尺停车位面积"(城市土地研究所，1960，303)；这相当于每千平方英尺 9 个停车位！

5. Mogren 和 Smith(1952，37)，楷体字来自原文。

6. 规划咨询服务 (1991，1)。

7. Willson(2000，18)。

8. Weant 和 Levinson(1990，35-37)。

9. 规划咨询服务 (1991，3)。

10. Park Mile 具体规划第 6B(2) 节 (楷体为后加)，网址可见：www.lacity.org/pln/complan/speplan/pdf/parkmile.pdf.

11. 蒙特利公园市 (Monterey Park) 城市法规第 21.40.330 条。同样，加利福尼亚州兰乔米拉市 (Rancho Mirage) 分区规划法规声称，"对于符合本章规定而提供的停车位，停车设施的使用不收取任何费用"(兰乔米拉市市政法规第 17.26.030 条)。加州并不是唯一要求必须免费停车的州。例如，在华盛顿斯波坎县 (Spokane County) 非建制区域，"所有按要求提供的停车位应永久免费对使用场所的顾客开放，并仅为停车目的进行维护"，在华盛顿尤宁加普 (Union Gap)，"任何主要建筑物或构筑物的所有人和/或占用人应负责提供并后续维护本章规定的最低免费路外设施"(华盛顿交通部，1999，65)。免费停车标准是我在任何一个城市分区规划法规中看到的唯一有关停车价格的提法。

12. "停车"一词没有出现在下列书籍的索引中：Chapin(1957)，Chapin(1965)，Chapin 和 Kaiser(1979) 以及 Kaiser、Godschalk 和 Chapin(1995)。其他有关规划和分区的教科书也没有提及停车或停车标准；例如，下列教科书的索引中没有出现停车一词：Allmendinger、Prior 和 Raemaekers(2000)，Cullingworth 和 Nadin(2002)，Fabos(1985)，Fischel(1985)，Hall(2002)，Nelson(1980)，Patterson(1979) 以及 So 和 Getzels(1988)。典型的城市规划教科书索引从 "Paris" 跳到 "Participation"。Manual Castells(1983) 更为简单地排除了这个消失的词汇 parking，从 "Paris commune" 跳到 "Parti Communiste Français"。

13. 例如，可参见：Alonso(1964)，Balchin、Isaac 和 Chen(2000)，Beckmann (1968)，Bish 和 Nourse(1975)，Catanese 和 Steiss(1970)，Cheshire 和 Mills(1999)，Creighton(1970)，Darin-Drabkin(1977)，Denman 和 Prodano(1972)，Dickey(1983)，DiPasquale 和 Wheaton(1996)，Emerson(1975)，Evans(1985)，Fujita(1989)，Fujita、Krugman 和 Venables(1999)，Gòmez-Ibáñez、Tye 和 Winston(1999)，Heilbrun(1987)，Henderson(1985)，Henderson 和 Ledebur(1972)，Hirsch(1973，1984)，

Isard(1956，1960)，Isard 等 (1998)，Kneafsey(1975)，McCarthy(2001)，Meyer 和 Miller(2001)，Mieszkowski 和 Straszheim(1979)，Mills(1972)，Muth(1969，1975)，Nagurney(2000)，Nijkamp(1996)，Papacostas 和 Prevedouros(1993)，Richardson(1978，1979)，Sussman(2000)，van Kooten(1993) 和 Weiner(1999)。Hoover (1975)、Netzer(1974) 和 Segal(1977) 是罕见和有洞察力的例外。在大多数与汽车交通相关的研究中，重点是车辆和道路。一些研究者根本不认为停车是汽车交通的一部分。例如《为交通网络融资》一书中，明尼苏达大学交通经济学家 David Levinson(2002，42-43) 估计了汽车交通的成本，但不包括停车成本，因为"它们不属于严格定义的交通部门"。

14. Williams 和 Taylor(1986，3)。庞大的规制创造了一个"分区外壳"，描述出一栋建筑的外部测量方法。

15. Shaw(1997a，3)。

16.《休斯顿分区条例》第 26 章第二条 (停车位标准) 看起来与其他城市的停车标准一样。例如，休斯敦要求每一栋公寓小套间提供 1.25 个停车位，每个单居室公寓提供 1.33 个停车位。

17. Schon(1983，vii)。

18. Willson(2000，118)。

19. Dunphy(2000)。

20. PAS(1991，1) 增加了楷体。PAS 解释说，1991 年调查的主要原因是重新组织数据，而不提供任何新的分析。"然而，更新 1971 年报告最令人信服的原因也许是因为报告的组织方式，它已经很难适用于一些情况。在这份新的报告中，标准按用地类型划分，而不是像 1971 年报告那样按所要求的停车位数量划分。在每一种用地类别中，我们按所要求的停车位数量从低到高组织这些标准。"(PAS，1991，1)。2002 年的调查放弃了从低到高排列标准的组织方式。美国规划官员协会 (American Society of Planning Officials，现为美国规划协会) 于 1949 年成立 PAS，负责对实际规划问题进行研究和提供建议。1999 年 2 月出版的《规划》杂志介绍了 PAS 的历史及运作方式。

21. PAS(1964，1)。

22. PAS(1971，1)。

23. PAS(1983，15)。

24. PAS(1991，1)。

25. PAS(2002，6)。

26. PAS(1971，1)。记者有时会提到复制停车标准的做法。例如，2003 年爱荷华州 (也译艾奥瓦州) 得梅因 (Des Moines) 考虑改变停车标准，《得梅因纪事报》(*Des Moines Register*) 报道说，"市政府官员正在研究其他城市如何使用类似的法规，10 月将向议会介绍他们的调查结果。[市长] 亨德森 (Henderson) 说，'我们正在研究其他城市的做法以及我们的停车标准应该如何设定。'"(官员们考虑停车位短缺的解决方案，《得梅因纪事报》，2003 年 9 月 12 日)。

27. PAS(1971，1)。2002 年，在 PAS 发布最新的停车标准报告时，APA 的《分区规划新闻》指出，"确定路外停车标准最流行的方法是借鉴其他社区的条例。在很大程度上，很难指责这种方法。如果 APA 认为借用其他城市的标准——或至少了解现有标准的变化范围——是一种不能接受的做法，它就不会发布这份报告。当 APA 规划咨询服务 (PAS) 收到有关路外停车标准的咨询时，PAS 会向用户提供诸如此类的条例、研究和指南"(Wittenberg，2003，2)。

28. Gould(2003，11)。同样，Wayne Swanson(1989，14) 在《规划》杂志上写道，"停车议题占用了规划师过多的时间……新标准经常盲目地从其他地区复制而来。更糟糕的是，所采用的标准可能是建立在曾经流行的需求至上的假设之上"。

29. Meck(2002，xxx-xxxi)。

30. Neal Peirce，"地标性建筑规划指南或将重塑美国的未来"，《华盛顿邮报》，2002 年 2 月 13 日。

31. 见 Meck(2002,I-47 到 I-52)。索引从棕榈滩县诉赖特 (Palm Beach County v. Wright) 到保利诉凯利 (Pauly v. Kelly)。《指南》确实偶尔会提到停车，但通常只是在一长串的常规项目清单中，规划者在某些情况下应该考虑这些项目。例如，停车出现在"不必要的成本产生标准"中，为了使住房更便宜，可能会减少停车位；唉，这个清单还包括景观美化、重新造林、人行道和雨水排放 (Meck，2002，4-82)。《指南》还提到，保障房开发商经常寻找降低停车标准的方法，这表明提供所要求的停车位会增加住房成本 (Meck，2002，9-93)。

32. Jacobs(1993，305)。

33. Epstein(2002，3)。

34. Scott(1995)，Smith(1993)，Weaver 和 Babcock(1979)，Branch(1985)，Nelson 和 Duncan(1995)，Anderson(1995)，Bunnell(2002)，Jones(1990)，Ford (1990)，Hoch、Dalton 和 So(2000)，Bryson 和 Einsweiler(1988) 以及 Harr 和 Kayden(1989)。

35. Babcock(1966) 以及 Babcock 和 Siemon(1985)。

36. Dewberry 和 Champagne(2002)。

37. Daniels、Keller 和 Lapping(1995，249)。

38. Marya Morris(1989，1)。

39. 城市土地研究所 (1982b，第 54 和 56 页)。因为一英亩的停车场大约可容纳 130 辆汽车，每千平方英尺 4 个车位的停车标准意味着每 32,500 平方英尺建筑面积需要一英亩停车场 ($4 \times 32,500 \div 1,000 = 130$)。

40. ITE(1987a, vii-xv)。

41.《停车生成》仅包含 46 种不同用地类型数据，但对其他用地类型报告了超过一种的停车生成率。例如，它为商用机场报告了六种停车生成率 (土地使用条例 021)。生成率按两种基数 (每天飞机运行数和起降乘客数) 和三个时间段 (工作日、星期六和星期日) 报告。

42. 2001 年《全国家庭出行调查》发现，50 英里以下的出行中，有 87% 是由个人机动车完成。其余的部分包括乘坐公共交通工具的比例为 1.5%，乘坐校车的比例为 1.7%，步行出行的比例为 8.6%，其他交通方式的比例为 1.7%。个人机动车包括轿车、面包车、SUV、皮卡、休闲车和摩托车。超过 50 英里的出行中 90% 由个人机动车完成 (美国交通部，2003a，21 和 25)。

43. Shoup(1997b) 和 PAS 报告 532(即将发布)。

44. 对麦当劳、唐恩都乐甜甜圈 (Dunkin Donuts) 和汉堡厨师 (Burger Chef) 等机构的停车占用率进行调查。

45. 似乎有一天观察八家餐馆，有两天观察一家餐馆，有四天观察两家餐馆。当观察停车使用率时，没有告知停车占用的时间、工作日或月份。快餐店停车占用率有十八份研究，是一个不同寻常的大样本。相比之下，考虑技术学院 (Technical College) 的报告 (土地利用 541)。每天在一个场所观察一个小时的停车占用率，在此基础上，技术学院发布停车生成率为每名学生 0.82 个车位 (ITE1987a, 88)。《停车生成》的许多研究仅对停车占用率观察一到两个小时。因为计算停车生成率只需要该场所的高峰使用率，所以观察者重点关注报告在预期高峰停车需求时段内的高峰停车数。

46. R^2 为零时，两个变量之间完全没有相关性，人们可能只会偶然发现一些相关性。回归方程的显著性检验表明，即使建筑面积和高峰停车占用率不存在任何关系，R^2 达到 0.038 或更高的概率为 42%。ITE(1987a, viii) 将所有停车生成率之和除以研究次数，以计算未加权平均停车生成率。

47. 如果样本是随机的，这个置信区间将包括来自同一分布的每 100 个相似样本中 95 个的总体平均数。通过重新估计散点图中 18 个观测值的回归方程计算置信区间。

48. 对于该样本中的一家餐馆，不考虑大小，预测高峰停车占用率为 26 个车位 (18 个观察点的平均值)，产生的平均误差与停车生成率乘以每个餐馆的建筑面积大致相同。

49. Parson(2002，iii)。

50. Parson(2002，6)，楷体文字来自于原文。Parson(2002，vii) 将设计日的高峰停车需求定义为"在设计日内，一次能容纳所有想在商店停车的顾客和员工的最大停车位数量。这通常发生在星期六上午 11 点到下午 1 点之间"。观察 3 月和 4 月星期六停车位占用情况，似乎是一种更直接的方法来估计一年中第 5 个最忙日的高峰停车占用率。

51. 该估计方法假设全年每辆停泊车辆的销售额为均匀分布。如果每个顾客在销售收入高峰期的支出较高 (这似乎是合理的)，那么该方法将高估第 5 个最忙日的高峰停车占用率。

52. 家得宝连锁店随后要求大幅降低新店的停车标准。例如，在阿肯色州哈里森市 (Harrison)，新建商店的停车标准超过 900 个车位，家得宝要求减少到 544 个车位 (《哈里森每日时报》，2003 年 11 月 30 日)。家得宝的研究结果表明，至少对于一家能够负担得起昂贵的停车位占用率研究的连锁店来说，开发商不想提供比城市要求更多的停车位，而且往往希望提供更少的车位。

53. ITE(1987a，vii)。

54. 对于那些按快餐店总建筑面积计算基准的城市，快餐店的平均停车标准为每千平方英尺 10 个车位 (PAS，1991 和 2002)。在 2002 年，PAS 报告了七个地方的快餐店停车标准：犹他州普罗沃 (Provo，Utah)；堪萨斯州莱克萨那 (Lexana，Kansas)；加州沙斯塔县 (Shasta County，CA)；密苏里州哥伦比亚 (Columbia，Mossouri)；密苏里州蓝泉 (Blue Springs，Missouri)；纽约州格伦维尔 (Glenville，New York) 以及俄勒冈州格雷舍姆 (Gresham，Oregon)。

55. 每个停车位的平均面积为 330 平方英尺，包括停车场内车辆通行所需的过道。

56. Cervero(1988，260)。

57. Gruen Assocates(1986，11)。

58. Kadesh 和 Peterson(1994，61)。

59. Smith(1990，27) 说，"通常情况下，平均 [停车] 生成率高于单个观测值的 45%，低于 55%(中位数为单个观察值，50%的观察值比它更低)。直接使用平均或中位数生成率可能不符合开发商或公共政策机构所希望的项目或政策目标"。

60. Smith(1990，26)。ITE 在 2004 年出版的《停车生成》第三版包含了高峰停车需求 85%百分位信息。

61. ITE(2004，288)。ITE 将一家快餐店的土地使用代码从第二版的 836 重新编号为第三版的 934，但土地用途相同。快餐店认定为不提供餐桌服务的有限服务饮食场所。顾客通常在收银机上点餐，并在吃饭前付钱 (ITE，2004，285)。我非常感谢 ITE 提供了第三版《停车生成》的预览版。

62. ITE 还显示 33%百分位的停车生成率：每千平方英尺 6.54 辆车。注意到 85%百分位与 33%百分位之间的不对称性。为什么不是 67%和 33%百分位，或 85%和 15%百分位呢？

63. Glassborow(1961，32)。

64. Forinash 等 (2004)。关于帕洛阿尔托的景观保护区政策，美国环境保护局 (2004，23) 报告说，一个公寓开发项目"被批准推迟城市法规要求的 95 个停车位中的 22 个，而将土地用作家庭娱乐场、烧烤区和野餐长椅。在建成近 15 年之后，没有要求景观保护区提供停车场，开放空间为社区带来重要的环境和社会效益"。

65. ITE(1997，第 3 卷，第 ix 和 1 页)。

66. 这是指 1997 年版的《出行生成》。1987 年版《停车生成》相应的数字是四次调查的中位数，22% 是基于一次调查。

67.《出行生成》第四版和《停车生成》第二版均于同年 (1987 年) 出版。该版本的《停车生成》将带有免下车窗口的快餐店报告为土地用途代码 836，而该版本的《出行生成》将带有免下车窗口的快餐店报告为土地用途代码 834，但它们是相同的土地用途。此外，《停车生成》指定酒吧/饮品店的土地用途代码为 834，而《出行生成》没有土地用途代码 836。1985 年第一版《停车生成》指出，带有免下车窗口的快餐店所适用的土地用途代码为 883。

68.《出行生成》中这八项研究仅针对三种规模的餐馆：2,000 平方英尺、3,000 平方英尺和 4,000 平方英尺。相比之下，《停车生成》中十八项研究则有更多面积的餐馆，没有一项研究的建筑面积是 1000 平方英尺的倍数 (比较图 2-1 和 2-2)。对于以 1,000 平方英尺为增量画出的出行生成率，这些散点是如何难以置信地聚集起来的，ITE 并没有给出解释。

69. 回归方程的显著性检验表明，即使建筑面积与车辆出行量之间没有关系，R^2 为 0.069 或更高的概率为 53%。

70. ITE(1987b，9) 将所有车辆出行的总和除以所有建筑面积的总和，以计算加权平均出行生成率。

71. 通过重新估计数据图中八个观测值的回归方程，计算出截距和系数的置信区间。

72. 统计不显著并不意味着建筑面积对车辆出行或高峰停车占用率没有影响；相反，它意味着建筑面积不能可靠地预测这两个变量。

73. 在《出行生成》第四版中，用地类型 400(娱乐) 包括保龄球馆、动物园、海洋世界、湖泊、游泳池和区域公园 (ITE，1987b，第 537 和 538 页)。

74. ITE(1991，I-8)。ITE 没有解释，只在满足所有三个条件时显示回归方程和 R^2。

75. 实际上，ITE 审查那些对所报告的出行生成率存疑的回归方程，原因是没有显示强的相关关系或相关性不像预期的那样。ITE 仅公布"有意义"的回归方程，这给读者一个印象，出行生成显示的情况远比数据证明的事实更有序。

76. 图 2-6(第五版) 与图 2-5(第四版) 在其他两个方面有所不同。首先，1987年版本"没有提供"车辆出行方向上的分布，而 1991 年版本变成"50% 到达，50%离开"。其次，1987 年没有报告标准差，而 1991 年报告为 266.29。

77. ITE(1997，19)。2003 年，ITE 出版了第七版《出行生成》，回归方程 R^2 的报告标准与第六版 (ITE，2003，第 1 卷，17) 保持不变。

78. 1997 年的出行生成率为 496.12，比 1991 年的 632.12 低 22% 。如果1987 年版和 1991 年版的八项研究包括在 1997 版本的 21 项研究中，这 13 项新研究的平均出行生成率必然远远低于 496.12，才能使 21 项研究的平均出行率降低到 496.12。停车和出行生成率并不是唯一报告为不恰当精确数字的不确定估计值，附录 F 显示其他交通统计数据背后也存在令人失望的证据不足。

79. ITE(2003，第 3 卷，1751)。第七版中唯一的变化是将快餐店的用地类型法规重新编号为 934(以前的版本是 834)。

80. ITE(2003，第 3 卷，1773)。

81. McFadden(2002，4)。即使最复杂的模型也很难将司机可能面临的停车实际价格纳入其中，因为有些出行停车是按小时计价，而其他出行停车可能是统一价格，并且一天中的价格会随时间变化。

82. Brooks(2002，23)。

83. 1991 年版和 1997 年版《出行生成》报告的所有生成率都精确到小数点后两位数，1987 年版精确到小数点后三位数。1976、1979 和 1983 年版《出行生成》报告的一些生成率在小数点后无数字，另外一些精确到小数点后一到两位数。

84. 即使每一位参考《停车生成》和《出行生成》的读者都是统计学家或工程师，也不能成为这种使用未经检验的精度的借口。记者们不会因为大多数人无论如何都能明白他们的意思而随意破坏语法和拼写规则。准确和清晰的责任落在作者身上——而不能转嫁给读者，不管读者是谁。

85. ITE(1997，第 3 卷，第 ix 页)。

86. 规划咨询服务 (2002，7)。

87.《贝弗利山市政法规》第 10-3.162(5) 条。1976 年，ITE 从交通工程师协会 (Institute of Traffic Engineers) 更名为交通工程师学会 (Institute of Transportation Engineers)。

88. Fan 和 Lam(1997，238)。

89. Fan 和 Lam(1997，242)。Herbert Levinson(1984b) 在对美国、欧洲和亚洲城市的停车需求进行交叉研究时说，"全世界的城市都把停车分区规划视为平衡停车供需的一种手段"。他指出，虽然印度人均汽车保有量只有美国的 2%，马德拉斯市 (Madras) 要求每千平方英尺办公建筑和剧院的停车位是美国城市的 20% 。根据 ITE 估算停车生成率的指南，Al-Masaeid、Al-Omari 和 Al-Harahsheh(1999)

发现，约旦公寓楼的停车生成率是每个住宅单元 0.6 个停车位，虽然约旦的机动车拥有率仅为每 15 人一辆车；与美国一样，停车生成率是基于公寓楼观察得到的高峰停车占用率，而没有考虑停车收费和提供停车位的成本。

90. Mokhtarian 和 Salomon(2001) 认为，人们有时会将移动视为一种目的，他们的出行需求并不完全由在其他地方获得机会的愿望派生出来。一个耳熟能详的口号是"一半的乐趣在于到达目的地的过程"，它暗示了人们这种对出行的非派生需求，尽管大多数人在拥挤的交通中开车比最终到达目的地的乐趣要少得多。另一方面，步行和骑车的目的常常在于出行自身，而不是到达目的地的诱发需求。

91. 之所以使用 1987 年版的《出行生成》和《停车生成》，因为它们是同一年发布的最新报告。出行生成用往返出行数表示，或用到达和离开之间停泊在该场地的汽车数表示。该表显示了《出行生成》和《停车生成》包含的所有用地类型，生成率按相同基数 (住宅单元、床位、泊位、学生数或区域面积) 成比例计算。我假设出行生成率可以预测达到和离开一个场所的车辆出行数，并且停车场能满足停车生成率。

92. 并不是所有停车位 100% 的时间会占用，所以一些被占用车位的周转率会更高。

93. 没有免下车窗口的快餐店的停车生成率 (每千平方英尺 11.7 个车位) 仅略高于设有免下车窗口的快餐店 (每千平方英尺 10 个车位)。

94. ITE 没有区分调查地点。但图 2-1 确实显示不同面积快餐店的停车生成数，面积从略大于 1 到近 6,000 平方英尺，而图 2-4 显示的是正好 2、3 和 4 千平方英尺场所观察到的出行生成数。这两个散点图 (ITE 提供的唯一数据) 表明，为观察停车生成和出行生成，两个餐馆样本之间没有重叠。

95. 交通规划师通常采用城市交通建模系统 (Urban Transportation Modeling System，UTMS) 来预测网络中各路段的交通流，而 UTMS 模型有四个主要步骤，第一步是"出行生成"。因此，UTMS 四阶段模型可用于免费停车规划六个步骤中的第五步。Meyer 和 Miller(2001) 解释了 UTMS 模型。

96. 正如 C. S. Lewis(1942，65) 在《地狱来鸿》(The Screwtape Letters) 中写道，"通向地狱最安全的道路是渐进式的——一条平缓的斜坡，脚下是柔软的地面，没有急转弯，没有里程碑，没有路标"。

97. Hoover(1965，188-189)。

98. Taylor(2000，210-211)。

99. Lawler 和 Powers(1997)。

100. 信号山市 (Signal Hill) 市政法规第 21.48.020 条。法规网址为 www.ci. signal-hill.ca.us/homepage.php。法规应该是指出行生成，而不是交通生成。

101. ITE(1997，第 3 卷，1)。

102. 忽视停车价格的不仅仅是 ITE 一家。看看由城市土地研究所 (Urban Land Institute) 和国家停车协会 (National Parking Association) 出版的《停车维度》一书。它包含大量关于停车的有用信息，但在讨论"停车需求"的章节仅有一条谈到停车价格："在其他因素相同的情况下，如果一个停车场收费过高，与收费较低的竞争性设施相比，不太会有人惠顾。"(Salzman 和 Keneipp，2000，12)

103. Stover 和 Koepke(2002，9-2 和 3)。

104. Flyvjerg、Holm 和 Buhl(2002，288)。

105. Pickrell(1992，169)。

106. Wachs(1989，476-477)。

107. ITE(1987a, vii-xv)。ITE 没有说明调查是何时进行的。如果在需求较低的日子进行调查，那么在需求正常或偏高日子，高峰占用数就会被低估。另一方面，如果在需求较高的日子进行调查，那么在需求正常或偏低日子，高峰占用数则会被高估。

108. Hayek(1974，6-7)。

109. 引用自 Gause 和 Weinberg(1989，xv)。

110. TRICS 数据库的网址可参见 www.trics.org/.

111. 然而，改革进程缓慢。我对《停车生成》和《出行生成》的批评大多发表在《交通与统计杂志》(Shoup，2003a) 上。因为我想激发交通工程师之间的讨论，之前已经把这篇文章提交给《ITE 杂志》。执行编辑在拒稿信中写道，"采用作者的结论而不听取出行生成和停车生成委员会的意见和建议，可能会有损于当前对手册的使用 (和接受度)"。一位审稿人的意见总结道，"我认为这篇论文提出了一些有用的观点，应该在《ITE 杂志》用户社区传播；但是，不应由 ITE 承担这项开支"。我回应编辑说，稿件在别处发表之前，我会很感激出行生成和停车生成委员会的意见和建议。考虑到执行编辑之前的观点，她认为文章缺少来自出行生成和停车生成委员会的意见和建议，而当收到她的回复时，我感到很惊讶，信中称："出行生成和停车生成委员会成员最初审阅了你的稿件。他们的意见已包括在我 2000 年 11 月 21 日给你的 [拒稿] 信中。因此，我不会再请求任何一个委员会对你的手稿做进一步审阅。"当《交通与统计杂志》后来发表这篇文章时，ITE 也有一个机会做出回应，委员会认为，没有什么必要做出改变 (Buttke 和 Arnold，2003)。然而，第七版《出行生成》开始了改革的第一步。ITE(2003，第 1 卷，6-7) 称，"报告中回归方程已经修改，由小数点后三位改为两位。进行这些更改是为了与每张图的描述性统计分析保持一致，并将数据的隐含精度降至最低"。

112. 要求每个开发商提供至少足够的停车位，让每个人可以在任何地方免费停车，最终将有助于保证每个人都拥有一辆汽车。

第 3 章　停车规划的伪科学

> 我一直在假装……很久以来我愚弄每一个人，以为永远不会被揭穿……[但是] 当所有人都希望我去做一些明知不可为的事情时，我除了做个骗子，还有什么办法呢？
>
> ——《绿野仙踪》 ①

城市要求数百种不同的用地类型提供路外停车场，而城市规划师必须为每一种用地类型设定一个具体标准。他们是怎么做到的？一些城市照搬附近城市的标准，另一些城市查询《停车生成》，还有一些城市进行专门的调查，或无中生有地设定标准。然而，不管数据来源如何，规划师必须通过三个步骤设定每种用地类型的停车标准：

1. 确定用地类型 (如快餐店)；
2. 选择标准测算的依据 (如建筑面积)；
3. 在此依据下，确定每个测算单位需要多少停车位 (如每千平方英尺建筑面积需要 10 个车位)。

规划过程三步骤

仔细看看这三个步骤，就会发现为什么大多数城市为了满足高峰时期的免费停车需求，通常都要求提供足够的停车位。

第一步：确定用地类型

美国规划协会 (APA) 规划咨询服务 (PAS) 报告说，城市至少要为 662 种不同用地类型设定停车标准 (见附录 A)。停车标准是指为每一种用地类型设定停车位数量，第一步要做的就是定义具体的用地类型。城市需要设定停车标准的土地类型用途众多，表 3-1 是其中一些例子，如修道院、狗舍、夜总会和茶室等。

---

① 《绿野仙踪》是美国作家弗兰克·鲍姆的代表作，同名系列童话故事的第一部，按照原书名 (The Wizard of OZ) 直译为《奥兹国的魔术师》。它讲述了一个孩子如何去认识世界和与人相处，教会个体如何在群体社会中认识自己，获得"身份感"的故事。(译者注)

表 3-1　城市要求设定停车标准的用地类型 (节选)

屠宰场	制冰厂	步枪射击场
击球练习场	垃圾场	性用品店
修道院	狗舍	茶室
减肥诊所	垃圾填埋场	超轻机型飞行公园
除虫站	按摩店	兽医诊所
皮货店	夜总会	污水处理厂
燃气储气站	汽车机油更换店	动物园
马厩	宠物公墓	

来源：选自 PAS(2003)662 种用地类型。

　　显然，修道院和夜总会产生不同的停车需求，但仅识别这一差异并不能告诉规划师哪类场所需要多少停车位。即便这样，规划师也必须为每种用地类型——从屠宰场到动物园设定标准。开发商和业主需要知道他们有法律义务为每种用途提供多少停车位。社区居民们也想知道，拟议的开发项目是否按要求提供所有的停车位，这样就不会出现溢出效应。即使规划师没有很好的数据 (或根本没有任何数据)，他们也必须为城市每种可能的用地类型设定一个最低停车位标准。

第二步：选择测算依据

　　规划师在确定数百种可能的用地类型之后，接着需要设定停车数量标准。对于每种用地类型，规划师要使停车标准与他们认为会影响停车需求的一种或多种因素成比例。貌似最为合理的依据是使用该场所的人数 (员工、顾客、访客或居民)，但这个数字随时间的推移变化很大，规划师无法准确地预测。诺曼·威廉斯和约翰·泰勒解释说，如何根据一个场所的人数对停车标准进行执法是件困难的事情：

> 如果发现某一机构的雇员人数超过停车场规定人数，那么执法问题就可以简单地解决，即分区管理部门是否坚持要求企业解雇一定数量的雇员，但总的来说这种做法看来不太可行；企业总会找到借口，说这是临时性订单抢购，就像圣诞节前一样。基于上述原因，虽然将停车标准设成与建筑面积相关是一个权宜之策，也相当粗略，但实际上可能更为合理。[1]

　　尽管根据一个场所使用人数来确定停车标准会产生问题，但许多城市还是这样去做。城市也会要求停车位数量与其他一些可预测停车需求的因素成比例。规划师为停车标准选择了 216 种基数，表 3-2 给出了其中一些，比如婴儿床 (医院)、喷油嘴 (加油站)、球洞 (高尔夫场)、修女人数 (修道院) 或安放室 (殡仪馆)。

表 3-2   停车标准的基数 (节选)

娱乐设施	流浪儿童	安放室
婴儿床	一小时葬礼数	服务舱
牧师	最大访客	系紧装置
球洞	机修工	用户数
检验床	修女人数	维修车辆数
喷油嘴	操作站	洗衣机台数
油脂架	游泳池法定允许人数	

来源: 选自附录 A 停车标准 216 种基数。

　　然而, 即使停车标准拥有很多不同的基数, 但还会存在一个问题: 不管把什么作为预测停车需求的基数, 业主可以不经过规划许可, 轻而易举地增加这个基数, 而无需改变该基数对应的停车位数量。例如, 在没有告知城市规划部门的前提下, 一家医院可以增加婴儿床位, 殡仪馆可以采用附加的安放室。同样地, 教堂的停车标准是基于固定的座位数量或永久坐席的延米数 (延长英尺), 但教堂可以使用折叠椅, 而不是固定在地面上的座椅来规避限制。因为停车位仅在礼拜日使用, 一些教堂不愿意为修建停车位付费, 于是利用折叠椅来钻空子, 正如《纽约时报》报道的那样:

　　　　皇后区法拉盛有一段路上, 基督教、佛教、犹太教、穆斯林和印度教的礼拜堂连成一片, 丝毫没有宗派冲突的迹象。但是, 每当涉及停车问题时, 这个区域就演变成一场全面战争。每个礼拜日, 大量汽车涌入附近, 这很大程度上要归功于新建的几十座韩国教堂。城市法律要求礼拜堂为教区居民提供停车位, 车位数根据固定在地面的椅子数确定, 但许多教堂使用折叠椅, 没有遵守上述规定。多年来, 居民强烈抱怨这种状况——不虔诚的噪声, 拥挤的人群, 以及堵塞车道的汽车。[2]

　　为了避免这些问题, 当一栋建筑获得建设许可证时, 城市通常要求停车位与某些已知事物关联以确定数量, 如果没有另外的许可, 这种做法很难改变, 并且这种关联的事物要便于测量, 以验证是否符合规范。出于上述原因, 城市通常要求停车位与一个场所的建筑面积成比例, 即使这种做法不能很好地预测停车需求。[3]

　　理论和数据的缺乏有助于解释这些停车标准基数的特殊性。设身处地为规划师想想, 他们必须为所有用地类型推荐停车标准。当我询问规划专业学生, 比如医院需要多少停车位, 他们通常会用不同版本的回答来表达“不知道, 但我会尽力而为”。这种态度显示大多数规划师对自己的职业具有勇往直前的精神, 但也会带来困惑和浪费。例如, 如果规划师猜测医院的婴儿床位数有助于解释停车需求, 那么这个数字就会被纳入医院的停车标准中, 而不管它是否会影响停车需求 (婴儿会开车吗?)。没有理论或数据, 谁能确定婴儿床位是否会影响停车需求?

即使是相同的用地类型，城市停车标准也会由很多不同的因素决定。表 3-3
显示对 66 个城市殡仪馆停车需求的调查结果，这种特殊的用地类型导致一个令
人尴尬的问题，即每一个……每一个什么……需要多少个停车位？这些城市要求
殡仪馆按 14 种不同因素设定停车标准：礼拜堂、住宅单元、员工、经营场所的家
庭数、葬礼车辆、业务室、业务室个数、设计容量的人数、座位、礼拜堂座位、最
大礼拜堂座位、平方英尺、座位区平方英尺和其他区域平方英尺。这 66 个城市有
27 种不同的标准，20 个城市独有一套其他城市没有的标准。[4] 每个标准单独来看
似乎都是合理的，但是如果把这些标准放在一起的话，难免引起人们对停车规划
的严重怀疑。

表 3-3　来生来世的停车标准

殡仪馆要求的停车位数	城市数
1 个/100 平方英尺	3
1 个/200 平方英尺	1
1 个/250 平方英尺	1
1 个/100 平方英尺 +1 个/住宅单元	1
1 个/100 平方英尺或 1 个/6 个座位	1
1 个/5 座位或 1 个/35 座位区平方英尺，+1 个/400 其他区域平方英尺	1
1 个/3 个座位	1
1 个/4 个座位	1
5+1 个/最大礼拜堂中 5 个座位	1
1 个/礼拜堂中 6 个座位	1
1 个/3 个座位 +1 个/葬礼车辆	1
1 个/4 个座位 +1 个/葬礼车辆 +1 个/员工	1
1 个/5 个座位 +1 个/葬礼车辆 +1 个/住宅单元	1
1 个/25 平方英尺业务室面积	1
1 个/50 平方英尺业务室面积	4
3 个/业务室	2
4 个/业务室	1
5 个/业务室	3
15+5 个/业务室 (3 个业务室以上)	1
5 个/业务室或 1 个/4 个座位	1
5 个/业务室 +1 个/葬礼车辆	2
8 个/业务室 +1 个/葬礼车辆	9
10 个/业务室 +1 个/葬礼车辆	4
5 个/业务室 +1 个/葬礼车辆 +1 个/经营场所的家庭数	1
至少 5 个	1
至少 30 个	1
1 个/设计容量中的 4 人	1
无具体要求	19
总计	66

来源：规划咨询服务 (PAS，1971，36)。

第三步：设定停车位数量

　　规划师在确定每种用地类型、为每种停车标准选择基数之后，接着要决定这个基数下每个单元对应多少停车位。规划师试图估算每种用地类型需要多少停车位以满足免费停车的高峰需求，而不是司机们在包含停车位成本的价格下需要多少停车位。为了说明预测需求时存在的问题，表 3-4 列出几种用地类型的停车标准。除了宗教用地 (每 10 位修女 1 个车位，每 4 位牧师 3 个车位) 之外，规划师们通常要求每人至少一个停车位。当规划师把停车位与人数联系起来时，这些停车标准看起来很简单：每个网球运动员 1 个车位，每位理发师 2 个车位，每位美容师 3 个车位。但是，其他标准在结合精确性和创造性上令人眼花缭乱：每 2,500加仑水 1 个车位 (游泳池)，每根喷油嘴 1.5 个车位 (加油站)，每小时最大葬礼数10 个车位 (陵墓)。每当规划师处理用地类型遇到困难时，也许只是闭上眼睛，轻敲红宝石鞋跟三次，用魔法召唤出停车标准①。

表 3-4　　停车标准的荒诞玄学

用地类型	停车标准
成人休闲娱乐	每位顾客 1 车位，外加最大班次每位员工 1 车位
理发店	每位理发师 2 车位
美容院	每位美容师 3 车位
自行车修理	每 1,000 平方英尺 3 车位
保龄球馆	每位员工和每位雇主 1 车位，外加每球道 5 车位
加油站	每喷油嘴 1.5 车位
健康之家	每 3 个床位和摇篮车 1 车位，外加每 3 位员工 1 车位，再加每位医师 1 车位
供暖站	每 1,000 平方英尺销售、办公区域 3.33 车位，外加最大班次每 3 员工 2 车位，再加公司常用车辆每车 1 车位
直升飞机场	每 5 位员工 1 车位，外加每着陆点 5 车位
器械销售	每 500 平方英尺室内销售/租赁房屋面积 1 车位，外加每 2,500 平方英尺室外销售/出租展位面积 1 车位，再加每维修车间 2 车位，再加每位员工 1 车位，总数不少于 5 车位
陵墓	每小时最大葬礼数 10 车位
修道院	每 10 位修女 1 车位
牧师住宅	每 4 位牧师 3 车位
游泳池	每 2,500 加仑水量 1 车位
出租车停靠站	最大班次每位员工 1 车位，外加每辆出租车 1 车位，加上足够的车位，以容纳任何时间可能出现的最大数量的访客
网球场	每位运动员 1 车位

　　来源：规划咨询服务 (1964，1971 和 1991)；Witheford 和 Kanaan(1972)。

---

　　① 原文 "tap the heels of their ruby slippers together three times"。红宝石鞋 (ruby slippers) 是在 1939年电影 "绿野仙踪" 中电影主角多萝西·盖尔 (由朱迪·嘉兰饰演) 所穿的鞋子，它是多萝西的力量来源，但她本身并没有察觉，直到片尾她才发现，只要敲鞋跟三下，并重复喊 "There's no place like home" 就能回家。(译者注)

　　每人一个停车位已成为一些用地类型约定俗成的做法。对美国 57 个最大的郊区就业中心进行调查后，加州大学伯克利分校规划教授罗伯特·瑟夫洛发现，平均每千平方英尺建筑面积有 3.85 个停车位，这比每个雇员一个停车位多一点。[5]记者乔尔·加罗在《边缘城市》①一书中谈到，根据经验，每个工人都必须有一个停车位，因此办公楼必须为司机提供大约为办公空间 1.5 倍的停车空间；他总结说，停车场是"21 世纪即将到来时城市与文明的枢纽。"[6]

　　即使规划师掌握数据来预测停车需求，这个过程也显得随意和过量。第 2 章谈到，ITE 试图在没有公交的郊区场所测量免费停车的高峰需求来计算停车生成率，但许多城市仍然要求更多的停车位。例如，ITE 要求办公建筑停车生成率为每千平方英尺 2.79 个车位。[7] 然而，在东南部九个州的一项调查中，斯坦利·波拉尼斯和基思·普赖斯发现，城市要求每千平方英尺办公空间平均提供 3.7 个车位。[8] 加利福尼亚州的另一项调查发现，城市平均每千平方英尺要求 3.8 个车位。[9] 对爱荷华州、明尼苏达州和威斯康星州的一项类似调查中，爱荷华州立大学约翰·肖发现，城市平均要求每千平方英尺 4 个车位。[10] 在上述这些调查中，停车标准分别比 ITE 计算的停车生成率高出 33% 到 43%。

　　这种慷慨的停车位供给却经常处于闲置状态。在对 9 个有 336 栋楼的郊区办公园区进行调查后，Gruen Associates 发现停车场供应量平均为每千平方英尺 2.8 个车位，高峰停车占用率为每千平方英尺 1.4 个车位。[11] 高峰停车占用率从 28% 到 61% 不等，即使 97% 的员工开车上班，平均占用率也仅达容量的 47%。1986 年，城市土地研究所 (ULI) 对 8 个郊区商业园区的调查也发现，高峰停车占用率平均只有 47%，调查场所任何一处的最高峰停车占用率为 61%。[12]2002 年，西雅图地区的多项调查发现，在中心商业区 (CBD) 平均高峰占用率仅为容量的 63%，贝尔维尤中心商业区为 60%；在其他九个地区，平均高峰停车占用率在 46% 到 79% 之间。[13] 2000 年，西雅图另一项对 26 个社区的调查发现，路外停车场高峰占用率只有 61%。[14] 康涅狄格西北部圣诞节期间进行的多项调查发现，大型零售店高峰占用率仅为 36%，购物广场为 79%。[15] ULI 发现，美国购物中心高峰停车占用率为 43%，即使在一年中最繁忙的时候，高峰停车位的占用率也从未超过容量的 85%。[16] 如果目标是充分满足免费停车需求，许多城市已经实现了目标。与马尔萨斯人口论不同的是，汽车数量肯定不会像人口一样持续增长，直到填满这些已建好的停车位。

　　理查德·威尔森对南加州 10 个城市郊区写字楼的停车需求和供应进行了案例研究，他发现高峰停车占用率平均仅为容量的 56%。[17] 他还发现一个悖论：即

---

　　① 《华盛顿邮报》记者乔尔·加罗 (Joel Garreau) 在 1991 年出版的著作《边缘城市：生活在新的边界》(Edge City: Life on the New Frontier) 中提出边缘城市的概念，之后引起地理学界、城市规划界和社会舆论的广泛讨论。(译者注)

使在停车需求高峰期，停车场也有一半是空的，但它们看起来很满，因为最显眼的车位最先被占据：

> 这些结果（半空的停车场）与从街道上看到停车场的印象相矛盾，因为最显眼的停车位最有可能占用。这一观察结果表明，停车场利用率的统计对于消除规划师、地方决策者和公众的错误印象至关重要。例如，在这些情况下，分区规划法要求的停车供给水平几乎是测量需求量的两倍，这还是在免费停车的情况下。这些项目需要将土地和资金投入到大量停车位上，但一般情况下这些停车位却不被人们充分使用，资源因此被转移，无法提供更多的建筑面积、更好的设计和更多的景观美化或公共区域。[18]

市政府官员、开发商、贷款人、租房中介和租户都认为，规划师知道每种用地类型需要多少停车位，但停车位供应过剩确实产生了疑问：

> 一位开发商发现，停车场顶层的车位从来没有油渍，说明这些车位很少（如果有的话）使用过，他对停车越来越担心。[19]

开发商还表示，他们提供的停车位并没有超过城市要求的数量。

一些专家研究停车在开发过程中的作用，他们也同意威尔森的研究结果。ULI的罗伯特·邓菲曾说过：

> 大多数情况下，当你满足当地的[停车]标准之后，就没有人真正考虑这些标准了。开发商如果考虑所需的停车位数量，就会遇到停车标准从何而来以及理由是什么的问题。往往没有人知道。[20]

看到威尔森对南加州的研究结果之后，芝加哥地区交通管理局委托相关机构对芝加哥10个郊区办公楼的停车需求和供给进行类似的案例研究。这些研究发现，员工停车位平均供应量为每千平方英尺3.6个车位，高峰停车占用率仅为容量的68%，开发商提供的停车位没有超过分区法规所要求的数量。[21]因此，芝加哥和南加州的研究表明，按城市要求提供的停车位几乎很少被全部使用。

独立的商业风险投资很少会修建停车库，因为停车收益很难覆盖成本。在一项对中大西洋州和新英格兰州8个市政停车代理商的研究中，赫伯特·莱文森发现，每车位年营业收入占每个新车位年成本的26%至36%不等：

> 在大多数城市，市中心的停车场显然已经无法通过停车费收入来自负盈亏……停车费往往不足以支付还本付息的费用；通常情况下，停车费往往只比日常运营成本所需的费用多一点。[22]

停车位昂贵且需要大量补贴，但大多数城市禁止业主将所要求的停车位挪作他用 (例如用于绿化或作为储存和装载区)，即使证明这些车位不再是停车所需。难怪大多数开发商不想提供比城市要求更多的停车位。当然，一些汽车收藏爱好者想要的停车位比分区法规要求的还要多，一些新型迷你公寓配备了可供五六辆车使用的"车库泰姬陵"①。23

在其他国家，停车位下限标准显然也超过了免费停车的高峰需求。例如在英国，环境、交通和区域部委托相关机构对英格兰东南部的停车标准进行研究。在 37 个郊区场所中，有 33 个场所的停车位供应量超过高峰期的停车位占用率，在 9 个城镇中心场所中，有 7 个场所的停车位供应量超过高峰期。他们的结论是：

> 大多数用地类型的需求水平经常被高估，导致停车供给甚至远远超过高峰时段的需求……总的来说，要求开发商以建设规划的总建筑面积为依据，提供最低水平的现场停车位……停车供给经常超出高峰时期满负荷的需求。我们找不到任何理由来解释这种的超额供给，既浪费宝贵的开发用地，又助长汽车的过度使用。24

上述美国和英国的研究表明，许多分区规划法规中的停车位下限标准是一种过度要求，部分原因在于它们基于免费停车的假设。城市设计师 Dom Nozzi 说：

> 当我们听到"市中心没有足够的停车位"的说法时，我们真正听到的是"离我想去的地方几英尺远之处没有足够的免费停车位"。要求提供如此不可能的停车位，就是要求市中心以一种郊区特有的方式与外围的郊区竞争，也就是要求不可能的事情。25

美国最敏锐的城市生活观察家之一，威廉·怀特②曾说过，停车位即使太多也永远不够：

> 在那些被停车场和停车库占据的城市，缺少停车位是一个重要的市民议题，这令人遗憾。我以达拉斯为例。它拥有全美最高的停车位与办公面积比例。但是相关研究持续呼吁修建更多且费用适中的停车位……供给对需求的制约如此之大，以至于停车本身成了一个目的，停车对人们的束缚更多是心理上，而不是物理上。26

---

① 原文为 garage mahals，直译为车库泰姬陵，其中 mahal 来自印度泰姬陵 (Taj Mahal)，意思是指汽车收藏爱好者为自己的爱车修建宫殿一般的豪华车库。这里 Shoup 教授是想戏谑一下，只有狂热的汽车收藏爱好者才会需要这么多停车位。(译者注)

② 威廉·怀特 (William H. Whyte)，1917 年生于美国宾夕法尼亚州，1999 在纽约逝世。他是美国著名的社会学家、新闻记者和人类研究学家，也是美国关于城市、人与开放空间方面最有影响力和最受尊敬的评论家之一。(译者注)

这种心理上的束缚，可以举一个极端的例子，马里兰州蒙哥马利县要求殡仪馆主教堂每千平方英尺建筑面积上提供 83 个停车位。这个高标准令人震惊，还精确得那么离奇（每千平方英尺正好有 83 个停车位！），这意味着停车场也许至少要比主教堂大 25 倍。在最大班次（墓地轮班[①]）上，还必须为每个员工提供一个额外的停车位以及与业务相关的车辆。[27]

循 环 逻 辑

循环逻辑[②]是停车标准制定中的一个关键缺陷。规划师在免费停车而没有公交的郊区场所测量高峰停车生成率，然后要求开发商至少提供足够的停车位满足需求（见图 2-9）。接着，新的土地利用提供免费停车，停车需求则证实了之前的预测，所有要求的停车位是"需要"的。1982 年 ULI 的一项研究《购物中心停车标准》说明了上述问题。停车场一直是购物中心设计的一个关键元素，《时代》杂志热情地将 20 世纪 50 年代第一个购物中心索斯代尔[③]描述为"带停车场的游乐穹顶"。[28]为了建设这些游乐穹顶所需的停车位，人们付出了高昂成本，这倒是验证了一项不多见的全面研究——迄今为止，ULI 最为广泛地研究了单一用地类型的停车问题。ULI 质疑许多城市停车标准是过度的要求，并警告可能产生的环境和经济成本：

> 例如，社区应避免由不必要铺设的大片硬路面带来的环境后果；消费者不应因超量供给停车位而承受高昂的间接建设成本。[29]

除了这些善意的劝告，这项研究在设定停车位下限标准方面继续重复以往的根本性错误。ULI 收集 41 个州和 6 个加拿大省 506 个购物中心的停车位占用率数据。它还获得 135 个商业中心详细的停车占用率计数以及 22 个商业中心全年的每日停车量统计数据。在这份调查中，ULI 测算了一年中最繁忙的第 20 个小时为满足免费停车需求所需的车位数：

> 为了给当今代表性的购物中心提供足够的停车位，所需的车位数量分别为：
> 对于 GLA 为 25,000 到 40,000 平方英尺的中心，每千平方英尺可租赁总面积[④]（GLA）为 4.0 个车位；

---

① 原文 graveyard shift，意为大夜班、轮班制。一个广为流传的故事说的是在十九世纪时，人们有时候会不小心把还活着的人当成死人埋掉。为了避免这种悲剧发生，人们在每个棺材里都装上电铃，以便让意外醒来的"尸体"能够按铃求救。也因此必须另外安排一位员工晚上在墓地里巡查，有人按铃时能即时通知家属。所以大夜班以此得名。这里是讽刺停车位的过度供给。（译者注，可参见 https://www.zybang.com/question/70b8c0caba0a8e160695fb2aec8b1cd7.html）
② 原文为 circular logic。（译者注）
③ 原文为 Southdale。（译者注）
④ 原文为 gross leasable area。（译者注）

对于 GLA 为 40,000 到 60,000 平方英尺的中心，从 4.0 到 5.0 个车位线性递增，每千平方英尺 GLA 平均为 4.5 个车位；

对于 GLA 超过 60,000 平方英尺的中心，每千平方英尺 GLA 平均为 5.0 个车位。

根据这些标准提供的停车位将在一年中最繁忙的第 20 个小时满足顾客和员工需求，一个代表性的购物中心每年开放时间超过 3,000 小时，除了剩下 19 个繁忙小时之外，其余时间停车位都有剩余。每年 19 个繁忙小时分布在 10 个购物高峰日，有些顾客刚进门就找不到空车位。[30]

这些建议看似合理，但研究方法存在严重缺陷。首先，由于在免费停车场所调查停车占用率，因此该研究估计的是免费停车需求。其次，在一年中第 20 个最繁忙的小时（"设计小时"）内，需要提供足够的车位来满足需求，这意味着停车场一年中只有 20 个小时被停满，因此许多车位超过 99% 的时间在闲置。[31] 早些时候，ULI 在购物中心停车标准的研究中选择第 10 个最繁忙时段为设计小时。在这两项研究中，没有一项研究通过估算停车给顾客、商贩、开发商、城市或社会带来的成本和收益来证明设计小时的合理性。唯一被引用来证明使用设计小时标准的参考资料是交通工程师马丁·沃尔和布赖恩·马丁 15 年前写的一本教科书，他们依据如下原理严厉批评设计小时标准，理由是：(1) 停车供给影响停车需求，(2) 不检查所做选择的成本和收益，就无法确定最佳停车供给：

[它] 似乎令人沮丧，虽然使用了更简单、更直接的概念，例如…… 第 13 个最繁忙小时对"现实世界"的工程师而言似乎更实用，但事实上，合理的工程设计技术需要更详细和更全面的分析。[32]

尽管有这样的忠告，ULI 还是为新的购物中心制定了停车标准，以满足现有购物中心在第 20 个最繁忙小时的免费停车需求。因此，规划师将停车需求隐含在免费停车的高峰需求之中，既不考虑提供停车位的成本，也不考虑司机们停车的支付意愿。

ULI 在 1999 年出版《商业中心停车标准》第二版，重复采用 1982 年的研究方法，得到几乎完全相同的结论。[33] 这项研究再次估计了第 20 个最繁忙小时的停车需求——圣诞节前第二个星期六下午 2 点左右——但没有提供选择该时间的理由。[34] 不过，这项研究的确提供了 1982 年研究中没有的信息。例如，90% 到 95% 的购物者开车到"绝大多数"购物中心，但 43% 购物中心的停车场即使在一年最繁忙时间里使用率也不超过 85%。每千平方英尺可租赁总面积提供 0.5 到 1 个停车位，导致停车位供给普遍过剩：

对于面积小于 600,000 平方英尺的购物中心，停车供应量超出停车需求量，每千平方英尺 GLA 几乎有一个完整的停车位，较大的购物中心则有约半个车位。这表明停车供给并没有抑制停车需求。此外，它还表明，建造更多的停车位不会导致交通量增加，进而增加购物中心销售额。[35]

高峰时期员工约占停车需求的 20%，这意味着，在顾客停车需求处于高峰期的几天内提供特殊的员工交通计划 (比如带班车的场外停车)，可以减少购物中心每年高峰停车需求——以及所需的停车供应量——达 20%。这一发现说明停车标准一个关键但往往被忽视的方面：如果停车需求高峰每年只出现几个小时，那么在这段时间内减少停车需求，远比增加全年停车供给更具成本效益。一年只占用几个小时的停车位是一项非常糟糕的投资，不仅对开发商，对其他任何人也是如此。

只有 2% 的购物中心收取停车费，并且还为顾客减免停车费。仅有 1% 的购物中心向员工收取停车费。这种无处不在的免费停车并不令人惊讶：如果能以零元的价格提供足够的停车位满足高峰需求，为什么还要收费呢？因此，免费停车导致规划师为设定停车标准而观察到"需求"，然后这些标准使免费停车永久化。一旦形成这种模式，城市规划师就会把过去的错误投射到未来，停车规划就像沿着默比乌斯带①前进 (见图 3-1)。[36]

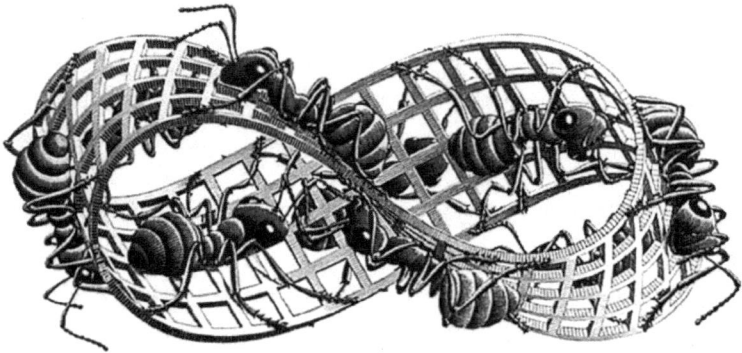

图 3-1　蚂蚁爬行在默比乌斯带上 (M. C. Escher 绘制)

M. C. 埃舍尔 (M. C. Escher) 的"默比乌斯带 II" (Möbius strip II)

©2010M. C. 埃舍尔公司-荷兰版权所有。www.mcescher.com

① 默比乌斯带 (Möbius strip 或者 Möbius band)，又译梅比斯环、麦比乌斯带或默比斯带，是一种拓扑学结构，它只有一个面 (表面) 和一个边界。它是由德国数学家、天文学家默比乌斯 (August Ferdinand Möbius) 和约翰·李斯丁 (Johan Benedict Listing) 在 1858 年独立发现，这个结构可以用一个纸带旋转半圈，再把两端粘上之后制作出来。(译者注)

不考虑价格来预测需求

如果城市规划师在估算停车需求时不考虑价格，那么路外停车标准就会陷入循环往复、完全不科学的状态。在预测停车需求时，城市规划师就像在模仿《绿野仙踪》的奥兹巫师①，被自己的诡计所欺骗。在骗子的面目被揭发之后，奥兹巫师承认：

> 我一直在假装……很久以来我愚弄每一个人，以为永远不会被揭穿……[但是] 当所有人都希望我去做一些明知不可为的事情时，我除了做个骗子，还有什么办法呢？37

规划师没有更好的办法预测停车需求，就像《绿野仙踪》里奥兹巫师想给稻草人装个大脑，或把多萝西送回堪萨斯州一样。当多萝西指责巫师是一个"非常坏的人"，因为他做出了无法兑现的承诺，他抗议道："我真的是一个非常好的人；但必须承认，我是一个非常坏的巫师。"38 城市规划师是好人，但他们努力让停车标准表现出方法严密时，不小心做了傻事儿。在 1939 年电影《绿野仙踪》里，脱下面具的巫师就像一个试图制定停车标准的无奈的城市规划师：他拼命地转动旋钮，扳动杠杆——当他的观众表示怀疑时——他吼道，"难道你敢质疑伟大的奥兹吗？……伟大的奥兹已经说过了！"39

城市规划师们之所以能够摆脱巫师般的行为，是因为他们产生了一个美好的结果：免费停车。如果仅仅是为了停车，规划师们创造了翡翠城②一般的乌托邦生活：

> 每个人都由邻居免费提供所需要的任何东西，任何人可以尽可能多地提出合理要求……每个男人和女人，无论他或她为社区的利益生产什么，都由邻居提供食物、衣服、房屋、家具、装饰品和游戏。40

大概还有免费停车。多萝西和稻草人沿着黄砖路向翡翠城走去，唱着："我们要去看巫师……因为他做了很多了不起的事！"41 后来发现他所做的是欺诈和胡闹。

甚至连"设置停车标准"这句话都是骗人的。"设置"(set) 一词表示拥有特殊专业知识或技术能力，可以校准精细调音的乐器。但城市规划师没有任何特殊专业知识或技术能力来预测停车需求，而停车标准也不是精细调音的乐器。停车规划是一项只有在工作中才能学到的技能，它更像是一项政治活动而不是专业活动。也许规划师只是在"强加"停车标准。这些标准充其量只是简单修补的结果。每当土地利用项目开始产生停车溢出效应时，规划师就会微调路外停车标准，直到问题得到解决。

---

① 原文为 Wizard of Oz。(译者注)
② 原文为 Emerals City。(译者注)

职 业 骗 局

"停车标准"是一个误导性的术语，它意味着建筑物需要一定数量的停车位。而分区规划要求建筑提供停车位，其中一些停车位却很少使用。停车位数量不"符合规范"听起来很危险，就像电线或水暖设施不合格一样，但事实远非如此。停车"不达标"的唯一风险也许就是不能满足免费停车的高峰需求。

规划师自己很困惑，而停车标准经常也令人困惑不已。例如，当停车标准表示为每 250 平方英尺 1 个车位或每 200 平方英尺 1 个车位时，差别并不明显。而同样的标准表示为每千平方英尺 4 和 5 个车位时，两者之间的差别就变得明显了。[42] 尽管如此，规划师通常以分子"1 个车位"和分母平方英尺数来表达高的要求——例如每 50 平方英尺建筑面积 1 个车位。为什么会这样？可能是因为同样的标准如果表述为每千平方英尺建筑面积 20 个车位，听起来太过分了。这种把1-车位-放在-分子[①]上的停车标准表达方式能让规划师隐瞒他们经常需要大量停车位——甚至对他们自己也隐瞒。城市规划师已经蒙蔽了自己的双眼，他们对每个人——包括他们自己，玩了一个专业的骗局。在处理停车问题时，规划师通常表现得像稻草人一样，在巫师给他颁发文凭而不是大脑之后，脱口而出一个令人印象深刻但又胡言乱语的毕达哥拉斯定理："等腰三角形任意两条边的平方根之和等于剩余边的平方根[②]。"[43]

在城市规划行业，行动除了产生其他后果外还具有象征意义，正如这个口号暗示的那样："我们的所作所为即使不产生其他效果，也表明我们在关心。"如果有市民抱怨停车问题，那么比如增加某种特定用地类型——也许是快餐店——停车标准，即使规划师没有真实的证据证明快餐店"需要"更多停车位，也能表现出市政府正在做些事情来改善停车问题，而政府不会为此付出任何代价。成本是隐藏的，而这项行动对政治有好处，规划师总能拿出一个令人印象深刻的理由，比如每 50 平方英尺餐馆面积需要 1 个车位。很少有人会明白，这个城市要求的停车面积是其服务的餐馆面积的六倍。[44]

规划师的否认

规划师有时承认停车标准是误导性的，但随后又表示这不是个严重问题，因为开发商、业主和租户对停车位的需求全都超过城市的要求。但是，如果每个人想要比城市规定更多的停车位，那么停车标准可能就是多余的，因为开发商会自行提供更多停车位。唯一比较停车供给与停车需求的实证研究发现，开发商通常

---

① 原文为 1-space-in-the-numerator。(译者注)

② 原文为 The sum of the square roots of any two sides of an isosceles triangle is equal to the square root of the remaining side. 注意这是稻草人的原话，是一个错误的结论。(译者注)

只提供分区规划法规所要求的停车位数量。[45] 许多开发商希望提供更多建筑面积，或将建筑用在停车供给允许的其他用途，因此，他们显然希望提供比分区法规要求更少的停车位。停车位是昂贵的，而开发商不会轻易地提供。

以我自己的经历来看，我曾担任洛杉矶城市规划处设计审查委员会成员，我审查了 1994 年到 2003 年间韦斯特伍德[①]所有开发项目的规划方案。我发现，停车标准限制了许多项目建筑面积的开发，阻碍建筑用途的变更，或破坏原有的设计。但是我从未见过一个项目会明显超过分区法规要求的停车位数量。考虑下面这个典型的例子：一套公寓住宅有 12 个单元，其中两套两居室单元 (每套要求 2.25 个停车位) 以及 10 套三居室单元 (每套要求 3.25 个停车位)。一共需要 37 个停车位，正好是一层地下停车场提供的数量。提交的计划显示，该项目每 100 平方英尺住宅面积有 60 平方英尺停车空间。住宅建筑面积比分区法规允许的容积率还少 38%，这表明是停车标准而不是容积率限制了住宅的数量。[46] 作为典型的西木区公寓住宅项目，地下车库沿着地界线开挖出来，所以它比建筑自身占地面积 (必须从建筑红线的四面往后退) 还要大，所有的景观绿化都在车库上方一层薄薄的土壤中。

类似的案例也很有启发：一栋 19 套公寓单元的建筑拥有 58 个车位 (每单元 2.5 个车位)，正好是分区法规要求的数量。由于场地较小，需要两层地下车库来满足停车标准。这个小小的两层地下车库效率很低，每个停车位占地面积为 520 平方英尺，坡道、过道、立柱、楼梯和电梯占据了很大的面积比例。车库建筑成本为每平方英尺 80 美元，因此每个停车位成本为 41,600 美元 (80 美元 ×520 平方英尺)，所要求的停车标准给每套公寓增加 104,000 美元 (2.5 个车位 ×41,600 美元)。每套公寓的平均面积为 1,969 平方英尺，所要求的停车标准增加每平方英尺 53 美元的公寓建筑成本 (104,000 美元 ÷1,969 平方英尺)。该项目为每 100 平方英尺住宅提供了 54 平方英尺的停车空间。可想而知，该项目所有的景观绿化都位于车库上方薄薄的一层土壤中。[47]

其他市政规划委员会成员报告了类似的情况，城市要求开发商牺牲密度、设计和经济效益来提供更多停车位。例如，多伦多市规划委员会前副主席劳伦斯·所罗门写道：

> 来到我们跟前的每一位开发商，无一例外，都试图提供比规划师要求更少的停车位，他们经常拿出详细的分析结果，表明城市要求提供太多的停车位，远远超出开发项目所需要的数量。开发商经常在其他方面获得优惠，但就我所知，从来没有在停车标准上得到过豁免。我

---

① 原文为 Westwood，也译为西木区。西木区位于洛杉矶的西边地区中北部，是一个商业和住宅混合区，加州大学洛杉矶分校 (UCLA) 就坐落于西木区。(译者注)

通常是唯一投票支持开发商的人——而社区要求增加额外停车位，这
种压力总是能说服委员会。[48]

让我们检验停车标准是如何推高停车供给，考虑一下，如果城市不对路外停
车设置标准，那么将会发生什么。市场只有在有利可图时才会提供停车位 (就像
市场只有在盈利时才供应汽油)，否则只会有更少的停车位。例如，在一年最繁忙
的日子里，一些商店和餐馆宁愿损失几个顾客，也不愿为那些经常空置的停车位
买单。每天空置数小时的停车位将被重新开发，用于更有产出的用途，并且停车
位价格也会上涨。

如果停车位数量更少、价格更高，我们会拥有更少的汽车。但自 20 世纪中叶
城市开始设置停车标准以来，拥车率、城市形态、交通设施和出行习惯已经适应
于无所不在的免费停车。现在大多数场所都提供免费停车，每个达到驾龄的人几
乎都有一辆车。我们调整住房、就业和购物模式，以适应充分供给的免费停车，目
前的停车需求已远高于分区法规从未要求路外停车标准时的情形。一个小汽车依
赖的城市，也是停车位依赖①的城市，通过增加我们对汽车的依赖性，路外停车标
准增加我们对停车位的依赖性。沥青停车场的扩张似乎不可避免，势不可挡，好
像火山熔岩降落在一个注定要毁灭的城市，但规划师应认识到路外停车标准是问
题产生的原因之一。

有时，城市采用高的停车标准作为一种间接方式来阻止某种特定的用地类型。
例如，如果居民们反对快餐店，那么更高的停车标准可能会增加修建快餐店的难度。
但是，这样的策略会产生更多的问题，因为真正建起来的快餐店都有超大的停车场，
也都是柏油路面，居民更不喜欢它们了。正确的解决办法是规范土地利用中的违规
行为，而不仅是简单要求增加停车位，因为它会使土地利用更加不受欢迎。

停车高标准给开发项目施加了高昂的成本，这可能被解释为城市控制增长和
相关交通拥堵的一种间接方式。但如果城市想要控制交通，高的停车标准则会带
来严重的意外后果。如果所有新开发项目都伴随着免费停车，那么不可避免的结
果就是车辆出行增多和交通拥堵。如果新迁入城市的人口没有买车，这种交通增
长几乎很难观察到。因此，如果真正的目标是限制交通，那么高的停车标准成为
一种有悖常理的控制增长方法。一些城市要求建设自行车停车架来鼓励骑行，但
是大多数规划师和民选官员似乎没有意识到停车标准也有类似的效果，即鼓励人
们开车出行。

---

① 原文为 parking dependent。(译者注)

狭隘的政策

为停车而规划，几乎完全是城市层面的管理责任。尽管停车是交通系统必不可少且昂贵的部分，联邦、州和区域交通规划很少提到停车。因此，停车政策是狭隘的，涉及的范围有限。然而，当更高级别的政府部门注意到停车对交通、环境和经济的广泛影响时，他们更倾向于采取限制措施，而不是设定停车标准。[49] 例如，俄勒冈交通系统规划方案要求地方政府修订土地利用和分区法规，实现人均停车位数量减少 10% 的目标。[50] 在俄勒冈州波特兰市，大都市区政府限制城市制定停车位下限标准的权力。例如，城市对一般办公建筑设定的最低停车标准为每千平方英尺不超过 2.7 个车位。大都市区政府同时也设定城市所允许的最大停车位数量上限。[51] 例如，如果一个场所是公交和步行可达的，最大停车位数量设定为每千平方英尺 3.4 车位。英国政府关于地方规划的交通政策指导方针中特别规定，"规划中应说明各类开发项目的最高停车水平……除了对残疾人停车位数量要有所规定之外，开发项目不应该设置最低停车标准"。[52] 这些区域和州政府层级的干预措施表明，把停车政策完全交给地方控制会产生过量的停车供给。

取消路外停车标准不是对路外停车的"约束"，因为开发商仍然可以按市场支持的数量提供停车位。然而一些城市在中心商务区 (CBD) 取消路外停车标准，直接转向停车位上限管制，这倒是一种约束。停车场减少改善了市中心风貌，新建筑给人们更多的理由前来造访，可是商家自然会关心是否有"足够"的停车位，他们可能会担心，限制停车供给会让顾客望而却步。真是这样吗？在一份关于停车限制政策是否影响城市中心经济活力的调查中，本·斯蒂尔和大卫·西蒙兹总结道，"从宏观统计研究来看，没有明确证据表明停车 (限制) 与零售或其他行业的经济活力有直接关联……从任何一种可获得的来源来看，都只找到少量证据，肯定没有明确的证据表明停车限制政策存在更广泛的影响"。[53] 如果停车供给标准的确限制了经济活力，人们可能期待找到一些证据，但实际上没有找到这样的证据。

在许多社区中，销售税是当地财政收入的一个重要来源，因此规划师会存在压力，"不惜一切代价"通过规划吸引零售业。零售税税基的竞争促使城市展开竞赛，为所有潜在的顾客提供充足的免费停车。从区域角度看，这样的竞赛是一场零和博弈，因为每个地方都提供更多的停车位，并不能增加该区域的总销售量。波特兰大都市区在全境范围内限制停车标准，就像对地方政府之间的裁军条约：为了避免进入"相互保证毁灭"状态[①]，各个城市同意不相互竞争，尽量不会要求比

[①] 相互保证毁灭 (Mutual Assured Destruction，简称 M.A.D. 机制，亦称共同毁灭原则) 是一种"俱皆毁灭"性质的军事战略思想，是指对立的两方中如果有一方全面使用核武器，则两方都会被毁灭，也被称为"恐怖平衡"。(译者注)

其他城市更多的停车位。一个城市对停车位总量的限制，也可以看作开发商之间采取的一项裁军条约：开发商不能通过提供过多停车位来相互竞争。在那些减少停车标准的城市，如果个别开发商知道其他开发商也会这样做的话，他们可能愿意提供更少的停车位；这样可以节省建设成本，同时也减少开发项目产生的交通流量。停车位上限管制①来源于人们对交通、土地利用和城市形态之间许多长期关系的认识，而停车位下限标准则被动回应了地方和眼前的顾虑。54

移动性，还是邻近性

移动性和邻近性是两种改善可达性的方式②——可达性是指抵达目的地的难易程度。在美国，移动性越来越趋向于这样的含义，主要是指无论人们去哪里都可以开车，到了那里就可以免费停车。采用路外停车标准来提供这种移动性会产生一个问题，即它们减少了邻近性。充足的停车位使开车变得更方便、更便宜，但大规模的停车场将活动分散得更远，进一步使汽车变得必不可少。路外停车标准增加汽车的移动性，但同时也降低步行、自行车和公交的移动性。55 通过同时减少邻近性和非机动车交通，停车供给创造了自己的需求，因为人们需要开车抵达大部分地点。车辆行程的增加也加剧了交通拥堵。倘若司机们为了穿梭在免费停车位之间，不得不在拥挤的交通中奋力前行，那么路外停车标准既增加了车辆出行量，又降低了可达性。

交通经济学家乔纳森·莱文和亚科夫·加布解释了追求移动性目标的过程中如何降低可达性：

> 交通需求的衍生性质意味着提高移动性本身并不是交通政策的合理目标……"移动性"在这里定义为移动的难易程度；可达性定义为到达目的地的难易程度。这两个概念相互关联，但又各不相同。当目的地就在附近，即使移动性受到限制，更大的可达性意味着人们更有支付能力来承担移动的费用；在目的地偏远的地方，如果没有高水平的可达性，移动性的难度会变得更大。56

同样地，罗伯特·瑟夫洛说过，"为汽车之城而规划，注重如何节约时间。另一方面，为可达之城而规划，注重如何更好地利用时间"。57

停车标准一旦实施，启动了一次恶性循环。停车位与汽车相辅相成，意味着免费停车刺激汽车需求，而更多的汽车反过来又增加停车需求。因此，路外停车标准与汽车呈现出一种共生关系：停车标准导致免费停车，免费停车导致更多的

---

① 原文为 parking caps。(译者注)
② 原文为 Mobility and proximity are two ways to improve accessibility。(译者注)

汽车，然后更多的汽车导致更高的停车标准。当每千平方英尺 3 车位不再满足免费停车的高峰需求时，来一个更大剂量的药方，每千平方英尺 4 车位可以缓解这一问题，但用不了多久，由于数量增加，汽车填满了新的停车位。就像每注射一剂停车针都能缓解局部症状，但最终却加重了真正的疾病——太多的土地和资本投入到停车场和汽车上。停车标准短期内对开车人有利，但长远来看对城市不利。

停车标准的系统效应

现在几乎每个美国人的生活方式都适应了汽车和无所不在的免费停车。结果导致当前停车需求高于城市没有设定停车标准的状态。因此，我们无法通过简单对比城市要求数量和开发商自愿提供数量之间的差异，估计整个停车标准系统究竟增加了多少停车供给，因为需求水平已经随免费停车的普及而膨胀，开发商对需求水平也有所反应。因此在每一个特定场所，标准所要求的停车位数量与自愿提供数量之间的差异低估了停车位下限标准的系统性影响。

停车总供给量的增长会大于各部分供给之和，要了解其中的原因，不妨考虑某个场所两个开发项目的例子：第一，仅该场所没有设置停车标准，第二，任何场所都没有设置停车标准。在第一个例子中，只有个别场所不受停车标准的限制，其他场所必须按要求提供停车位。在第二个例子中，城市对各场所均不要求停车标准，开发商则根据成本提供停车位。尽管两个例子中的场所均不受停车标准要求限制，但在第一个例子中，开发商会主动提供比第二个例子更多的停车位——方便与其他提供充足免费停车的建筑展开竞争。

图 3-2 两条曲线说明了上述两种情形。它们反映开发商考虑每车位建设成本后，自愿提供的停车位数量。如果成本降低，开发商会提供更多停车位，因此曲线向下倾斜。一个追求利润最大化的开发商会自愿提供一些停车位，但数量取决于成本。

在传统的经济学供求关系图中，VS 曲线不是典型的供给曲线。相反，它表示当给定停车位的供给成本和开发项目预期的停车需求时，开发项目按利润最大化对停车位数量进行决策的结果。停车需求越大，开发商自愿提供的停车位越多；提供停车位的成本越高，开发商自愿提供的停车位越少。因此，向下倾斜的 VS 曲线可认为反映了开发商自身的停车位需求。

首先考虑上方的曲线 VS_1，它显示如果城市要求每个场所每千平方英尺至少提供 4 车位，开发商自愿提供的停车位数量。我们可以用这条曲线检验普遍采用的每千平方英尺 4 车位标准如何增加该场所的停车供给。因为该标准适用于城市其他场所，各处停车均免费，几乎每个人都有一辆车，并且人们希望到哪里都能免费停车。这种市场环境增加开发商提供停车位的意愿 (取决于其成本)，正如上方曲线 VS_1 显示的那样。假设这个场所每个车位成本为 15,000 美元。在这个例子中，开发商将自愿提供每千平方英尺 3 个车位 (A 点)，比城市规定的少一个车位。因此，这个标准似乎只增加每千平方英尺 1 个车位。

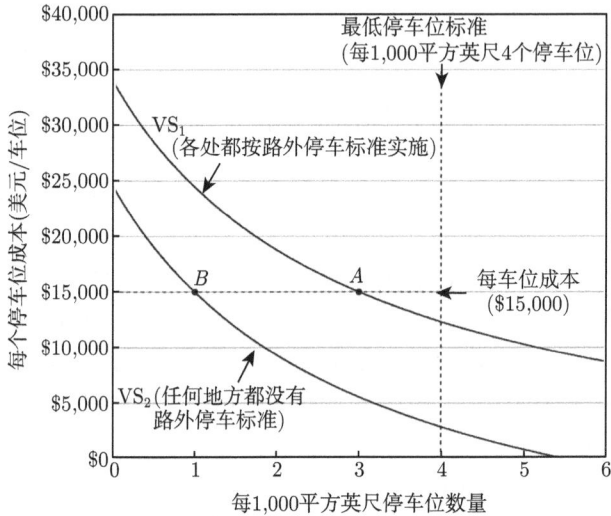

图 3-2   自愿提供车位的数量，考虑每个停车位成本

现在考虑第二个例子，城市不再到处设定停车标准。大多数建筑将会有更少的停车位，城市密度会更高。随着更高的城市密度，更多出行者会乘坐公交、骑车和步行，人们拥有更少的汽车。这种不同的市场环境降低开发商提供现场停车位的意愿 (停车位数量也不做要求)，下方的曲线 VS_2 反映了这种情形。在这个例子中，如果停车成本也是每车位 15,000 美元，开发商将自愿提供每千平方英尺 1 个车位 (B 点)。

个别开发商的行为似乎表明，每千平方英尺 4 个车位的标准使停车供给仅增加 33%(从自愿供给的 3 个车位到要求提供的 4 个车位)。但是停车标准已经改变城市形态，增加汽车数量，引导出行习惯转向个人单独开车。结果就是，停车标准确实增加 300% 的停车供给 (从自愿供给的 1 个车位到要求提供的 4 个车位)，因为如果城市不要求路外停车标准时，市场每千平方英尺仅提供 1 个车位。[58]

这个假设的例子揭示了两个重要的方面。首先，如果我们不知道停车位的提供成本，就无法估计停车标准如何增加停车供给。如果停车位不太昂贵，那么停车标准根本不会增加停车供给，因为开发商可能会自愿提供所要求的停车位。但如果提供停车位的成本很昂贵，停车标准就会大幅增加供给。其次，我们不能通过观察个别开发商当前的行为来估计整个标准体系是如何增加停车供给的。个别开发商会自愿提供一个场所所有要求的停车位，但这个决策部分源于免费停车的普及。因此，即使许多开发商在各自场所自愿提供所有要求的停车位，整个标准体系还是增加了市场愿意提供数量之外的停车供给。

如果城市取消了停车标准，土地利用将不会恢复到城市不曾要求路外停车标准的状态。城市形态是"路径依赖"的，停止要求路外停车标准的城市，可能永远不会像从未要求过的城市那样。工程师对路径依赖的术语是"滞后作用"①，它是指一个被外部因素改变的属性，当产生这种变化的原因移除后，无法返回其原始值的情形。即使城市取消停车标准，因为资本存量②长期存在，短期内大多数停车仍会维持免费。然而，从长远来看，没有成本是固定的，也没有什么是免费的：如果没有路外停车标准，停车价格将随提供停车位的成本上涨。随着时间推移，后停车标准时代③的城市将变得更紧凑，更少依赖汽车。对汽车的依赖就像吸烟成瘾，免费停车就像免费的香烟。如果香烟免费，更多人会养成大量吸烟的习惯，即使当取消对吸烟的补贴，他们的烟瘾也很难戒除。同样，即使取消停车补贴，对汽车的依赖也将是一个难以戒除的习惯。城市将慢慢调整取消停车标准，因为新的变化将出现在以汽车为导向的社会中。路外停车标准已将许多规划错误固化到建成环境中，城市要想从破坏中恢复还需要几十年时间。

停车标准改变土地利用

停车标准严重限制了老建筑的使用。例如，如果一栋建筑每千平方英尺建筑面积有 2 个车位，除非增加更多停车位或获得豁免④，否则大多数城市在每千平方英尺大于 2 车位的标准下都不允许将其转换为新用途。由于缺少空间，给一栋老建筑增加新车位通常不太可能。因此，老旧建筑局限于现有停车位供给能满足当前停车标准的用途。

在城市提高停车标准之后，对建筑使用的限制变得格外严格。新标准不会追溯到建筑的当前用途上，那些没有足够车位满足新标准的建筑变成"不符合要求"。城市赋予这些不符合要求的建筑"祖父豁免"权利，即以现有的停车供给，保持当前用途继续做生意，但如果改变用途则要求它们增加额外的停车位。[59](一项法规的祖父条款⑤将那些已被规制的活动或商业行为从该法规的新规制中豁免出去。

---

① 原文为 hysteresis。(译者注)

② 原文为 capital stock。(译者注)

③ 原文为 Post-parking-requirement。(译者注)

④ 原文为 variance。(译者注)

⑤ 祖父条款 (Grandfather clause)，也称"不溯既往"条款，是这样一种规定，指某些人或者某些实体已经按照过去的规定从事一些活动，新的法规可以免除这些人或这些实体的义务，不受新法律法规的约束，继续依照原有的规定办事。(译者注)

) 由改变用途引发的停车标准严重限制了老建筑可能的使用者,阻碍老城区的经济发展。

两 种 政 策

当一栋建筑用途改变时,城市对停车位数量有两种通用政策,每一种都限制了老建筑的使用。[60] 这两种政策可以通过考察加州两个城市——长滩和圣迭戈的分区规划法规来解释。当一栋建筑改变为新用途、遭遇更高的停车标准时会发生什么?

1. 长滩要求增加足够的停车位,以满足停车标准在当前用途和新用途之间的差异。

2. 圣迭戈要求增加足够的停车位,以满足新用途的停车标准。

当用途变更时所要求的停车位数量

当一种建筑用途不能满足停车标准时,可以更改为其他用途而不增加停车位,[除非] 新用途比现有用途要求更多的停车位。然后,为了确定新用途,申请人必须增加新的停车位,补齐现有用途与新用途标准之间的停车位数量差额。

加利福尼亚,长滩
市政法规第 21.27.070C 节

当新用途所要求的停车位数量不超过原用途时……无需改变停车位数量……当新用途所要求的停车位数量超过原用途时,应按照本节的规定为新用途增加停车位。

加利福尼亚,圣迭戈
市政法规第 142.0510(d) 节

表 3-5 说明这两个城市的相关政策主要针对 1,000 平方英尺、没有路外停车位的建筑,因为它们在城市要求停车标准之前建造 (第 1 列)。在两个城市中,当前适用于祖父豁免条款的停车标准为每千平方英尺 2 车位 (第 2 列)。假设业主希望变更该建筑的用途。当前新土地利用标准 (第 3 列) 为每千平方英尺 2 车位 (场景 A) 或每千平方英尺 3 车位 (场景 B),我们可以检验每个城市需增加多少额外的停车位。

在场景 A 中,当新增和现有用途同时要求提供 2 个停车位时,两个城市都不再要求新增车位,停车标准也不会阻碍建筑用途的变更。下面考虑场景 B,新用途要求提供 3 个停车位。长滩要求提供 1 个新车位来满足新用途 (3 车位) 和现有用途 (2 车位) 之间的标准差额。但圣迭戈要求 3 个新车位,因为它强调建筑必须满足新用途的停车标准。两种政策都阻碍了建筑的再利用,而圣迭戈更严格的政策则造成更高的障碍。

分区规划顾问查尔斯·里德建议尽可能减少使用不同的停车标准，这样大多数新土地利用将与老的利用保持相同标准。[61] 这种统一性使老建筑更易于再利用。因为大多数零售企业都采用租赁方式经营，很容易出现较高的市场失败率，因此，获得贷款建造或改建一栋建筑可能很困难，除非原来的空间能够以低成本改造成其他用途，而且不需要新增停车位。

表 3-5　建筑更改用途时停车位标准的变化

现有停车位	要求车位数		用途变更所需新增车位数	
	现有用途	新用途	长滩	圣迭戈
(1)	(2)	(3)	(4)	(5)
A　0	2	2	0	0
B　0	2	3	1	3

注：针对 1,000 平方英尺的现有建筑。

长滩和圣迭戈的分区规划法规明确规定当土地用途发生变化时所需的停车位数量，但一些城市的分区法规则语焉不详，甚至不涉及这个主题，许多规划师无法解释所在城市的政策。一些城市似乎采取更严格的政策：要求每种新用途必须满足城市现行的停车标准，即使该用途与符合祖父豁免条款的现有用途相同或标准更低。例如，假设一栋没有停车位的建筑，其用途满足祖父豁免条款，按要求为每千平方英尺提供 3 个停车位。一位业主想要变更建筑用途，变更后的停车标准仅为每千平方英尺 2 车位，即使新标准低于目前适用祖父豁免条款的情形，规定也要求它必须满足新用途的停车标准。

用途变更规则仅适用于拥有祖父豁免权利的建筑，它们有权按照原先用途提供停车位。但如果一栋建筑空置一段时间 (长滩一年，圣迭戈两年)，就会失去祖父豁免权利，并要满足现行的停车标准，直到新用途生效。因此，空置一年或两年以上的建筑很难再利用。如果有人想重新利用这个建筑，即使是恢复原来的用途，都必须提供当前要求的所有停车位。这种适得其反的政策对城市更新起到反作用：一旦一个地区被忽视几年之后，停车标准使适应性再利用[①]变得更加困难，老建筑必须做出调整才能生存。

一个实例

一个例子可以解释停车标准如何阻碍许多理想的土地利用。假设有一个现存的仓库，它在城市制定停车标准之前建成，没有路外停车位。城市现在要求仓库每千平方英尺提供 1 个停车位。虽然该建筑没有遵从现行标准，但它可以继续作为仓库使用而不提供所需的停车位，因为该用途在城市推行当前标准前已经存在。如果当前用途没有生意，这栋建筑由于没有改变原用途，仍可作为仓库重新利用

---

① 原文为 adaptive reuse。(译者注)

而不必提供所需的停车位。

另外假设一个研究实验室，它的停车标准为每千平方英尺 3 车位。由于实验室的停车标准比仓库要高，如果没有提供更多的停车位或获得豁免，仓库就不能更改用途作为实验室。[62] 长滩要求每千平方英尺 2 个新车位，而圣迭戈要求 3 个。停车场每个车位大约有 330 平方英尺，这样按每千平方英尺建筑面积 3 个车位建设一个停车场，就相当于建筑自身的大小。因为给大多数老建筑增加新车位是不切实际的，分区规划法规中的停车标准可能会冻结建筑现有的土地用途，甚至阻碍其他可行的用途。

总之，路外停车标准对于新建筑和现有建筑有不同的含义。对于新建筑，停车标准规定开发商必须提供的车位数量。对于现有建筑，停车标准限制了城市所允许的用途。考虑规划师在设定停车标准时方法随意，很多重要的土地利用决策都是在没有合理依据的情况下做出的。

质量还是数量

建筑师和城市设计师已经出版多部优秀的停车场和停车楼设计指南，包括马克·蔡尔德《停车位》、吉姆·麦克拉斯基《停车：环境设计手册》、凯瑟琳·米勒《汽车景观》以及托马斯·史密斯《停车美学》。尽管有许多好的"停车建筑结构"[①]建议，然而大多数设计都令人沮丧，因为分区规划法规要求的停车位数量如此之多，除了沥青停车场和空旷的水泥结构外，几乎没有给设计留下空间或预算。PAS 出版了五份城市对停车位数量标准的调查报告，仅有一份涉及停车位设计标准。[63] 安德烈斯·杜安尼、伊丽莎白·普莱特-兹伯格[②]和杰夫·斯佩克指出，分区规划固化停车位数量和比例而没有关注建筑设计所产生的问题：

> 当前开发法规存在的问题不仅集中在开发规模……它们没有提供影像，没有图表，没有推荐的模式，只有数字和文字。法规的作者似乎不清楚他们想要的社区是什么样的……大多数分区规划法规注重数字和比例，而不是物理形态，无法区分丁巴特建筑[③]和联排式住宅，因为从统计学来看它们是一样的。[64]

规划师几乎只关注停车位与建筑面积的比例，而忽视所有要求的停车位对城

---

　　① 原文为 parkitecture。(译者注)

　　② 安德烈斯·杜安尼 (Andres Duany) 和伊丽莎白·普莱特-兹伯格 (Elizabeth Plater-Zyberk) 是美国新城市主义运动的主要奠基人。(译者注)

　　③ 丁巴特建筑 (Dingbat building) 是一种公式化的公寓建筑，在 20 世纪 50 年代和 60 年代在美国南部阳光地带盛行，这种鞋盒式建筑呈四方形，地面一层为敞开的车库，上面有两层或三层的公寓房，因其低廉的地位和廉价的租金而闻名。(译者注)

市设计的影响。路外停车标准代表了城市规划中数量胜过质量的价值取向。规划师应该停止要求更多的停车位,转而开始追求更好的停车位设计。

停车场通常就像沥青路上碍眼的怪物,打断了街景,延长目的地之间的距离。托马斯·史密斯在 PAS 第 411 期报告中说:

> 从视觉上看,停车场和停车楼可能是一团糟。它们往往太大,填充了太多沥青或水泥,与周围的建筑和活动几乎没有关系。它们不是吸引行人的地方,也没有其他城市开放空间的趣味和吸引力。停车场和停车库的大小和规模使它们打破建筑之间的联系,有时还破坏街面的连续性……然而,规划师往往不注意改善停车场外观。[65]

因此,来访者必须在一个荒无人迹、油渍斑斑的停车场里穿过迷宫般的车辆,最后才能到达一个闪闪发亮、大理石装饰的大厅。除了自身看上去丑陋不堪之外,停车场还可能破坏所服务建筑的设计。让建筑、停车场与场所变得和谐一致可能相当困难,而且建筑设计通常必须妥协以容纳停车场。建筑师经常抱怨在满足停车标准之后,把建筑像鞋拔一样塞入停车场之间是多么为难。因此,取消路外停车标准可以使更好的设计变成可能。继而,规划师可以更有创造性地使用分区规划改进停车场本身的设计。为了说明这一潜力,我举 4 个例子说明停车分区规划如何显著改善城市设计:

1. 限制停车位数量;
2. 改善住宅车库外观;
3. 改善停车场选址;
4. 改善停车楼设计。

限制路外停车

正如伯克利大学教授艾伦·雅各布斯所言,城市规划经常出现"眼见不为实"的情形:"你所看见的部分并不能说明这件事做得好……而是你看不见的部分。"[66] 加州卡梅尔提供了这样一个"看不见"的停车场范例。卡梅尔以其迷人的市中心闻名,分区规划有助于解释其独特的步行环境。为了达到这种氛围,该市禁止在中心商业区任何地方设置路外停车。分区法规陈述道:

> 中央商业①(CC) 土地利用区域禁止现场停车。这项政策减少在人行道开凿路缘坡的需要以及道路过度扩张对行人自由流动的干扰。这项政策旨在增加机会,为物业和建筑之间留出街区内部场院②和步行道。[67]

---

① 原文为 central commercial。(译者注)
② 原文为 intra-block courts。(译者注)

　　卡梅尔的确设有停车标准，但中央商业区的开发商必须支付费用来代替所要求的停车位；也就是说，卡梅尔既要求设定停车标准，同时又禁止路外停车，它对符合规定但禁止设置[①]的停车位收取代赎金。然后，城市用这笔收入为市中心外围的公共停车位提供资金。[68] 取消路外停车位有助于卡梅尔市中心成为美国最适合步行的地方之一，世界各地的人们都到这里享受闲庭漫步。

　　大多数城市可能不希望在市中心禁止所有的路外停车，但可以采取折中做法，征税或禁止地面停车[②]。[69] 限制地面的路外停车可以改善行人环境，这个想法符合伯克利大学建筑学教授克里斯托弗·亚历山大的观点，他认为，过多的土地用于停车会使环境恶化。在《模式语言》[③]一书中，亚历山大认为：

　　　　当汽车的密度超过一定限度后，人们会产生汽车过多的感觉，而真实发生的是人们潜意识里感到汽车战胜了环境，环境不再适合人类生存……汽车所产生的效应远远超出它们本身的存在。它们创造迷宫一样的道路、车库门、沥青和混凝土地面以及人们无法使用的建筑结构。当汽车的密度超过极限时，我们猜测人们感觉到环境的社会潜力消失了。[70]

　　亚历山大推测，用于停车的土地不应超过 9%，大多数行人可能确实感觉到停车位越少越好。很多设计师对过多的地面停车造成死气沉沉印象也表示遗憾，而少数拥护汽车发展的人往往忽略设计造成的停车问题。例如，勒·柯布西耶和弗兰克·劳埃德·赖特通常以公园环绕的高楼为例，而实际上它们被停车场包围。[71] 在描述柯布西耶的高楼幻想曲[④]产生的巨大影响时，建筑师莫希·萨夫迪说：

　　　　在《明日之城》(1929) 中，勒·柯布西耶写道，"大城市的中心就像一个漏斗，每条街道都会把车流射入其中……"并总结说，"宽阔的大道必须穿过我们的城镇中心"，这预示着无数的市中心公路项目将从繁华的街道、商业和民间机构的历史交汇处开凿出来。他建议："我们必须建立巨大的、有遮蔽的公共停车场，人们在上班期间可以把汽车停在那里"，他这样热情地描述未来几年对城市形态影响最广泛、最急剧的地方。经过整整一代人的努力，才有一批年轻的建筑师……意识到现代化进程完全忽视了城市生活的一个基本组成部分：行人。[72]

　　许多损坏必须修复，而限制路外停车是一个开端。

---

① 原文为 required-but-prohibited。(译者注)
② 原文为 surface parking。(译者注)
③ 原书名为 *A Pattern Language*。(译者注)
④ 原文为 Corbusier's highrise fantasies。(译者注)

对车库门的限制

卡梅尔住宅区采取另一项简单而有效的分区法规,减少停车对街道景观的影响。如果房屋有一个面向街道的停车库,那么车库的门就不能宽于一辆汽车。[73] 由于车库门不能主导房屋正面,这样城市看上去是为人而不是为车设计的。图 3-3 显示建筑物正面的效果。车库门只有一辆车宽度,有利于而不是破坏房屋和街道的整体设计。

图 3-3 加州卡梅尔要求车库门不超出一辆车的宽度

图片来源:Donald C. Shoup

其他城市也要求分区法规改善住宅区车库的景观。华盛顿奥林匹亚市要求,面向街道的车库侧墙应开设窗户或采用其他设计元素,表现为可居住空间。俄勒冈波特兰限制面向街道的车库墙面不超过整栋建筑立面的 50%。[74] 新泽西州要求各城市用缩减车库门面的方式计算路外停车位数量。如果车库门和道路红线之间的车道长度不小于 18 英尺,则单车车库和车道的组合按两个车位计算。[75] 因此,开发商可以用单车车库满足两个车位的要求,并将车库临街门面减少一半。

停车位选址标准

限制停车位选址也可以改善街道外观。看看华盛顿西雅图塔科马如何通过分区法规防止停车位破坏城市整体设计以及商业区步行环境:

建筑物和沿街建筑红线①之间不得设置停车位。对于街角的停车

---

① 原文为 front property line。(译者注)

场，建筑物与两 (2) 条沿街建筑红线之间不得设置停车位。[76]

这一规定要求现场停车位设置在建筑物旁边或后面，而不是前面。

在 PAS 报告如何制定分区法规的部分，查尔斯·勒雷布尔展示停车场位置如何影响街道景观的步行质量 (见图 3-4)。在上面的图中，停车场位于建筑物和人

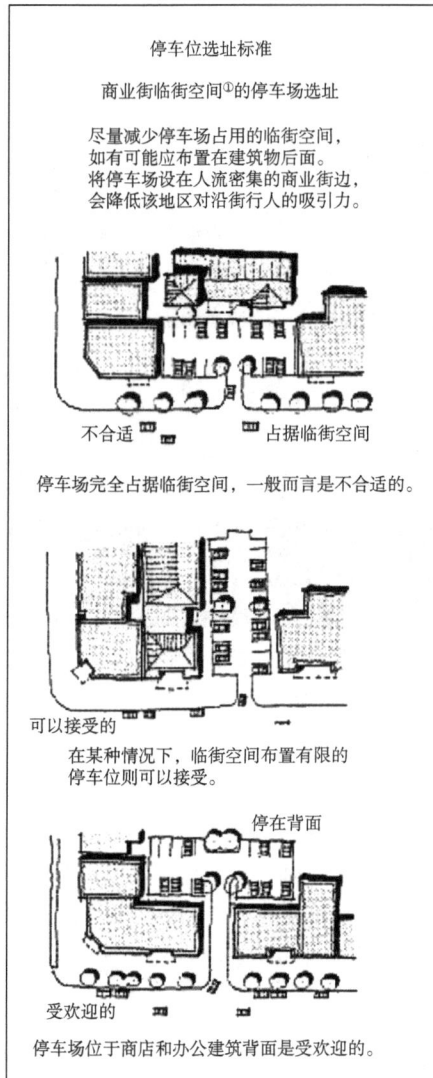

图 3-4　停车场选址如何影响街道的步行质量

---

① 原文为 streetfront，街面或临街空间、临街空地。(译者注)

行道之间，这是小型商场和条形购物中心的常见模式。中间的图展示建筑物旁边的停车场，尽量减少停车场占用临街空间，在建筑物之间仍然留有间隙。下面的图显示建筑物后部的停车场，商店之间唯一的空隙是前往停车场的通道。

城市历史学家理查德·朗斯特雷思撰写了大量关于 20 世纪上半叶汽车和停车场如何改变洛杉矶商业空间的文章。[77] 朗斯特雷思没有提到路外停车标准 (洛杉矶直到 1946 年才开始对商业建筑实施路外停车标准)，但他解释道，即使商家自愿开始提供停车位，也很重视人行道朝向。出于这个原因，开发商通常在建筑物背面放置停车场：

> 威尔夏大道在 20 世纪 30 年代和 40 年代为该地区无数小型零售区设立了标准。这一时期建成的购物中心采用保持建筑正面外观和提供建筑背面停车的模式，维持了街面的戏剧感[1]。这类综合体往往是作为商店的聚集地而不是作为一个完全整合的设施来构思和运营的。总的来说，商家始终不愿意放弃传统的人行道导向。食品零售商所经营的超市构成这些商业中心的核心单元，尤其坚定地贯彻了这个理念。[78]

洛杉矶在这方面并非独一无二。宾夕法尼亚大学城市学教授威托德·黎辛斯认为，这种建筑背面停车模式在最早的购物中心出现，并在总体规划中发展成为社区的一部分：

> 商业广场 (位于伊利诺伊州莱克福里斯特) 和乡村俱乐部广场 (位于密苏里州堪萨斯市) 的建筑外观和空间布局具有家庭式的亲和风格，有意识地让人联想到小城镇的购物区——商店面向街道，停车场在背面。这不是偶然为之。购物中心的开发商同时也开发周边居民区，因而零售商店会设计成与总体规划相一致的风格。[79]

然而,在不属于总体规划的边远区域,停车场逐渐迁移到建筑物的正面[2]。1937 年, 道格拉斯·哈斯克尔在《建筑实录》[3]中观察到,"在不经意的印象中,洛杉矶看起来像一系列点缀在建筑物中的停车场……这些停车场在功能上对城市而言, 就像汽车对市民一样不可或缺。"[80] (汽车使停车场不可或缺,而停车场让城市蔓延开来,使汽车变得更加不可或缺。) 1951 年,两位商业中心建筑师这样评论洛杉矶,"汽车已经变得像一双鞋那么必要,对商业产生显著的影响。"[81] 切斯特·利布斯在论述美国路边建筑史时,认为带状建筑的开发商开始依赖路内停车,于是开始将建筑后退一步,留出一辆汽车的长度,在商店前提供垂直停车位。他们最

---

① a sense of street-front drama 来自简·雅各布斯的理念——街道是一个舞台,人们的活动被看作是戏剧或者舞蹈。(译者注)

② 即临街面。(译者注)

③ 原书名为 *Architectural Record*。(译者注)

终放弃对行人的考虑，方便机动车车主的出行；他们铺设空荡荡的停车场，将建筑物置于地产的后端。"主要街道商业选址规划长期以来秉持的信条——让商店沿人行道排成一列，在路边留出空间停车——这一原则终于被抛弃。"[82]

当把停车位置于建筑物的后方，行人经过时可以看到商店橱窗，自然会走进商店。而如果停车位在建筑物前方，行人就看不到商店提供什么商品。行人必须穿过停车场才能靠近商店，这不太吸引人，甚至会有危险。如果所有的停车位均置于建筑物前方，很少有人愿意使用人行道。杜安尼、普莱特-兹伯格和斯佩克认为，将停车场置于前端会向周边环境传递出一种粗鲁的信息：

> 停车场出现在建筑物前方，除了损害街道的步行质量，还给出一种不友好的信号，商店并不是面向附近的邻居，而更欢迎那些开车经过的陌生人。[83]

当停车场置于每家商店之前，意味着重要的顾客是开车的人。吸引行人进入商店变得不再重要，因为压根就没有行人。

住宅停车场的选址也可以大大改善。在英国，环境部的设计指南建议，路外停车场不应打断住宅的街道立面，汽车应该停在住宅的旁边或后面。此外，路外停车位应设计成灵活的用途，以便居民不将其用于停车时转换为庭院或花园。[84]

即使分区规划法规没有停车标准，城市也会持续适应汽车，但是停车标准的出现，要求每一个场所提供大量停车位，无疑加速并放大了停车位从建筑物后部向前部迁移的速度。如果 20 世纪以来城市规划师对路外停车位的选址而不是数量进行规制，那么今天的城市可能会拥有更好的空间形态。

停车楼设计标准

司机们选择停车位，看重的是方便、位置和价格，而不是它们的建筑风格、城市设计，或与周围环境的审美契合。因此，开发商往往忽视停车楼的建筑风格，而尽可能使其便宜。鉴于此，城市应该规范停车楼的设计，以确保它们不会破坏街道的形象。只有停车楼外观增加所服务的住宅或商业建筑的价值，大多数开发商才会主动花钱改进其设计。停车楼甚至比其他建筑更需要设计审查。

停车楼的空白墙面让街道的步行环境变丑，而且建筑本身通常很难看，尽管如果建筑师有机会把它们当作真正的建筑来对待，而不仅仅是一种廉价方式存放不需要的汽车，那么它们也不会变得如此丑陋。例如，位于密尔沃基艺术博物馆的新停车楼装有拱门和天窗；修建它的建筑师圣地亚哥·卡拉特拉瓦解释道：

> 停车场是今天 90% 的人都会到达的地方。你有一种权利，在进入大门的一瞬间感受到它的高品质。我认为，任何停车场都有潜质成为一个受人欢迎和聚会的场所。我们必须重新美化这些空间。[85]

为了改善街道景观，一些城市要求停车楼临街的一面留出零售空间，并形成一定的建筑风格。可以参考圣迭戈中央商务区的停车标准：

伴随项目产生的所有停车位应该被整合在停车楼之中……除了行车通道区域，任何项目或停车楼至少百分之五十 (50%) 的临街墙面应该包含街道层面的 [零售/商业] 用途。[86]

新城市主义建筑师彼得·卡尔索普展示了底楼有零售商店的停车楼如何提供视觉上的享受、安全和遮阴功能。[87] 一些停车楼拥有与街道风格一致的商店，它们设计得如此之好，以至于行人都不会注意到它们是停车建筑，而零售商店的租金超过相同面积停车位租金。图 3-5 展示了两个停车楼实例，它们提高而不是降低了街道的生活质量。[88]

图 3-5　底楼有用途的停车楼

图片来源：Donald C. Shoup

除了底楼布置成零售商店，还有一种做法是将停车楼"包装"成零售或其他用途。这尤其适用于大容量公交导向型发展①，正像 ULI 解释的那样：

> 典型的郊区地面停车场随处可见，有创意的设计师可以用零售商店、餐馆、住宅和服务，比如干洗店将停车楼"包装"起来。这种混合利用方式让停车楼与城里的场所一样更有吸引力，允许在那里停车的人们办点事儿，让往返停车场的步行更为有趣，并创造出一种吸引顾客的商业建成环境。89

　　一些开发商展现了良好的停车场设计如何明显地改善建筑外观，PAS 的托马斯·斯密斯说，良好的停车场设计带来许多创新，"由私人开发商倡导，而不需要当地规制要求或激励。然而，若要更广泛地推广设计改良，则需要当地政策持续地实施。"90 停车场给许多人留下一个场所的第一印象和最后的印象，规划师可以做很多事情去改善这些印象。城市应该要求更好的停车场，而不是更多的停车场。停车规划应该更像一门艺术，而不是一门伪科学。

结论：一个没有基础的复杂结构

　　停车是交通和土地利用之间未被研究的环节。城市规划师似乎认为停车标准是一个交通问题，交通工程师必须加以研究；毕竟，交通工程师为每种用地类型估计停车生成率。而交通工程师似乎认为停车标准是一个土地利用问题，城市规划师必须加以研究；毕竟，城市规划师为每种用地类型设置停车标准。最终结果就是没有人真正为路外停车标准负责。

　　路外停车标准几乎到处制造免费停车，至少看来，倘若免费停车是唯一目标的话，它们似乎实施得挺有效。但是，所要求的停车位破坏了城市肌理②，到处制造使用率不高的停车场，降低自然环境和建成环境品质。更糟糕的是，停车标准将成本隐藏在除停车之外每件商品更高的价格之中，产生诸多负面效应。诚然，我们都想要免费停车，但我们也希望减少交通拥堵、能源消耗和空气污染。我们还想要付得起的住房、高效的交通、绿色的空间、良好的城市设计、伟大的城市和健康的经济。但不幸的是，充足的免费停车与这些目标相冲突。如果我们真正的问题是汽车太多而不是停车位太少，那么停车位下限标准会让一切变得更糟。

　　路外停车标准被嵌入到一个复杂的法律、许可、收费、豁免和政治妥协的结构之中。它们已被纳入每个城市的分区规划法规，并由许多法庭判例诠释。91 这些标准将停车供给置于自动驾驶状态：所有新开发项目毫无例外地配建大量的免费停车位，好像注定就是那样，正如《绿野仙踪》的翡翠城市，每个人都要戴上

---

① 原文为 transit-oriented developments(TOD)。(译者注)
② 原文为 built fabric of the city。(译者注)

绿色眼镜，因而看起来一切都是绿色的。一旦规划师设定标准，就再也不会去仔细思考停车供给。但是，这些标准不会从那些考虑城市设计品质、土地利用、交通和环境的战略性规划中产生。大多数停车规划只不过是一张列出每种用地类型停车标准的购物清单，而大多数关于停车的研究不过是简单的盘点而已。如同空中楼阁，路外停车标准只是一个没有基础的复杂结构而已。

第 3 章注释

1. William 和 Taylor (1986，4)。

2. "宗教仪式受到欢迎；停车权却很棘手"，《纽约时报》，2004 年 3 月 29 日。这一争议产生一项提案，即根据消防局和建筑管理部门的规定，礼拜场所的停车标准由建筑物中最大房间的最大允许占用率确定。在安息日和节假日步行去犹太教堂的东正教犹太人认为，他们不需要任何停车位。

3. 例如，Steven Smith 和 Alexander Hekimian (1985，36) 在马里兰州蒙哥马利县停车标准研究中描述道，"雇员密度是决定办公建筑高峰停车需求最重要的变量……然而，在提前预测雇员总数以及确保未来雇员总数不会发生显著变化方面存在严重困难 (尤其是投机性的多租户建筑)。正因为如此，这项研究推荐了一个基于平方进尺[①]的标准。"

4. 高速公路研究委员会 (Highway Research Board，1955，20-22) 一项早期调查发现，殡仪馆的停车标准也同样混乱。在 38 个调查城市中，几乎每个城市都有不同的停车标准，而且出现了一些 1971 年 PAS 报告中没有提到的额外的基数：会议室、太平间、可容纳 100 人或更多人的客厅、主礼堂和睡眠室。有一个城市要求为停车位设计一个 30 英尺退缩尺度[②]，另外一个城市要求 35 英尺；有的城市不是要求停车场放在殡仪馆后面，而是安排在前面。

5. Cervero (1988)。

6. Garreau (1991，119)。一些城市不仅要求停车位数量充足，而且要方便。例如，马萨诸塞州弗雷明汉的一位开发商要求在劳氏家庭装潢店 (Lowe's home improvement store) 屋顶上安排一些停车位，规划委员会副主席表示担心，这样许多顾客可能会"动态停车"(live park)，这意味着如果顾客不能马上找到停车

[①] 原文为 footage，以英尺表示的长度或距离。(译者注)

[②] 原文为 setback，在建筑中的含义为建筑退缩尺度。建筑退缩尺度表示建筑越往高造就要限制高层的面积，在标准高度过后，建筑物要不断地往里面缩，又称为建筑退台。(译者注)

位，他们会让车持续发动，而不是开到屋顶上去找停车位。"人们会那样做"，副主席说，"我们知道，如果可以的话，他们会开车从前门穿过"（《西部地铁每日新闻》，马萨诸塞州弗雷明汉，2004 年 9 月 1 日）。

7. ITE (1987a，104)。

8. Polanis 和 Price (1991，32)。样本包含 33 个城市。平均停车标准比 ITE 停车生成率高 32%。

9. 见附录 A。这份停车标准适用于 10,000 平方英尺的办公建筑；样本包括 117 个城市。平均停车标准比 ITE 停车生成率高 36%。

10. Shaw (1997a，37)。这份停车标准适用于 10,000 平方英尺的办公建筑；样本包括 71 个城市。平均停车标准比 ITE 停车生成率高 43%。

11. Gruen Associates (1986，第 4、9、14 和 30 页)。办公园区于费城和旧金山地区，平均入住率为 87%。九个场所的平均模式分担为：84.7% 单驾，12.3% 合乘，0.9% 自行车或摩托车，1.4 公交和 0.6% 其他方式。九个园区中有八个曾报告，步行 5 到 10 分钟就可以得到公交服务，但是其中 3 个园区没有公司鼓励使用公交；另外 3 个园区中 3% 的公司鼓励使用公交；而一个位于加州的园区，42% 的公司出于环境保护考虑，鼓励使用公交。Gruen 分析了这些园区数据，得出结论："大约 [每千平方英尺]1.8 的停车比率就可以为整个园区提供足够数量的停车位"以满足免费停车的高峰需求 (Gruen，1986，15)。

12. 公交合作研究项目 (2003b，18-9)。八个场所的平均高峰停车占用率为每千平方英尺总建筑面积 1.4 个车位。

13. Puget Sound Reginal Council (2003，xi)。1989 年至 1999 年间五项更早的调查发现，西雅图市中心高峰停车占用率在总容量的 73% 到 80% 变化，华盛顿贝尔维尤市中心在 56% 到 64% 之间 (Puget Sound Reginal Council，2000，第 6 和 28 页)。1991 年对西雅图 36 个就业中心的调查发现，办公建筑的高峰停车占用率仅占容量的 72%(Kadesh 和 Peterson，1994，59)。

14. 西雅图战略规划办公室 (2000，14)。

15. Gould (2003，3)。调查在康涅狄格西北部 13 个镇、10 种不同土地用途的 42 个停车场进行。

16. 城市土地研究所 (1999，23)。

17. Willson 上调了所观察的停车占用率，使之对应于 95% 的建筑使用率。例如，如果办公空间使用率为 50%，Willson 就用观察到的高峰停车占用率乘以 95/50，来估计当办公空间使用率为 95% 时的高峰停车占用率。

18. Willson (1995，32)。

19. Willson (1995，3)。

20. Wormser (1997，10)。

21. 芝加哥区域交通管理局 (1998)。有时假设连锁店需要比分区规划要求更多的停车位，但它们往往希望提供更少的数量。例如，在密歇根州一家沃尔玛超市，停车标准要求提供 1,016 个车位，但沃尔玛申请了豁免，仅提供 796 个车位，减少了 22%("规划委员会审查沃尔玛超市选址规划"，《艾奥斯科县新先驱报》，2003 年 9 月 9 日)。

22. Levinson (1984a，77)。每个车位平均年营业收入为 373 美元，每个车位年度维修和运行费用为 246 美元，每个新车位年还本付息额为 800 至 1,200 美元。因此，每车位年平均负债在 673 美元到 1,073 美元之间。Levinson 估计，按 1983 年成本水平，停车场开发支出 (土地、建筑、工程、法律和或有成本) 平均每车位为 10,000 美元。他还假设 10% 利率和 30 年摊销期。

23. 汽车收藏家需要更多的停车位。例如，Jay Leno 用了三个飞机吊架 (airplane hangers) 存放收集到的 80 辆汽车和 60 辆摩托车 (Berg，2003，42)。

24. 英国环境、交通和地区部 (1998b，第 5、16 和 17 页)。Blake (1999) 总结了这项研究。

25. Nozzi (2003，50)。

26. Whyte (1989，54)。

27. 蒙哥马利县分区规划法规第 59-E-3.7 条。由于停车场每车位至少占用 300 平方英尺，83 个停车位至少占据 24,900 平方英尺。也许 83 是每千平方英尺 8.3 个车位的笔误，但它在蒙哥马利县分区规划法规中已有多年。

28. Hardwick (2004，145)。索斯代尔 (Southdale) 购物中心，由 Victor Gruen 设计，位于明尼苏达州伊代纳。

29. 城市土地研究所 (1982a，12)。

30. 城市土地研究所 (1982a，2)。增加了楷体。

31. 例如，研究发现，在购物中心至少 40% 的营业时间里，超过一半的停车位是空闲的 (城市土地研究所，1982a，12)。对小于 600,000 平方英尺的购物中心，在最繁忙的第 20 个小时 (圣诞节前的星期六下午) 所需停车位数量只比最忙的时间少 5%。果真如此的话，为满足第 20 个最繁忙小时停车需求而设置足够的停车位数量，与一年中最忙小时的免费停车需求数量相比，两者几乎是一样的。

32. Wohl 和 Martin (1967，176)。他们对设计小时标准的批评适用于所有交通设施，而不专门针对停车。

33. 城市土地研究所 (1999)。

34. 城市土地研究所 (1999，81)。根据购物中心的调查，在这两小时内，第 20 个最繁忙小时下降了 69%。

35. 城市土地研究所 (1999，25)，增加了楷体。

36. 默比乌斯带 (Möbius strip) 以发明者、19 世纪天文学家奥古斯特·默比

乌斯 (August Möbius) 命名。将一条带状的环剪断，扭转半圈再连接起来，沿着表面移动一圈而不必跨过边缘。M. C. Escher 绘制了一个默比乌斯狭长地带，上面有蚂蚁无休止地爬行。

37. Baum (1903，147-148；160-161)。

38. Baum (1903，152)。由于每个人都想免费停车，没有人会责备规划师开出了大量免费停车的灵丹妙药，而规划师在解决溢出问题上承受着巨大的压力。尽管如此，规划师可能会因为他们在处理停车问题上的特殊技能而受到指责。

39. Langley、Ryerson 和 Woolf (1989，121)。

40. Baum (1910)。但 Baum 的观点并不总是始终如一。当多萝西让巫师把她送回堪萨斯时，他回答说，"你没有权利指望我把你送回堪萨斯，除非你为我做点什么作为回报。在这个国度里，每个人都必须为他得到的一切付出代价。"(Baum，1903，98)。所以，也许巫师会建议对路边停车收费。

41. Langley、Ryerson 和 Woolf (1989，70)。

42. 停车咨询委员会 (1992，4) 称，"过去，停车率往往表述为 xxx 平方英尺 1 个车位。但是，业内大多数集团现在更喜欢使用每千平方英尺 xx 个车位。对于普通人来说，乘法比除法简单得多。"将平方英尺数作为分母，使停车标准的比较变得困难和混乱。例如，当讨论规划法规如何影响土地消费时，城市规划教授 Emily Talen 和 Gerrit Knapp (2003，354) 说，"每两个 [原文如此]200 平方英尺 (城市) 和每 250 平方英尺 (县) 零售区一个车位的停车标准，低于每 300 平方英尺零售区一个车位的最佳停车标准。"但是，每 200 平方英尺 1 个车位 (每千平方英尺 5 个车位) 的标准，比每 300 平方英尺 1 个车位 (每千平方英尺 3.3 个车位) 标准还高出 50%，而不是变低了。

43. Langley、Ryerson 和 Woolf (1989，122)。毕达哥拉斯定理 (Pythagorean Theorem) 指出，直角三角形两条直角边的平方之和等于斜边的平方。

44. 如果一个停车位占据 300 平方英尺 (保守估计)，按每 50 平方英尺的用餐面积需要 1 个停车位计算，停车面积将是用餐面积的六倍 (300÷50)。例如，加州贝弗利山的一个餐馆，45 平方英尺的用餐面积有 1 个车位 (见第 9 章)。

45. Willson (1995) 和芝加哥区域交通管理局 (1998)。

46. 所提到的例子发生在 2003 年 2 月 19 日。在某些情况下，一栋大型建筑物可能会有一或两个额外的停车位，但这只是因为停车楼的设计碰巧产生了这种情况。例如，第二层地下停车场可能需要满足大型建筑的停车标准，也可能提供比所需更多的车位。

47. 所提到的例子发生在 2003 年 6 月 8 日。住宅建筑面积仅占分区规划中容积率允许总面积的 67%。

48. 作者在 2001 年 7 月 28 日与 Lawrence Solomon 的个人交流。

49. 停车场是一种"多模式联运设施"，因为它允许出行者改变交通模式——在开车和步行之间转换——而这种多模式联运的质量有时也用来证明联邦补贴地方停车楼是合理的。然而，这些补贴与其说是深思熟虑的交通政策，不如说是政治分肥①的结果。

50. 俄勒冈行政法规，第 660-012-0045 条。该规定可参见网址：http:// arcweb.sos.state.or.us/banners/rules.htm。新泽西州在全州执行停车标准：城市设定的停车位下限标准不能高于或低于州标准。例如，花园式公寓的标准为每个单人居室公寓 1.8 个车位，双人居室公寓 2 个车位，三人居室公寓 2.1 个车位 (新泽西州住宅用地改善标准，表 4.4)。不幸的是，新泽西州全州适用的标准看起来与任何出现在地方分区法规中的标准一样随意。

51. 波特兰地铁条例第 3.07.210 条。城市增长管理功能规划见网页：www.metro-region.org/library_docs/about/chap307.pdf.

52. 英国环境、交通和区域部 (1998a，第 52 段)。

53. Still 和 Simmonds (2000，第 302 和 313 页)。

54. 在全区域范围内对城市最低停车标准设定最大值，与对允许的停车位数量设定上限是不同的。因此，另一项区域政策是对每种土地用途可提供的停车位数量设定一个全区域上限。然而，对具体停车位上限的分析可能与对具体最低停车位标准的分析一样少，而且停车位上限可能默认为许多开发项目的最低停车位标准。尽管如此，作为一项规划政策，停车位上限比最低停车位标准更有意义。

55. Forinash 等 (2004) 解释了停车场如何通过增加活动之间的距离，并产生无吸引力的路线，从而降低步行和骑车的吸引力。免费停车吸引出行者开车，降低开发密度，因而减少公交潜力。

56. Levine 和 Garb (2002，179)。

57. Cervero (1996，19)。

58. 在本例中，仅当第一种情况下每个停车位成本约 12,500 美元、第二种情况下每个车位成本约 2,500 美元时，开发商才愿意提供每千平方英尺 4 个车位。

59. 在加州圣莫尼卡，对其停车标准一个典型的祖父豁免条款为："只要为该用途提供的路外停车位数量不低于本法规章节对应的标准，或不低于合法设立该用途时所要求的路外停车位数量，任何现有的合法用途均可继续使用，两种情况以较少者为准。"(圣莫尼卡市政法规，第 9.04.10.08.030b 条)

60. 用途变更政策 (change-of-use policies) 是在对南加州 117 个城市的停车标准进行调查后确定的 (见附录 A)。我给这些城市的规划部门打电话，询问当土地用途发生变化时需要多少停车位，许多规划师根本不知道如何回答这样的问题，

---

① 原文为 Pork barrel politics，政治分肥或政治分赃，是议员在法案上附加对自己的支持者或亲信有利的附加条款，从而使他们受益的手段。(译者注)

而且无法提供书面政策文本。尽管如此，停车标准的逻辑迫使城市不得不面对这个问题。例如，在没有用途变更政策的情况下，开发商可以说一栋新建筑将用作家具店，按照城市规定每千平方英尺需提供 1 个车位，然后在不增加任何停车位的情况下，将它转变为一个餐馆，而城市对餐馆的停车标准为每千平方英尺 10 个车位。

61. Reed (1984，2)。

62. 加州长滩要求仓库每千平方英尺 1 个车位，研究性实验室每千平方英尺 3 个车位。

63. Thomas Smith (1988) 介绍了停车场和停车楼设计的分区规划。

64. Duany、Plater-Zyberk 和 Speck (2000，第 19 和 176 页)。

65. Thomas Smith (1988，第 2 和 5 页)。

66. Adams (2003，26)。

67. 卡梅尔沿海地区 (Carmel-by-the-Sea) 市政法规第 17.34.030A 条。

68. 第 9 章解释了卡梅尔和其他城市的停车费代赎金做法。

69. 英属哥伦比亚温哥华在其区域城镇中心禁止地面路外停车。Cervero (1988，425) 认为，禁止地面停车以及在城镇中心建设地下停车库的高成本，使得一些开发商让项目尽可能利用与公交邻近的优势。Eran Feitelson 和 Orit Rotem (2004) 提出对地面停车征税，以内部化其外部成本。

70. Alexander、Ishikawa 和 Silverstein(1977，122)。

71. 在《光辉城市》(*The Radiant City*) 一书中，勒·柯布西耶 (1967) 在城市生活中推崇汽车，但忽略了一个事实，汽车需要地方停放。

72. Safdie (1997，第 18-19 页)。

73. "当场所面积小于 6,000 平方英尺时，停车库门仅保留一辆车宽度并面向街道。"(卡梅尔市政法规，第 17.24.120C 条)

74. Jason Wottenberg (2002) 讨论了为居民区停车库设计的分区规划标准。

75. 新泽西行政管理条例第 5:21-4.14(d)(2) 条 (居民区场所改善标准)。

76. 西塔科 (SeaTac) 市政法规第 15.13.110A(4a) 条。西塔科毗邻华盛顿西雅图塔科马国际机场 (Seattle-Tacoma International Airport in Washington)。

77. 见 Longstreth (1992，1997 和 1999)。

78. Longstreth (1992，152)。

79. Rybczynski (1995，205)。

80. Haskell (1937，19)。

81. Hardwick (2004，95)。

82. Liebs (1985，14)。

83. Duany、Plater-Zyberk 和 Speck (2000，27)。不是每个人都持批评态度。看看《向拉斯维加斯学习》一书对停车场的乐观态度："A&P 停车场反映了自凡尔赛宫以来开阔空间演化的现状……停车场就像是沥青景观中的花坛 (parterre)。停车线 (parking lines) 图案提供方向，就像凡尔赛宫的铺路图案、路缘石、边界线和绿毯般的覆盖物 (tapis vert) 提供方向一样；格栅灯取代了方尖碑，成排的瓮罐和雕像成为开阔空间中身份象征和连续性的标记点。"(Venturi、Scott Brown 和 Izenour，1986，13)

84. Stubbs (2002，217)。在美国，城市经常禁止业主将路外停车位改为其他用途。例如，洛杉矶要求街道外的住宅停车位必须遮盖，就像车库一样。

85. "停车库也需要注入建筑美感"，《密尔沃基新闻哨兵报》，2002 年 10 月 27 日。

86. 圣迭戈市政法规第 10 章第 3 篇第 19 条，网址为：http://clerkdoc.sann net.gov/legtrain/mc/MuniCodeChapter10/Ch10Art03Division19.1。

87. Calthorpe (1993，112)。

88. 左边的建筑结构在贝弗利山，右边的在洛杉矶韦斯特伍德。

89. Dunphy、Myerson 和 Pawlukiewicz (2003，11)。例如，科罗拉多州博尔德市第 15 街和珀尔街一个屡获殊荣的停车楼被底层零售和上层写字楼包围 (《新城市新闻》，2003 年 12 月，13)。其他关于停车场设计的建议也颇有前景。Neal Payton (1993) 推荐了几种改进停车场建筑的方法——隐藏停车场 (如地下停车场)、装饰停车场 (比如图 3-8 的停车楼) 或将停车场屏蔽 (景观美化会有帮助)。M. J. P. Smith (1988，第 58 和 63 页) 认为，任何数量的停车位都是对眼睛的侮辱。"它们 '毫无活力'、蟑螂般的光泽度也许可以解释这一点……简单地说，当汽车开动时是活的。一旦停下来就死了。汽车被剥夺了生命力，即使只是暂时的，也会变成一具尸体；成堆的汽车成了墓地……在涉及停放汽车之处，一点视觉上的虚伪比可悲的实用真相要好。如果我们一定要有这些墓穴，那么无论如何都要让它们成为白色的。"Masello (1988，79) 描述了纽约市早期停车楼建筑设计的高质量，并认为，"由于风格和表达方式似乎不再是车库设计的重要因素，最佳的停车位置确实应该在地下。"伯克利建筑与地理学教授 Paul Groth (1990，137) 认为，在停车场，"设计师可能会将汽车本身作为设计单元：我们可能会把汽车朝向底特律，也许，或者朝向中东油田"。

90. Thomas Smith (1988，33)。

91. William 和 Taylor (1986，8) 说，一份关于路外停车标准合宪性的立法决议有 60 页，是美国规划法中最长的决议。

第 4 章　一个类比：古天文学

该系统的任何一个版本都没有完全经受住更多精细观察的考验。

——托马斯·库恩①

天文学家曾相信地球静止于宇宙中心，所有一切都绕地球旋转。这一地心理论精确预测了地球上人们肉眼可见的所有星体的运动，但这些行星似乎漫无目的地在夜空中漫游——"行星"一词来源于希腊语"流浪者"。公元 2 世纪居住在埃及的希腊天文学家托勒密设计了一个巧妙的假说解释行星的奇怪行为 (图 4-1)。哈佛大学天文历史学家欧文·金格里奇描述了这个有待解决的难题：

> 柏拉图曾向他的学生提出这个问题，希望对行星循环往复的旋转运动找到一些解释。我们以火星的行为作为一个原型。这颗不怎么明亮的赤色行星在黄道带上向东移动，连续几个月，但随后它的速度变慢，在背景恒星的衬托下停了下来，变亮，而且现在相当显眼，在向西移动几个星期后停了下来，变暗，最后恢复顺行。如何解释这种逆行运动？1

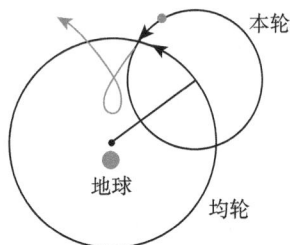

图 4-1　托勒密行星运动模型

托勒密推测，每颗行星都在一个"本轮"②上运行，这是一个小圆圈，其中心③在一个更大的圆 (均轮④) 的圆周上移动，均轮的中心与地球稍有偏移。虽然这个模

---

① 托马斯·库恩 (Thomas Kuhn, 1922~1996)，美国著名的科学史家、科学哲学家，是西方科学哲学领域历史社会学派的核心人物。(译者注)

② 原文为 epicycle。(译者注)

③ 原文为 epicenter。(译者注)

④ 原文为 deferent。(译者注)

型根本上是错误的，但它解释 (至少近似解释) 了观察到的行星运动，并在一千多年时间里主导了科学思维。然而，即使对地心理论进行复杂的修正，天文学家也无法准确预测行星运动。普林斯顿大学科学历史学家托马斯·库恩在描述天文学家所面临的困境时解释说，即使模型变得越来越复杂，他的预测也从未正确过：

> 精确性总是以复杂性为代价来实现的……而不断增加的复杂性只给出行星运动一个更好的近似值，而不是最终结果。该系统的任何一个版本都没有完全经受住更多精细观察的考验。[2]

当城市规划师将停车需求作为土地利用的函数进行预测时，也面临着类似的困境：他们的理论是基于错误的假设。最明显的错误是假设价格不会影响需求。规划师没有将停车价格与停车占用率联系起来，因此无法精确预测停车需求。

平 行 宇 宙

规划师将停车需求作为土地利用的函数进行预测时取得了一些进展，但这类似于古代天文学家预测行星运动的尝试。规划师们制定越来越复杂的规章制度，就像一些拼凑起来的修补方案。例如这些年来他们为更多的用地类型制定更多的标准。1964 年，规划咨询服务①进行首次停车需求调查，报告了 30 种不同用地类型的标准。仅仅七年后，它的第二次调查报告了 83 种用地类型。1991 年的第三次调查报告了 179 种用地类型，而 2002 年的最新调查则报告了惊人的 662 种用地类型 (从 A 字母屠宰场到 Z 字母动物园②)。[3] 每次后续调查中，有停车标准的用地类型数量翻了一番多。规划师还发明许多伪科学术语来描述人们不太了解的停车现象：停车能力、停车短缺、停车生成、停车强度、停车比率、高峰停车系数、替代停车、溢出停车和停放不足 ③。

复杂性日益增加，远远超出对更多土地用途设定更多的标准。一些城市允许共享停车场，以满足不同时间的高峰停车需求。[4] 有些城市允许代客泊车和串联停车，以减少停放车辆对空间的占用。每当行政或政治考虑需要停车豁免的时候，所有城市就会给予停车豁免——规划师版本的本轮④。这种复杂性更多是由于混乱而不是仔细计算，让人们不禁怀疑规划师们开出了错误的诊断书。

对复杂问题的简单回答往往是错误的。但就停车标准而言，我们对一个简单问题却有着极其复杂的答案：我们需要多少个停车位？只要司机愿意付费，房地

---

① 原文为 The Planning Advisory Service。(译者注)

② 原文为 ranging from abattoir to zoo。(译者注)

③ 原文依次为 parkability、parking deficit、parking generation、parking intensity、parking ratio、peak parking factor、replacement parking、spillover parking 和 underparked。(译者注)

④ 原文为 epicycle。(译者注)

产市场就能提供尽可能多的停车位，但是城市对所有用地类型规定了一整套停车
标准。

混乱即信息

规划师们甚至无法就是否需要限制路外停车达成一致。看看洛杉矶和旧金山
中央商务区（CBD）截然相反的做法：洛杉矶要求设定停车标准，而旧金山直接
限制停车。对于音乐厅，洛杉矶要求的停车位至少是旧金山允许最大限度的 50
倍。[5] 这种规划上的差异有助于解释为什么旧金山市中心比洛杉矶市中心更让人
兴奋，也更为宜居。甚至在同一个城市，是设定停车标准还是限制停车都会引发
困惑。伦敦在 20 世纪 60 年代根据 1963 年布坎南报告《城镇交通》[①]的建议修改
了停车政策，该报告这样批评停车位下限标准：

> 当前政策需要重新审查，确保不再因为在错误地点提供过多停车
> 位而"产生"更多的交通问题，并且也不会让业主和开发商背负不该
> 由他们承担的责任。[6]

伦敦在 20 世纪 60 年代末开始限制路外停车时，最大允许停车位数量不到以
前所需最小停车位数量的一半。[7]

尽管规划师们对到底是设定标准还是限制停车的看法不一致，但他们总是采
用规制来管理停车。这种做法让人想起一句苏联格言：凡是不需要的东西都必须禁
止[②]。[8] 美国城市为了满足免费停车的高峰需求，对停车位供应设置了一个底线，
然后限制开发密度来减少车辆出行。相比之下，欧洲城市通常会限制停车位数量，
以避免道路拥堵，并将这一策略与允许的开发密度下限相结合，以鼓励步行、骑
自行车和公共交通。也就是说，美国人要求停车标准和限制密度，而欧洲人要求
高密度和限制停车。如果再加上对交通拥堵的抱怨和对精明增长的呼吁，美国的
政策显得异常愚蠢。

一些美国城市——波士顿、纽约和旧金山——确实在市中心限制停车，但即
使是这些城市也会在其他地方设置停车标准。如果对停车位设置上限减少了车辆
出行，那么停车标准必然会增加出行。如果我们想减少交通拥堵、能源消耗和空
气污染，对美国分区规划最简单而有效的一次改革，就是宣布所有现行的路外停
车标准都是最高值而不是最低值，不用改变任何数字，就像伦敦两个自治市肯辛
顿和切尔西在 1995 年所做的那样。[9] 从这一点出发，我们可以放手让市场处理停
车问题，让城市规划师处理许多真正需要他们关注的重要问题。

---

① 原文为 Buchanan Report, Traffic in Towns。（译者注）

② 原文为 What is not required must be prohibited。（译者注）

开发商可能会担心放贷方拒绝为减少停车位的项目融资，但是，哈佛大学规划学教授理查德·派泽在城市土地研究所对房地产开发的指南中认为，"降低停车标准可以节省资金，如果所有开发商遵守相同的规定，放贷方仍将提供融资。"[10] 如果所有竞争对手都提供大量停车位，放贷方可能不愿意为减少停车位的单个开发项目提供融资，但如果所有开发项目都必须减少停车位，那么开发商可以节省资金而不会陷入竞争劣势之中。

规划顾问维克托·多弗认为，"停车是一种麻醉品，应该是一种受管制物品。它会使人上瘾，人们永远不会嫌多。"[11] 在美国，停车是高度控制的，但并不像多弗所想的那样：大多数城市设置停车标准而不是限制停车。然而究竟该设置多少停车位，规划师们无法达成一致意见。为了研究停车标准差异，约翰·库克及合作者调查了旧金山湾区 49 个城市，并计算出每个城市多种建筑类型所要求的停车位数量。[12] 例如，一家典型医院所要求的停车位数量在 29 到 1,682 个车位之间变化；也就是说，对于同一家医院，最高的停车位标准是最低的 58 倍。49 个城市停车标准的变化与城市人口密度或总人口无关。似乎没有什么能解释停车标准的变化。[13]

在这些调查城市中，当问及规划师这些标准是如何出台时，70% 的受访者不知道答案或只是做出猜测。库克等学者发现，规划师对停车标准缺乏足够的思考：

> 我们发现，令人惊讶的是，在访谈对象中很少有人能识别出政策背后的原因，而这些政策构成他们每天执法的基础。这种突出的情况表明，处理分区和规划事务的工作人员对停车政策的重视程度很低。[14]

这种对停车标准的困惑普遍存在。西蒙·霍沃思和伊恩·希尔顿在对英国城市停车标准进行调查之后，发现管理部门对同一类型开发项目实施的标准差异很大，他们对此评论道：

> 这些标准不仅仅是数字上有所不同，而且它们经常由不同的主管部门根据不同的依据计算，通常是雇员数或建筑面积。一些标准采用商店总租赁面积，其他则采用零售面积。由于在标准基础上没有达成一致意见，其数值变化如此之大，出现问题和混乱在所难免。[15]

观察者如果不加质疑的话，可能永远不会猜到大多数停车标准如此缺乏依据。每项具体标准——单独来看——似乎都是合理的。只有从徒有其表的门面背后去看，才会发现整个标准体系就是一个纸牌屋。麻省理工学院规划教授唐纳德·舍恩在描述其他政策失灵时评论道：

> 可以看到，行业专家支持的一些解决方案所产生的问题，和他们设计时要解决的问题一样糟糕，甚至更加糟糕……专家们煞费苦心地

> 设计出最有前景的方案，并加以倡导，但很快就看出是有问题的。它们来自于已被证明是脆弱和不完整的理论，因此往往无效，而且会产生新问题。[16]

舍恩所描述的情况也适用于停车位下限标准，这些标准源于这样一个假设，只有当供给不足时停车才成为一个问题。脆弱和不完整的理论有助于解释为什么大多数城市现在需要更多空间来容纳汽车，而不是在餐馆、办公楼及其他土地利用中为人留下更多空间。不管是什么问题，更多停车位总是默认的解决方案，但不幸的是，更多停车位本身就成了一个问题。

最近的一项欧洲研究表明，对停车政策感到困惑的不仅仅是规划师。雅典、科莫、德累斯顿和奥斯陆的商业组织代表进行调查，了解人们对城市移动性问题的看法。研究结论是，"企业代表认为城市交通存在严重问题，特别是缺少停车位、交通拥堵、空气污染和公共交通短缺。"[17] 企业代表显然认为提供更多停车位与解决交通拥堵、空气污染、公共交通短缺等问题并不矛盾。

通过停车规划与古代天文学的比较，我批评的是停车标准，而不是城市规划师。早期的天文学家是勤奋的科学家，但他们错误地认为宇宙围绕地球旋转。同样，大多数城市规划师是兢兢业业的公职人员，但他们错误地认为城市围绕停车运转。两种职业之间有一个很大的区别：天文学家使用有缺陷的理论没有伤害到任何人，但有缺陷的停车标准祸及所有人。停车标准一开始是解决办法，现在却成了一个问题。

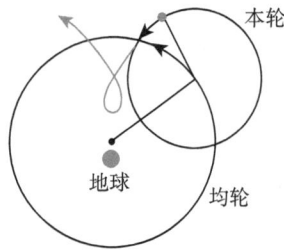

第 4 章注释

1. Gingerich(1993，8)。

2. Kuhn(1957，74)。

3. 规划咨询服务 (PAS，1964，1971，1991，2002)。1964 年调查发现，30 种用地类型有 368 种不同的停车标准。仅仅 7 年后，该机构第二次调查发现，83 种不同用地类型有 609 种标准。1991 年调查发现，179 种用地类型有 648 种不同的标准，但这大大低估了 1971 年以后不同标准数量的增长。1964 年和 1971 年的调查报告了所能找到的每种用地类型的每一条标准，但 1991 年和 2002 年的调查只报告了每种用地类型许多不同标准中的一部分。2002 年，PAS 只对 15 个城市的停车标准进行调查，如果有更大的样本，无疑会发现更多需要设定停车标准的土地用途。

4. 共享或合用的停车场是指两个或两个以上不同的土地用途 (例如办公楼和电影院) 共用一个停车场的情况。如果不同用途的高峰占用率发生在不同时间段，相比单独为每一种用途提供停车场，共享停车场能以更小的停车供给满足高峰需求。只有停车人愿意从停车场或停车楼内大多数地点步行到所有用途时，城市才会批准开发共享停车项目。城市通常要求开发商提供一份详细的研究报告，证明采用共享停车之后降低停车标准是合理的。在对伊利诺伊州 204 个市县的调查中，Talen 和 Knapp (2003) 发现，如果采用共享停车位，只有 11％ 的城市降低了停车标准；也就是说，当不同的用地类型共用停车场时，大部分城市并没有降低停车标准。

5. 旧金山允许的停车位上限不超过洛杉矶规定下限的 2％。对于中央商务区的音乐厅，洛杉矶要求每千平方英尺至少有 10 个停车位，没有上限值。旧金山允许停车位最多达到建筑面积的 7％(如果一个停车位占据 350 平方英尺，则每千平方英尺 0.2 个车位)，而不设下限值。对于中央商务区的办公楼，洛杉矶要求每千平方英尺至少有 1 个车位，没有上限值。旧金山允许停车位最多相当于建筑面积的 7％，而不设下限值。如果治疗同一种疾病，一些医生开了放血处方，而另一些医生却要输血，那么每个人都会要求知道这是怎么回事。但是，当城市规划师本质上去做同样的事情时，却没有人质疑其中的矛盾。

6. 英国交通部 (1963，195)。

7. Collins 和 Pharoah (1974，477) 指出，1968 年对于中心区的办公建筑，停车位下限标准为每 2,000 平方英尺 1 个车位；1969 年新的上限标准为每 5,000 到 12,000 平方英尺 1 个车位，具体取决于办公建筑的位置。另见 Thomson (1977，280)，Bayliss (1999，27) 和 May (1975，228)。

8. 规划师建议可以采用停车位下限标准或停车位上限限制，但很少考虑折中的立场。正像 Vinit Mukija (2003，第 9-10 页) 谈到住房政策变化时所说的那样，改革往往"走向人们认为已经失败的事情的对立面。没有经验证据支持相反的做法会奏效，或证明它是最佳和唯一的替代方案。"

9. Stubbs (2002，223)。肯辛顿和切尔西土地利用方案可在网上查阅：www.rbkc.gov.uk/planning/unitarydevelopmentplan/.

10. Peiser (2003，224)。

11. 参见"城市设计语录集锦"，网址为：http://user.gru.net/domz/quaoes.htm.

12. Cook 等 (1997) 发现，49 个城市的医院停车标准是基于四种因素——总建筑面积、床位、医生和非医生雇员——但不同的城市采用不同的因素，或这些因素的不同组合。Cook 等人通过计算每个城市对一家典型医院 (336,430 总平方英尺，228 张床位，106 名医生以及 455 名其他雇员) 要求多少停车位，研究城市间停车标准的差异。这些测量结果在一家位于旧金山 Geary Boulevard 2425 号的医院实地进行。在其他地区，不同城市对同一土地用途的停车标准也有很大差异。华盛顿交通部 (1999，27) 报告说，对于一家拥有 50 名员工、10 万平方英尺的制造工厂，城市的停车标准从最低的 13 个车位 (每 4 名员工 1 个车位) 到最高的 500 个车位 (每千平方英尺 5 车位)；也就是说，对一家典型的制造工厂，最高的停车标准是最低的 38 倍。

13. Cook 等 (1997，第 26-27 页)。也许，正如铁皮人 (Tin Woodman) 解释的那样，"法律从来就不是为了让人理解，任何想弄明白的尝试都是愚蠢的。"

14. Cook 等 (1997，31)。

15. Haworth 和 Hilton(1981，87)。

16. Schön (1983，10)。

17. 国立经济研究所 (Government Institute for Economic Research，2001，vi)。

第5章 规划巨灾

> 了解我们的疾病，发现我们所遭受的痛苦，这本身可能是唯一的治愈之道。

——丹尼尔·布尔斯廷[①]

彼得·霍尔在著作《规划巨灾》[②]中将一种巨大的规划灾难（即规划巨灾）定义为一个花费大量资金并严重出错的规划过程。城市更新计划和高层公共住房是典型的例子。[1]生活中的许多事情同样会花费大量金钱，而且会严重出错，那么一场重大的规划灾难与电影银幕呈现的巨大灾难或一次重大的食品安全事故有何区别？一个主要的区别是，对于后者，个人投资者、生产者或餐饮者要承担灾难的代价。而在一场重大的规划灾难中，几乎所有人都会有损失。

现在很少有人认识到停车标准是一场灾难，因为成本是隐藏的，危害是扩散的。本章将说明停车标准造成的巨大危害：它们补贴汽车，扭曲交通选择，破坏城市形态，增加住房成本，加重低收入家庭负担，使城市设计贬值，破坏经济，恶化环境。接下来的第6章和第7章将说明路外停车标准也要花很多钱，尽管这种成本隐藏在除了停车以外所有商品的更高价格中。因此，路外停车标准具有规划巨灾的所有特征。

停车标准看似小事一桩，但对复杂系统而言，即使是小的扰动有时也会产生灾难性影响。当然，城市规划师并没有造成这场灾难，因为路外停车标准是复杂的政治和市场力量相互作用的结果。尽管如此，规划师使用专业语言来粉饰和证明停车标准是合理的，正由此，规划师无意中助长了停车的灾难。

捆绑停车与开车决策

在生活中，每个人扮演不同的角色——房客、业主、工人、消费者、投资人和司机。通常这些角色除司机之外都要为停车付费。由于我们间接支付停车费，停车成本并不妨碍我们开车。路外停车标准"外部化"停车成本，将其转移给除停

---

① 丹尼尔·J. 布尔斯廷（Daniel Boorstin）是美国著名文学派史学家，他撰写的《美国人》三部曲曾获普利策奖。（译者注）

② 英文书名为 Great Planning Disasters。（译者注）

车人之外的所有人身上。只有当直接支付停车费时，成本才会影响我们出行是否开车的决策。

为了说明这一点，不妨考虑如果城市要求房东将电费计入住房租金会发生什么情况。虽然房客间接地支付电费，但对他们而言电费似乎是免费的。他们会购买和使用冰箱、空调及其他电器而不考虑电费。城市的错误规制——而不是房东或房客的不良行为——会造成这种挥霍浪费。

再假设突然出现电力短缺——起因是连续停电和经济崩溃。一项显而易见的改革是把电费和住房租金分开。这种分拆将使居民意识到电费，也将开始影响他们购买和使用电器的决定。进一步的改革是按时段调整电价，使居民消费从需求旺盛的高峰期转向需求低迷的平峰时段。

当然，城市并不会要求房东将电费计入住房租金。事实上，许多建筑规范要求每个公寓都有一个单独的电表（而不是整个建筑一个总电表），以防止浪费。然而，城市确实要求每栋建筑提供充足的停车位，这样省去人们考虑停车和付费的麻烦。停车似乎是免费的，因为它的成本广泛分散在其他东西轻微上涨的价格之中。由于我们购买和使用汽车时不考虑停车成本，相比每个人都为自己的停车费买单，会有更多的汽车堵塞交通、浪费燃油以及污染空气。每个人都免费停车，我们都享受免费停车，但我们的汽车却让城市窒息。

扭曲城市形态

尽管停车是交通系统一个被动产生的部分，但是它极大影响了出行生成、模式选择、土地利用、城市设计和形态。即使没有停车标准，由于汽车大大降低出行的时间和金钱成本，在过去一个世纪里汽车重塑了城市。较低的出行成本降低了城市密度和公共交通需求。公交服务的萎缩进一步增加汽车需求，而且这种循环还在持续。停车标准不会导致这种累积过程，但它确保停车维持免费，从而加剧这一过程（见图5-1）。

直接向司机收取停车费本来可以减缓车辆保有量的增长，但停车标准却切断了停车位供给成本与开车人所支付的价格之间的联系。城市不断地增加停车标准，以应对日益增长的车辆出行和不断下降的开发密度。当市民对由此产生的交通拥堵表示不满时，城市的反应是限制开发密度，并要求更多的现场停车。距离的增加使大多数出行更依赖汽车，汽车拥有量增长进一步激发人们反对停车收费。就像一种宗教信仰，人们过度相信停车标准能解决其自身造成的所有问题。在设立这些标准时，规划师或政治家似乎没有意识到要付出的代价。除了免费停车位的高成本外，停车标准还破坏城市设计，而免费停车则加速城市蔓延；也就是说，城市迫使人们接受补贴汽车的局面，然后限制人口密度来降低汽车的密度。汽车已经取代人口成为分区规划真正的关注点，免费停车成为城市形态的主宰者，其严重的后果远远超出停车本身。路外停车标准催生了每个人想要的免费停车，而这种免费停车有助于解释为什么我们城市蔓延的尺度更适合汽车而不是人。

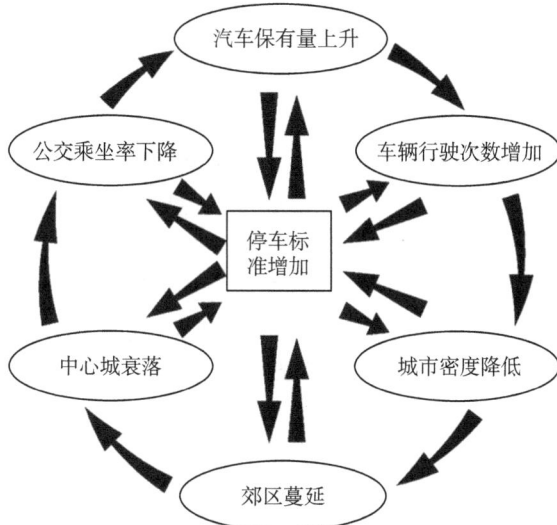

图 5-1　路外停车标准加速城市蔓延

　　路外停车标准有助于解释为什么美国现在 87% 的出行由私人机动车完成。[2] 如果连大部分短途出行都得靠汽车完成，停车场就得随处可见。由于免费停车无处不在，只要道路不拥堵，我们几乎可以用一种便宜、方便、直接、久坐不动的方式连接城市每一个地点。公共交通增加了步行可达的目的地的数量和种类，但停车标准减少了步行的可达性。难怪我们很少走路。

　　停车标准制造赢家和输家：开车人赢了，但其他人都输了。更准确地说，当人们扮演开车人角色时赢了，而作为其他角色时输了。那些没车的人不会组织起来改变这个制度。相反，他们中的大多数人不得不改变自己的行为，加入赢家的阵营。越来越多的人买车，城市随之增加停车标准，而且这个系统变得越来越难以改革。由于城市蔓延得更快、更远，汽车几乎成了所有外出办事的必需品。即使是那些不喜欢依赖汽车生活方式的人也加入开车出行的大军之中，到处开车，咒骂拥堵，紧盯尾灯，呼吸尾气，期望无论到何处都能免费停车。

　　老城区也进行改造以满足免费停车需求。威廉·怀特解释了这个过程：

　　　　在美国一些城市，市中心很多地方被清理出来为停车让路，以至于停车场让城市面目全非。一些城市如堪萨斯州托皮卡市已经到达临界点。如果他们再清理掉剩余部分，恐怕人们就找不到更多理由去那

儿逛逛，也就谈不上停车了。³

托皮卡市的例子告诉我们：通过降低一个地区的吸引力，增加停车供应可以减少停车需求，直到供需最终达到平衡。在解释新城市主义理论时，建筑师安德烈斯·杜安尼、伊丽莎白·普莱特-兹伯格和杰夫·斯佩克描述了提供过多停车位如何损害古老的城市：

> 一个城市的停车需求在某个点上可以得到满足。这种情况在美国许多古老的小城市都可以找到，而且几乎都是相同的历史造成的结果：在上世纪中叶，随着汽车保有量增加，一个迷人的、带着美妙的步行街老城区发现自己需要更多停车位。它拆毁了一些历史建筑，取而代之的是地面停车场，这使得市中心更容易停车，但要步行穿过却变得不那么愉快。随着越来越多的人开车，它又推倒了几栋楼，结果也是一样的。最终，老城区遗留下来的东西变得不堪入目，削弱了游客的参观欲望，而停车需求很容易被供给所满足。⁴

你不会去某个地方只是为了停车；你去那里是因为想去那里，而一个地区的大型停车场会降低人们去那里的欲望。

如果停车标准按预期发挥作用，它们确实"解决"了停车问题，但也造成许多其他问题。我们不仅为路外停车买单，我们也不得不看见停车位。马克·蔡尔兹在一本专著中讨论了作为公共空间的停车场，他用新墨西哥州阿尔伯克基市中心的一个规划来说明这一问题，那里将更多的土地用于停车而不是其他混合土地用途(见图 5-2)。⁵ 建筑的大间距鼓励驾驶，同时步行需要避开汽车，避免在停车场被减速带绊倒，这让步行变得不那么愉快。一项对纽约州布法罗的研究也发现，市中心有一半的地方都用作停车。⁶ 其中一位作者解释说，"如果我们的总体规划是拆除整个市区，那么我们只完成了一半。如果你仔细观察，还是有一些建筑挡在停车场推进的道路上。"布法罗城市议会的一位成员在评论市中心停车场扩建计划时说，"会有很多地方可以停车。只是这里不会有太多的事情可做。"另一位市民领袖说，"显然市中心不存在停车问题。相反，它存在规划上的问题。"景观设计师劳伦斯·哈尔普林在描述加利福尼亚州奥克兰市中心的鸟瞰图时说，"这片宝贵的土地至少有一半都贡献给了街道和停车场，它们像洞穴一样侵入到城市结构之中。"⁷

有些昆虫，比如蝉，周期性地出现庞大的数量，即使被所有潜在的捕食者吃掉之后，仍留下足够的幸存者繁衍后代——这是一种称为捕食者饱和的进化策略。同样，如果规划师要求足够的停车位，那么所有潜在的开车人即使在需求高峰时也可以免费停车——我们称之为停车饱和策略。因为停车标准保证了足够高的停车供应量，每个人都可以在任何地方免费停车，而分区规划则保持了足够低的人口密度。[8]

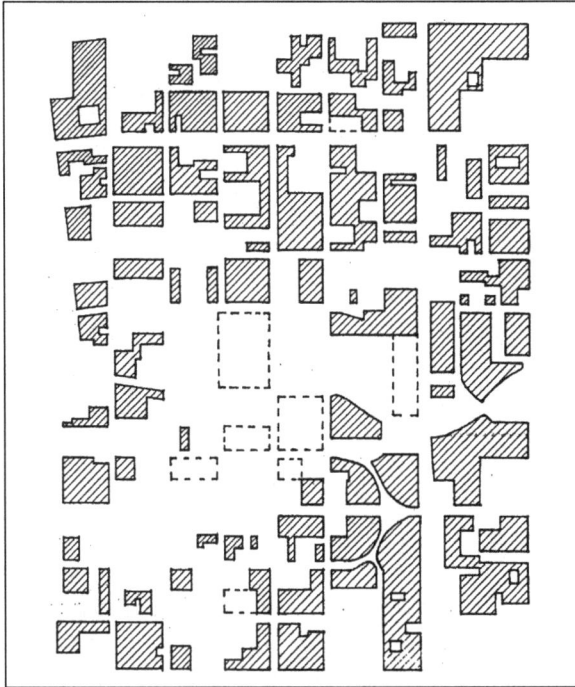

图 5-2　新墨西哥州阿尔伯克基市中心规划图

图中地面停车场显示为阴影区域，主要停车场为虚线框。没有标明路边停车和小停车库。平面图其余部分（白色区域）显示街道、人行道以及所有不用于停车的路外区域

来源：Mark Childs(1999)

停车标准本身在两个重要方面降低了人口密度。首先，原本可以用作住房的土地被用作停车。其次，提供所要求停车位的高成本往往限制了开发项目，使其面积小于分区所允许的面积。在《美国规划法规》[①]一书中，诺曼·威廉和约翰·泰勒解释说，获准开发的项目通常是停车标准允许的项目：

> 在郊区和大城市的外围地区，[停车] 标准 (特别是零售业开发) 往往比建筑体量标准[②](由容积率或其他指标决定) 更加严格……因此，在这些地区，停车标准实际控制了零售用途的建筑总量。[9]

在《加州规划指南》[③]中，威廉·富尔顿解释了停车如何挤占住房并改变土地

① 原书名为 *American Planning Law*。(译者注)
② 原文为 bulk requirements。(译者注)
③ 原书名为 *Guide to California Planning*。(译者注)

用途：

> 以某个地区已建成的高密度公寓项目为例。假设按照分区规划该地产每英亩可建 30 个公寓单元。从理论上讲，在已经被规划为此类项目的土地上建造一栋有 30 个单元的公寓楼应该很容易。然而，大多数分区规划法规要求每公寓单元提供 2 个路外停车位，外加为客人或来访者提供的额外停车位 (通常每 4 个单元 1 个车位)。转眼之间，这位一英亩场地的所有者不仅要建 30 个公寓单元，还要建 68 个停车位。
>
> 这是一件困难得多的任务——可能意味着开发商必须放弃地面停车，而在公寓楼内部或地下提供车位。此外，如果该地块有三层限高的规定，唯一的替代方案是提供地下车位，而这将使建设成本翻倍。
>
> 开发商受制于这种分区规划的约束——以及受制于一个影响重大的标准，诸如每单元要求提供 2.25 个车位——他们可能会发现，获准建造一个最大项目实在太昂贵了。为了降低提供停车位的成本，开发商可能不得不削减项目规模。
>
> 在这个例子中，项目规模由停车标准决定，而不是由所允许的密度或建筑退红线标准①决定。10

富尔顿说，路外停车标准意味着开发商必须首先建造停车场，然后城市才允许他们建造一些建筑，为停车场提供资金来源。

富尔顿展示了停车标准如何给住房建筑带来负担，而另一个例子则说明停车标准如何改变土地利用。考虑一个容积率②(FAR) 为 1.0 的区域。11 假设一位开发商想要建造一个建筑面积为 1,000 平方英尺的单层餐馆，停车标准是每千平方英尺 10 个车位。12 由于 10 个车位至少占用 3,000 平方英尺，餐馆需要至少 4,000 平方英尺场地。分区规划允许 FAR 为 1.0，但停车标准实际上将 FAR 限制为 0.25。在满足所有要求的停车位之后，餐馆占用的土地是没有停车位时的四倍，即使该场所除了餐馆本身以外，其他空间都是地面停车场 (即没有景观美化或室外就餐区)。提供餐馆所需停车位这一沉重负担很容易将土地转移到另一个恰好停车标准较低的用途上。13

许多其他商业用途的停车场最终也比它们所服务的建筑物要大。乔尔·加罗在《边缘城市》③ 中认为，对于大多数土地用途，开发商必须提供比建筑物多 50% 的停车位，因此开发商最廉价的选择是"建造一栋单层建筑，让它覆盖 40% 的地

① 原文为 setback requirement，也称为让移要求。(译者注)
② 原文为 floor-area ratio。(译者注)
③ 原书全名为 Edge City: Life on the New Frontier，作者乔尔·加罗 (Joel Garreau) 为《华盛顿邮报》记者，这本书提出边缘城市的概念，引起地理学界、城市规划界和社会舆论的广泛讨论。(译者注)

面。这样一来，剩下的 60% 土地将简单地由停车场覆盖。没有草坪、树木或人行道……这就解释了为什么很多廉价的开发项目看起来都是这样的。"[14] 加罗也认为，这种停车与建筑的比例解释了为什么许多设有地面停车场的开发项目容积率仅有 0.4。

表 5-1 一个例子：停车标准如何降低容积率

维度	测量	公式
1. 餐馆面积	1,000 平方英尺	
2. 允许的容积率	1.0	
3. 停车标准	每千平方英尺 10 个车位	
4. 所要求的车位数	10 个车位	(3)×(1)
5. 每个车位面积	每个车位 300 平方英尺	
6. 停车场总面积	3,000 平方英尺	(5) × (4)
7. 场所总面积	4,000 平方英尺	(1) + (6)
8. 可行的容积率	0.25	(1) ÷ (7)

对华盛顿奥林匹亚商业开发项目的研究发现了类似的结果。该研究测量了街道、人行道、停车场、道路、建筑物和景观绿化所覆盖的土地份额。平均而言，停车场和道路占据 53% 的土地，而商业建筑本身仅占了 26%。因此，停车场和道路占用的土地是它们服务的建筑物的两倍。[15]

这些例子表明，路外停车标准会产生更小的建筑、更多的停车位以及不同的土地用途。它们还造成大片空地的扩张，没有任何便利设施，就像托德·利特曼解释的那样：

> 在实践中，铺装路面很少提供便利设施，有了这些设施，低密度变得令人向往，如考虑私密性、减少噪声、美观以及接近绿地。因此，增加停车位结果变成全世界最糟糕的情况：低密度，汽车导向型社区，并伴随着环境恶化。[16]

在这个最糟糕的世界里，购物中心是只有几家商店的巨型停车场。然而，除了成为购物中心、大型购物中心、小型购物中心或带状购物中心外，路外停车标准几乎没有提供其他的选择来开发一批成功的商店，因为现在没有人被准许建造一条常见的商业街，而这种街道在城市开始要求每栋建筑提供自己的停车场之前很普遍。路外停车标准阻碍其他形式的零售用途，它让美国成为"购物中心之国"。现在只有进入一个相对较好的购物中心，人们才能找到高密度的无车社区，而路外停车标准已经不可能让每个地方重新变成这样。有果必有因，路外停车标准是现代城市形态的一个主要原因。

停车标准限制了开发密度，也许最令人惊讶的证据来自 SmartCode，一个由杜安尼·普莱特-兹伯格及其公司①编写的城市分区规划模型。SmartCode 以新城市主义原则和实践为基础,开发出来以改进城市设计。它并不像传统规范那样限制土地利用强度,比如限制容积率或每英亩住宅单元的数量。相反,停车标准限制了土地利用强度。[17] 对土地利用强度的唯一限制是开发商必须提供所有 SmartCode 要求的、与土地利用相关的停车位。比如,在市中心,SmartCode 要求酒店每间卧室有 1 个车位,办公楼每千平方英尺建筑面积有 2 个车位,零售业每 1 千平方英尺有 3 个车位。[18] 这些停车标准是对允许建筑面积的唯一限制,对于城市中心而言,这些要求并不低 (有些城市在市中心对停车没有任何要求)。即使在新城市主义思想的发源地,停车标准也决定了密度,而汽车则统治着城市。

使城市设计贬值

建筑历史学家科林·罗给理想城市下了一个简明的定义:"跨出前门,伦敦;迈出后门,洛杉矶。"把这个定义颠倒过来,意味着理想城市的反面:跨出前门,洛杉矶;迈出后门,伦敦。那么,当人们跨出前门——走上街头——走在洛杉矶和许多其他美国城市的街道上,到底是什么贬值了呢?路外停车标准是问题的一部分。我们所仰慕的那些伟大城市设计的街道,以今天的停车标准,大多无法复制。在《伟大街道》②一书中,艾伦·雅各布斯 (伯克利城市规划教授,旧金山城市规划委员会前任主席) 比较了他认为欧洲和美国最好街道的物理特性。在仔细研究了众多街道,从巴黎蒙田大道到匹兹堡罗斯林广场之后,他得出结论:

> 没有一条伟大的街道,其特征是拥有大量的停车位,无论是路边还是在路外……大量汽车停靠在路边,以任何当代标准来看,都不是伟大街道的特征。如果没有"足够"的停车位,这些街道看上去会更好。[19]

幸运的是,许多古老的地区是在城市要求路外停车之前建成的,这样我们可以看出两者的区别。例如,旧金山在 20 世纪 60 年代就制定了住宅区停车标准,与那些停车位少得多的老社区相比,自那时起建造的社区就显得逊色了 (见图 5-3)。旧金山规划部门在为该市"更好的社区"项目所做的一项研究中说:

> 没有哪个伟大的城市以其丰富的停车场而闻名遐迩。如果我们必须在今天的停车标准下重建一个像北滩③这样的地方,那么多达三分之一的居住空间将被腾挪出来用于停车。我们将失去大部分的街道生

---

① 原文为 Duany Plater-Zyberk & Company。(译者注)
② 原书名为 *Great Streets*。(译者注)
③ 原文为 North Beach。(译者注)

活——商店和咖啡馆，小摊贩和门廊——它们的存在使北滩地区充满活力，趣味盎然。因为需要太多的停车位，今天我们再也造不出这样的地方。我们的停车标准导致诸如此类的建筑例子还有很多。我们只需想象一个完全由这些建筑组成的城市，扪心自问，这是否是我们未来想要的那种城市。[20]

图 5-3 旧金山街道景观
图片来源：旧金山城市规划局

一些符合今天停车标准的建筑如果坐落在停车场的顶部，看起来会很奇怪。以洛杉矶市中心威尔夏大道 1100 号、占地 500 英尺的办公大楼为例：它在 15 层停车场之上有 21 层办公楼 (见图 5-4)。办公楼基本上从第 16 层开始。通勤者可以开车至 15 层的停车位，然后走上一段楼梯到办公室。然而，自 1986 年竣工以来，这座大楼一直空无一人，部分原因是它奇怪的停车安排：开车上行或下行 15 层令人目眩的斜坡式停车场，让大多数潜在租户望而却步。[21] 遗憾的是，这座大楼甚至不需要所有这些停车场，因为它距离城市最繁忙的地铁站 (第七街和菲格罗亚街的地铁中心①) 只有三个街区，两条轨道交通线路在这里交汇，三条公交线路直接停在大楼前面。或许这可以称之为 "按标准提供停车位" 的公交邻近开发②。

在许多建筑设计中，首先考虑的是停车场，而不是建筑。城市土地研究所高级研究员罗伯特·邓菲描述了这种结果：

在郊区的条形购物中心，停车对城市活力的抑制作用最为明显，在那里，停车场的过度供应延续了一种开发模式，外形丑陋，过度浪费，汽车依赖，与创造一个充满活力的社区背道而驰。此外，传统郊区购物中心的设计模板是 "停车位海洋中的一个盒子"，无形中排除了开车之

---

① 原文为 Metro Center at Seventh and Figueroa。(译者注)
② 原文为 transit-adjacent development with all the required parking。这里是反语。(译者注)

外的任何出行方式，甚至去附近的地方也不得不开车，从而造成交通
问题。[22]

图 5-4　威尔夏大道 1100 号：15 层停车场之上建有 21 层办公楼

图片来源：Donald C. Shoup

　　采用停车生成率作为停车标准基数的常见做法，尤其不适合土地利用具有短暂而尖锐高峰停车需求情形。例如，教堂的高峰停车占用率每周可能只持续几个小时。采用此时的高峰需求设定最低停车标准，使许多停车位几乎一直空置。停车场的全部费用由每周提供服务的几小时产生，这样占用停车位产生的单位时间成本可能是巨大的。[23] 宗教领袖曾建议，"不要为复活节主日而修建教堂"，但规划者忽略了关于教堂停车标准的类似建议。

　　对于太小而无法支撑车库的建筑，停车位下限标准会导致修建地面停车场，由于停车场为私人所有，当商业活动结束后，它们便闲置下来，通常挂上锁，产生一派萧条的气氛。尽管这些停车场每周可能使用几个小时，但它们每天 24 小时都在破坏城市景观。正如邓菲所言，"因为停车和交通所需的土地量超过了建筑占地面积 ①，停车确实是城市土地利用的巨大足迹。"[24] 城市中的停车位就像宇宙中的暗物质：我们往往看不到它们，但不知何故，它们加在一起形成一个巨大的面积，使城市环境变得死气沉沉，正如记者惠特尼·古尔德所观察到的：

　　　　开发商和建筑业主将 [停车] 空间看作残羹冷炙：虽然是必不可少
　　的设施，但却不值得为其设计投资。建筑学校不会花很多时间讲授这个

————————————
　　① 原文为 building footprint。（译者注）

科目。而我们这些只想找个地方停车的人，有什么地方就用什么地方，
最好靠近目的地。结果……停车场基本上是铺砌而成的沙漠之地。[25]

停车标准强烈影响了我们可以建造什么、花费多少以及拥有什么样的外观。
很多居民区街道已经变成停车场景观——看上去不是人们宜居之地，而是汽车停
泊之处——而人们进入建筑物的唯一方式，竟然是按下停车场电动门的开关 (见
图 5-5)。

图 5-5　从门廊景观到停车库景观

来源：Southworth 和 Owens (1993)

迈克尔·索思沃思和彼得·欧文斯在考察 20 世纪 20 年代至 90 年代旧金山
湾区城市边缘区域的街道形态之后，描述了车库在住宅景观中的显著变化：

车库的规模和高度都在增长。车库原本是一个小建筑，蜷缩在一
块空地的后角，与一条狭长通道或走道相连接，后来慢慢地向前迁移

到房子旁边一个突出位置，并从一个隔间扩展到两个甚至三个隔间。近年来，随着居住场地变得狭长，车库已经移到房屋前面，成为街道景观的主要元素。与此同时，前边的门廊已经从住宅街的主导地位变成过时。在较早的城市边缘社区中，门廊在形式上和功能上营造了人性化的街道尺度。它提供了一个从公共领域到私人领域亲密的过渡空间，以及一个供邻里们社交的安全场所。随着车库移到房屋前面，它已成为进门的主要场所，而前边的门廊则简化为一种为陌生人和正式场合保留的象征形式。门廊往往连人行道与街道的直接连接都没能保留住。最后，在过去十年里，随着居住场所的缩小，前门和门廊已经完全消失。通常人们沿着车库步行穿过一条狭长的通道到达侧门，进入房屋。26

前面有两个或两个以上车库的房子现在被称为"长鼻子房屋"①，因为车库在房屋前面突出，看起来就像猪的鼻子伸到街上。27 这些可容纳多辆汽车、向外突出的停车库，可以算得上过去几个世纪以来美国建筑行业唯一最大的变化，现在这种风格主导了大多数新房屋的外观，炫耀着汽车和停车在美国社会中的突出作用。

像庭院式住宅这样受欢迎的历史风格，按今天的停车标准是无法复制的。规划师最初打算为建筑物提供停车标准，但如今建筑师设计建筑是为了满足停车标准。建筑形式不再追随功能和时尚，甚至不考虑资金成本。相反，建筑形式追随停车标准。而且，由于建筑功能随形式变化，城市现在都受制于自己设定的停车标准。

昂贵的住房成本

停车标准将停车位成本与住宅单元成本捆绑起来，因而将停车成本转移到房租或拥有住房的成本之中——让汽车更经济实惠，但住房变得更昂贵。停车标准越高，房屋成本随之更高。美国人口普查局对多户型出租房屋的业主和管理者进行调查，了解哪些政府法规使他们的运营最为困难，停车标准的引用频率高于除财产税以外的其他任何法规。28

停车顾问约翰·多塞特在《城市土地》上撰文解释说，停车成本先转嫁给租户，然后转嫁给所有客户：

> 提供停车场会带来实际成本，而且会严重影响房地产项目，甚至阻碍其发展。当购物中心、办公楼和酒店不收停车费时，人们普遍误解

---

① 原文为 snout houses。（译者注）

　　为停车可以免费；然而，必须有人为停车设施付费——还有为停车场
之下的土地以及维持停车设施正常运行所需的照明、保险、安保和维
护买单——这些钱总得回收。其他还包括设计、测试和承包费用，还有
融资成本、开发商成本和测量成本等。除此之外，停车场的所有者通常
要缴纳物业税和停车场相关的税费。

　　如果这些成本不能由停车费覆盖，它们将转嫁给设施的所有者，最
终转嫁给设施的使用者。例如，为了支付购物中心的停车成本，业主
向租户收取更高的租金以及公共区域的维护费。接下来，租户向消费
者收取更高的服务和商品价格。酒店将停车费作为管理费用的一部分，
间接向客人收费。简言之，正如天下没有免费的午餐，天下也没有免费
的停车。[29]

　　规划师很久以前就注意到停车标准限制了住房建设。1935 年，洛杉矶开始要
求多户型住宅[①]每个住宅单元配建一个路外停车位，1948 年《美国规划师学会杂
志》[②]的一篇文章提到一个令人吃惊的结论："在许多情况下，停车库的车位数量
实际上控制了地段上可容纳的住宅单元数量。"[30]1935 年分区规划法规要求停车
库与主建筑合为一体，足以让每套住宅停放一辆汽车。要求停车库 (有盖停车位)
确保可用的停车位，以供汽车使用。规划师怀疑，如果只要求地面停车位，很容
易未经许可就转变为其他用途，比如花园。洛杉矶始终要求住宅用途的停车位加
装上盖，这一要求无疑助长二战之后丁巴特建筑流行，它是有上盖的路外停车位，
但敞开着，从外面可以直接看见里边 (图 5-6)。记者马克·弗劳恩费尔德这样评
论丁巴特建筑："如果你尝试一下，就不可能造出一个更丑陋的建筑。洛杉矶到处
都是这样的丁巴特建筑——由高跷支撑的四方形的两层公寓，下面有开放的停车
位。"[31] 人们很容易识别出 1935 年前后建造的公寓楼之间的巨大差异。狭小场地
上竖立的高楼显然是 1935 年以前的，而后来的建筑体积更小。1935 年后更好的
公寓楼拥有独立车库，占据相当大的土地面积，其设计与公寓建筑风格相匹配 (就
像盐和胡椒瓶)，但简陋的丁巴特建筑只是直接栖息在"有盖"停车位的正上方。

　　由于停车标准限制了住房供应，不可避免地增加了房租。然而，很难找到停
车标准如何增加房屋建设成本的数据。因为开发商必须提供所要求的停车位才能
获得建筑许可，所以他们通常不会单独计算停车位成本，就像他们没有将墙壁或
天花板的成本分开一样。停车位是建筑不可缺少的部分。不过，下面的五项研究
将停车成本与建筑成本分离开来，显示停车标准明显提高房价，降低土地价值，并
助长城市蔓延。停车楼有时会超出多户型住宅的土地成本。[32]

---

① 原文为 multifamily housing。(译者注)
② 原文为 Journal of the American Institute of Planners。(译者注)

图 5-6　丁巴特建筑

图片来源：Donald C. Shoup

研究 1：奥克兰公寓楼

　　加利福尼亚州奥克兰市一项研究显示在以前不存在停车标准的地区引入之后产生的效果。1961 年，奥克兰开始要求公寓楼每个住宅单元提供一个停车位。为了研究这种变化的影响，住房经济学家布赖恩·伯莎收集了奥克兰要求停车标准之前四年开发的 45 个公寓项目数据以及之后两年开发的 19 个项目数据。[33] 表 5-2 显示在采纳停车标准之后住房成本、密度、投资和土地价值的变化。

　　随着停车标准的出现，每套公寓的建设成本增加 18%，而在一处典型的停车场上，公寓数量下降 30%。[34] 伯莎解释道：

　　　　分区规划的改变，让地下车库出现之前的密度变得不可能达到。如果想在分区变化前后达到相同的密度，就不得不增加开发成本……接受访谈的开发商表示，开发前土地成本的增加鼓励开发租金结构更高的公寓，为了能够在市场上获得更高的租金，开发商尝试向租户提供更大的单元。[35]

表 5-2　引入公寓停车标准的效果 (加州奥克兰)

变量	标准引入前	标准引入后	变化	
			绝对量	百分比
建造成本 ($/居住单元)	$6,613	$7,805	+$1,192	+18%
房屋密度 (居住单元/英亩)	77.5	54	−23.5	−30%
房屋投资 ($/英亩)	$513,000	$421,000	−$92,000	−18%
土地价值 ($/英亩)	$217,000	$145,000	−$72,000	−33%

来源：布赖恩·伯莎 (1964, 113-120)。

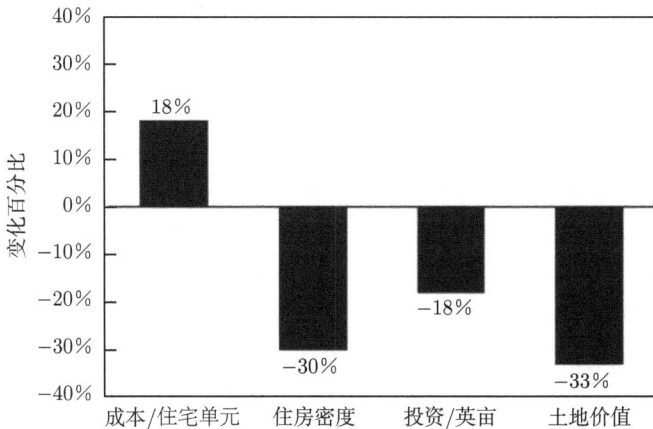

　　开发商说，增加一套公寓会要求新增一个停车位，而扩大公寓面积却不需要新增停车位；因此，他们提供数量更少但面积更大的公寓。由于不愿意建造昂贵的地下车库，开发商减少公寓数量，并将更多土地用于地面停车。

　　停车标准也引发另一种影响。因为所要求的停车位增加了开发成本，降低了可行的住宅密度，土地价值下降了 33%。在分区规划调整之前每套公寓停车位最少的地区，土地价值下降幅度最大，因为该地区停车标准的变化导致密度下降最多，成本则增加最多。相反，在分区规划调整之前每套公寓停车位最多的地区，土地价值下降幅度最小。[36] 房产税收入也下降了，因为土地价值和应税建筑都在减少。[37]

　　奥克兰每套公寓 1 个车位的最低标准很大程度上影响了土地利用，但有些城市的标准更高。例如在洛杉矶，西木村北部具体规划[①]要求超过 4 居室的公寓，每单元提供 3.5 个车位——甚至连厨房也算作可居住房间。同样考虑威尔夏大道上的帕克·迈尔具体规划[②]："对于住宅单元，无论其中包含多少可居住房间，每套住宅至少应提供两个半停车位。"如果奥克兰要求每套公寓提供 1 个车位，则住房成本增加 18%，密度降低 30%，那么想象一下，在洛杉矶每公寓需要 3.5 个

---

① 原文为 Specific Plan for North Westwood Village。(译者注)
② 原文为 Park Mile Specific Plan on Wilshire Boulevard。(译者注)

车位，这会增加多少成本，减少多少住房供应。

研究 2：旧金山住房项目

　　加州大学伯克利分校的 Wenyu Jia 和马丁·瓦克斯研究了旧金山住房可支付能力与停车位可用性之间的矛盾，在旧金山，许多上班族买不起房子或公寓，在那里找到停车位几乎同样困难。为了缓解停车困难，旧金山要求每个新住宅单元提供 1 个路外停车位，但这种停车解决方案加剧了住房问题。

　　Jia 和瓦克斯发现，不带路外停车位的独栋住宅平均售价为 348,000 美元，而带路外停车位的房屋售价为 395,000 美元。因此，停车位使房价上涨了 47,000 美元。[38] 只有住宅面积和浴室数量对房价的影响更大。对于单户住宅[①]，可容纳一辆汽车的停车库需要改造路缘坡[②]，从而减少几乎 1 个车位的路内停车供给，因此路外停车标准对增加停车位总供给几乎没有什么作用；相反，它会腾出街道上的空间来提供进入路外停车位的通道；也就是说，路外停车标准将公共停车位转换为私人路外停车位。正如哥伦比亚大学规划教授莫é·阿德勒所说，"对于有车库的人来说，街道上的停车位几乎成了私人财产。任何人都不得阻挡车库入口，这一特权对其他潜在用户的影响，就如同车库是一个私人拥有的街道停车场，从房屋门口一直延伸到车库。"[39] 由于路缘坡不适用于路边停车，另外，在工作日居民上班时路外停车位又经常闲置，要求提供路外停车位的做法有效地减少了可用的停车供应。为了增加路边停车供应，一些城市允许居民购买道路停车许可证，以便将车停在家门前的街道上，因此路缘坡变成为居民预留的路内停车位。[40]

　　Jia 和瓦克斯还估计了停车标准如何抬高购房所需的收入水平。购置一处没有停车位的房子，符合抵押贷款资格的家庭年收入为 67,000 美元，而带停车位的房子，家庭收入水平为 76,000 美元。结果就是，如果不包括所要求的现场停车位，旧金山具有购房能力的家庭数量增加了 24%。因此，停车标准大大降低了旧金山的住房可支付能力。

研究 3：南加州办公建筑

　　理查德·威尔森对南加州 10 个城市郊区办公项目的停车需求和供应进行案例研究，并使用这些数据估计停车标准如何影响土地价值和开发密度。[41] 按要求用于停车的土地不可用作建筑面积、空地或其他生产用途。为了研究停车标准如何影响开发密度，威尔森根据典型案例场地的特征，构建了两种场景：一栋四层办公室楼，占地 190,000 平方英尺场地，有地面停车 (见表 5-3)。第一个场景显示项目的竣工情况：一栋 95,000 平方英尺建筑，每千平方英尺有 3.8 个停车位 (第

---

　　① 原文为 single-family house。(译者注)

　　② 路缘坡 (curb cut)，一种建在人行道路缘的小斜坡，方便行人进入街道，尤指专为骑车者、推婴儿车的行人以及残疾人设置的小斜坡。本文是指方便汽车从车库开入街道的小斜坡。(译者注)

2 列)。第二个场景则描述如果停车标准减少到每千平方英尺 2.5 个车位，同一场地可容纳多少建筑面积，威尔森估计这足以满足免费停车的高峰需求 (第 3 列)。在这两个案例中，有 17% 的面积用于景观美化和建筑退红线。

表 5-3　降低办公楼停车标准产生的效果 (南加州)

特征	竣工	减少车位	变化	
			绝对量	百分比
(1)	(2)	(3)	(4)	(5)
停车标准 (车位每千平方英尺)	3.8	2.5	−1.3	−34%
场所面积 (平方英尺)	190,000	190,000	0	0%
楼层数	4	4	0	0%
建筑面积 (平方英尺)	95,000	135,000	40,000	42%
车位数	361	338	−23	−6%
停车面积 (@370 平方英尺每车位)	133,570	125,060	−8,510	−6%
停车位占地百分比	70%	66%	−4%	−6%
建筑面积比例 (建筑面积/场所面积)	0.50	0.71	0.21	42%
土地价值 ($/平方英尺)	$11.00	$16.25	$5.25	48%
项目成本	$10,592,000	$14,496,000	$3,904,000	37%
年度经营净收入 ($/年)	$1,042,000	$1,440,000	$398,000	38%
项目价值 (@9%资本化率)	$11,703,000	$16,005,000	$4,302,000	37%
房产税收入 (@1%税率)	$117,030	$160,050	$43,020	37%

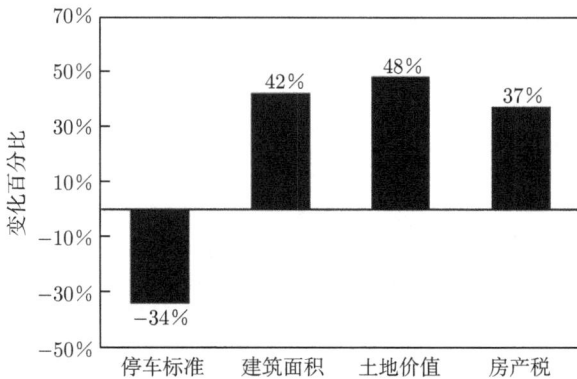

对比显示，如果没有其他密度限制，将停车标准减少 34% 可增加 42% 的办公建筑面积 (见第 4 列)。威尔森随后开发了一个预估分析工具[①]，计算项目在两种停车比率下对应的土地价值。假设开发商的目标是每年 15% 的投资回报率，办公楼的市场租金为每月每平方英尺 1.60 美元，他估计，降低 34% 的停车标准将增加 48% 的土地价值和 37% 的房产税收入。请注意，1995 年南加州办公楼停车标准的估计效果与 34 年前在奥克兰观察到的公寓楼效果几乎相同。[42]

---

① 原文为 a pro-forma analysis。(译者注)

研究 4：洛杉矶公寓楼

虽然开发商通常不会将停车场建设成本与建筑的其他成本分开计算，但加州大学洛杉矶分校一个新公寓项目将这两项成本分开了。住房与停车场规划为一个单独开发项目 (住房位于停车场上方)，校园住房管理部为公寓提供资金，而校园停车服务部为停车场提供资金，于是这两个单独的成本被仔细计算出来。位于韦本特勒斯①的 848 套公寓和 1,430 个停车位造价分别为 1.48 亿–1.18 亿美元和 3,000 万美元。[43] 占地 12.5 英亩的两居室和单间套房 (一居室) 公寓混合在一起，为研究生提供 1,362 个卧室，每个卧室一个停车位，另外还有 68 个停车位供工作人员和访客使用 (见表 5-4)。[44]

韦本特勒斯的房屋成本为每套公寓 139,000 美元，每个停车位成本为 21,000 美元。按每套公寓 1.7 个停车位，因此每套公寓的停车位增加了 35,000 美元的项目建造成本。项目为每 100 平方英尺住房提供 73 平方英尺的停车位，停车位增加了 25％的建筑成本。

表 5-4　所要求的停车位增加了房屋成本 (UCLA 韦本特勒斯公寓项目)

公寓			
1. 二居室公寓数	532		
2. 单间公寓数	316		
3. 公寓总数	848		(1)+(2)
4. 卧室总数	1,362		2×(1)+(2)
5. 住房总面积 (平方英尺)	641,000		
6. 住房总成本	$117,780,000		
7. 每公寓成本	$139,000		(6)/(3)
8. 每卧室成本	$86,000		(6)/(4)
9. 每平方英尺住房面积成本	$184		(6)/(5)
停车位			
	UCLA 所建车位	洛杉矶要求的车位	
10. 停车位数量	1,430	1,804	2.5×(1)+1.5×(2)
11. 停车总面积 (平方英尺)	470,000	593,000	(10)×(12)
12. 每车位占地面积 (平方英尺)	$329	329	(11)/(10)
13. 停车位总成本	29,990,000	37,834,000	
14. 每车位成本	$21,000	$21,000	(13)/(10)
15. 每平方英尺车位面积成本	$64	$64	(13)/(11)
16. 每公寓停车位数量	1.7	2.1	(10)/(3)
17. 每卧室停车位数量	1.0	1.3	(10)/(4)
18. 每公寓停车成本	35,000	$45,000	(13)/(3)
19. 每卧室停车成本	$22,000	$28,000	(13)/(4)
20. 车位成本占住房成本比例	25％	32％	(13)/(6)
21. 车位面积占住房面积比例	73％	93％	(11)/(5)

① 原文为 Weyburn Terrace，是 UCLA 校园南边的一条道路，那里有学生公寓楼。(译者注)

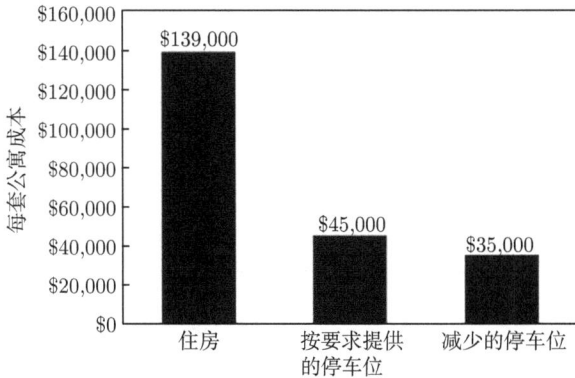

对一栋校园学生公寓而言，虽然每间卧室一个停车位似乎绰绰有余，但项目比分区规划法规要求的停车位还少 21%。[45] 大学是城市规制的例外情形，因此 UCLA 可以提供少于分区法规要求的停车位。私人开发商要为每个单间公寓提供 1.5 个车位，为每个两居室公寓提供 2.5 个车位。[46] 表 5-4 的下方表格中，右边一列给出了学校遵循城市分区法规所产生的停车场建设成本。该项目为每 100 平方英尺住房提供 92 平方英尺停车位。每套公寓花费 44,600 美元用于所要求的停车位 (土地成本比一套典型公寓更贵)，并增加 32% 的建设成本。[47]

研究 5：帕洛阿尔托市公寓项目

停车标准显著提高了低收入住房的成本。1998 年，一个由非营利的帕洛阿尔托住房公司开发的单人居住①(SRO) 公寓建筑就是一个很好的例子。阿尔玛广场由联邦低收入住房税收信托项目资助，有 107 间 SRO 单元房，供最低收入居民居住。[48] 帕洛阿尔托市要求单间公寓楼每个单元有 1.25 个车位；按这个比例，正常情况下阿尔玛广场的停车标准为 134 个车位，但城市允许其减少到仅 72 个车位。在最终的设计中，五层建筑楼的下面两层用于停车，上面三层为住宅。[49] 由于停车是一个引起争论的话题，规划委员会报告分别计算了停车位和住宅单元的建设成本。即使采用降低后的标准，停车位仍增加 38% 的建设成本 (见表 5-5)。

每套公寓建筑成本 32,000 美元之所以很低，是因为这些单元面积很小——每套公寓仅 260 平方英尺。[50] 由于停车建设成本增加 38% 的建筑总成本，也使公寓租金上涨。很多居民太穷了无法买车 (居民平均收入为该地区收入中位数的 33%)，但市政府否决了一项将停车位租金与公寓租金分拆的提案：

> 为了减少房租和停车需求，帕洛阿尔托住房公司请求政府批准将停车费与房租进行"分拆"，分别收取两种费用。每月单独收取 100

---

① 原文为 single room occupancy。(译者注)

美元的停车费可能会使每单元租金 (当前为每月 330 美元到 490 美元) 减少约 50 美元。但出于对停车溢出效应的担忧,这个提案被否决了。[51]

表 5-5   按要求提供的停车位增加了 SRO 保障房成本

(加利福尼亚州帕洛阿尔托市阿尔玛广场)

1 107 个公寓的建造成本	$3,420,000	
2 72 个停车位的建造成本	$1,300,000	
3 总建造成本	$4,720,000	(1)+(2)
4 每公寓建造成本	$32,000	(1)/107
5 每车位建造成本	$18,100	(2)/72
6 每公寓车位数量	0.67	72/107
7 每公寓停车成本	$12,100	(2)/107
8 停车成本占住房成本比例	38%	(2)/(1)
9 每公寓法规要求车位数量	1.25	
10 每公寓法规要求车位成本	$22,600	(9)×(5)
11 每公寓减少车位所约节成本	$10,500	(10)−(7)
12 法规要求车位成本占住房成本比例	71%	(10)/(4)

来源:帕洛阿尔托规划委员会 (1995)。

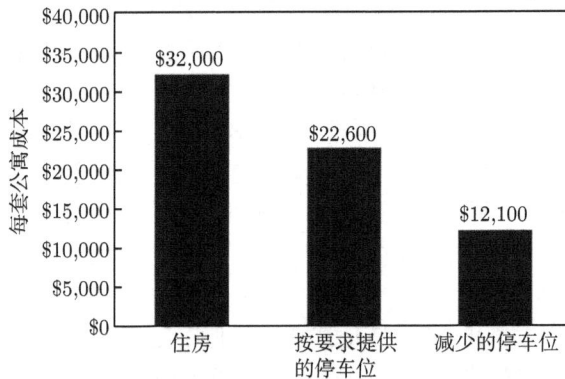

在规划这个项目时,汽车比人更有争议。一位规划专员"表达了担心,低收入住宅用途的存在可能会影响该地区现有汽车使用的长期活力"[52](这处新的 SRO 公寓楼就在帕洛阿尔托宝马公司旁边! 由于汽车经销商产生可观的销售税收入,而 SRO 保障房则需要补贴,因此各城市有明确的财政激励措施支持汽车经销商而非低收入住房)。规划委员会也考虑其他几项停车提案:

委员会要求市检察官办公室①研究一项提议的合法性，即 SRO 预期的承租人必须在离场所步行可达范围内的就业岗位工作，这项措施将有助于降低承租人拥有汽车的可能性……规划人员则反对这项提议，因为在这样一个地点安置保障房的目的之一在于：如果居民愿意，他们将有能力乘坐公共交通到其他地区上班。[53]

如果减少的停车位不足以满足居民的免费停车需求，规划委员会考虑进一步的建议，比如优先考虑没有汽车的租户，或禁止向有车的新租户出租。[54] 在处理停车问题时，规划委员们似乎考虑了很多因素，唯独没有考虑对停车收费。

如果阿尔玛广场符合帕洛阿尔托市正式的规定，即每个住宅单元 1.25 个车位，并且所有要求的停车位成本与现有车位相同（每个车位 18,100 美元），那么，每个住宅单元的停车位花费 22,600 美元（1.25×18,100 美元）。因此，降低阿尔玛广场停车标准可以为每套公寓节省 10,500 美元（22,600 美元 −12,100 美元），每套公寓仅花 32,000 美元就可以建造。如果停车标准没有降低，停车位将增加 71% 的房屋建设成本（22,600 美元 ÷32,000 美元）。毫无疑问，路外停车标准显著增加了小型公寓的成本，导致开发项目没有大额补贴的支持就无法进行。因此，对低收入住房的大部分补贴——也许是全部补贴——将用于支付高昂的免费停车。

要求每个住宅单元有固定数量的停车位，导致小型公寓的成本不成比例地增加，使其变得不经济。尽管这项政策显然不鼓励建造小户型公寓，但许多城市不论住宅单元大小都要求提供相同数量的停车位。例如，在加利福尼亚州硅谷进行的一项调查发现，半数的城市对任何大小的住宅均有相同的停车标准，不管是小型单间公寓，还是五居室豪华公寓。[55] 作为"一个标准适用于所有公寓"②政策的替代方案，加州伯克利要求有 10 个或更多居室的建筑按每千平方英尺总建筑面积提供 1 个车位。[56] 按照这个比例，帕洛阿尔托市的停车标准仅为 40 个车位（1×39.6），而不是 134 个车位（1.25×107）。仅仅将停车标准的基数从住宅单元改为平方英尺，就可以大大降低小型公寓的成本。

可支付停车 vs. 可支付住房

停车标准不仅增加住房建设成本，而且限制住房供应，从而提高住房价格。由于许可的住宅单元和所要求的停车位不能挤在同一个场地上，停车标准通常会减少一个场所的住宅单元数量，使其低于分区允许的数量。也就是说，分区法规对密度的限制往往在于停车标准而不是总量限制（比如每英亩允许的住宅单元数量或容积率标准）。例如，在奥克兰的案例研究中，停车标准要求每个住宅单元仅提

---

① 原文为 the City Attorney's office。(译者注)

② 原文为 one-requirement-fits-all-apartments。(译者注)

供 1 个车位，却使住房密度降低 30%，而目前大多数城市都有更高的停车标准。例如，2003 年南加州 18 个城市的调查发现，它们的停车标准从每单元 1.25 到 3.25 个车位之间变化。[57] 城市并不禁止建造只有一间卧室或一个浴室的公寓，但是确实禁止建造只有一个停车位的公寓。

因为所有新住宅单元 (和所有其他新建筑) 与所需的全部停车位捆绑在一起，居民倾向于购买更多的汽车。因此，每个住宅单元产生更多的车辆出行和车辆行驶里程数①(VMT)：2001 年，全美平均每户每年有 2,200 趟车辆出行数以及 21,200 VMT。[58] 然后，规划师必须进一步限制住宅单元和所有其他开发项目的密度，以限制其产生的交通量。这种降低密度的分区规划②诱发交通量，进一步限制土地提供住房的能力，加剧房价上涨。

如果停车标准大幅度推高了房价，那么建造少量的补贴性住宅单元——包括所有必需的停车位——对保障性住房③供应仅有很小的贡献。然而，降低或取消路外停车标准可以增加住房供应，降低所有房屋的价格而无需任何补贴。[59] 各地规划师都担心住房成本和城市蔓延，但从不尝试评估停车标准如何影响住房成本或城市密度。这里介绍的五个案例研究表明，停车标准大大增加了开发成本，降低了城市密度。稀缺的土地和资金正从人的住房转向汽车的住房。分区规划法规要求为每一辆汽车提供住房，但忽视了无家可归的人。通过增加住房成本，停车标准让真正的无家可归问题变得更加严重。有人露宿街头，但汽车却免费停在充足的路外住宅中。在城市规划中，免费停车已经变得比保障性住房更重要。

停车标准导致瘫痪

通常对停车标准的解释是它规定新建筑必须提供的停车位数量；也就是说，首先确定用地类型，然后所需的停车位数量取决于用地类型。停车标准假设一个全新的建筑正在兴建。然而旧建筑往往无法提供更多的现场停车位，它们的情况正好相反。由于建筑用途必须符合可用的停车位要求 (见第 3 章)，这样停车标准限制了城市允许的土地用途。

假设一家家具店所在的建筑每千平方英尺有一个停车位。家具店倒闭了，一家自行车商店想搬进这栋建筑。然而，自行车商店的停车标准是每千平方英尺建筑面积 3 个车位。[60] 由于现有的停车位不符合自行车商店的停车标准，如果不提供更多的停车位 (它可能没有土地或资金来做这件事) 或寻求豁免 (想要获得批准的话，可能既费时又费钱)，就无法获得建筑使用许可证。那么，最可能的结果是

---

① 原文为 vehicle miles travelled，简称 VMT，车辆行驶里程数或车英里数。(译者注)

② 原文为 downzoning。(译者注)

③ 原文为 affordable housing。(译者注)

自行车商店无法使用这栋建筑。除非一家新的家具店——或停车标准为每千平方英尺 1 个停车位的其他用途——搬进来,否则这栋建筑将保持空置状态。当然,空置会导致经济衰退,这使得周围社区对商业不那么有吸引力。因此,企业家们更愿意在新的地区建造新建筑,而不是在已经建成的地区再利用现有的建筑,结果导致旧建筑和老社区的投资减少。根据新城市主义建筑师安德烈斯·杜安尼、伊丽莎白·普莱特-兹伯格和杰夫·斯佩克的说法,停车标准是"当今美国城市化进程中最大的杀手"。[61] 这些标准将企业赶出建成区域,而——最令人恼火的是——这样做没有任何合乎逻辑的理由。毕竟,为什么自行车商店"需要"三倍于家具店的停车位呢?答案任由人们猜测,但是这些毫无意义的停车标准以完全意想不到的方式扭曲了土地市场。

为了鼓励加密开发和再利用,一些城市免除小型商业建筑的路外停车标准。例如,在加利福尼亚曼哈顿海滩中央商务区 (CBD),仅对超出容积率 1:1 的建筑设置停车标准。明尼阿波利斯和芝加哥免除某类场所近 4,000 平方英尺零售空间的停车标准。[62] 然而,大多数城市并不提供类似的豁免。

正如一位顾问写给我的信中所说:"人们打算利用空置的建筑物,由于停车标准太高而被禁止使用,这是令人心碎的故事。"[63] 有时,记者们会写下这些令人心碎的故事。看看加州伯克利一家新餐馆 Spud's 的遭遇,停车标准像路障一般挡住前路 (见专栏)。

只有最铁石心肠的城市规划师才不理解这个与分区规划相关的故事,路外停车标准会带来真正的痛苦。这个例子与众不同的情节是,有人想在一栋旧建筑中开餐馆,他认为有合法的手续,希望旁边的教堂提供要求的停车位,结果落空了。在一般情况下,没有人会想过在一个缺少必要停车位的旧建筑内开一家新餐馆。

停车标准可能会冻结旧建筑的现有用途,甚至完全阻止任何可行的新用途,因此减少这些建筑为其社区提供的经济机会。如果一栋建筑不能满足新用途的停车标准,即使所有其他规划要求均得到满足,分区规划法规也不会允许它通过。停车标准已经成为一种道德需求,在规划纠纷中,它们被援引为不可谈判的条款,就像印度圣牛一样不可侵犯。只需说上一句停车位不够,就足以禁止旧建筑许多可能的新用途。以任何理由反对一个项目的人,都可以把缺乏必要的停车作为反对的理由,好像停车才是真正的问题一样。例如,一家打算开张的新餐馆由于没有规定数量的路外停车位,希望申请豁免来开业,而抗议通常来自现有的餐馆,他们想要扼杀竞争,即使这个地点位于城镇一个废弃场地,其他人都会欢迎新店开张。在规划纠纷中频繁提及停车标准,似乎每个人都在坚持要求更多的停车位,甚至包括环境主义者,他们压根儿不是汽车的朋友。

专栏

停车标准的噩梦

2003 至 2004 年间，安德鲁·贝雷特瓦斯打算在加州伯克利开一家比萨和啤酒餐馆 Spud's。他找到了一个完美的地点——一座 1910 年的建筑，具有引人入胜的建造风格，可容纳多达 100 名顾客。一些人认为南部街区受到破坏或夜间对行人不友好，但社区对贝雷特瓦斯的计划充满热情。可是，贝雷特瓦斯发现自己的计划被限制性停车和分区规制约束住了，以至于整个项目都面临危险。

贝雷特瓦斯并不是第一个发现伯克利分区规则和法规过分限制的企业家。当地房地产经纪人约翰·戈登 2004 年告诉《伯克利星球日报》[①]，停车规定尤其导致店面空空荡荡。戈登的观点得到了当地商业联合会主席萨姆·戴克斯的回应，他告诉该报，"严格的分区法规已经不是第一次危及南伯克利的商业了。"

在这种情况下，具体的城市法规要求企业提交用途变更许可证时必须满足停车标准。该市要求 Spud's 在一个没有停车位的地方提供 12 个车位，所在社区也没有明显的停车问题。

该市确实允许 Spud's 在半径 300 英尺范围内安排使用其他地产的停车场地，于是贝雷特瓦斯就与进步传教士教堂[②]达成一项协议，该教堂在餐馆旁边并有可用的停车场。不幸的是，根据现行的城市法律，与教堂等非营利组织进行这样安排是非法的。该市修改了这项法律，但后来教堂反对在餐馆里提供酒类，因此贝雷特瓦斯放弃了原计划中的酒类销售。但是，贝雷特瓦斯的厄运还没有结束，因为该市随后规定，教堂还必须同意一项契约限制，以确保停车位的持续可用性。而教堂不同意这一条件时，规划师专门批准了一项适用于教堂的条款，即如果教堂愿意，只需在收回停车位之前，提前 30 天发出通知。

但这个条件不太满足贝雷特瓦斯商业伙伴艾伦·卡德金的要求。他担心，如果教堂能在短时间内收回停车位，就有可能导致市政府撤销餐馆的使用许可证，那么他的投资风险太大了。一时间，因为缺少 12 个可能不必要的停车位，Spud's 似乎完全无法开张。

最终，贝雷特瓦斯找到了其他融资渠道。在与市政府合作解决其他一些监管问题后，他终于在 2004 年底开设了餐馆。"这是我们想要的生意类型"，2004 年初社区联合会成员安妮·希利告诉《伯克利星球日报》，"但城市总是百般阻挠。"

关于贝雷特瓦斯之战的更多信息可参考马修·阿茨写的"南伯克利居民梦想着美味比萨饼"，《伯克利星球日

---

① 报刊英文名为 *Berkeley Daily Planet*。（译者注）
② 原文为 *Progressive Missional Church*。（译者注）

报》，2004 年 2 月 13 日。另请参阅 "Spud's 比萨和啤酒常见问题解答"，网 址为 www.spudspizza.com/H08％20-％ 20Spud's％20FAQ.htm.

　　城市规划师在不知不觉中做出许多土地使用决策，制定不合理的停车标准，并在这个过程中造成一场灾难，却没有觉察到。停车标准在老商业区造成特别严重的问题。例如，它们阻碍 1992 年洛杉矶骚乱中被毁的老商业街走廊的重建。沿着这条商业走廊，许多街区在狭窄的场地上都有连续的店面，这些商店建在城市出台停车标准之前，因此没有现场停车位。原来的商店被烧毁后，在这种狭窄的地块上新建商店并同时满足当前停车标准变得相当困难。[64] 结果，这些商业走廊上许多场所一直空置着。停车标准还阻碍其他商业走廊，因为如果不提供所需的现场停车，现有建筑就无法重建。想方设法造出来的停车场却打破了街道的正面景观。例如，街角迷你商业区①可以提供所有要求的停车位，但这些停车位却破坏了景观。在大多数地区，这种改变用途所遭遇的障碍导致商业逐渐衰败，因为建筑会慢慢过时，而洛杉矶骚乱在一夜之间暴露了这个问题。实际上，停车位下限标准意味着没有购物要比没有免费停车的购物要好。结果是悲剧性的。城市扼杀了振兴老城区的机会，驱动新地块上的开发变成简单地为停车场铺上水泥。

　　停车标准甚至妨碍了公共交通服务良好的建筑物再利用。以明尼苏达州圣保罗大学大道上的一座历史建筑为例：

> 开发商和社区曾希望将这座旧楼恢复为四层办公空间，但由于停车位不足，无法满足城市最低停车标准，一些楼层不得不用作存储空间。这处物业位于该地区最繁忙的公交线路之一，但最低停车标准也未因其位置而发生改变。[65]

　　没有现场停车场的旧建筑往往是城市想要保护的历史结构的一部分，但停车标准阻碍了适应性再利用。更糟糕的是，停车标准经常鼓励拆除旧建筑——有时是为了给停车场让路。即使在用地类型没有变化的情况下，停车标准也可能迫使停车供应增加。因为所有新用途都必须提供充足的停车位，现有的用途也都面临提供更多车位的竞争压力。因此，业主可能会尝试通过填平花园或进行其他不适当的改建，为历史建筑增加更多的停车位。作为一个极端例子，摩门教徒认为现在密苏里州停车场就是曾经的伊甸园。[66]

限制房屋产权

　　停车标准限制老城区房屋产权变更的机会，因为它限制公寓单元由出租转为自住。许多老公寓楼每个住宅单元最多只有一个停车位，但是对停车位供给享有

---

① 原文为 Corner moni-malls。(译者注)

祖父豁免权①。一些城市，如果一栋建筑转变为公寓单元产权，则需要额外的停车位。以洛杉矶为例，每套三居室或少于三居室的住宅单元需要提供 1.25 个居民车位，多于三居室的单元提供 1.5 个车位。在这些居民车位的基础上，该市要求 50 个或更少单元的建筑，每单元增加 0.25 个客用停车位，超过 50 个单元的建筑，每单元增加 0.5 个客位。[67] 即使满足所有其他规定，建筑也不能转换为业主居住，除非每单元至少提供 1.5 个车位。

因为大多数旧建筑——尤其是历史悠久的建筑——每个单元达不到 1.5 个车位，所以不能转换为业主居住。在某些情况下，业主的"解决方案"是减少公寓数量以达到可用停车位的数量要求，或者通过合并小公寓，让公寓数量更少、面积更大，或拆毁足够多的公寓并将土地转换为停车场。更常见的情况是开发商把可出租的公寓拆掉，建造达到所有停车标准的公寓楼。尽管许多公寓居民宁愿拥有而不是租用现有住房，但停车标准禁止这种改变产权的机会，尤其对那些想拥有自己的公寓而不是汽车的租户造成歧视。如果城市在不要求更多停车位的情况下允许出租物业转换为业主居住，或者免除在某一时间之前——比如 1950 年之前——建造的所有物业的停车标准，那么更多的中心城区居民可以拥有属于自己的房产。

损害城市经济

除了阻碍旧建筑的翻新和再利用，停车标准也会阻碍在这些建筑中经营的企业。假设一家餐馆满足就餐区每三个座位 1 个车位的标准。当生意越来越好，餐馆希望夏季在户外门廊增加桌子。但是，停车标准禁止在不增加新停车位的情况下增加桌子——这在许多地方是不可能实现的负担。餐馆失去了潜在的新顾客，公众失去了户外就餐的乐趣，服务员失去了工作机会，城市失去了营业税收入，所有这些都是因为一个看似无害的停车标准。[68]

当开发商想建造一处地面停车场，如果城市要求替代之前的停车位，那么停车标准就会造成更大的危害。考虑洛杉矶韦斯特伍德具体规划中的停车位更换标准：

> 如果某个项目导致任何在本条例生效时已存在的停车位被移除，而这些停车位并不为现有建筑物提供服务，则该停车位数量的 50% 必须被更换，或应按该项目、或按现有建筑、或按其他地段上的任何现有建筑物所需停车位以外的数量进行更换。更换后的停车位应该对公众开放。[69]

为了了解这项更换标准是如何运作的，考虑一个停车场，它不属于任何现有

---

① 原文为 a grandfathered right。（译者注）

建筑所要求的范围；业主只能将这块土地用作停车场，直到出现未来的开发项目。开发商如果想在这块地上建一家杂货店，就必须按杂货店的停车标准提供全部的停车位，同时还要更换该地块上已有的 50% 的地面停车位。按照这一更换标准，土地所有者"欠"下了城市之前自愿提供的一半停车位。满足这一更换标准的沉重负担实际上冻结了作为地面停车场的土地，并阻碍了土地再开发。

停车标准对土地利用的各种限制表明，取消这些限制将使更多的城市土地用于加密式住宅、商业和工业发展。停车标准隐藏了城市土地为人服务的能力，而解除城市的负担将使这种隐藏的能力得以显现。如果城市取消路外停车位下限标准，许多现在难以开发的废弃土地将很快找到新的经济用途。

对中央商务区的损害

路外停车标准尤其损害中央商务区 (CBD)。由于 CBD 靠近许多社会、文化和经济活动，高密度是它的主要优势。博物馆、剧院、餐馆、商店和办公楼的聚集是中心城区所能提供的有别于其他区域的特质。但是高密度也意味着建设新停车位的高成本。理查德·福伊特指出，在 CBD 的高密度和廉价停车之间存在一种矛盾：

> 成功 CBD 的一项显著特征是拥有高度密集的经济、社会和文化活动。这种高密度使得 CBD 具有独特的市场定位，这在大都市圈其他地方很难复制。如果没有其他后果，充足、廉价的停车会让 CBD 更有吸引力；然而，大量低成本的停车场可能与市中心独特的——高密度相矛盾。[70]

越来越多的人想去一个理想的 CBD 逛逛，但在高密度区修建停车位的成本也更高，因此，在一个健康的 CBD，其停车价格必然会高于郊区。路外停车标准增加了停车位供应量，降低了 CBD 的停车价格，而除此之外还会产生其他后果。它们增加了所有开发项目的成本，抢占其他用途的土地使密度降低，并增加 CBD 内部和通往 CBD 道路上的交通量。因此，停车标准削弱了 CBD 的基本特征——高密度和可达性，从而降低了它的吸引力。

中心城的成功取决于能否将大量的资本和劳动力与少量的土地结合起来。由于路外停车标准增加了资本、劳动力和土地的结合成本，因此降低了开发密度。[71]而且由于密度通常从城市中心下降到郊区边缘，同样的停车标准对中心区的开发成本要高于外围区域。因此，在一个城市的任何地方都要求相同的停车标准，将把开发项目从中心城转移到提供所需停车更便宜的外围地区。中心城的停车标准加速了它们本应阻止的去中心化。

共享停车场的经济性有助于解释成功市中心的吸引力。每个人都想停车一次，然后四处逛街、购物、吃饭、看电影或看戏。密集的市中心可以提供这种体验，但是路外停车标准降低了密度，因为每栋建筑都有属于自己的、不共享的停车位，这些车位经常不对公众开放。为了维持 CBD 密度，少数城市限制而不是要求停车位数量，并限制建设独立的停车库；纽约、旧金山和西雅图就是这样的例子。然而，大多数城市仍然要求在中央商务区提供停车位，而且不限制独立车库的建设；达拉斯、洛杉矶和迈阿密就是这样的例子。[72] 这些截然相反的停车政策强烈影响着市中心的外观和功能。下面考察洛杉矶和旧金山对特定的用地类型——音乐厅——在停车库规则方面的差异，看看结果有何不同。

在迪士尼音乐厅停车

对于市中心的音乐厅，洛杉矶要求的停车位至少是旧金山允许的最大停车位的 *50* 倍。一些不同的优先事项有助于解释为什么路易斯·戴维斯交响音乐厅①(旧金山交响乐团总部) 和迪士尼音乐厅 (洛杉矶爱乐乐团总部) 的停车安排大相径庭。旧金山在建造路易丝·戴维斯音乐厅时没有安排停车库，而洛杉矶在筹集到 2.74 亿美元启动资金建造 2,265 个座位的迪士尼音乐厅之前，三年之内就建成了拥有 2,188 个车位、造价 1.1 亿美元的停车库。

洛杉矶县借钱为每车位 50,000 美元的停车库提供资金，债务从预期收入中偿还。车库于 1996 年竣工，但迪士尼音乐厅直到 2003 年才开业，停车收入远远低于 7 年来的债务偿还额。结果车库几乎破产，该县不得不从一般收入中补贴车库。在《不情愿的大都市》②一书中，威廉·富尔顿讲述了洛杉矶停车优先政策的失败："穷困潦倒的县政府即使裁员，也要被迫补贴 [迪士尼音乐厅的] 停车库。"[73]

停车库定价为每 15 分钟 3 美元，每天最高 17 美元，或者下午 5 点后统一收 8 美元，即使在迪士尼音乐厅门票售罄的时候，车库也从来没有停满过，一年中其他时间几乎都是空的。按县政府的租约规定，迪士尼音乐厅在每年冬季必须至少提供 128 场音乐会。[74] 为什么是 128 场？该县需要足够多的音乐会产生足够多的停车收入来偿还车库债务。那么，迪士尼音乐厅在第一个冬季安排了多少场音乐会？正好 128 场。建造这个车库原本是为了满足迪士尼音乐厅举办音乐会的停车需求，但现在迪士尼音乐厅却必须举办音乐会来满足停车库的财务需求。由于停车位下限标准，迪士尼音乐厅有了最低限度的音乐会要求。

音乐会观众可以开车至迪士尼音乐厅六层地下车库，搭乘"自动扶梯瀑布"直达门厅，而无需踏上洛杉矶市中心的人行道。洛杉矶市中心的许多餐馆为参加音乐会的食客提供免费停车，包括往返迪士尼音乐厅的免费班车服务。如果有更多

① 原文为 Louise Davies Hall。(译者注)
② 原书名为 *The Reluctant Metropolis*。(译者注)

的人在音乐会前后到那里吃饭，并且音乐会期间在餐馆附近泊车，那么对市中心来说将是一个巨大的推动，但是分区法规定每栋建筑都必须提供自己的停车场。不管出于多好的意图，路外停车标准会损害 CBD 的独特品质，而不是帮助其发展。

不同的停车政策有助于解释为什么几乎所有人都喜欢旧金山市中心而不是洛杉矶市中心。旧金山音乐会或剧院演出结束后，人们涌向熙熙攘攘的人行道上，那里所有的餐厅、酒吧、书店和花店似乎都在营业和忙碌，如果你开车的话，步行到停车位要走很长一段路。在洛杉矶，人行道上空无一人，晚上也很危险。如果每个音乐会观众都直接开车进入地下车库，并且觉得一个街区外的人行道不安全，那么即使一个壮观的新音乐厅也无助于创造充满活力的市中心。

迪士尼音乐厅的建筑师弗兰克·格里最初选择石灰石作为建筑外立面，但为了节省资金，后来外立面采用了更便宜的不锈钢。停车标准将建筑上的支出转移到服务汽车上，使伟大的设计变得更加难以实现。现在迪士尼音乐厅与悉尼歌剧院或埃菲尔铁塔相提并论，是这座城市的标志性建筑，但它微妙地显示出停车在洛杉矶至高无上的重要地位。[75]

太多停车位？

停车位有下限标准，却没有上限值，这意味城市只关心是否有足够的停车位，而且永远不会有太多的停车位。但正如简·雅各布斯所说：

> 市中心街道的主要目的是交易，这种功能可能会被汽车行驶[①]的洪流所淹没。市中心越是被分隔开来，到处都是停车场和车库，它的外观就越单调乏味，没有什么比一个死气沉沉的市中心更令人反感了……市中心以其自身特有的条件，惊慌失措地努力与郊区竞争，这是它做不到的事情，结果我们牺牲了市中心的基本优势——它的多样性和选择，它的繁华，它的趣味性，它的紧凑性，以及它所传递的引人注目的信息：这里不是一个中途站，而是一个错综复杂的中心。人们来到市中心或在市中心创业的唯一原因是，市中心在如此紧凑的区域内容纳了如此多的东西。[76]

市中心在一块小小的区域里容纳了如此多的东西，因而人们愿意去参观，即使他们不得不乘坐公共交通或支付停车费，然后步行到达那里。一个成功的市中心必须是可达的，这意味着交通和停车，但过多的停车会削弱市中心。公共空间合作伙伴公司[②]总裁弗雷德·肯特描述了不同的停车"标准"造就出一个伟大抑或乏味的地方：

---

① 原文为 machine circulation。（译者注）

② 原文为 Partners for Public Spaces。（译者注）

　　　　在无关紧要的地方，停车是重要的。在波士顿法尼尔大厅①这样的
　　地方，人们愿意走很远的路，这实在让人惊讶。然而在一个乏味的地
　　方，你希望停车位就在目的地的正前方。[77]

　　肯特还评论说，停车位下限标准"确保一个地方会是乏味的"。市中心每个停
车场都有高昂且明显的机会成本。这里不是一座充满活力的建筑，而是一片柏油
路，一位看门人守着收费处的栏杆；相反，那些独特的地方却不会有这些东西。或
者正如建筑和规划批评家简·霍尔茨·凯描述的那样，"停车场越多，有趣的地方
就越少。有趣的地方越多，停车场就越少。"在那些有很多路外停车位的地方，"行
人很可能随时被从地下车库冲出的汽车伏击，在视觉上也很可能遭受犬牙交错的
停车场和诡异的车库外墙的冲击。"[78]

　　停车场就像是城市结构中的沥青洞穴。它们让开车更容易，但步行更困难，不
那么令人满意。超过某个临界点，更多的停车位对 CBD 有害而不是有所帮助。为
了验证这个观点，我们从杰弗里·肯沃西和费利克斯·劳伯提供的 44 个世界城市
交通数据中推导得到表 5-6。[79] 第 2 列和第 3 列显示每个城市 CBD 的土地面积
(以公顷为单位) 以及停车位数量，第 4 列给出每公顷停车位数量。洛杉矶是世界
上停车位密度最高的城市 (每公顷 263 个车位)，位居前列的九个城市不是来自美
国，就是来自澳大利亚和加拿大。

　　许多 CBD 停车位处于建筑物内部，而非地面停车场，但第 5 列显示如果将
这些停车位都水平分布在地面停车场，它们将占用多少土地。[80] 洛杉矶 CBD 的
107,441 个停车位将占地 331 公顷，这个假想的停车场将覆盖 CBD 408 公顷土地
的 81%(见第 6 列)。停车面积与土地面积之比可称为"停车覆盖"率②。在位列
第二的城市墨尔本，停车覆盖率为 76%。排在最末的三位分别是纽约 18%、伦敦
16% 以及东京仅 7%。

表 5-6　　中央商务区的停车状况

城市	土地面积(公顷)	停车位	每公顷停车位数	停车面积(公顷)	停车覆盖率	就业(岗位数)	每公顷岗位数	每岗位车位数
(1)	(2)	(3)	(4)=(3)/(2)	(5)=(3)/325	(6)=(5)/(2)	(7)	(8)=(7)/(2)	(9)=(3)/(7)
1. 洛杉矶	408	107,441	263	331	81%	206,474	506	0.52
2. 墨尔本	172	42,601	248	131	76%	126,286	734	0.34
3. 阿德莱德	181	42,857	237	132	73%	73,868	408	0.58
4. 休斯敦	392	72,797	186	224	57%	118,889	303	0.61
5. 底特律	362	65,639	181	202	56%	93,012	257	0.71

　　① 法尼尔大厅 (Faneuil Hall) 是美国波士顿的一座历史建筑，靠近海滨和今天的政府中心。自从 1742 年，
法尼尔大厅就是一个市场和会议厅。塞缪尔·亚当斯等人曾在此发表演讲，宣传脱离英国独立。这座建筑现在是
波士顿国家历史公园的一部分，也是自由之路的一站，被称为"自由的摇篮"。(译者注)
　　② 原文为 "parking coverage" rate。(译者注)

续表

城市	土地面积 (公顷)	停车位	每公顷停车位数	停车面积 (公顷)	停车覆盖率	就业 (岗位数)	每公顷岗位数	每岗位车位数
(1)	(2)	(3)	(4) = (3)/(2)	(5) = (3)/325	(6) = (5)/(2)	(7)	(8) = (7)/(2)	(9) = (3)/(7)
6. 华盛顿	460	80,100	174	246	54%	316,723	689	0.25
7. 布里斯班	117	19,895	170	61	52%	61,844	529	0.32
8. 卡尔加里	298	45,260	152	139	47%	86,700	291	0.52
9. 波特兰	280	41,861	150	129	46%	103,872	371	0.40
10. 布鲁塞尔	308	45,512	148	140	45%	144,906	470	0.31
11. 温哥华	337	46,053	137	142	42%	104,000	309	0.44
12. 埃德蒙顿	297	37,512	126	115	39%	63,200	213	0.59
13. 法兰克福	240	29,487	123	91	38%	119,735	499	0.25
14. 堪培拉	329	39,558	120	122	37%	22,521	68	1.76
15. 芝加哥	395	46,653	118	144	36%	363,794	921	0.13
16. 丹佛	636	67,757	107	208	33%	93,012	146	0.73
17. 旧金山	391	39,756	102	122	31%	291,036	744	0.14
18. 多伦多	188	18,436	98	57	30%	174,267	927	0.11
19. 悉尼	416	39,031	94	120	29%	175.620	422	0.22
20. 圣迭戈	570	50,234	88	155	27%	72,964	128	0.69
21. 温尼伯	440	37,419	85	115	26%	68.593	156	0.55
22. 波士顿	868	73,604	85	226	26%	119,189	137	0.62
23. 渥太华	305	25,565	84	79	26%	111,031	364	0.23
24. 佩斯	759	63,000	83	194	26%	99,819	132	0.63
25. 凤凰城	393	31,937	81	98	25%	35,267	90	0.91
26. 蒙特利尔	1,224	94,745	77	292	24%	273,203	223	0.35
27. 巴黎	2,333	172,000	74	529	23%	862,180	370	0.20
28. 慕尼黑	795	58,430	73	180	23%	219,518	276	0.27
29. 维也纳	298	21,036	71	65	22%	112,770	378	0.19
30. 新加坡	725	45,870	63	141	19%	280,000	386	0.16
31. 哥本哈根	455	27,400	60	84	19%	122,770	270	0.22
32. 萨克拉门托	462	27,677	60	85	18%	54,121	117	0.51
33. 纽约	2,331	138,148	59	425	18%	2,305,545	989	0.06
34. 汉堡	460	27,056	59	83	18%	152,590	332	0.18
35. 苏黎世	152	8,668	57	27	18%	63,410	417	0.14
36. 香港	113	6,376	56	20	17%	193,520	1,713	0.03
37. 吉隆坡	1,625	86,030	53	265	16%	290,000	178	0.30
38. 伦敦	2,697	138,843	51	427	16%	1,142,781	424	0.12
39. 阿姆斯特丹	824	28,600	35	88	11%	80,722	98	0.35
40. 斯德哥尔摩	424	13,050	31	40	9%	111,233	262	0.12
41. 首尔	2,117	59,758	28	184	9%	1,226,830	580	0.05
42. 曼谷	2,056	50,848	25	156	8%	271,944	132	0.19
43. 东京	4,208	98,755	23	304	7%	2,300,738	547	0.04
44. 马尼拉	3,600	22,000	6	68	2%	815,400	227	0.03
平均	**828**	**53,074**	**100**	**163**	**31%**	**321,043**	**403**	**0.36**

注：第 5 列停车面积是指第 3 列所有停车位占据的地面停车面积 (公顷)。

每公顷地面停车位可大约容纳 325 辆汽车。

中央商务区面积及停车位数据来源：肯沃西和劳伯 (1999，第 3 章)。

停车密度取决于就业密度和每个职位对应的停车位数量 (岗位数/公顷 × 停车位数/岗位数 = 停车位数/公顷)。洛杉矶高居榜首,因为它不仅比其他汽车导向型的城市密度更大,而且比其他稠密型城市更注重汽车。为了说明这一现象,我们可以比较一下凤凰城、旧金山和洛杉矶的 CBD,这三个 CBD 的面积都差不多(约 400 公顷或 1,000 英亩)(见表 5-7)。

表 5-7   三个 CBD 的面积、工作岗位和停车位

	凤凰城	旧金山	洛杉矶
CBD 面积 (公顷)	393	391	408
CBD 停车位数	31,937	39,756	107,441
CBD 岗位数	35,267	291,036	206,474
岗位数/公顷	90	744	506
停车位数/1,000 岗位数	910	140	520
停车位数/公顷	81	102	263
停车覆盖率	25%	31%	81%

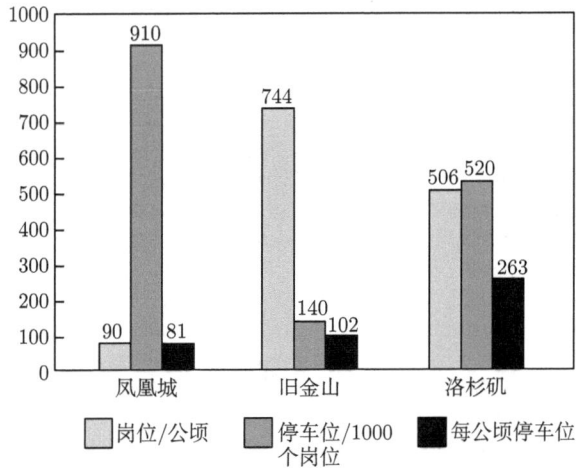

大多数人会认为凤凰城是三个城市中汽车导向程度最高的城市,为什么它的停车覆盖率最低,只有 25%?凤凰城每个工作岗位有最多的停车位,但到目前为止,每公顷工作岗位数最少,因此每公顷停车位也最少。另一方面,旧金山每公顷有最多的工作岗位数,但到目前为止,每个岗位停车位数量最少,其停车覆盖率仅略高于 31%。那么,洛杉矶呢?洛杉矶每公顷工作岗位是凤凰城的五倍多,每个岗位停车位是旧金山的三倍多,所以它的停车覆盖率为 81%,远远高于其他城市。

洛杉矶 CBD 每公顷土地的停车位比其他任何城市都多,因为它既稠密同时又是汽车导向的。这种汽车导向的高密度模式产生了一种不同于以往城市简单蔓延的形态。洛杉矶人口稠密,而且越来越密集,但只要分区法规假定几乎每个新

来的人都带来一辆车——并要求为这些汽车提供停车位——它就永远不会发展出与旧金山相关联的那种活力核心区域。人类居住需求可能会推动高密度中心增长，但是那些致力于安置汽车的分区规划却背道而驰，从而将开发项目向外扩展。由于路外停车标准，更高的密度只会带来更多的汽车以及更严重的拥堵，让更多的资金直接投向停车场而不是建筑本身，导致城市结构更多的破坏。这种不同寻常的高密度与汽车导向组合，有助于解释为什么洛杉矶有全美最糟糕的交通拥堵。[81]伴随着路外停车标准，更高的城市密度总是诱发更多汽车、更多拥堵以及更严重的空气污染。更高的密度可以使城市生活质量达到一个更高水平，但这种情况仅发生在限制停车位数量而不是强求路外停车标准的地方，就像旧金山市中心。

对低收入家庭的损害

　　路外停车标准尤其损害低收入和租房家庭的利益，因为他们很少拥有汽车，但仍然间接为停车付费，而且所要求停车位的隐性成本消耗他们收入更大的份额。此外，它强迫所有家庭为"免费"停车付费，降低人们对拥有汽车的感知价格①，导致车辆拥有量增加；而对于较贫穷的家庭来说，养车成本会消耗更多的家庭收入。路外停车标准损害所有家庭的利益，对贫困家庭尤其为甚。

　　贫困家庭由于拥有更少的汽车，因此从停车标准中获益更少。不妨让数字来说话。《2001 年全美家庭出行调查》发现，年收入在 20,000 美元以下的城市家庭只有 73%拥有汽车，而年收入超过 75,000 美元的家庭中 99%拥有一辆车；年收入超过 100,000 美元的家庭中，39%拥有三辆或更多汽车。[82] 2000 年人口普查发现，22%的租房家庭没有车，仅 31%的家庭拥有一辆以上的汽车；相比之下，仅有 5%的房屋业主没有汽车，而 67%拥有一辆以上的汽车。[83]《1997 年美国住房调查》发现，公寓居民平均每套公寓拥有一辆车，略低于独户家庭业主每户 2.1辆车的一半。[84] 尽管美国 8%的家庭没有汽车，但他们为停车付出的代价是，他们购买的所有东西都要付出更高的价格。[85] 将隐性成本强加在全体居民身上，以补贴停车费，这无异于从最贫困的租房者身上拿钱补贴富裕的房主。

　　尽管低收入家庭拥有的汽车较少，但很少城市会降低低收入住房的停车标准。一些城市故意调高停车标准，将低收入住房排除在外。俄亥俄北区联邦地方法院裁定，克利夫兰郊区帕尔马要求多户出租住房中每个住宅单元提供 2.5 个停车位，"其目的和效果都是为了严格限制低收入住房"。[86]

　　　　帕尔马的停车标准要求 2.5 个停车位，已经对低收入住房的建设
　　产生抑制效果。因为更高的停车标准要求开发商为公寓开发使用更多

---

　　① 原文为 perceived price。(译者注)

的土地，这不但降低了高密度开发在实践中的应用，还使开发商建设低收入或中等收入 HUD 住房项目的可行性降低。严格执行 2.5 个停车位标准是帕尔马能将所有低收入住房排除在社区之外的方法之一。

> 记录没有显示 [高停车标准] 获得通过是为了排除少数族裔。然而，其结果是⋯⋯大大增加低收入住房的建设难度，从而保持该市全部白种人特征。[87]

由于不同族裔的汽车拥有率不同，因此停车标准对这些群体的影响也不同。尽管 7% 的白人家庭、13% 的亚裔家庭、17% 的拉丁裔家庭和 24% 的黑人家庭没有汽车，他们全都为停车标准付出更高的房租，还有更高的商品和服务价格。[88]虽然大多数城市不会通过停车标准限制少数族裔的住房机会，但即使是善意也会产生不良后果。一个相关法庭判例得出的结论完美地描述停车规划："考虑不周而导致随意的品质，就像轻率而固执的计划一样，这对私人权利和公共利益而言都是灾难性和不公平的。"[89]

即使是那些渴望提供保障房的城市，停车标准的存在也使其更加困难，就像帕洛阿尔托阿尔玛广场 SRO 公寓案例那样。再看看洛杉矶凯萨·格洛里亚①案例，这是一个由联邦政府补贴的 46 个单元公寓开发项目，每月提供 353 美元的三室两卫公寓。该项目由全美西班牙裔老年人协会②的一个分支机构于 1993 年建成，每套公寓造价 23.3 万美元 (按 2004 年通货膨胀率调整后为 30.4 万美元)，成为加州历史上最昂贵的保障房项目。城市要求每套公寓有两个停车位，这也是造成高成本的原因，尽管大多数公寓居民太穷，年纪太大，无法拥有汽车。由于场地困难，所要求的停车位只能建在地下，因此增加了成本。一位《洛杉矶时报》记者在开盘 6 个月后访问该项目，他写道："停车库几乎空无一车。房客没有足够的车来填满它。"[90] 与保障性住房相关的停车标准迫使开发商建造更少的单元或收取更高的租金，而低收入住房补贴中有相当一部分用于支付停车位。如果城市想要提高住房的供应量和购买力，就不应该要求超出开发商想要提供的路外停车位数量。

一些规划师已经认识到停车标准的反常性，并试图减少或取消这些规定。旧金山综合规划主管阿米特·戈什认为：

> 停车标准是旧金山新建保障房和 TOD 开发的巨大障碍。非营利项目的开发商估计，他们会在每个单元的成本上增加 20%，并在一个场地上减少 20% 的可建单元数量。我们制定标准，迫使开发商建造人

---

① 原文为 Casa Gloria。(译者注)

② 原文为 National Association for the Hispanic Elderly。(译者注)

们买不起的停车位。我们让停车问题推动了交通政策，也损害了住房政策。不管是否有车，人们都要为停车费买单，我们希望改变这个局面。[91]

不幸的是，大多数城市规划师似乎没有意识到这些问题，而且大多数美国城市仍然要求每块土地提供充足的路外停车位，即使是低收入住房也要求这样做。少数城市确实有包容性分区法规，要求一些开发项目留出小部分住宅单元给低收入家庭，但路外停车标准才是真正的包容性分区法规，它要求为所有的汽车提供遮蔽之处，而穷人的住房却得不到保障。

价 格 歧 视

当然，路外停车标准并不是免费停车的唯一理由。商店的免费停车位有助于吸引开车的购物者，他们可以在方便开车距离内有选择地造访许多商店，并且可以一次性大量购买 (例如去一次超市买好一周的物品)，使得一趟长途出行物有所值。如果商店将停车费与每件商品的价格捆绑起来，那么这种"价格歧视"有利于开车的顾客。为开车人提供免费停车，而不是为所有人提供更低价格的商品，其经济动机是假设停车收费将减少开车来商店购物的顾客数量。商家无需向那些不开车、更少购物选择的顾客提供同等的补贴。[92] 由于开车人往往比不开车的人更富裕，因此免费停车对低收入家庭造成歧视。虽然路外停车标准并不能激励商店提供所有的免费停车，但他们确实增加了停车供应，因此更青睐开车人，而不是那些乘公交、骑车或步行购物的人。

即使免费停车确实增加一家商店的总销售额，它也不能保证更高的利润，因为免费停车是有成本的。此外，捆绑式停车带来的好处会被新增的开车行为带来的外部成本抵消。伯克利大学交通经济学家劳伦斯·兰和阿迪布·卡纳法尼研究将停车成本与商品价格捆绑在一起的经济学原理。[93] 他们认为，需要更高的停车价格来应对开车产生的外部成本，而免费停车的做法直接违背了公共政策。他们还表明，捆绑式停车可以增加私人收益 (由此产生提供的动机)，但如果同时考虑到交通拥堵的外部影响，捆绑式停车则会降低社会福利。

牛津大学经济学家罗伯特·培根提出一个模型，表明当捆绑式停车增加车辆出行和交通拥堵时，却不可能增加购物中心的总销售额。[94] 只有在其他购物中心对停车收费时，一家购物中心提供的免费停车才具有竞争优势。如果所有的购物中心通过提供免费停车位相互竞争，每个购物中心的免费停车可能无法吸引更多的顾客。因此，购物中心之间的竞争可能会在不增加总销售额的情况下增加总停车供应量和停车补贴。因为开车购物出行的频次取决于停车价格，家庭对免费停车的反应可能不是在购物中心消费更多，而是更频繁地出行，每趟出行买得更少。

这种结果可能不会改变任何购物中心在总销售额中所占的份额，但它确实在两个方面增加了车辆出行数。首先，免费停车会导致更频繁的购物出行，每趟出行的平均购买量更低。其次，免费停车将一些购物出行从步行、骑车、合乘和公交转移到单独驾驶。总之，这两类因素加在一起会显著增加交通堵塞。鉴于这种集体性的不良结果，适当的规划调控应该是限制购物中心的停车位数量，而不是要求更多的停车位。

价格和偏好

通过降低开车的成本，路外停车标准增加了汽车和车辆出行的需求。它们还通过增加高密度开发成本来鼓励蔓延。停车标准因而扭曲了消费者对交通和土地利用的选择。由于为机动性和低密度支付的价格并不能反映出它们的全部成本，所以我们对交通和土地利用的选择也不再准确地反映出我们对汽车和蔓延的真实偏好。

试想一下，如果汽油税翻倍会发生什么。车辆出行量会下降，但这并不意味着我们对开车的偏好下降了。我们可能只是对更高的开车价格做出反应。同样，如果停车价格上涨以支付提供停车位的成本，车辆出行可能也会减少。[95] 如果所有房主和租客都能在停车位和其他东西（比如另一间卧室或更大的花园）之间做出公平的选择，一些人会选择更少的停车位、更少的汽车和更适合居住的社区。但路外停车标准剥夺了我们的这种选择，它们推动美国的机动化超越我们的自然欲望；它们将停车成本隐藏在其他商品更高的价格之中，而我们也相应地做出反应。考虑一个完全对等的停车补贴制度，由所有其他商品的税收提供资金。城市可以对所有商品和服务征收销售税，而不是要求路外停车位，并用税收偿还开车人所有的停车费用。这种做法与路外停车标准产生相似的效果，但每个人都会看到这样的税收和补贴政策是站不住脚的，甚至是荒谬的。

当消费者选择替代品时，价格是一个考虑因素，只有当价格准确反映这些替代品的成本时，消费者的选择才会准确反映出他们的偏好。在一个有效的市场，价格会告诉消费者他们所购买的每一件产品的成本，但是交通分析师在讨论开车人的选择是否反映他们对汽车出行的偏好时，通常忽视了停车价格。考虑罗格斯大学政治学家詹姆斯·邓恩的《驱动力：汽车、它的敌人与移动性的政治》[①]一书，该书由布鲁金斯学会出版。据世界资源研究所估计，机动车驾驶者每年从购物中心、工厂和办公楼获得 850 亿美元的免费停车补贴，但邓恩并未对免费停车的成本提出异议，而是表示：

> 至少可以说，将 850 亿美元的免费停车费作为补贴计算是很奇怪

---

① 原书名为 *Driving Forces: The Automobile, Its Enemies, and the Politics of Mobility*。（译者注）

的。这些停车场的私人业主花钱收购、铺路、照明和 (越来越多地) 管理这些停车场。这里不涉及纳税人的一分钱。[96]

的确，纳税人不会为停车付钱，但这里忽略了重要的一点：开车人也不用付钱。因为路外停车标准将停车成本隐藏在其他商品更高的价格之中，所以单独驾车似乎比实际价格更便宜，结果导致对汽车和停车位的过度使用。我们无论走到哪里都会带着一两吨的金属，并期望在不需要的时候，像脱下外套一样轻松地停放。我们可能会烧掉一夸脱汽油去买一小杯杜松子酒，在酒类商店前却反对支付停车费。

人们确实对其他商品支付更高的价格来为停车付费。是停车而不是人得到了补贴，并且我们不应该混淆行动与行为人。人们在机动车驾驶者的角色中可以免费停车，只是因为他们在所有其他角色中都为停车付费而已。无车一族也为有车一族提供停车补贴，这进一步使选择向汽车和蔓延倾斜。路外停车标准本身并不能解释汽车普及和城市蔓延，因为这两种现象都是在 20 世纪 30 年代城市首次要求路外停车之前出现。大多数交通历史学家认为，汽车之所以受欢迎，是因为它比公共交通具有更大的优势，而公共交通往往被视为腐败和反应迟钝的垄断。此外，日益严重的交通拥堵降低有轨电车和公共汽车的速度，从而降低公共交通的质量，增加公共交通成本；这产生进一步增加汽车优势的不利影响。然而，历史学家们没有注意到的是，停车标准——以及它们所产生的无处不在的免费停车——使我们的交通和住房选择倾向于更多的汽车和更低的密度。[97]

城市历史学家萨姆·巴斯·沃纳在《汽车与城市》①一书中认为，汽车是一种新型的公共交通工具。"它是一种特殊的公共交通工具：公共部门提供道路，而且为了使用道路，你必须带上汽车。"[98] 汽车确实与公共汽车拥有相同的通行权，但并不享有相同的终端容量，沃纳忽略了这一点。谁为汽车提供停车位？又是谁来付费？当支付房租或抵押贷款、在杂货店购物或买票看电影时，人们每次都会填写一张支票。免费停车并不是真正的免费，因为它的成本捆绑在其他商品更高的价格之中。路外停车标准确保每个人都支付停车费，即使他们步行、骑自行车或乘坐公共汽车。因为驾车者间接地为停车买单，停车的成本很少会阻止任何人拥有或驾驶汽车，其结果是增加汽车的主导地位、交通拥堵、空气污染和城市蔓延。因此，停车标准有助于解释为什么美国试图同时实现城市化和完全机动化，既破坏了城市的利益，也损害了私人汽车的优势。[99]

当然，停车标准并不是人们偏爱汽车出行的唯一原因。加州大学洛杉矶分校规划教授布赖恩·泰勒解释了美国州际公路系统的资金供给机制，是如何将交通规划决策从城市转移到由土木工程师主导的州公路部门。[100] 联邦政府以 9:1 的

---

① 原书名为 *The Car and the City*。(译者注)

比例将州际公路建设支出与城市地区相匹配，但要求设计标准统一，不考虑区位的差异。这种极为慷慨的资金配套安排使城市交通投资偏向于更多车道、更大的立交桥和更高速度的高速公路。新建高速公路上每花 1 美元，州政府只需支付 10 美分，而城市则无需支付任何费用。高速公路成本越高，城市就越需要高速公路，部分原因是大规模建设项目创造了大量就业机会。

停车标准与高速公路建设是一种共生关系：更多的高速公路增加了更多目的地的免费停车需求，汽车出行可达性更好，停车供应自动跟上需求的增长。高速公路系统将继续存在，一旦城市取消路外停车标准，停车价格将开始覆盖部分成本。

假设城市一直对路边停车收取市场价格，由私人决策来确定路外停车位数量。停车可能不会免费，但很少有人会抱怨停车位不足。例如，黄金既稀缺又昂贵，而且用途多样，但它并不短缺；短缺是由定价过低造成的。停车标准和免费停车有助于产生一种错觉：从各方面考虑，几乎每个人都喜欢独自驾车到任何地方，其实人们都喜欢物超所值，而停车标准让开车成本如此之低，以至于单独驾车成为最便宜的出行方式。如果所有开车人都要为自己的停车费买单，那么更少的人会"偏好"开车前往任何地方。

先例固化为传统

麻省理工学院规划教授劳埃德·罗德温感叹道，规划师常常追求短期目标，路外停车标准正是这样的典型例子：

> 对规划活动的实证研究表明……大多数规划都是临时性的，而不是全面的，而且大多数决策涉及短期而不是长期。[101]

在停车标准的政治活动中，规划师和政客们权衡选民的利益 (他们想要免费停车而没有溢出效应) 和开发商的利益 (为所要求的停车位买单)。[102] 这两者都是短期的问题。没有人会考虑所要求的停车位如何增加交通拥堵和空气污染，这些问题可能被转嫁到未来。甚至规划师也忽视了停车标准如何降低城市设计的价值和破坏城市形态。停车标准从未被用作实现长期目标的战略手段。相反，它们是解决迫切而纯粹的局部溢出问题的战术反应。

另外一位麻省理工学院规划教授丹尼斯·弗兰克曼建议，规划师应强调长期解决方案：

> 现在，[规划] 专业主要关注的是解决当前问题，并为当前问题制定解决方案——逐步向未来迈进。我认为，我们需要通过研究趋势的走向以及可能出现的城市形态，拓展我们关注的时间范围。[103]

　　弗兰克曼对规划行业的批评一般适用于停车标准这个特定领域。几乎没有城市规划师会严肃地主张最低停车标准和无处不在的免费停车是创造伟大场所和创建可持续城市的长期战略。城市规划本应协调许多个人的行动以达到预期的集体结果，但规划师要求按每种用地类型提供停车位，并未考虑到这种做法的累积后果。[104] 由于免费停车鼓励开车，因此路外停车标准有助于解释为什么 2002 年美国每名持照驾驶人拥有 1.2 辆机动车，每个驾驶年龄段的人拥有略多于 1 辆机动车。[105] 无论我们慢慢走向什么样的未来，规划师都会确保我们到了目的地就能免费停车。停车标准通常只不过是固化为传统的先例，停车规划通常只是为免费停车而规划，这会使出行选择趋向于开车。正如华盛顿大学建筑和城市规划教授安妮·韦尔内兹·穆登所说，"汽车不是敌人，淘汰汽车也不是解决方案。必须质疑的是我们对汽车的社会偏见。"[106] 同样，圣迭戈州立大学城市地理学教授拉里·福特在讨论美国城市中心的专著中认为：

　　　　问题并不在于汽车本身。欧洲城市有很多汽车和交通拥堵，但那里的城市规划和设计并不是简单围绕着为汽车腾出空间。然而，在美国的市中心，规划和设计为汽车考虑的情况比比皆是。年复一年，建筑被清理，街道被拓宽，努力将更多的汽车塞进城市，因此市中心已经破坏殆尽。由于大多数汽车每周仅开行数小时，储存它们成了一大问题。停车场经常比其他用地类型占用更多的空间。[107]

　　汽车将存在下去，但问题也依然存在：谁应该为停车买单？为了显示美国停车标准的内在偏见，可以考虑另一种方法。在东京，居民在注册登记汽车前必须出示自己拥有或租用路外停车位的证明。因此，停车标准与汽车拥有相联系，而不是房屋所有权。汽车显然需要一个地方停放，但我们应该让成本找到合理的出处——即由车主来支付。

一个类比：放血

　　我之前以铅中毒为例说明长期以来医疗实践对病人的伤害。为了概括本章谈到的停车标准如何损害城市，我将引入另一个医学例子来做类比。简·雅各布斯在《美国大城市的死与生》①一书中首次提出这一观点，她比较了城市更新计划与放血治疗：

　　　　在放血的过程中，花了数年时间才知道要针对什么症状，通过何种方式，究竟是哪些静脉适合将血液放出。一个技术复杂的上层结构就

---

　　① 原书名为 *The Death and Life of Great American Cities*。(译者注)

以如此死板的细节竖立起来，以至于文献资料看起来还几乎可信……
将医学类比为社会有机体有点过于牵强，把哺乳动物的化学反应与城
市里发生的事情相提并论也没有多大意义。但是，对于那些认真而有
学问的人，在处理他们不理解的复杂现象时，用大脑中发生的事情进
行类比确实有其道理。如同放血的伪科学一样，城市重建和规划的伪
科学也是如此，经年的学识和大量精妙复杂的教条都是在荒谬的基础
上产生的。108

　　放血在所有医学治疗中历史最长，直到 20 世纪初才被放弃。医生们对他们
所做的给出许多伪科学的术语——"放血"和"静脉切放血术"①，意味着打开
静脉放血作为一种治疗方法。还有一些精心设计的图表，精确地显示需要放多少
血液，从身体的哪个部位放出以及何时放血治疗每种可能的疾病。当然，医生为
每次静脉切放血术收取一笔费用。

　　尽管放血是两千多年来治疗许多疾病的标准方法，但一些医生对这种做法表
示怀疑。也许最著名的保留意见是在乔治·华盛顿去世后表达的。在场的三位医
生中最年轻的一位建议不要放血，但是他的资深同事在华盛顿生命的最后一天放
了四次血，采血量约在五到六品脱之间。一个月之后，一位资深医生写信给另一
位，承认他们的年轻同事可能是对的：

　　　　你大概还记得，他反对给将军放血，我经常反思，当时他说，"他
　　（华盛顿）需要所有的气力——放血会减弱他"，如果我们采纳他的建
　　议，不去放更多的血，我们的好朋友可能现在还活着。但是我们被所
　　谓最好的见解所支配；我们认为自己是对的，这样可以有正当的理由。
　　109

　　今天，规划师的处境也大致相同。所谓最好的见解主宰着他们；毕竟，美国规
划协会和交通工程师学会②是确定路外停车标准的两个主要数据来源机构。所有
分区法规都有详细的表格，精确地说明需要多少停车位，就像医学文献曾经包含
详细的表格，精确地说明需要放多少血（见图 5-7）。110 规划师认为他们是正确的，
因此觉得有正当的理由。很少有规划师会叛逆或鲁莽到说停车标准是无稽之谈。

　　停车标准也类似于放血，公众不加批评地表示赞同。乔治·华盛顿本人甚至
在医生到来之前坚持要放血，大多数病人认为放血肯定是有益的。一位十八世纪
的医生观察到：

　　　　人们对放血如此熟悉，以至于他们不容易想到会有任何伤害或危

---

　　① 原文为 "phlebotomy" and "venesection"。（译者注）
　　② 原文为 the American Planning Association and the Institute of Transportation Engineers。（译者注）

险发生，因此，打开静脉产生身体上的恐惧根本不值一提，人们做好了
准备忍受痛苦，无论这是多么不成熟的建议。[111]

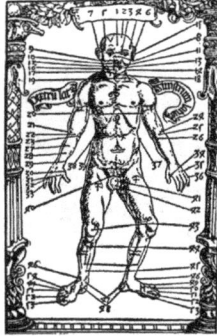

图 5-7　静脉切放血术人体示意图，16 世纪

数字显示某些疾病应该进行静脉穿刺的部位 (摘自斯托弗勒，1518 年，由海因里希·斯特恩在《放血的理论与实践》一书中绘制，纽约，1915 年。图片由 NLM 提供。)

同样，今天大多数人认为规划师知道每一种用地类型需要多少停车位，很少有人怀疑停车标准存在的必要性，"无论这是多么不成熟的建议"。从更积极的角度来看，可以认为停车标准和放血之间还有另一个相似之处：停止放血疗法产生了巨大的收益，所以取消路外停车标准也是如此。

结论：首先是无害

正如彼得·霍尔所定义的那样，规划巨灾是一种耗资巨大、严重失误的规划过程。"灾害"一词通常是指突然爆发的有害事件，比如沉船事故，在这个意义上停车标准并不是一种灾害。相反，停车标准以缓慢而神秘的方式削弱了城市的力量，就像铅中毒以缓慢而神秘的方式使人衰弱一样。当然城市并没有消亡，但停车标准以一种微妙的方式削弱了它。它们扭曲人们的交通选择转向汽车，从而增加交通拥堵、空气污染和能源消耗。它们降低土地价值和税收。它们破坏经济，恶化环境。它们贬低建筑和城市设计的价值。它们给企业增加负担，阻碍老建筑的再利用。而且，它们抬高除了停车以外所有东西的价格。也许像枯萎、痛苦和折磨这样的词汇最能描述停车标准对城市的影响。当规划师和政客们在制定停车标准时是善意的，但正如格雷厄姆·格林在谈到《沉静的美国人》①的主人公奥尔登·派尔时所说，"我从来没有见过一个人，对他造成的所有麻烦有更好的动机。"如果根本没有停车规划，情况还会变得更糟吗？

---

① 原书名为 The Quiet American。该书的作者格雷厄姆·格林 (Graham Greene, 1904～1991)，英国作家、编剧、文学评论家，一生获得 21 次诺贝尔文学奖提名，被誉为"20 世纪最伟大的作家"之一。(译者注)

后来成为国会图书馆馆长的芝加哥大学历史学家丹尼尔·布尔斯汀曾说过,"了解我们的疾病,发现我们所遭受的痛苦,这本身可能是唯一的治愈之道。" [112] 规划师们将停车问题错误地诊断为停车位不足,而城市设定路外停车标准作为治疗方法。实际上,停车标准是一种伪装成处方的疾病。

第 5 章注释

1. Hall (1982) 对几次重大的规划灾难进行案例研究,例如英法协和式超声速客机,其中只有 16 架客机最终以巨大的成本建成。Bunnell (2002,16-18) 指出,Hall 研究的七个案例中没有一个是传统的城市规划实践。两个案例 (旧金山湾区快速公交系统和悉尼歌剧院) 存在技术问题以及严重的成本超支,但在大多数人眼里并不是灾难。然而,路外停车标准是一个消耗大量资金且严重失误的传统规划实践。

2.《2001 年全美家庭出行调查》(2001 National Household Travel Survey) 发现,87% 少于 50 英里的出行以及 90% 超过 50 英里的出行由个人车辆完成 (美国交通部,2003a,第 21 和 25 页)。

3. Whyte (1988,314)。

4. Duany、Plater-Zyberk 和 Speck (2000,162-163)。

5. 其他城镇规划也显示,停车场占用的土地超过所有其他用途的总和。Julie Campoli、Elizabeth Humstone 和 Alex Maclean (2002,32) 在关于小城镇和农村地区可视化变化的书中展示佛蒙特州曼彻斯特的鸟瞰图,显示停车场占用的土地远多于建筑物。他们对许多小城镇的鸟瞰图显示停车场插入建筑物之间而产生破坏性的缺口。

6. "大量空间用于停车",《水牛城新闻》,2003 年 7 月 10 日。

7. Halperin (1963,191)。奥克兰在湾区城市中并不罕见。弗里蒙特商会在发给所有新居民的一封信中吹嘘道,"弗里蒙特拥有 17.3 万居民,是湾区第四大城市。我们是一个规划特别完善的城市,这一点可以从我们没有收费停车场和停车咪表得到证明。"

8. 见 Karban (1982) 关于捕食者饱和 (predator satiation) 的解释。在这个比喻中,汽车 (或司机) 是捕食者,停车位是猎物。

9. Williams 和 Taylor (1986,4)。

10. Fulton (1999, 130-131)。同样,哈佛房地产开发教授 Richard Peiser (2003, 173) 解释说,一栋三层楼的公寓楼有 900 平方英尺公寓,每套公寓占地面积为 300 平方英尺 (900 平方英尺除以三层楼)。如果每套公寓有两个停车位,每个车位占用 300 到 350 平方英尺土地,那么每套公寓两个车位将占用 600 到 700 平方英尺土地。因此,每套公寓的停车占地面积是每套公寓占地面积的两倍。

11. 容积率 (floor-area ratio, FAR) 是建筑物的总建筑面积除以其所在地的土地面积。如果分区规划允许 FAR 为 1.0,则最大建筑面积不能超过建筑物所在地的面积。

12. 规划咨询服务 (1991) 调查了 127 个城市的停车标准。对于一些城市,快餐店以总建筑面积为计算基数,停车标准的中位数是每千平方英尺 10 个车位。

13. Fulton (1999,131) 也提出类似的观点:"餐馆通常需要比零售店提供更多的停车位。土地所有者开餐馆的能力不取决于分区规划,而是取决于是否有能力建造或确保足够的停车场。如果停车场不能纳入项目,土地所有者可能会被迫开一家零售店,而不是餐馆。"

14. Garreau (1991,120)。

15. 华盛顿生态部门和奥林匹亚市 (1995)。

16. Litman (1998,10)。Litman (2003) 开发了《在线 TDM 百科全书》(*Online TDM Encyclopedia*),提供了很多有前景的移动性管理策略。网址可见 www.vtpi.org。

17. SmartCode 第 5.3.3 节指出"对于第 6.4 节中规定的功能 [住宅、租住、办公和零售],停车标准应限制其强度。"SmartCode 网址参见 www.dpz.com/index.htm。

18. SmartCode 第 6.4 节。SmartCode 确实比大多数分区法规要求更少的停车位,而且它的用地类型也相对较少。它还允许路边停车计入所要求的停车位数量,并允许共享停车减免停车位。城市还可以减少或取消特定地点的停车标准。Duany 认为,这些有限的改革"在实现的同时,不会吓坏那些传统的收费员,对他们而言,规划的本质是停车和交通的数量"(2002 年 5 月 25 日给《新城市主义实践》列表服务 (listserve) 的留言)。

19. Jacobs (1993,305-306)。

20. "旧金山停车标准再思考",旧金山规划部,2002,可在线获取:http://sfgov.org/planning/neighborhoodplans/index.htm.

21. "一个热门市场的局外人",《洛杉矶时报》,2001 年 3 月 20 日。这栋建筑总面积为 380,000 平方英尺 (可出租的办公面积为 320,000 平方英尺),697 个停车隔间。长方形的停车楼采用进口印度宝石红花岗岩,三角形办公塔楼采用宝石蓝反光玻璃。建筑的设计符合风水原则,风水是中国传统的占卜系统,旨在使建筑结构与自然的力量保持和谐。大门、电梯井和楼梯井的位置确保好运不会从大楼里倾泻而出（"空空荡荡的洛杉矶市中心写字楼即将填满"，《洛杉矶时报》，2003 年 5 月 24 日）。该栋建筑 2003 年卖给了一位开发商，他打算把它改造成住宅公寓。

22. Dunphy (2000，79)。

23. 停车标准也曾妨碍一所教堂占用一处场所。《圣迭戈联合论坛报》报道了一个关于教堂停车场的典型纠纷。赞颂浸信会教会在加州纳雄耐尔城租用了一个老旧店面的空地进行教会服务，这个地方按照分区规划属于教堂用途。在占用这块家具店空地而没有提供路外停车位六个月之后，教堂发现忘记去确认是否符合城市停车标准的规定。一位市议员周日开车经过教堂，看到有可用的停车位，他为教堂辩护时认为，教堂为当地企业提供了更多的客户，并且当该地区是一个鬼城时，将圣迭戈更多的人安置在高犯罪率地区。"上帝把我们安置在这里"，牧师 E. M. Williams 说。尽管如此，规划委员会以 4 票对 3 票否决了占用许可证，因为没有足够的停车位（"教徒因停车面临驱逐"，《圣迭戈联合论坛报》，2003 年 9 月 13 日）。

24. Dunphy (2003)。

25. "一点儿景观可以改变很多"，《密尔沃基新闻哨兵报》，2004 年 8 月 8 日。

26. Southworth 和 Owens (1993, 282-283)。Liebs (1985) 探讨汽车如何影响路边商业和建筑的历史。

27. 由于早期汽车价格昂贵，最早的车库是以前的马厩和大庄园的马车房，通常带有司机的宿舍。随着汽车所有权向中产阶级蔓延，车库变成面向街道的实用棚屋。到了 20 世纪 30 年代末，车库变得更加坚固，经常设计成房屋的配套设施。在 20 世纪 40 年代后期，车库向前移动与房屋连为一体，现在它们向前延伸到街道上，占据许多房屋的大部分正面。John Brinckerhoff Jackson (1980)、Drummond Buckley (1992)、David Gebhard (1992)、Larry Ford (1994 和 2000) 以及 Kira Obolensky (2001) 讲述了美国国内车库的历史。Jackson 提到，新泽西州拉德博恩是第一个将车库作为住宅的重要附属设施进行开发设计的项目。

28. 美国人口普查局《1995 年财产所有者和管理者调查》。

29. Dorsett (1998)。

30. Brinkman (1948，27)。

31. Mark Frauenfelder，"我是如何爱上丁巴特建筑的"，《洛杉矶周刊》，1999 年 10 月 1 日，网址可见：http://boingboing.net/dingbats.html。楼下停车（"Tuck-under" parking）是一个术语，有时用来描述一个建筑，楼下一层的部分或全部用于停车而不是居住空间。丁巴特建筑的一个显著特征是停车位占据了整个建筑的正面，没有车库门。

32. 也就是说，每套公寓所要求的停车位，其成本超过每套公寓的土地成本。

33. Bertha (1964)。1961 年以前，奥克兰分区法规甚至没有提到住宅区的路外停车位。

34. 因为每套住宅单元的成本增加 18%，而每英亩的密度下降 30%，所以每英亩房屋建设的总投资下降 18%(1.18×0.7=0.82)。

35. Bertha (1964，108-120)。

36. Bertha (1964，118)。

37. 停车标准使土地价值更为低廉，土地所有者为此付出代价，这可能会扭曲我们对停车标准成本的理解。奥克兰开始要求每套住宅单元提供一个车位之后，土地价值下降 33%，因此我们不能用这个新的、更低的土地价值来估计所要求停车位的成本。因为设置停车标准本身会降低密度和土地价值，所以我们必须采用标准颁布之前的土地价值来估计所要求停车位的成本。

38. Jia 和 Wachs (1998) 采用特征回归分析 (hedonic regression analysis) 的统计技术估计路外停车对住房销售价格的影响，同时保持其他变量的影响不变。他们估计一个停车位增加一套家庭住宅的市场价值，而不是停车位所增加的建造成本。然而，每个车位为住宅增加 47,000 美元的估计值确实表明路边停车位的价值——以及城市向居民出租路边停车位而不是免费给房主提供路边停车位所得的收入 (见第 17 和 19 章)。这也表明房地产市场给予开发商建设路外停车位的激励，而规划师无需为停车位设置标准。

39. Adler (1985，376)。

40. 例如，加州埃尔莫萨海滩允许房主或房客购买许可证，使用与自家车道等宽度的街道停车，一次性收费 35 美元。停车的其他限制仍然适用 (如在特定时间内禁止停车以便清理街道)。当车辆停在车道前的街道上，许可证必须显示在车辆仪表板上，包括物业所有人或承租人的地址。这样的许可证对访客尤其方便。

41. Willson (1995)。

42. 我们可以用威尔森模型计算，将办公用地的停车标准从每千平方英尺 2.5 个增加到 3.8 个车位时，土地价值减少 32%，密度降低 30%。相比之下，当奥克兰引入公寓房路外停车标准后，布莱恩·伯莎估计土地价值下降 33%，密度降低 30%。威尔森没有依赖伯莎案例研究中的任何信息，并且采用的方法也不同。然而，这两项独立的研究得出相似的结论。

43. 该总成本包括场地清理、场地开发、建筑和其他专业设计服务、项目管理、监察、测量、测试、施工和意外开支。

44. 这些数据摘自加州大学校长办公室 2001 年 1 月 18 日给有关地面和建筑校务委员会的一份备忘录。两居室公寓面积为 770 平方英尺，有效居住面积为

385 平方英尺。在提交给校务委员会的预算中，有 4,520,000 美元费用从停车转移到住房上，因为该项目占用了一个地面停车场，住房管理处将向停车服务处支付费用，以取代失去的地面停车位。表 5-4 将这项 4,520,000 美元转回停车成本，以准确区分这两项费用；这一转变并没有改变 144,770,000 元的项目总费用。该项目在加州大学洛杉矶分校西南校区住房和停车项目 (UCLA Southwest Campus Housing and Parking project) 的最终环境影响报告中也有描述，国家信息交流中心编号 2000051014，2001 年 1 月。

45. 为什么该项目每个卧室提供一个停车位？UCLA 住房服务部对研究生进行了问卷调查，询问他们，"如果选择搬进为单身研究生准备的新公寓，你会把多少辆机动车或摩托车/自行车停放在公寓里？"但没有问及停车费，而且 UCLA 所有其他研究生公寓都提供免费停车。94% 的学生回答说他们可能会带一辆汽车，UCLA 规划师将其解释为每个卧室需要 1 个停车位，可是很少有学生停放的汽车与停车位价格一样昂贵 (每车位 21,000 美元)。

46. 北韦斯特伍德具体规划方案 (North Westwood Village Specific Plan)，第 163.202 号条例，1988 年 3 月 5 日生效。如果有四个以上的可居住房间，洛杉矶要求每套公寓配置 3.5 个停车位。

47. 这里假设附加停车位每个花费 20,972 美元，等于 UCLA 项目每个车位的平均成本。考虑到公寓的数量，多提供 26% 的车位可能会增加每个车位的边际成本。因此，对于满足城市停车标准的成本估算是保守的。

48. 帕洛阿尔托规划委员会 (Palo Alto Planning Commission，1995)。2002 年阿尔玛广场 (Alma Place) 获得有史以来第一个由圣克拉拉县住房信托基金 (Housing Trust of Santa Clara County) 颁发的保障性住房设计普罗米修斯优秀建筑奖 (Prometheus Prize for Architectural Excellence in Affordable Housing Design)。

49. 第一层包括大堂和办公室，而第二层全部是停车场。

50. 该建筑每套公寓面积为 371 平方英尺，包括大堂、洗衣房、会议室和自动售货机的公共区域 (帕洛阿尔托规划委员会，1995，16)。每套公寓平均面积只有 260 平方英尺，包括一个浴室和一个带有微波炉和迷你冰箱的厨房。

51. 纳尔逊/尼高咨询公司 (Nelson\Nygaard Consulting Associates，2003，20)。因为这项提案是为了每月降低房屋租金 50 美元，停车费每月 100 美元，无车的居民每月少交 50 美元，有车的居民每月多交 50 美元。所有停车位都不能出租给非本地居民，因为作为项目资金来源的税收抵免补贴，不能用于无法直接惠及居民的开发项目的任何部分。

52. 帕洛阿尔托规划委员会 (Palo Alto Planning Commission，1995，5)。

53. 帕洛阿尔托规划委员会 (Palo Alto Planning Commission，1995，5 和 8)。

54. 帕洛阿尔托规划委员会 (Palo Alto Planning Commission, 1995, 5)。

55. 交通和土地利用联合会 (Transportation and Land Use Coalition, 2002, 12-13)。如上所述，威尔夏大道沿线地区拥有全市最好的公交服务，无论可居住房间的数量如何，洛杉矶要求每个住宅单元都提供 2.5 个停车位。

56. 伯克利分区条例第 23D.40.080 节。

57. 南加州非营利住房协会 (Southern California Association of Non-Profit Housing, 2004, 10)。假设停车标准适用于一个含 100 个单元的开发项目，包括 10 个单人间、40 个一居室单元、40 个两居室单元以及 10 个三居室单元。一项类似的研究发现旧金山湾区 44 个城市，公寓建筑的停车标准从每单元 1 个车位 (有两个城市) 变化到每单元 3.5 个车位不等，平均每单元 1.9 个车位 (Cook 等, 1997, 19)。

58. 《2001 年全国家庭出行调查》报告显示，全国 1.07 亿家庭有 2,350 亿次家庭车辆出行和 2.28 万亿次车英里数 (VMT)(Polzin、Chu 和 Toole-Holt, 2003, 6 和 16)。

59. Glaeser 和 Gyourko (2003) 认为，分区和其他土地利用管制有助于解释为什么美国一些地区的住房价格远远高于其建设成本。

60. 在美国城市停车标准调查中，规划咨询服务 (Planning Advisory Service, 1991) 报告说，按照佛罗里达州希尔斯伯勒县的停车标准，家具店为每千平方英尺 1 个车位，自行车修理店每千平方英尺 3 个车位。停车场通常每千平方英尺地面可容纳 3 个车位，包括通道所需的面积。因此，每千平方英尺建筑面积 3 个车位的标准意味着增加一个停车场，就等于其所服务建筑的总建筑面积。

61. Duany、Plater-Zyberk 和 Speck (2000, 163)。

62. DeWitt 等 (2003, 14-15) 描述了这些对停车标准的豁免情况。辛辛那提免除面积小于 2,000 平方英尺的商业建筑的停车标准。

63. 1999 年 8 月 5 日与 William Spikowski 的交流，他来自佛罗里达州迈尔斯堡 Spikowski 规划协会 (Spikowski Planning Associates)。

64. 许多老建筑是在停车标准出台之前或标准较低时建造的。如果这些建筑被大幅度改造或重建，它们必须满足现行更高的停车标准。停车标准并不是拖延重建的唯一问题，但它们使重建变得更加困难和昂贵，从而阻碍了重建。邻近社区缺少零售服务，甚至缺少食品店，都会阻碍住宅重建。

65. DeWitt 等 (2003, 11)。圣保罗住房和重建局 (Saint Paul Housing and Redevelopment Authority) 后来购买了附近的一个停车场，以满足该建筑的停车标准。

66. "圣地"，《纽约时报》，2002 年 2 月 3 日。提供免费停车场而亵渎历史遗迹的做法由来已久。例如，这是联邦政府在 20 世纪 50 年代停车政策的一个描述，由一位哥伦比亚地区规划顾问提供:"联邦政府尝试了各种方法……以满足当前的停车标准。第一个也是最明显的方法是将每一寸铺砌路面用于停车,无论其设计用途如何。这种权宜之计的典型例子可以在整个联邦三角区 (Federal Triangle) 看到,尤其是商务部大楼。通常的模式是用汽车填满内部庭院以及与道路连接的通道,就像一个堆满了车的停车场一样,甚至连过道也停满了车。另一种方法是……将令人愉悦的景观地带的前、侧、后庭院改造成铺砌停车场,仅保留一小块草坪,以保持联邦建筑景观环境的传统外观。这方面一个很好的例子是养老金办公楼或综合会计老办公楼……停车位通常是免费的……但它们通常分配给薪酬最高的雇员,并实际上成为 [免税] 工资奖金"(Sutermeister,1959,249-250)。

67. 洛杉矶市政法规第 12.95.2 节。

68. 人行道咖啡馆可以为市中心的街道增添活力,并鼓励住宅和办公楼开发,对它设置停车标准尤其不合适。1992 年,康涅狄格州斯坦福 (Stanford, Connecticut) 改变了停车规定,鼓励路边咖啡店,在市中心新开了 40 家人行道咖啡馆。斯坦福市中心特别服务区约翰·鲁托洛 (John Ruotolo) 认为,这些咖啡馆鼓励了市中心的住宅和商业发展:"你走在街上,哪里有人,哪里就有活力。你所到之处,都有一种不同的兴奋感"(Stanford Advocate,2004 年 7 月 28)。在附近的康涅狄格州诺沃克,则要求每 45 平方英尺餐馆面积提供 1 个停车位,没有餐馆老板愿意为季节性人行道就餐区提供全年停车位。

69. 韦斯特伍德具体规划第 9(E) 节。该具体规划由洛杉矶城市条例第 164.305 条制定 (1989 年 1 月 30 日生效)。网址可见 www.cityofla.org/PLN/complan/specplan/pdf/wwdvil.pdf。自 1989 年韦斯特伍德颁布停车场更换标准以来,除了城市修建的停车楼,没有任何建筑物取代过停车场。50% 的更换率显然是无中生有。

70. Voith (1998a,4-5)。另见 Voith (1998b) 对集聚、可达和拥挤之间关系的分析。

71. 西北大学城市经济学家 Edwin Mills (1972,53) 解释道,"在其他条件相同的情况下,如果商品和服务的生产功能允许用资本和劳动力代替土地,那么商品和服务就在市中心生产……因此,想要了解城市经济如何运转,主要是要了解市场如何在不同地点以不同比例将土地与其他投入结合起来以生产商品和服务。"路外停车标准增加将土地与其他投入相结合的成本,干预城市经济运作的规律。

72. Dueker、Strathman 和 Bianco (1998,28)。

73. Fulton (2001,254)。停车场成本 (1.1 亿美元) 是迪士尼音乐厅 (2.74 亿美元) 成本的 40%。迪士尼音乐厅就在建于 1964 年的洛杉矶音乐中心对面的第一街。停车场对音乐中心项目来说也很昂贵:地下停车场花费 1,300 万美元,音乐中心花费 1,800 万美元 (Fulton，2001，237)。迪士尼音乐厅拥有 293,000 平方英尺面积和 2,188 个停车位，也"仅仅"达到每千平方英尺 7.5 个停车位的水平，而不是分区条例规定的每千平方英尺 10 个停车位标准。

74. 《沃尔特·迪士尼音乐厅交响乐团转租第一修正案》第 8.1 条："在期限内每个冬季期间，爱乐乐团安排并促成在音乐厅举行管弦音乐会，面向付费观众至少完成一百二十八 (128) 场预定演出 (不包括对邀请观众的公开排练)。"

75. 迪士尼音乐厅的开工日期被推迟到 2000 年，因为赞助商需要更多的时间来筹集 2.74 亿美元资金。停车库建设需要 1.1 亿美元，远远超过让音乐厅建设延误数年之久的资金缺口。不锈钢外立面价格更便宜，但也存在一个实际的缺点。不锈钢反射的阳光发出刺眼眩光，使附近公寓的温度升高，迪士尼音乐厅的部分结构已经用一块网状织物覆盖以消除眩光，直到找到一个永久性的解决方案。

76. Jacobs (1962，19)。

77. Wormser (1997，14)。

78. Kay (1997，63)。同样，Ford (2003，262) 在关于美国城市中心的书中，提到，"当汽车在洞穴一般的车库中穿梭时，在街上漫步并不是一件有趣的事。大多数停车楼的墙面空空如也，也稀释了城市体验。"

79. Kenworthy 和 Laube (1999，第 3 章)。这些数据仅适用于 CBD，因为这是唯一城市定期调查停车供应的地方。Kenworthy 和 Laube 提供了 46 个城市的交通数据，但只有 44 个城市提供了停车位统计数据。

80. 一个典型的停车场每公顷大约有 325 辆车 (每英亩 130 辆车)，包括必要的通道空间。这个密度相当于每辆停放的汽车大约占 30 平方米 (约 330 平方英尺) 土地。因为每公顷土地可容纳 325 个停车位，将 CBD 停车位总数除以每公顷 325 个车位，就得到停车场占用总土地面积的理论值。

81. 2000 年人口普查发现，整个洛杉矶城市化地区拥有美国最高的人口密度：每平方英里 7,068 人 (见附录 F)。得克萨斯州交通研究所 (Texas Transportation Institute，TTI) 每年调查 70 个美国城市的交通数据，计算道路拥堵指数，并根据交通拥堵的严重程度对其进行排名。自 1983 年以来，洛杉矶每年在 TTI 道路拥堵指数中排名最高 (得克萨斯州交通研究所，2003 年，图表 A-18)。

82. Pucher (2003，表 6)。

83. 2000 年人口普查表 QT-H11 和 DP-4 显示住房所有权与汽车拥有量之间的关系。网址可见 www.census.gov。

84. 国家综合住房委员会 (The National Multi Housing Council，2000) 采用美国人口普查局 1997 年《美国住房调查》数据，在至少有五个出租单元的建筑结构中计算已使用公寓的车辆拥有率。车辆数量包括乘用车、面包车、SUV 和轻型卡车，这些车辆通常由家庭成员拥有或经常使用，通常存放在家中。

85. 参见美国交通部 (2003a，20) 关于汽车拥有率的解释。

86. 参见《美利坚合众国诉俄亥俄州帕尔马市》(*United States v. City of Parma, Ohio*)，494F. Supp. 1049，1052(俄亥俄州北区美国地区法院，1980)。

87.《美利坚合众国诉俄亥俄州帕尔马市》(*United States v. City of Parma, Ohio*)，494F. Supp. 1049，1089 (C. N. D. 俄亥俄州，1980)。

88. 2000 年人口普查表 HCT33B、HCT33D、HCT33H 和 HCT33I。

89. 霍布森诉汉森 (*Hobson v. Hansen*)，269F. Supp. 401，497 (D. D. C.，1967)。

90. "住房项目对纳税人政策是一个代价高昂的教训：洛杉矶卡萨·格洛丽亚酒店以 233,000 美元建造一个单元。这种决策令人质疑，低效率的融资也是失败的。"《洛杉矶时报》，1994 年 5 月 16 日。

91. Millard-Ball (2002，19)。

92. 换言之，开车人在任何一家商店购物的需求都比不开车的人具有更大的弹性。Segelhorst (1971，28) 指出，CBD 的零售商减负停车费，但这不适用于公共交通。"理由是公交购物者被中央商务区吸引而来，如果将停车费减负推行到公交，对零售商而言是一种公交购物者无利可图的补贴。"或者正如 Homer Simpson 所解释的那样，"如果我们买了一辆新车，就可以免费获得停车验证！"

93. Lan 和 Kanafani (1993)。

94. Bacon (1993)。

95. 如果两种商品是互补的——就像汽车和停车位——一种商品价格上涨会减少另一种商品的需求。

96. Dunn (1998，16)。这是邓恩在《驱动力：汽车、它的敌人与移动性的政治》(*Driving Forces: the Automobile, Its Enemies, and the Politics of Mobility*) 一书中唯一提到停车的地方。

97. 例如，詹姆斯·弗林克 (James Flink) 是美国最著名的汽车历史学家，但停车一词并没有出现在他的三卷汽车史 (Flink，1970，1976 和 1988) 索引中。类似地，James Q. Wilson (1997) 在关于《汽车及其敌人》一文中仅提到过一次停车，说汽车的批评者建议对停车实行严格限制。但是美国主要的——几乎是唯一的——停车政策却恰恰相反——要求设定停车标准，而不是限制停车。

98. Warner (1992，9)。

99. Owen (1959，3)。布鲁金斯学会经济学家威尔弗雷德·欧文 (Wilfred Owen) 在《汽车时代的城市》(*Cities in the Motor Age*) 一书中指出机动化和城市化之间的冲突，尽管没有具体提到停车标准。

100. Taylor (2000)。

101. Rodwin (2000，18)。

102. 现有商家没有路边停车位，必须依靠附近的路边停车位供应服务其客户。因此，这些现有商家可能会坚持所有新商家必须满足城市停车标准，这样新商家的顾客就不会占用稀缺的路边停车位。现有商家也可能支持对新商家的路外停车标准，以阻碍来自他们的竞争。

103. Frenchman (2000，29)。

104. John Shaw (1997b) 在对美国 70 个区域交通规划调查中发现，停车通常不被视为区域交通的关键组成部分，通常只作为"应该考虑的"次要因素来处理。

105. 美国交通部 (2002，表 MV-1 和 DL-1C) 报告，2002 年登记的机动车有 2.3 亿辆，达到驾龄 (16 岁以上) 的人数为 2.23 亿，持照驾驶人为 1.94 亿。因此，每个达到驾龄的人拥有 1.03 辆汽车，每个达到驾龄并持有驾照的人拥有 0.87 辆汽车。

106. Moudon (1987，16)。楷体来自原文。

107. Ford (2003，265-266)。

108. Jacobs (1961，12-13)。

109. 古斯塔夫斯·布朗 (Gustavus Brown) 博士写给詹姆斯·克雷克 (James Craik) 博士的信，1800 年 1 月 21 日。医生们一致认为华盛顿患有"扁桃体炎"，现在这个问题被诊断为链球菌感染。放血并不是医生们对华盛顿的唯一治疗。他们用浸泡在氨水溶液中的法兰绒包裹他的咽喉，而这种氨水溶液是用西班牙苍蝇 (cantharis beetle) 压碎的干尸制成的有毒制剂。他们让他口服糖蜜、黄油和醋的混合物，用醋和鼠尾草茶漱口以及用菖蒲和酒石催吐。其他的治疗方法是在皮肤上涂抹小麦麸糊的膏药和灌肠。Ferling (1988，506) 和 Lossing (1859，319) 描述了这些医疗程序。

110. Davis 和 Appel (1979) 对放血的历史进行了精彩的描述。直到 20 世纪 20 年代，医学杂志还在继续发表主张放血的文章。在医生能够做到利大于弊之前 (想想那些用未经消毒的器械进行放血)，放血在医学界已经存在了几千年。城市规划专业要年轻得多，毫无疑问，规划师在做好事的同时也会带来一些伤害 (想想所有要求的停车位破坏了城市形象)

111. Dickson (1765，1)。当然，许多病人在放血后死亡，医生自然认为放血不起作用，因为病人已经病入膏肓。同样，商户们常常把市区的商业问题归咎于停车位不足，当新建的公共停车场不能改善商业时，他们总可以说需要更多的停车位。

112. Boorstin (1962，259)。

第 6 章　停车标准的成本

发现从觉察到异常开始。

——托马斯·库恩[1]

实施停车标准的成本取决于建造配建停车位的成本。在美国大部分停车是免费的，因此假设大多数停车位成本不高似乎是合理的，但在本章中，我将指出停车楼每个停车位每月至少花费 125 美元。不过这样的估算需要进一步校验，对于像金斯利·艾米斯[2]《幸运吉姆》这样的读者，如果"他的策略是尽可能少阅读任何指定的书目"，并且接受停车位成本如此之高的观点，那么不妨略过或跳过本章。[1] 在下一章中，我将引用这一估算说明美国所有停车位的成本超过所有汽车的价值，甚至可能超过所有道路的价值。这些发现指出一个需要解释的反常现象：如果停车成本这么高，为什么通常还是免费的？

一个车位价值几何

如果不知道随区位变化的地价，就无法估计地面停车位的成本。根据土地价格的不同，地面停车位的成本可能几乎为零，也可能超过 100,000 美元。[2] 但是对于停车楼，我们可以在不知道土地价格的情况下估算每个停车位的成本下限。由于停车楼占据的土地可用于地面停车，因此我们可估算该停车楼相比新增地面停车位的成本，而相关问题就变为：每个新增车位的成本是多少？

以加州大学洛杉矶分校 (UCLA) 一个 750 个车位的停车楼为例，它占用的场地曾经提供了 200 个地面停车位。[3] 虽然它有 750 个车位，但仅增加 550 个车位的停车供给。其建造成本为 1,280 万美元或每个新增车位为 23,200 美元 (12,777,000 美元 ÷550 个车位)。

---

① 托马斯·库恩 (Thomas Samuel Kuhn，1922~1996)，美国科学史家、科学哲学家，代表作有《哥白尼革命》和《科学革命的结构》等。《纽约时报》认为，因为库恩的著作让范式 (paradigm) 这个词汇变成当代最常出现的词汇之一，为当代的科学思想研究建立了一个广为人知的讨论基础。他的著作也被引用到科学史之外的其他广泛领域中，因此被认为是最有影响力的科学史及科学哲学家。(译者注)

② 金斯利·艾米斯 (Kingsley Amis)，英国小说家、诗人。"愤怒的青年"代表作家之一。生于伦敦，就学于牛津大学。第二次世界大战时在军中服役，后任斯旺西大学英语讲师。1953 年发表诗集《心情》。翌年长篇小说《幸运吉姆》(Lucky Jim) 问世，奠定了他在文坛上的地位。(译者注)

　　我们不能认为该停车楼提供了其中的 200 个车位，因为如果停车楼没有建成，这 200 个车位还是会用作现场停车，因此，在计算该停车楼增加 550 个车位的成本时，要考虑其用地面积的机会成本。因此，我们可以计算停车楼每个增加车位的成本而无需估计土地价值。但要注意，在估计这块土地作为地面停车的机会成本时，这种方法忽略了其他可能更有价值的替代用途。由于停车楼通常仅在土地昂贵而无法用于地面停车时建造，因此停车楼每个新增车位成本是总成本 (包括土地成本) 的下限估计。

15 个停车楼每个新增车位成本

　　利用这种方法，我估算了 1961 年至 2002 年间 UCLA 校园内 15 个停车楼所增加的停车位成本。结果如表 6-1 所示。[4]

表 6-1　15 个停车楼每个新增车位成本

竣工年份	停车楼名称	停车楼车位数	地面车位损失	停车楼增车位数	停车楼成本		每新增车位成本	
					竣工当年	2002	竣工当年	2002
(1)	(2)	(3)	(4)	(5)=(3)-(4)	(6)	(7)	(8)=(6)/(5)	(9)=(7)/(5)
1961	5	765	219	546	$1,091,000	$8,421,000	$2,000	$15,400
1963	14	1,428	355	1,073	$1,745,000	$12,662,000	$1,600	$11,600
1964	3	1,168	213	955	$1,859,000	$12,985,000	$1,900	$13,300
1966	9	1,800	298	1,502	$3,490,000	$22,392,000	$2,300	$14,800
1967	8	2,839	666	2,173	$6,061,000	$36,896,000	$2,800	$17,000
1969	2	2,253	323	1,930	$5,610,000	$28,903,000	$2,900	$14,900
1977	CHS	921	319	602	$7,084,000	$17,980,000	$11,800	$29,900
1980	6	750	200	550	$6,326,000	$12,777,000	$11,500	$23,200
1983	4	448	0	448	$8,849,000	$14,229,000	$19,800	$31,800
1990	1	2,851	346	2,505	$52,243,000	$72,182,000	$20,900	$28,900
1990	RC	144	53	91	$2,040,000	$2,819,000	$22,300	$30,800
1991	SV	716	0	716	$14,945,000	$20,209,000	$20,900	$28,300
1995	3 附加	840	118	722	$9,900,000	$11,831,000	$13,700	$16,400
1998	4 附加	1,263	0	1,263	$33,217,000	$36,685,000	$26,300	$29,000
2002	7	1,500	0	1,500	$47,300,000	$47,300,000	$31,500	$31,500
总计		19,686	3,110	16,576	$201,760,000	$358,271,000	—	—
1961~1969 平均		1,709	346	1,363	$3,300,000	$20,400,000	$2,300	$14,500
1977~2002 平均		1,048	115	933	$20,200,000	$26,200,000	$19,900	$27,800
1961~2002 平均		1,312	207	1,105	$13,500,000	$23,900,000	$12,800	$22,500

　　注：采用 ENR 建筑成本指数[①]将原始建设成本转换为 2002 年美元市值。

――――――――

　　① 原文为 ENR Construction Cost Index。(译者注)

　　第 1 列显示每个停车楼的建造时间，第 2 列显示其名称，第 3 列显示其中的车位数。第 4 列显示由于建造停车楼可能损失的地面车位数 (有四个是地下车库，没有地面车位损失)。[5] 用停车楼车位数减去损失的地面车位数即为净增加的车位数 (第 5 列)。这 15 个停车楼总共有 19,686 个车位，所占据的场地原本可以提供 3,110 个地面车位，因此增加了 16,576 个车位。

　　第 6 列显示每个停车楼在施工年份的原始成本，第 7 列通过调整通货膨胀将施工成本转换为 2002 年美元市值。因此，第 7 列显示如果在 2002 年建造每个停车楼的成本。[6] 第 8 列显示每增加一个车位的原始成本，第 9 列将其转换为 2002 年美元，每个新增车位的平均费用为 22,500 美元。

　　停车楼每个车位的成本取决于两个因素：每平方英尺的停车楼成本和每个车位所占的平方英尺数。首先，停车楼每平方英尺成本取决于设计和材料的质量以及它位于地面还是地下。拥有卓越的建筑设计或造于地下的停车楼，每平方英尺的价格会更高。其次，每个车位所占面积的大小与停车楼布局效率有关：每个车位占据面积越多意味着效率越低，每车位的成本越高。例如，如果建造成本是每平方英尺 50 美元，每车位为 300 平方英尺的高效停车楼，每个车位花费 15,000 美元 (300×50 美元)，而每车位 400 平方英尺的低效停车楼，每个车位花费 20,000 美元 (400×50 美元)。[7]

城市密度影响停车楼类型

　　图 6-1 显示每个停车楼新增车位的成本 (来自表 6-1 第 9 列)，它揭示了一个惊人的模式：20 世纪 60 年代建造的停车楼每新增车位平均成本为 14,500 美元，1977 年以来建造的停车楼每新增车位平均成本为 27,800 美元。在扣除通货膨胀因素后，1977 年以来每新增车位平均成本比 20 世纪 60 年代高出 92%。虽然较新的车位更贵，但大部分成本变化是由停车楼类型而不是建设年份造成的。

　　越新的停车位越贵有两个原因。首先，自 1977 年以来建造的 9 个停车楼中，有 7 个部分或全部位于地下，而 20 世纪 60 年代没有建造地下停车场。地下停车场需要昂贵的挖掘、支撑、防水、防火、通风和照明。其次，自 1977 年以来建造的停车楼面积较小，平均比 20 世纪 60 年代建造的停车楼要少 39% 的停车位。小型停车楼效率较低，因为坡道、电梯和楼梯井的固定成本分摊在较小的空间中。地上娱乐会所①的停车楼非常小 (只有 144 个车位)，而且价格昂贵 (每个新增车位达 30,800 美元)。[8]

　　土地价格并未纳入上述计算中，因此它不能直接解释 1977 年以来新增停车位的高昂成本。然而，由于校园内空置土地日益稀缺，导致采用更昂贵的建造方法以节约土地，例如建在地下或采用更小的场地，这间接解释了新停车楼的高

---

① 原文为 Recreation Center，简写为 RC。(译者注)

成本。[9]

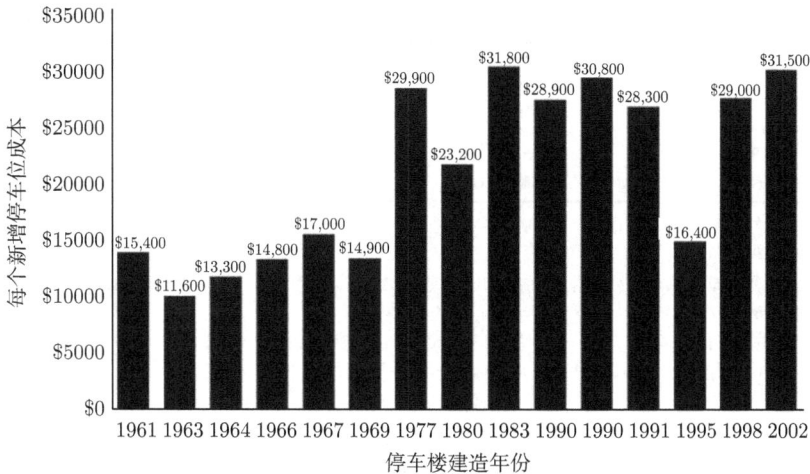

图 6-1　新增停车位成本 (2002 年美元值)

UCLA 的停车楼建于 20 世纪 60 年代，代表了那些通常建于郊区的停车场，那里土地价格低廉，而且有大量未开发的场地。在对南加州郊区办公开发项目的研究中，理查德·威尔逊发现，1995 年停车楼的平均土地和建筑成本为每车位 12,300 美元 (根据 2002 年建筑成本上涨调整后为 14,700 美元)，这几乎等同于 20 世纪 60 年代 UCLA 郊区风格的地面停车楼，在调整通胀后平均每车位为 14,500 美元。[10] 因此，UCLA 在 20 世纪 60 年代建造的较低成本的停车楼反映了当时郊区建造停车楼的低成本状况。

停车楼类型决定每车位成本

我们可以用两个停车楼进行验证，它们都作为现有停车楼的附加部分建造，来探讨为什么每个车位的成本在 1977 年后增加。这两个新增部分与原来的旧建筑相似。1995 年修建的地上 3 号停车楼附加部分与 1964 年修建的原 3 号地面停车楼相似，1998 年修建的地下 4 号停车楼附加部分与 1983 年修建的原 4 号停车楼相似 (表 6-2)。当我们以 1998 年美元计算每车位成本时，每增加一个车位的成本几乎与原来的停车楼成本相同。[11] 这一相近的匹配表明，每个新增车位的成本不取决于建造年份，而是取决于停车楼类型——建在地上还是地下。[12]

表 6-2 还显示 1952 年在洛杉矶市中心珀欣广场①建造的地下停车库成本。[13] 每个车位 2,500 美元的原始成本相当于 1998 年 25,800 美元——接近于 UCLA 在 1983 和 1998 年建造的两个地下停车库每车位成本。按实际价值计算，半个世

---

① 原文为 Pershing Square。(译者注)

纪以来修建地下停车场的成本变化不大。

表 6-2   地面和地下停车楼成本 (洛杉矶五个停车楼每个新增车位成本)

	地上 (3 号停车楼)		地下 (4 号停车楼)		地下 (珀欣广场)
	1964 年原建筑	1995 年附加	1983 年原建筑	1998 年附加	1952 年停车楼
当前价格 $	$1,900	$13,700	$19,800	$26,300	$2,500
1998 年价格 $	$12,200	$14,700	$28,600	$26,300	$25,800

UCLA 3 号停车楼原始部分 (建于 1964 年) 有地面五层和 1,168 个停车位；附加部分建于 1995 年，有地面七层和 840 个停车位。

UCLA 4 号停车楼原始部分 (建于 1983 年) 有地下二层和 448 个停车位；附加部分建于 1998 年，有地下二层和 1,263 个停车位。

珀欣广场车库 (1952 年建于洛杉矶中心城) 在地下三层中包含 2,150 个车位。

ENR 建筑成本指数可将原始建设成本转换为 1998 年美元价值。

我们还可以将 UCLA 地面停车楼与全美平均水平作一比较。在《建筑结构成本数据》[①]一书中，R. S. Means 公布了美国各种建筑类型的成本估算，停车库是其中一个类别。2001 年，地面停车库中位数建设成本为每车位 12,000 美元，第 75 分位数成本为每车位 15,600 美元 (即 25% 的停车库成本超过每车位 15,600 美元)。[14] 由于洛杉矶建筑成本比全国平均水平高出 8.5%，其中，中位数成本为每车位 13,000 美元，第 75 分位数成本为 16,900 美元。[15]UCLA 地面停车楼每新增车位成本为 14,500 美元，因此是介于洛杉矶每车位成本中位数和第 75 分位数之间。如果不从每个停车楼车位数中去掉减少的地面停车位，UCLA 建于 20 世纪 60 年代的地面停车楼中，经通货膨胀调整后的每车位建造成本仅为 11,900 美元，低于全国地面停车楼的平均成本。

其他停车楼成本

估计每新增一个车位花费 22,500 美元，是指 UCLA 所有的停车楼，但在其他可比较的方面，停车库建造成本会贵很多，甚至更多。一个很好的比较是韦斯特伍德 1998 年建成的、拥有 380 个车位的市政停车场，距 UCLA 仅一个街区之遥。它所占据的场地以前提供了 101 个地面停车位，因此该停车楼增加了 279 个停车位。建造成本为 8,622,000 美元，或每新增一个车位成本为 30,000 美元——比 UCLA 高出 37%。[16]

其他城市的停车位也相当昂贵。正如第 9 章所解释的，一些城市允许开发商支付一定费用替代所要求的停车位；然后城市用这笔收入提供公共停车场。为了证明代赎金[②]是合理的，一些城市仔细记录了建造公共停车场的成本。在伊利诺伊州莱克福里斯特，这笔费用为每车位 18,000 美元；在加利福尼亚州胡桃溪，这笔

① 原书名为 Building Construction Cost Data。(译者注)

② 原文为 in-lieu fees，也译作代收费、替代费用。(译者注)

费用为每车位 32,400 美元；加利福尼亚州贝弗利山每车位 37,000 美元；加利福尼亚州帕洛阿尔托每车位 51,000 美元。[17] 报纸文章偶尔报道公共停车楼的成本，例如 2002 年加利福尼亚州圣何塞建造的、含 750 车位的地上公共停车场，每个车位成本为 57,000 美元 (包括土地成本)。[18] 西雅图市位于太平洋广场购物中心下方的车库有 1,200 个车位，每车位支付了 61,000 美元。[19] 国际停车协会①每年颁发停车楼设计优秀奖，2003 年获得最高奖的停车楼拥有 511 个车位，每车位花费 40,117 美元 (不包括土地成本)。[20] 停车位成本也可能更高。据日本多层次停车产业协会②报告说，在川崎、长崎、东京和横滨建造的地下车库，每个车位成本在 280,000 美元和 414,000 美元之间！[21]

因此，UCLA 建造的停车楼平均每增加一个车位花费 22,500 美元成本并不是很高。如果停车位成本如此之高，那么旨在满足免费停车高峰需求的停车标准将大大抬高城市发展成本，同时大大降低人们使用汽车的成本。

停车位月度成本

那么，停车位要赚多少钱才能支付成本？为了回答这个问题，我们需要知道*每月*停车位的成本。我们可以通过假设利率和摊销期，将每个停车位的建筑成本转换为每月成本。每个停车楼的原始资本成本已换算为 2002 年美元 (见表 6-1)。如果未来的成本和收入也以 2002 年美元计算，我们可以用实际利率 (扣除通货膨胀因素后的利率) 将资本成本转换成每月的成本，而实际利率通常假定为每年 4% 左右。摊销期越长，月成本越低，因此保守起见可以假设 40 年。[22] 按 4% 的利率计算，在 40 年内摊销 22,500 美元的资本成本需要每月支付 94 美元。[23] 因此，一个新车位的资本成本相当于 40 年内每月支付 94 美元。

除了最初投入的资金成本，停车位还有运营和维护成本。停车楼每天都会受到重型车辆撞击，也很容易受天气影响而损坏。加州大学洛杉矶分校停车服务处每月每车位花费 33 美元，用于管理、清洁、保险、照明、维护、税收和安保 (见表 6-3)。因此，自 1961 年以来建造的 15 个停车楼每个新增车位的总成本每月高达 127 美元 (94 美元 +33 美元)。

每车位每月 127 美元的估算值很低，因为它基于以下保守假设。

1. 土地按其地面停车的机会成本估价，但只有当土地价值太高而无法用于地面停车时才会建造停车场，因此土地价值可能要高得多。

2. 土地机会成本仅根据停车楼占地面积衡量，但停车楼还需要额外的土地用于修建进出通道和景观备用。

---

① 原文为 International Parking Institute。(译者注)

② 原文为 Multilevel Parking Industry Association of Japan。(译者注)

3. 地下停车楼不计算土地成本，尽管它们占据的空间可作为其他用途，如储存和堆放机械设备。

4. 停车楼每车位运营和维护成本按整个停车系统 (包括地面停车场) 计算。但由于存在电梯、照明、通风、安保和维护等，停车楼相比地面停车场花费更多。

5. 不包括财产税，因为加州大学洛杉矶分校是免税机构。

6. 按乐观估计，停车楼使用寿命为 40 年。

7. 年利率只有 4%。[24]

表 6-3　　一个停车位的月度成本 (2002 年美元)

假设	
每车位资本成本	$22,500
摊销周期	40 年
利率	4%
每车位每月成本	
资本成本	$94
经营及维护成本	$33
每车位每月成本	**$127**

考虑到这些保守假设，加州大学洛杉矶分校自 1961 年以来建造的 15 座停车楼，每个车位的成本至少为 22,500 美元或每个车位每月至少花费 127 美元。

与加州大学洛杉矶分校最新停车楼的还本付息额相比，每个停车位每月 127 美元的数字也很低，该停车楼建于 2002 年，每个停车位还本付息额为 31,500 美元。按年利率 6.125% 持续 27 年计算，每个车位每月还本付息额为 201 美元 (见表 6-4)。这可能看起来很贵，但想想那些借钱买地和建停车楼的人，他们的财务状况一定能负担得起这样的开销。每个车位每月超过 127 美元的收入可能是支付债务偿还、运营成本、财产税和建筑保险所必需的。与许多商业车位的停车价格相比，每个车位每月 127 美元的成本估计也算是相当低了。例如，2002 年对西雅图市中心 59,000 个停车位进行调查发现，商业停车位的平均价格为每月 200 美元。[25] 一项类似的研究是 2002 年对华盛顿贝尔维尤市中心 32,000 个停车位进行的调查，发现商业停车的平均价格为每月 138 美元。[26]2003 年，对美国 43 个中央商务区 (CBD) 停车楼的收费进行全国性调查，发现非预留停车位的平均价格为每月 141 美元。[27](尽管存在这些高价格的问题，雇主支付和豁免①降低了停车费，使大多数司机的停车成本为零。因此，市中心停车场张贴的价格证明了提供停车位的高成本，而不是司机支付的费用。) 最后，密西根大学经济学教授理查德·波特估计，在安阿伯，停车楼和停车场有 4,500 个公共停车位，每个车位每

---

① Validated parking 是一种停车费减免政策，即顾客可以让商家在停车票上盖戳，免去停车费用，也称为 validation。(译者注)

月为 127 美元。[28] 因此与美国其他地方的私人和公共停车场成本相比,加州大学
洛杉矶分校每个停车位每月 127 美元的估计成本还是比较低的。

表 6-4　7 号停车楼还本付息表

1. 停车楼总成本	$47,282,000
2. 停车楼总车位数	1,500
3. 每车位成本	$31,500/车位
4. 利率	6.125%/年
5. 期限	27 年
6. 每个举债融资车位年度债务本息	$2,414/年
7. 每个举债融资车位月度债务本息	$201/月

来源:加州大学校长办公室给加州大学校董的备忘录,2001 年 11 月 7 日。

　　按国家标准,停车楼每个车位每月 127 美元的停车成本很低。玛丽・史密斯
在《停车楼》[①] 一书中指出,若土地价格为每平方英尺 30 美元,地面停车场和停
车楼的成本约为每车位 12,000 美元。当土地价格高于每平方英尺 30 美元 (每平
方米 330 美元或每英亩 130 万美元) 时,建停车楼比地面停车场更便宜。[29] 当土地
价格为每平方英尺 30 美元时,一个无人看管的地面车库,资本加上运营成本每个车
位每月大约为 150 美元。[30] 当土地价格更高时,停车楼成本会超出每车位每月 150
美元,因此,一个停车楼每车位每月至少要赚 150 美元才能生存下去。

　　我们还应该区分停车楼每个车位的成本和每个占用车位的成本。理查德・威
尔逊在南加州办公开发项目的案例研究中解释说,因为有些车位总是空着的,停
车楼每个车位的成本通常低估了每个占用车位的成本。他认为,如果停车费要覆
盖总成本,那么这些空车位的成本必须在占用的车位之间分摊:

　　　　提供闲置车位的费用必须分摊到使用设施的人身上。由于很多停
　　车设施都是半空的,所以这笔费用要比一个车位的费用高出很多。对
　　地面停车位的案例研究表明,利用率调整后的盈亏平衡费用平均每月
　　为 92 美元。如果停车场的总收入等于提供停车设施的成本,那么每位
　　全天候停车的人都要收取这笔费用。就停车楼研究而言,经利用率调
　　整后的盈亏平衡费用每月平均为 161 美元。[31]

　　这些计算表明,每个车位每月 127 美元是对停车楼停车位的保守估计。此外,
也需要考虑外部成本。

停车位的外部成本

　　除了估计提供停车位的资本和运营成本之外,我们还可以估计新增停车位如
何增加交通系统的其他成本。毕竟,规划师预期开车人会使用停车位,所以要

---

　　① 原书名为 *Parking Structures*。(译者注)

求开发商提供停车位。因此，我们应该问问，所要求的停车位是否增加了车辆出行？如果确实如此，增加的车辆出行将如何增加交通拥堵和空气污染的外部成本？

诱发出行

当然，停车位不会产生出行需求，但停车位的大量供应会降低停车的市场价格，从而降低车辆出行的成本。在短期内，较低的价格诱发那些已经开车的人更多选择开车出行。一些原本呆在家里的人也开始开车出行。而一些原本步行、骑自行车或乘坐公共交通的人则转向开车。长期来看，停车价格降低会导致车辆拥有量增加，进一步增加车辆出行。[32] 停车位不会产生车辆出行，但会使车辆出行变得容易。

新增停车位 (新增车辆储存容量) 诱发车辆出行现象与新增道路 (新增车辆承载容量) 诱发的车辆出行现象相似。正如唐·皮克雷尔解释的那样，道路建设通过提高车速和降低时间成本来增加车辆出行。[33] 同样，停车标准通过增加停车供给，降低了停车的货币化成本。因为汽车把大部分时间花在停车上，停车费 (如果司机付钱的话) 可能是车辆行驶成本中很大一部分。但许多交通分析师在估计车辆出行需求时忽略了停车价格，这可能是因为几乎所有地方的司机都可以免费停车。但是，如果司机确实为停车付费，就会强烈地影响出行行为：停车费越高，出行的人就越多采用公共交通、拼车、骑自行车或步行前往目的地。

利用环境影响报告 (EIR) 中有关加州大学洛杉矶分校最新停车楼的信息，我将举例说明新停车位如何增加车辆出行，继而如何加剧交通拥堵和空气污染。这些估计数只针对一个案例，但它们表明，新的停车位会产生巨大的外部成本。

环境影响

环境影响报告 (EIR) 对加州大学洛杉矶分校建于 2001 年至 2003 年的 7 号停车楼 1,500 个停车位进行了评估。[34]EIR 提供了这栋停车楼的完整文件，几乎涉及每个方面，包括预测车辆出行数、由此产生的车辆行驶里程 (VMT) 以及来往车辆的排放量。表 6-5 显示了 EIR 估计的车辆出行和排放数据。

拥堵成本：每车位每月 73 美元。汽车出行的全部成本不仅包括开车人承担的成本，还包括开车人施加给其他出行者的交通拥堵外部成本。当一辆汽车驶入一条已接近承载能力的道路时，会使道路上所有其他车辆减速。减慢其他车辆的速度会增加它们的行驶时间和燃油消耗。没有任何信息提醒人们开车时存在这些外部成本，而且大多数司机不知道或漠视自己开车造成的外部成本。[35]

表 6-5　　一个停车位的外部成本 (美元/月)

评估 1. 每车位车辆行驶里程 (VMT)		
每车位出行次数 (次/月)	行驶里程 (VMT/次)	每车位行驶里程 (VMT /月)
(1)	(2)	(3)=(1)×(2)
82.6	8.8	**727**

评估 2. 每车位拥堵成本		
每车位行驶里程 (VMT /月)	拥堵费用 ($/ VMT)	拥堵成本 ($/月)
(4)=(3)	(5)	(6)=(4)×(5)
727	$0.10	**$72.70**

评估 3. 每车位尾气成本		
每车位尾气量 (磅/月)	尾气价格 ($/磅)	尾气成本 ($/月)
(7)	(8)	(9)=(7)x(8)
ROG 1.32	$3.84	$5.07
CO 13.79	$2.22	$30.61
NO$_X$ 1.37	$5.88	$8.06
PM$_{10}$ 0.03	$4.87	$0.15
SO$_X$ 0.07	$3.96	$0.28
		$44.16

评估 4. 每车位总外部成本		
拥堵成本 ($/月)	尾气成本 ($/月)	总成本 ($/月)
(1)=(6)	(11)=(9)	(12)=(10)+(11)
$72.70	$44.16	**$116.86**

来源：校内停车楼环境影响报告，美国国家信息交流中心第 1999091001 号，加州大学，洛杉矶，2001 年 5 月。

　　EIR 报告采用特别为加州大学洛杉矶分校停车楼测算的出行生成率，1,500 个新停车位将在每个工作日产生 5,630 次单程车辆出行或每个停车位每天 3.8 次出行，这意味着停车楼的停车周转率为每个车位每天 1.9 辆车。[36] 如果我们假设该停车楼每月仅使用 22 个工作日 (即周末不计算出行)，每个车位每月将产生 82.6 次车辆出行。[37]EIR 报告说，车辆前往校园的平均距离为 8.8 英里，因此每个车位每月将产生 727 VMT(82.6×8.8)。我们可以用这个估计值来计算新增一个停车位如何增加洛杉矶交通拥堵成本。

　　几位交通分析师估测了洛杉矶交通拥堵的成本，他们的结果表明，减少高峰时段车辆出行的价值至少为 10 美分/VMT。1991 年，据迈克尔·卡梅伦估计，洛杉矶车辆出行的外部成本从 10 美分/VMT 到 37 美分/VMT 之间。[38] 他还估计，高峰时段收取 15 美分/VMT 的拥堵费就足以使拥堵减少，把高速公路平均速度提高到每小时 35～40 英里。在这个速度下，司机造成拥堵的外部成本为 15 美分/VMT。之后 1992 年，肯尼思·斯莫尔进行了一项广泛的文献调查并得出结论：在洛杉矶拥堵的高速公路上，收取 15 美分/VMT(以 1990 美元市值) 的高峰期费用是合适的。[39] 伊丽莎白·迪金和格雷格·哈维采用一个大规模交通模型以及 1991 年数据进行估计，发现如果对南加州公路网征收适当的拥堵费，那么平均每英里收费 10 美分。[40]1991 年，帕特里克·德科拉·苏扎和安东尼·凯恩估计，通过增加新的高速公路通行能力为洛杉矶高峰期用户提供服务，从而减少拥堵的成本为每高峰小时 20 美分。[41]

如果我们将每月 727 VMT 的拥堵成本作为洛杉矶最低值——10 美分/VMT——来计算，那么每个新停车位每月的拥堵外部成本为 73 美元。

尾气排放成本：每个车位每月 *44* 美元。 车辆排放是开车的另一种主要外部成本。洛杉矶的空气污染是全国最严重的，机动车是其中的主要污染源。[42] 肯尼思·斯莫尔和卡米拉·卡齐米报告说，在洛杉矶，交通运输占总活性有机气体 (ROG)[①]排放量的 75%，一氧化碳 (CO) 排放量的 98%，氮氧化物 (NOx) 排放量的 83%，硫氧化物 (SOx) 排放量的 68%。[43]

利用南海岸空气质量管理区 (SCAQMD)[②]估算的车辆排放系数，EIR 计算了每个工作日往返新停车楼的总排放量。表 6-5 第 3 栏第 7 列显示这些车辆产生的每个车位每月排放值。

对污染成本进行美元估值并不容易，但一个合理的方法是使用 SCAQMD 的减排措施成本效益阈值 (见第 8 列)。[44] 我使用这些官方值估算污染排放成本。因此，新停车楼所产生的车辆排放外部成本为每个车位每月 44 美元。727VMT 的估计成本为 44 美元，意味着排放成本为每英里 6 美分。

以每英里 6 美分排放成本和每英里 10 美分拥堵成本计算，车辆行驶的总外部成本为每英里 16 美分。因此，对于 8.8 英里的平均行程长度，往返 7 号停车楼的总外部成本为 1.41 美元。2001 年，卡安·奥兹巴伊、贝基尔·巴廷和约瑟夫·贝雷奇曼[③]又一次试图计算车辆出行的外部成本，他们估计新泽西州一趟 10 到 15 英里高速公路出行的边际外部成本为 1.25 美元，即每英里 8 到 13 美分。[45] 洛杉矶的估计可能略高，因为它的交通拥堵和空气污染更严重。[46]

总外部成本：每个车位每月 *117* 美元。 第 4 栏显示，一个新停车位诱发的总外部成本每月高达 117 美元：增加拥堵 73 美元，增加污染 44 美元。尽管这听起来可能很高，但这个估计是基于如下统一保守的假设。

1.VMT 和车辆排放量仅针对工作日行程进行估算。

2. 单位 VMT 的拥堵成本取自洛杉矶估算范围的下限值。

3. 平均单程出行距离仅为 8.8 英里，而在南加州，平均单程汽车通勤上班距离为 15 英里。[47]

---

① 原文为 reactive organic gas，简称 ROG。(译者注)
② 原文为 South Coast Air Quality Management District，简称 SCAQMD。(译者注)
③ 原英文人名为 Kaan Ozbay、Bekir Bartin 和 Joseph Berechman。(译者注)

4. 每月 110 万 VMT 的温室气体 (CO_2) 排放量忽略不计。

5. 与停车楼相关的拥堵和污染成本忽略不计。除了估计使用停车楼所产生的影响外,建造它首先需要将 10 英亩场地挖掘到 31 英尺的深度。然后,清除 222,000 立方码土方需要 26,000 次卡车出行 (高峰时每小时 63 辆卡车) 穿过校园和西木村,沿着威尔夏大道到达圣迭戈高速公路,并最终处理掉。

尽管有这些保守的假设,一个新停车位每月 117 美元的外部成本似乎仍然高得出奇,但可能只是因为之前没有人用心估算。

这些外部成本是为洛杉矶计算的,在交通较少、空气较清洁的城市,这些成本会更低。(但这提出一个重要观点:新的停车位在已经受到污染和拥堵的城市产生更高的外部成本。) 在任何情况下,人们很容易改变计算中的四个假设条件——出行生成率、平均出行距离、车辆排放率以及污染和拥堵成本——看看在其他地方它们如何影响由新车位诱发开车的外部成本。在车辆排放和人口密度较高的发展中国家,新停车位的污染成本可能特别高。例如,贝鲁特美国大学的穆塔西姆·法德尔和哈亚萨姆·斯拜提[①]研究了拟在贝鲁特市中心建造一个 2,000 个车位的停车场对环境的影响。他们估计,这将使已污染空气中的一氧化碳 (CO) 和二氧化氮 (NO_2) 含量分别增加 29% 和 38%。这些污染的增加是因为大多数黎巴嫩汽车很旧且保养不好,平均车龄是 14 年。[48]

新停车位也会导致与车辆行驶相关的其他外部成本如噪声、温室气体排放和事故成本增加,这些成本不是由肇事司机支付的。同时还要考虑停车场对生态环境的影响。它们增加了城市的不透水表面积,减少了水渗入土壤的面积,并增加了雨水径流。停车场也会积聚含有毒金属 (如铬) 的油滴,伴随雨水流出的油滴会污染水源。大雨过后,径流加速进入雨水管,带来洪灾风险。更快的径流也会侵蚀小溪和河流的沿岸,并向水中添加更多的泥沙。[49]

最后,设计拙劣的停车场和停车楼往往会破坏城市景观。如果考虑到交通拥堵和空气污染以外的其他成本,新停车位每月 117 美元外部成本估计就更加保守了。

这给我们带来停车成本与司机付费之间巨大的不平衡。在我们之前使用过的例子中,加州大学洛杉矶分校为每个停车位的偿债成本高达每月 201 美元 (见表 6-4)。如果加上每月 117 美元外部成本,与新车位相关的社会总成本 (内部加外部) 为每月 318 美元。2002 年,校园停车许可证的价格是每月 54 美元——仅占每个停车位总社会成本的 16%。开车人支付的价格远低于开车去加州大学洛杉矶分校的边际社会成本,但这仅是一个例子,更大的问题是几乎所有停车价格都被严重低估了。

[①] 原英文人名为 Mutasem El-Fadel 和 Hayassam Sbayti。(译者注)

　　司机每月花 54 美元购买 7 号停车楼停车许可证，肯定没有意识到他们的停车位每月要花 200 美元以上，或者他们车辆出行增加的拥堵和污染每月要花 100 美元以上。司机们的出行决定只根据个人面临的价格。在 7 号停车库开业的当天，加州大学洛杉矶分校《每日布鲁因报》[①]采访了在那里停车的司机。看看一位三年级心理学专业学生的回答："我之前没有停车许可证，所以不得不拼车。对我来说，有许可证真是太棒了。"[50] 一个月只需花 54 美元就可以把车停在一个耗资 31,500 美元的地方，确实是太棒了。这是一笔相当可观的补贴，而且校园里可能没有比这更合算的了。大量的停车补贴将这位学生从拼车吸引到单独驾驶，从而加剧了交通拥堵和空气污染。每位单独驾驶者享受停车补贴，而整个社会却饱受其苦。

　　经济学家和规划师经常提出停车政策，作为一种减少拥堵和污染外部成本的可行途径。例如，荷兰交通经济学家埃里克·韦尔霍夫曾说过，"由于几乎每辆车都必须在行程结束时停放，停车政策可能会提供一个潜在的强有力的工具来影响交通流动。"[51] 但由于路外停车标准增加了停车位供给，降低了停车价格，使停车本身成为车辆出行的另一种外部成本，从而增加了交通拥堵和空气污染。虽然停车位自身并不会直接增加交通量，但过低的停车价格会诱发交通量。相比按市场价格停车，路外停车标准使我们拥有更多的汽车，也更经常地开车。拥堵和污染成本很难衡量，也很难归因于个别司机，这就是为什么它们仍然是外部成本。相比之下，停车收费很容易实现，因此没有理由让这笔费用作为一种外部成本而存在。通过增加车辆出行，路外停车标准增加了开车的总外部成本，并使本来就很糟糕的情况变得更加恶化。

结论：配建停车位的高昂成本

　　城市对每种用地类型都规定了精确的停车位数量，因此人们希望找到许多关于停车位成本的研究。那么它们在哪里呢？规划师不曾研究过停车成本，也许只是因为在制定停车标准时他们几乎不考虑停车成本。这种视而不见似乎不明智，事实确实如此。分区规划法规中停车标准的背后有两个未说明的假设——停车是免费的，并且它的成本无关紧要。因此，城市要求开发商提供足够的停车位以满足免费停车的高峰需求，而从不考虑成本。

　　加州大学洛杉矶分校停车楼每增加一个车位至少要花费 22,500 美元，或者每个车位每月 127 美元。这些估计是在保守假设下做出的，包括低利率、较长的摊销期、较低的土地机会成本和无税收。此外，与开车往返停车位相关的拥堵和污

---

　　① 原文为 *Daily Bruin*，加州大学的吉祥物是一只布伦熊 (Bruin)，师生们自称为布鲁因 (Bruins)。(译者注)

染外部成本每月至少达 117 美元。如果同时计算内部和外部成本，一个新增停车位的社会总成本至少为每月 244 美元。但加州大学洛杉矶分校的停车成本并不是重点。重要的一点是，除了司机，每个人的停车费都很昂贵。

第 6 章注释

1. Amis (1958，18)。大学讲师吉姆·狄克逊是《幸运吉姆》的主角。

2. 因为一个典型的停车位大约有 330 平方英尺 (包括停车位和车辆进出车位的挪移空间)，当土地价值为 300 美元每平方英尺时，一个停车位的土地成本为 100,000 美元。

3. 例如加州大学洛杉矶分校 6 号停车楼，建于 1980 年，如表 6-1 所示。

4. 加州大学洛杉矶分校停车服务处是全美最大的单体 (single-site) 停车系统之一，停车楼和地面停车场拥有 21,000 个停车位。列表中去掉了一个非典型停车楼。这种"可拆卸"的停车楼是预制的，打算在以后拆除 (并在别处重新组装)。它位于 32 号地块的一部分，远离主校区，其外观在主校区是不可接受的。关于它的位置，鲍勃·霍普 (Bob Hope) 说，"穿过加州大学洛杉矶分校需要四年，如果你把车停在 32 号地块需要五年"。所有停车楼的施工合同都是竞争性投标，因此成本记录准确而详细，其中包括规划和设计成本。

5. 加州大学洛杉矶分校地面停车场占地 851,725 平方英尺，包括 2,591 个停车位，平均每个地面车位 (包括进出通道)329 平方英尺。因此，用每个停车楼占地面积除以 329 平方英尺，以估计损失的地面车位数量。假设地下停车场不损失地面停车位。

6. 为了估算每个停车楼建成以来的建筑成本增长，采用 2002 年 *ENR* 建筑成本指数中 20 个城市的平均值除以停车楼建造年份的 *ENR* 建筑成本指数。将这一比率乘以原来的建筑成本，即为以 2002 年购买力计算的建筑成本。*ENR* 建筑成本指数是建筑业广泛接受的成本通胀衡量指标，发表在 *ENR* 杂志 (原《工程新闻记录》，*Engineering News Record*) 上，可在线查阅 www.enr.com。该指数从 1961 年的 847 上升到 2002 年的 6,538。

7. Mary Smith (1999, 532) 解释了每平方英尺建筑面积的成本和效率如何共同决定每一个车位的成本。周转率高的零售客户停车位比办公室员工停车位需要更大的空间，因此效率较低 (每个停车位面积更大)，而转角停车位的效率低于垂直停车位。

8. 成本高的原因是占地面积小，结构布局效率低 (每车位在停车楼中占据更多面积)。该停车楼仅在过道一侧设有停车位 (称为"单荷载")，而较大的停车楼是"双荷载"，过道两侧设有停车位。

9. 加州大学洛杉矶分校近期新增停车位成本很高，洛杉矶的高建设成本只能解释其中的一小部分，因为 1998 年洛杉矶 *ENR* 建筑成本指数仅比 *ENR* 监测的所有 20 个城市平均建筑成本指数高出 14%。

10. Willson (1995, 39)。建筑成本由 *ENR* 建筑成本指数进行调整。

11. *ENR* 建筑成本指数用于将原始建筑成本转换为 1998 年美元。原来的地面停车楼比加建的地面部分多出 39% 的停车位，其占地面积是加建部分的两倍。规模经济的变化有助于解释原停车楼每车位成本略低。加建的地下部分几乎是原来地下停车楼的三倍，规模经济可能有助于解释较新停车楼每车位成本略低的原因。

12. 与大多数其他房地产成本相比，停车楼每个新增车位成本在不同地点和时间的变化应该更小。例如，由于住房的大小和质量差别很大，测量一个标准的住房单位很困难。由于土地价值的差异，不同地点和时间的房屋价值也有很大差异。停车位可能是地球上最统一的不动产单位。

13. Klose (1965, 190) 给出了建设珀欣广场车库 (Pershing Square garage) 的原始成本。因为 1952 年到 1998 年期间，*ENR* 建筑成本指数的增长速度快于消费者物价指数，建造停车位的成本相对于其他价格上涨。

14. R. S. Means (2001, 483)。

15. R. S. Means (2001, 618)。在另一份出版物《平方英尺成本》(*Square Foot Costs*, R. S. Means, 2002, 130) 中，报告了五层地上车库的建筑成本从每平方英尺 20.25 美元到 84.05 美元不等。每个车位平均面积为 330 平方英尺，建筑成本从 6,700 美元到 27,700 美元不等。

16. 洛杉矶工程局 Vitaly Troyan 的来信，1999 年 10 月 12 日。停车楼——位于西木村布罗克斯顿大道——有两层地下和四层地上。就像加州大学洛杉矶分校校园内的 RC 停车楼，布罗克斯顿大道停车楼占地面积小，布局效率低，过道为单荷载布局。

17. 在莱克福里斯特，每个车位 18,000 美元的成本为地面停车场的土地和建造成本。在胡桃溪，每增加一个市政停车楼车位，成本为 32,400 美元 (按表 6-1 所示方法计算)。在贝弗利山，每个车位 37,000 美元的成本是指 1978 年至 1992

年间申请支付代赎金的项目，其市政停车位平均估计的土地和建设成本；最高成本为每个车位 53,000 美元。在帕洛阿尔托，50,994 美元的成本是两个市政停车楼每个新增车位的成本 (按表 6-1 所示方法计算)。

18. Kate Folmar, "大胆的市中心项目耗资 5,800 万美元，包括餐馆、商店、宴会厅"，《圣何塞水星报》(*San Jose Mercury News*)，2003 年 1 月 5 日。

19. 华盛顿交通部 (1999，6)。

20.《停车行业》(*The Parking Professional*)，2003 年 8 月，第 18 和 35 页。六层建筑 (地下两层，地上四层) 建于得克萨斯休斯敦的得克萨斯医疗中心。采用 90 英尺长 ×60 英尺高的巨大水墙覆盖停车楼，计算机程序设计出一系列不同速度和密度的落水动画序列组成了一个连续的表演。建筑师为杰克逊和瑞安 (Jackson & Ryan)。

21. 土地成本不能解释每个车位的高成本，因为所有车位都在地下。位于长崎的 Heiwa Kouen 车库拥有 120 个车位，每车位造价 280,000 美元；位于横滨的 Yokohama-eki Higashi-guchi 车库拥有 500 个车位，每车位造价 304,000 美元；位于川崎的 Kawasaki-eki Higashi-guchi Chika 车库拥有 380 车位，每车位造价 414,000 美元。这些造价以 1 美元 =110 日元汇率计算。有几个因素导致这些高成本。地下停车库通常建在现有的火车站前方，必须在不封闭地面交通的情况下分期建设。东京的 Shikawa 车库建在河底。日本对抗震建筑的规定也比美国严格。即使这些车库每天被全时段占满，开车人也无需自己买单。参见日本多级停车行业协会 (1997)。

22. 加州大学洛杉矶分校第一个停车楼建于 1961 年，30 年后需要大规模重建。建于 1963 年的停车楼在 36 年后被拆除，以便重新开发。1964 年建造的停车楼 35 年后需要大修。其他建于 20 世纪 60 年代的停车楼不符合当前的设计或地震安全标准。1977 年建造的停车楼需要大修，可能会被拆除。因此，40 年对于分期偿还资本成本是一个很长的时间。通常情况下，人们不希望让分期偿还贷款的期限超过贷款所资助停车楼的预期经济寿命。由于每月 94 美元的费用是按 2002 年美元购买力计算，因此必须按通货膨胀率随时间增加才能测算其实际价值。

23. 改变对停车楼寿命和利率的假设，将影响每个车位每月等额的资本成本。例如，以 4% 利率、30 年生命周期计算，每月每车位成本提高至 113 美元，而按 100 年生命周期则减少到 80 美元。以 50 年寿命、3% 利率计算，每月每车位成本则减少至 76 美元，而 5% 利率使之增加到 107 美元。

24. 加州大学洛杉矶分校为停车楼融资发行了收益债券，利率分别为 6.1%、8.25% 和 7.74%，其中一种收益债券的浮动利率在 4% 到 9% 之间。这些都是免税利率，为商业停车楼融资的应纳税债券将承担更高的利率。收益债券包括风险溢价，以补偿贷款人投资所涉及的风险，但债券由整个停车系统 (包括地面车位) 的收入担保，而不是由一个债券融资所支持的特定停车楼的收入担保。即使对加州大学洛杉矶分校而言，新停车场的投资是有风险的，但收益债券对贷款人来说是一种安全的投资。因此，对用途单一的停车楼，适当的投资风险定价会高于加州大学洛杉矶分校停车服务处停车服务现有债券所隐含的利率。

25. Puget Sound Regional Council (2003，10)。

26. Puget Sound Regional Council (2003，27)。

27. Colliers International (2003，28)。

28. Porter (1999，162-163) 估计，安阿伯 4,500 个公共停车位的成本为每年 880 万美元。

29. 同样，宾夕法尼亚大学城市设计教授乔纳森·巴尼特 (Jonathan Barnett，2003，52) 说，"所需的土地成本远超过每英亩 100 万美元，土地成本的存在使得修建车库而不是地面停车场成为明智之举。"

30. Smith (2001，24 和 27)。斯密斯认为，一个普遍的经验法则是，地下停车楼第一层成本是地面成本的 1.5 倍，每增加一层，乘数就会加倍。

31. Willson (1995，35)。在看到威尔森的估计后，芝加哥地区交通管理局 (1998) 委托相关机构对 10 个芝加哥郊区办公楼进行类似的案例研究。这些研究发现，高峰停车需求仅占容量的 68%。这些停车位经利用率调整后的盈亏平衡费用为每月 96 美元至 103 美元不等。

32. 从长远来看，停车价格的降低将增加所有出行模式的总个人英里数 (total person-miles) 以及车辆出行在总个人英里数中所占的比例。步行、骑自行车和公共交通出行的个人英里数将会减少。

33. Pickrell (2001)。

34. 校内停车楼环境影响报告，国家信息交流中心第 1999091001 号，加州大学，洛杉矶，2001 年 5 月。由于加州大学洛杉矶分校委托进行环境影响报告，该停车楼的环境影响不太可能被高估。

35. 外部效应不是刻意制造的，而是某项活动的意外或偶然的副产品。即使开车人意识到这些外部效应，他们也不可能为此感到内疚，因为毕竟其他人也在做同样的事情。

36. 5,630 次出行 ÷ 1500 个车位 = 3.753 次单程出行，或每个车位每天 1.9 次往返出行。

37. 每月有 3.753 × 22 = 82.6 次单程出行。这一计算是假设每月 22 个工作日而不是周末使用停车位。由于忽略周末的交通，得出的是每月车辆出行次数和 VMT 的保守估计。

38. Cameron (1991)。由于没有收费，交通拥堵更为严重，在没有收费的情况下，与拥堵相关的车辆使用外部成本大概会高于 15 美分/VMT。

39. Small (1992)。

40. Deakin 和 Harvey (1996，7-8)。Deakin 和 Harvey 的估计包括必要的干道和收费街道的通行费。

41. DeCorla-Souza 和 Kane (1992)。

42. 美国环保署 (U. S. Environmental Protection Agency，1995)。在美国环保署公布的污染最严重地区中，洛杉矶是唯一国家空气质量标准"极端不达标"地区。其他四类未达标类型的严重程度依次递减：重度污染、严重污染、中度污染和临界污染。

43. Small 和 Kazimi (1995)。

44. 南海岸空气质量管理区 (South Coast Air Quality Management District，2000，29)。如果拟议的控制措施每吨减排的成本低于 SCAQMD 阈值，则认为该措施具有成本效益而需要采纳。由于 SCAQMD 很可能要求排放控制措施的成本不高于减少排放量的价值，我们可以以将这些阈值成本效益措施解释为 SCAQMD 对减排社会价值的估计。这些价值是指 2000 年的排放成本。

45. Ozbay、Bartin 和 Berechman (2001，100)。他们将边际外部成本定义为"汽车使用者不承担责任的成本，包括每个使用者施加给交通其他部分的成本，比如拥堵、事故、空气污染和噪声的成本"(Ozbay、Bartin 和 Berechman，2001，82)。

46. 得克萨斯交通研究所 (TTI) 每年调查 75 个美国城市的交通数据，计算道路拥堵指数，并按交通拥堵严重程度进行排名。自 1983 年以来，洛杉矶每年交通拥堵指数排名都是最高的 (得克萨斯交通研究所，2003，图表 A-18)。TTI 估计，1997 年洛杉矶司机在拥挤交通中经历 7.39 亿个人小时延误，在拥挤交通中浪费的时间和消耗的超量燃油每年价值为 124 亿美元。为了客观看待这个估算成本，洛杉矶著名的盖蒂中心 (Getty Center)1997 年开业，建造成本约为 10 亿美元。因此，TTI 估计的洛杉矶交通拥堵成本相当于每年建造十几个盖蒂中心。

47. 1989 年至 1996 年进行的年度调查发现，单程车辆通勤距离平均在 14.8 至 16.9 英里之间 (南加州政府协会，1996)。在计算开车上班出行所减少的 VMT 时，SCAQMD 假设每次避免的车辆通勤出行的平均单程距离为 15 英里。

48. El-Fadel 和 Sbayti (2001，19)。

49. Albanese 和 Matlack (1998) 发现，密西西比州哈蒂斯堡八个购物中心的停车场即使在高峰期，被占用车位数也远远低于容量。从这些停车场排出的径流增加了附近河流中的泥沙，减少了河流中鱼类的数量和多样性。

50. 加州大学洛杉矶分校，《每日布鲁因报》(Daily Bruin)，2003 年 4 月 9 日。

51. Verhoef (1996，96)。他表明，在某些情况下 (每辆汽车的驾驶员每次出行都使用相同的道路空间，拥堵均匀分布在道路网络上，所有驾驶员都有相同的停车时间)，最优停车费可以替代最优道路收费。Downs (1992) 也讨论过停车政策如何减少交通量。

第 7 章　正确看待免费停车成本

我们现在将建筑置于停车场 (parking lot) 而不是花园 (park) 之中。
　　　　　　　　　　　　　　　　——刘易斯·芒福德[①]

为了正确看待停车成本，我们现在可以将它与交通系统的其他成本进行比较。这些比较表明"免费"停车大大降低司机的车辆出行成本，因此严重扭曲个人对汽车的出行选择。

停车补贴总额

许多土地用途用于停车的面积超过它所服务的建筑物面积。我们不难理解办公楼要花很多钱，所以停车场或停车楼 (通常比所服务的建筑更庞大) 也要花很多钱，任何人对此不会感到惊讶。此外，路边停车位通常占据相邻街道两侧。当我们同时考虑城市的路边和路外停车，用于停车的土地和资本可能会超过用于交通出行的部分。

加州大学戴维斯分校马克·德鲁奇[②]对美国机动车使用的总成本进行了迄今为止最全面的评估。他估计了货币成本 (如车辆、燃油、道路和停车) 以及非货币成本 (如空气和水污染)。因为估算的输入和假设是不确定的，他对每一个变量给出低估计值和高估计值。他估计在 1990 年至 1991 年间，路外停车的年化资本和运营成本为每年 226 亿美元至 790 亿美元 (见表 7-1)。[1]

德鲁奇指出，大多数停车不是单独定价，而是与其他商品捆绑在一起以套餐形式定价。他估计，司机每年只需支付 30 亿美元停车费，其余的费用则被捆绑到商品、服务和住房的价格中。因此，司机们支付的费用大约占总停车成本的 1% (30 亿美元 ÷2,260 亿美元) 到 4% (30 亿美元 ÷790 亿美元)。其他 96% 到 99% 的停车成本都隐藏在其他所有商品的高价中。

德鲁奇还估计，公共道路 (包括路边停车位) 的年化资本和运营成本在 980 亿至 1770 亿美元之间，接近停车位的估计成本。如果司机只支付 4% 的道路费用，

[①] 刘易斯·芒福德 (Lewis Mumford, 1895~1990)，美国著名城市规划理论家、历史学家。1943 年受封为英帝国爵士，获英帝国勋章。1964 年获美国自由勋章。主要作品有《枝条与石头》(1924)、《科技与文明》(1934)、《生存的价值》(1946) 等。1961 年出版的《历史名城》一书获国家出版奖。(译者注)

[②] 原英文人名为 Mark Delucchi。(译者注)

大多数人会谴责这是非常不公平的，但是相比之下司机最多支付 4% 的路外停车成本，而当停车的价格上升，他们却大声抱怨。

表 7-1　路外停车年度资本和运行成本（1990~1991 年每年 10 亿美元）

	低	高
捆绑的住宅停车	$15	$41
捆绑的非住宅停车	$49	$162
市政及机构停车	$12	$20
收费停车	$3	$3
停车总成本	$79	$226
停车总补贴	$76	$223
收费停车占停车总成本比例	4%	1%

来源：Delucchi(1997，表 1-5、表 1-6 和表 1-7)。

由于德鲁奇将路边停车[①]成本纳入到道路成本中，因此停车供给的总成本 (包括路外停车和路内停车[②]) 被低估了。考虑一条 36 英尺宽的住宅区街道，有两条 10 英尺宽的行车道和两条 8 英尺宽的停车车道：路边停车占据道路空间的 44%。显然，路边停车占道路总成本很大一部分，要准确估计停车补贴总额，就应该将路边停车考虑在内。[2] 据美国商务部估计，道路总价值占所有州和地方公共基础设施 (除道路以外还包括学校、下水道、供水、住宅楼、设备、医院和公园) 价值的 36%。由于路边停车占据很大一部分道路空间，所以它也应该占所有州和地方公共设施中很大一部分。[3] 由于司机在开车时确实要缴纳燃油税，但在停车时却不缴纳燃油税，因此对路边停车的补贴远远超过行车道。免费路边停车可能是美国城市为大多数市民提供的最昂贵的补贴。

1990~1991 年期间司机每年仅需支付 30 亿美元的停车费，因此对路外停车的补贴每年在 760 亿美元至 2,230 亿美元之间。1991 年美国国内生产总值为 6 万亿美元，因此对路外停车的补贴占美国经济产出的 1.2% 至 3.7%。[4]1990 年，美国汽车和轻型卡车行驶了 2 万亿英里，因此，路外停车补贴折合为每英里 4 美分 (如果补贴为 760 亿美元) 到每英里 11 美分 (如果补贴为 2,230 美元)。[5] 相比之下，1990 年与汽车相关的汽油、机油、保养和轮胎的平均可变成本为每英里 8.4 美分。[6] 因此，路外停车的补贴大约占司机支付的汽油、机油、保养和轮胎费用的 48% 到 131% 之间。

德鲁奇的估计是 1990~1991 年期间。考虑到通货膨胀以及自那时以来车辆和路外停车位数量增加，2002 年路外停车补贴总额在 1,270 亿美元到 3,740 亿美元之间。[7] 由于 2002 年美国国内生产总值增长到 10.5 万亿美元，路外停车补贴占经济的比重折合为 1.2% 至 3.6% 之间，几乎与 1991 年持平。相比之下，这种补

---

① 原文为 curb parking。(译者注)
② 原文为 both off-street and on-street。(译者注)

贴是巨大的。2002 年，联邦政府花费 2,310 亿美元用于医疗保险，3,490 亿美元用于国防。[8] 国防!! 难道路外停车补贴有那么大吗??? 为什么不呢? 自 20 世纪 50 年代以来，大多数美国城市要求每栋新建筑提供充足的路外停车位。美国家庭现在拥有的汽车比司机多，而这些汽车 95% 的时间都停在那里。因为开车的人很少为停车支付任何费用，他们的汽车几乎是免费停放的。2002 年，美国汽车和轻型卡车的行驶里程达到 2.6 万亿英里，因此，对路外停车的补贴介于每英里 5 美分 (如果补贴金额为 1,270 亿美元) 和每英里 14 美分 (如果补贴金额为 3,740 亿美元) 之间。[9] 按照经验法则，每加仑燃油税增加 1 美分，每年燃油税收入将增加约 10 亿美元，燃油税每加仑需上涨至 1.27 美元至 3.74 美元，才能抵消对路外停车的补贴。[10] 因此，取消对路外停车的补贴与每加仑燃油税上涨至 1.27 美元至 3.74 美元一样，对出行产生相同的影响。考虑到停车成本如此之高，而开车人只需支付如此少的费用，这些隐性补贴确实数额巨大。

停车供给的资本成本

先前估计的是停车供给的年度成本。我们还可以估算停车供给的资本成本，会得到一个令人惊奇的结论。这个令人惊讶的结果就是美国所有停车位的成本超过了所有汽车的价值，甚至可能超过所有道路的价值。

车辆和道路价值

美国商务部估计了 1929 年至 1997 年所有不可再生有形资产 (即不包含土地价值) 的资本价值。这项估计分为两类：车辆资本价值 (所有轿车和卡车) 和道路资本价值 (所有街道和公路)。[11] 表 7-2 显示 1990 年至 1997 年注册车辆数量以及车辆和道路资本价值。表格最后一行显示 1997 年共有 2.08 亿注册车辆，而

表 7-2　美国车辆和道路的资本价值，1990~1997

年份	注册车辆 (百万)	车辆资本价值		道路资本价值		车辆和道路资本价值	
		总额 (10 亿 $)	每车辆 ($/车)	总额 (10 亿 $)	每车辆 ($/车)	总额 (10 亿 $)	每车辆 ($/车)
(1)	(2)	(3)	(4)=(3)/(2)	(5)	(6)=(5)/(2)	(7)=(3)+(5)	(8)=(7)/(2)
1990	189	$844	$4473	$971	$5144	$1816	$9616
1991	188	$856	$4,550	$994	$5,285	$1,850	$9,835
1992	190	$884	$4,645	$1,018	$5,349	$1,903	$9,994
1993	194	$927	$4,774	$1,059	$5,457	$1,986	$10,231
1994	198	$994	$5,018	$1,134	$5,724	$2,127	$10,742
1995	202	$1,055	$5,234	$1,218	$6,043	$2,273	$11,277
1996	206	$1,110	$5,380	$1,285	$6,224	$2,395	$11,605
1997	208	$1,144	$5,507	$1,359	$6,542	$2,503	$12,049

来源：美国商务部 (1998，表 3、11 及 13)，以及附录 H 中的车辆数。

商务部估计车辆现货价值为 11,440 亿美元。因此，每辆车平均价值为 5,507 美元 (11,140 亿 ÷2.08 亿美元)。这一数值看起来很低，1995 年所有车辆的平均使用年限为 8.3 年，其中 62% 的车辆使用年限超过 5 年。[12] 可见旧车折旧是每辆车平均价值低至 5,507 美元的原因。

停车位比车辆更值钱？

停车位之所以比车辆还多，是因为开车人所到之处必须得有地方停车，而许多停车位大部分时间是空的。城市通常要求提供足够的停车位，以满足每种用地类型的停车高峰需求——家庭、工作、学校、餐馆、购物中心、电影院及数百个其他地方——这样开车人可以随时方便地进入任何地点。要看到其结果，想想半夜时分，当所有车辆都停在家里时会发生什么：在所有其他土地用途上，那些为满足高峰期免费停车需求建造的停车位此时几乎都是空的。

城市对每一块土地的使用都要求特定数量的停车位，但没有一个城市收集停车供应总量数据。因此，没人知道美国的停车位总数。据著名的土地利用规划师维克托·格伦估计，每辆车在家里至少有一个停车位，而其他地方有三或四个停车位为同一辆车服务。[13] 保守点说，假设每辆车在家里有一个停车位，在其他地方只有两个停车位 (工作地、学校、超市等)，或者每辆车只有三个停车位。[14] 同时，我们也保守地假设，每个停车位的平均土地和资本成本仅为 4,000 美元，第 6 章引用和计算的证据表明这是一个极低的值。考虑到这两个保守的假设，每辆车的可用停车位价值为 12,000 美元 (每辆车 3 个停车位 × 每车位 4,000 美元)，或是一辆车平均价值 (5,507 美元) 的两倍多。如果是这样的话，停车供应总量的价值是车辆总现货价值①两倍以上。

停车位比道路更值钱？

我们可以采用类似的推理比较停车位成本与道路价值。商务部估计，1997 年所有道路 (不包括土地价值) 的折旧建筑价值为 13.59 万亿美元。同年有 2.08 亿辆汽车，因此每辆汽车平均道路价值为 6,542 美元。这个价值可能看起来很低，但许多农村公路很旧，状况很差，因此其折旧价值可能相当低。如果每辆车有 3 个停车位，平均每个车位价值 4,000 美元，那么这些停车位的价值将再次达到每辆车 12,000 美元。果真如此的话，停车位供给的总价值几乎是所有道路价值 (每辆车 6,542 美元) 的两倍。[15]

最后，1997 年所有车辆和道路的总资本价值为 2.5 万亿美元，即每辆车 12,049 美元 (第 7 和第 8 列的最后一行)，约等于每辆车的停车价值。由于大多数城市街道的两侧都有停车道，因此我们也应该将一部分道路成本归于停车，而不是车辆

---

① 原文为 total vehicle stock。(译者注)

移动。如果把路外停车位和路内停车位都考虑在内，更多的基础设施贡献于停车而不是行驶中的汽车。

另一个粗略的近似值表明，开车人在停车费和道路税费方面存在巨大差异。1997 年，美国公共和私人停车设施的总收入为 66 亿美元。[16] 相比而言，同年开车人支付了 900 亿美元的燃油税、车辆税和通行费。[17] 停车位的价值可能超过所有道路，但开车人支付的停车费仅为道路使用税和通行费的 7%。[18]

大多数分析人士认为，州际公路系统的建设极大地刺激了汽车在城市交通的主导地位。燃油税为这些公路的建设提供了资金，所以开车人至少要为此买单。然而，大多数分析人士没有注意到，停车场比州际公路系统占用的土地要多得多，成本要高得多，而且对汽车的使用更为重要，但是开车人很少为停车支付任何费用。路外停车标准远远超过州际公路，刺激了汽车在城市交通的主导地位。

新车位与新车之比较

另一个正确看待免费停车成本的方法是比较它与新车价格。表 7-3 第 2 列显示自 1961 年以来，UCLA 停车楼每个新建车位的原始成本 (未经通胀校正)。第

表 7-3　UCLA 新车位成本与新车价格的比较

年份	每车位成本	新车平均价格	车位成本占汽车价格比例
(1)	(2)	(3)	(4)=(2)/(3)
1961	$2,000	$2,841	70%
1963	$1,626	$2,968	55%
1964	$1,946	$2,954	66%
1966	$2,323	$3,070	76%
1967	$2,789	$3,216	87%
1969	$2,907	$3,557	82%
1977	$11,762	$5,814	202%
1980	$11,499	$7,574	152%
1983	$19,752	$10,606	186%
1990	$20,859	$15,042	139%
1990	$22,350	$15,042	149%
1991	$20,873	$15,475	135%
1995	$13,712	$17,959	76%
1998	$26,300	$20,364	129%
2002	$31,500	$21,440	147%
1961~2002 平均			117%
1961~1969 平均			73%
1977~2002 平均			146%

来源：第 2 列来自表 6-1 第 8 列。第 3 列来自《沃德汽车年鉴 2003》[①](第 270 页) 以及更早的版本。

① 原书名为 *Ward's Automotive Yearbook 2003*。(译者注)

3 列显示在停车楼建成当年美国新车购置的平均价格。最后,第 4 列显示新车位的平均成本与新车平均价格的比例。[19] 平均而言,新停车位的成本比新车高 17%。司机们可能没有意识到这一点,但很多停车位的成本比停在里面的汽车还要高,尤其汽车的贬值速度比停车位快得多。[20] 当考虑到许多汽车比占用的停车位便宜,而且许多停车位大部分时间是空的,停车位供给比车辆现货价值更值钱也就不足为奇了。

上述估计的是总停车供给的年度成本和资本成本。我们也可以调查对个人出行的停车补贴。下文的比较表明,工作时司机获得的免费停车补贴超过单独开车上班平均可变成本的一半。

免费停车与开车通勤成本之比较

全美范围内,95% 的汽车通勤者在上班时免费停车。[21] 因此,一些城市以现有工作场所观察的高峰停车占用率为基础,要求提供足够的车位来满足免费停车的高峰需求。由此产生的停车补贴可以通过比较工作场所提供免费停车位的成本和通勤者开车上班支付的费用来得到。在这个比较中,我将以美国上班平均路程为例。

免费停车降低 71% 的汽车通勤成本

以城市地区为例,提供一个停车楼车位的成本为 127 美元/月,如第 6 章所述 (见表 7-4 第 1 行)。如果通勤者每月 22 天开车上班,那么每个工作日提供停车位的成本是 5.77 美元 (127 美元 ÷22=5.77 美元)。由于给通勤者提供的停车位通常一天只供一辆车使用,因此,工作时享受免费停车的单独驾驶者每天可获得 5.77 美元补贴,这比几乎任何通勤出行的往返交通费 (第 3 行) 都要高。[22] 宾夕法尼亚大学交通教授 Vukan Vuchic 指出:

> 加上停车费,汽车出行才会比公交更贵。然而,提供"免费停车"造成这样一种局面:许多通勤者根据直接成本选择出行方式,认为只有开车才能"省钱"。这证实了许多城市的经验,"免费停车"是鼓励汽车通勤的主要因素——往往是最重要的因素。它可能是将出行从汽车转向公交或任何其他方式的主要障碍。[23]

现在将停车补贴用每英里行驶的美分表示,并与其他通勤费用比较。《2001全美家庭出行调查》①发现,美国往返通勤距离平均为 26.2 英里,因此,如果停车补贴为每天 5.77 美元,那么上下班的补贴为每英里 22 美分 (第 5 行)。[24] 相

---

① 原书名为 *2001 National Household Travel Survey*。(译者注)

比之下，2001 年汽车平均运行成本 (汽油、机油、保养和轮胎) 为每英里 13.6 美分 (第 6 行)。[25] 因此，工作场所免费停车的补贴比开车上下班的费用 (22 美分÷13.6 美分) 高出 62%。

单驾通勤者每天平均支付 3.20 美元的车辆运行成本 (第 7 行)。因此，如果雇主支付停车费，司机的汽车通勤总可变成本 (运行成本加停车成本) 为每天 3.20 美元，如果司机支付停车费，则为每天 8.97 美元 (第 8 行)。因此，工作场所的免费停车补贴了汽车通勤总可变成本的 64%。加拿大交通经济学家戴维·吉伦早些时候对多伦多通勤者的一项研究估计，上班时免费停车补贴了开车上班总可变成本的 85%。[26]

表 7-4　停车补贴与通勤成本相比较

变量	测量	来源
1. 每月停车补贴	每月 $127	表 6-3
2. 每月工作日	22 天	
3. 每天停车补贴	每天 $5.77	$127/22 天
4. 平均工作往返距离	26.2 英里	*NHTS*
5. 每英里停车补贴	每英里 22 美分	$5.77/26.2 英里
6. 平均每英里车辆运行成本	每英里 13.6 美分	沃德数据
7. 每天车辆运行成本	每天 $3.20	26.2 英里 × 每英里 13.6 美分
8. 每天总可变出行成本	每天 $8.97	$5.77 + $3.20
9. 停车补贴占可变出行成本比例	64%	$5.77/$8.97
10. 平均燃油效率	每加仑 20 英里	沃德数据
11. 每次通勤耗油量	1.3 加仑	26.2 英里/每加仑 20 英里
12. 停车补贴的等价燃油税	每加仑 $4.44	$5.77/1.3 加仑
13. 平均每加仑联邦、州燃油税	每加仑 37 美分	美国交通运输部
14. 每英里联邦、州燃油税	每英里 1.9 美分	37 美分/20 英里
15. 停车补贴/燃油税	12%	22 美分/1.9 美分

来源：平均出行距离来自《2001 全美家庭出行调查》[①]。2001 年平均可变运行成本 (购置汽油、机油、保养和轮胎) 和燃油效率来自《沃德机动车事实与数据 2002》[②]。
2001 年平均燃油税来自美国交通部 (2001，表 MF-121T)。

如果开车上班的可变成本为每天 3.2 美元，停车费用为每天 5.77 美元，那么上班停车收费使开车上班的自费成本增加 180%。之所以出现如此大的增长，是因为停车成本在通勤成本中占较大比例。在燃油税较高的国家，这个增幅的百分比会小一些，但仍相当可观。比利时交通经济学家 Stef Proost 和 Kurt Van Dender 估计，在布鲁塞尔市中心 (70% 的汽车通勤者免费停车) 停车收费将使通勤者开车上班的成本增加 60%。[27]

---

① 原书名为 *2001 National Household Travel Survey*，简称 *NHTS*。(译者注)
② 原书名为 *Ward's Motor Vehicle Facts & Figures 2002*。(译者注)

免费停车比 4 美元一加仑的汽油更值钱

要理解停车收费如何改变通勤者的选择，一种方法是想象另一种同等价值的成本增加，如燃油税。2001 年，汽车和轻型卡车的平均燃油效率为每加仑 20 英里 (第 10 行)，而私人车辆的往返通勤平均距离为 26.2 英里，因此每天通勤平均消耗 1.3 加仑汽油 (第 11 行)。[28] 如果通勤者在一个每天成本 5.77 美元的车位上免费停车，工作往返消耗 1.3 加仑汽油，那么停车补贴等价于每加仑汽油 4.44 美元[①](第 12 行)。因此，工作场所停车取消补贴对通勤的影响与每加仑燃油税增加至 4.44 美元相同！现行每加仑 37 美分的燃油税税率 (第 13 行) 必须提高 1,100%才能抵消为免费停车提供的补贴。[29]

从长远来看，停车收费使开车上班的成本增加，甚至超过每加仑 4.44 美元的燃油税。为了应对上涨的燃油税，开车人会购买更省油的汽车或在离家较近的地方工作，每次工作出行所消耗的燃油减少，但提高燃油效率并不能降低停车成本。[30] 只要汽车需要停放，司机就会为其支付费用，这样不可避免会对单独驾驶产生抑制作用。

免费停车相当于开车上班每英里花 22 美分

对于一般的上班出行，免费停车对一趟典型通勤的补贴为每英里 22 美分 (第 5 行)。我们可以将这项补贴与现行燃油税每英里成本进行比较。2001 年联邦和州的平均加成燃油税[②]为每加仑 37 美分。[31] 如果燃油效率为每加仑 20 英里，燃油税将使驾驶成本每英里增加 1.9 美分 (第 14 行)。因此，上班停车每英里补贴是开车上班每英里燃油税的 12 倍 (第 15 行)。当然对于短途旅行，这个比例还会更高。

其他研究也表明，停车成本要高于开车成本。在为保护法基金会[③]进行的一项研究中，阿波吉研究所[④]估计，波士顿和剑桥的停车成本从每车英里 25 美分 (适用于所有出行，而不仅是通勤) 到郊区的每车英里 11 美分不等；因为通常是免费停车，开车人几乎不支付这些成本。[32] 汽油和机油的平均成本大约每车英里 5 美分，所以对停车的补贴至少是开车燃油成本的两倍。

总而言之，上述三种比较表明，工作时免费停车补贴了开车上下班的主要费用。首先，它降低了开车自付费用的 64%。其次，它相当于每加仑汽油补贴 4.44 美元。第三，它补贴了每英里 22 美分的开车成本，是每英里燃油税的 12 倍。很少有上班族会拒绝免费停车的优惠。

---

① 用 5.77 美元除以 1.3 加仑汽油，得到每加仑汽油 4.44 美元。(译者注)

② 原文为 average combined federal and state gasoline tax。(译者注)

③ 原文为 Conservation Law Foundation。(译者注)

④ 原文为 Apogee Research。(译者注)

停车补贴与拥挤收费之比较

停车补贴究竟减少多少开车成本，我们也可以把它与拥挤收费增加多少开车成本做个比较。大多数交通经济学家认为，如果不收取拥堵费，交通拥堵不会消除，甚至无法大幅缓解——比如伦敦 2003 年对高峰时期开车引入这一政策。经济学家认为，交通拥堵来自于政府失灵，没有对高峰时段驾驶行为收取更高的价格——这是一种疏忽之错 (omission)。但是地方政府为了增加停车供给和降低停车价格而实施停车位下限标准——却是一种规制之错 (commission)[①]。

迈克尔·卡梅伦和肯尼思·斯莫尔各自独立的研究发现，要在洛杉矶高速公路高峰时段实现自由通行，每英里收取 15 美分是必要的 (以 1990 年美元计算)。[33] 伊丽莎白·迪金和格雷格·哈维估计，1991 年在洛杉矶所有拥堵的道路上，适当的通行费是必要的，平均每英里 10 美分。[34] 表 7-4 显示，工作时免费停车可以减少每英里 22 美分的通勤成本。因此，由雇主付费的停车减少了开车上班的费用，高于专家建议的拥堵收费。[35]

每辆车平均 95% 的时间都停着，所以如果大多数停车都是免费的，那么大部分司机仅需要支付行驶在两个免费停车位之间短暂行程时间的拥堵费。[36] 爱德华·考尔索普、斯蒂夫·普鲁斯特和库尔特·范登德表示，停车费和拥堵费的联合使用而不是各自发力，将使交通运输的效率大大提高。他们使用布鲁塞尔交通模拟模型分析如下效应：(1) 对中央商务区 (CBD) 所有停车收费，(2) 对所有进入 CBD 的汽车收取拥堵费，(3) 同时收取停车费和拥堵费。[37] 他们发现，当停车费和拥堵费同时引入时，最优停车费和最优拥堵费都低于单独引入时。但他们也发现，仅停车费一项就产生停车费和拥堵费同时实施时 96% 的效益，而仅拥堵费一项只产生 72% 的效益。如果城市不得不在停车费和拥堵费中选择其一，停车费将产生更高的效益。

此前两项比较停车费和拥堵收费的研究得出了类似的结论。1980 年，José Gómez-Ibáñez 和 Gary Fauth 估计，在波士顿中心街道上每天收取 1 美元的停车附加费或每天收取 1 美元拥堵费，大约可使平均交通速度增加一倍，并产生几乎相同的净交通效益。[38]1967 年，J. 迈克尔·汤姆森估计，伦敦市中心停车费所产生的效益大约是所有进入伦敦市中心的汽车高峰期拥堵费的一半。[39] 汤姆森还估计，高峰时段减少拥堵的效益有一半将归于公共汽车乘客和运营商，因为减少的拥堵将提高公共汽车速度。在研究期间，伦敦市中心三分之二的路内停车位是免费的。

汤姆森估计，1967 年最优拥堵收费标准为每天 0.30 英镑 (按 2003 年价格计

---

① 文中的 omission 和 commission，前者是指没有采取应有的行为，后者是指行为违反法律法规。(译者注)

算为 3.44 英镑或 5.51 美元),交通高峰小时的平均速度将提高 25%。2003 年 (汤姆森研究 35 年之后),伦敦交通局对进入伦敦市中心实行每天 5 英镑 (8 美元) 的拥堵收费;在收费系统实施后头 6 个月,进入该区域的交通量下降了 16%,处于拥堵状态或每小时速度低于 10 公里 (6 英里) 的时间减少约 25%。[40] 与拥堵收费区内的路边停车价格 (2004 年每小时 4 英镑) 相比,每天 5 英镑拥堵费是适中的,与伦敦通勤者全天停车价格相比更是可以接受的。由于伦敦市中心 81% 的汽车通勤者上班时免费停车,因此,停车市场定价应能更大程度地减少交通拥堵。[41]

停车费有时会推荐用来减少交通拥堵。尽管根本问题看上去是因为没有拥堵费,停车费被提出来作为政治上不愿意征收拥堵费的一种补偿方式。[42] 但这一提议忽视了政治上不愿收取停车费的态度,当收取足够高的停车费,即使只是为了弥补停车位自身的成本也会带来政治阻力。城市并没有用停车费来弥补拥堵收费的不足,实际做法恰恰相反。城市停车收费过低,导致交通拥堵更加严重。许多推荐实施的交通收费政策——拥堵收费或更高的燃油税——都是为了让开车更贵,但实际的停车政策却让开车更便宜。

似乎只有与大多数交通分析师感兴趣的其他问题,如交通拥堵或空气污染相关时,他们才会考虑停车问题。似乎很少有人担心停车本身的管理效率如此低下。[43] 然而,通过收费有效分配停车位也将减少拥堵、空气污染和能源消耗。停车收费简单易行,往往意味着停止不适当的补贴。因为拥堵收费和停车费都能提升交通效率,而且由于停车收费所需的技术比在拥堵交通中对驾车收费简单得多,所以在对前往 CBD 的车辆收费之前,先结束 CBD 之内的停车补贴是合理的。

交通拥堵阻碍车辆出行 (包括公交出行),而停车收费则特别不鼓励单独驾驶。拥堵增加从一地到另一地的时间,但人们可以通过调整工作或居住地点来应对。他们可能会缩短上班的距离,或者选择在交通不太拥挤的地区生活和工作,但他们继续独自开车上班,即使在平均出行速度下降的情况下,上班所需的时间仍然保持稳定。[44] 交通拥堵减缓公交出行速度,甚至可能使一些公交乘客转向独自驾驶。相比之下,停车收费鼓励拼车、步行、骑车或乘坐公交上班。这些调整确实减少了单独驾驶,而拥堵却无法达到这个效果。

简单的算术

另一种看待免费停车的方法是比较停车成本和开车成本。2001 年,一辆汽车的平均运行成本 (汽油、机油、保养和轮胎) 为每英里 13.6 美分,平均每年行驶 11,766 英里,因此,总运行成本为每年 1,600 美元,即每天 4.38 美元。[45] 如果每辆车只有三个停车位,并且每个车位平均成本每天仅为 1.46 美元,那么停车平均费用每天也是 4.38 美元。但由于提供停车位的平均资本和运营成本每天肯定超过

1.46 美元 (每月 44 美元), 显然停车成本超过了司机的汽油、机油、保养和轮胎成本。尽管如此, 司机也只是支付了 1%的出行费用。因此, 停车补贴总额可能高于所有汽车运行的总成本。

最后一种让免费停车成本形象化的方法是考虑停车所需的总空间。假设汽车在一个停车场依次排列, 每个车位仅占 200 平方英尺, 也不考虑回旋的余地。如果每辆车需要三个停车位, 那么所需要的停车面积为 600 平方英尺。2002 年美国有 2.3 亿辆机动车, 总停放面积将达到 4,950 平方英里, 大约相当于康涅狄格州的面积, 或超过特拉华州和罗得岛州面积的总和。[46]

结论：一场巨大的规划灾难

对于任何规划法规, 我们不仅要问谁会从中受益, 还要问谁会来买单。有了免费停车, 每个人似乎都从中受益, 似乎也没有人付钱, 因此停车标准的成本一直不是规划师关注的议题。但是当我们将停车成本与交通系统中的其他成本比较时, 可以看到, 停车供给的代价可能超过美国所有机动车的总价值。因为司机停车几乎不需要支付任何费用, 所以补贴是惊人的, 大约相当于医疗保险或国防预算的规模。为了理解这些停车补贴是如何影响交通和土地使用的, 我们应该遵循一位深喉[①]提出的好建议, 据报道, 1972 年《华盛顿邮报》记者鲍勃·伍德沃德调查水门事件期间, 在一个地下车库里, 这位深喉告诉他, "跟着钱走"[②]。

路外停车的成本大每年约在 1,270 亿和 3,740 亿美元之间, 并且已经转化为其他一切商品更高的价格之中。当司机免费停车时, 这个成本就消失了, 但它其实并没有消失。相反, 免费停车会增加开车需求, 进而增加满足高峰停车需求必要的补贴。停车位下限标准真是一场巨大的规划灾难——也许是有史以来最大的灾难。

---

① 原文为 Deep Throat, 直译为深喉。(译者注)
② 原文为 Follow the money。(译者注)

第 7 章注释

1. Delucchi(1997，表 1-5、表 1-6 和表 1-7)。Delucchi 做出一些保守的假设，这些假设往往低估了路外停车的成本。每年 790 亿美元的下限值是基于 1.25 亿个非住宅区路外停车位的估计，每年 2,260 亿美元的上限值是基于 2 亿个停车位的估计 (Delucchi 和 Murphy，1998，表 6-1)。因为 1990 年美国有 1.89 亿辆机动车，这意味着每辆车至多有 1.06 个非住宅区路外停车位。但采用各种用地类型的路外停车标准数据后，Delucchi 和 Murphy(1997，表 6-1) 估计 1990 年非住宅区路外停车位的上限值为 8.95 亿个，或者说，比用于计算每年 2,260 亿元路外停车补贴上限的车位数多 4.5 倍。停车位计算过程的模糊性也许可以解释停车成本计算的巨大不确定性。例如，许多居民把车停在自己的车道上，所以也许车道应该算作停车位。另一方面，不用于停车的住宅车库不应算作停车位。许多生意都是在车库里开始的 (最著名的是《读者文摘》、沃尔特·迪士尼、惠普、苹果电脑和亚马逊网站)。巴迪·霍利 (Buddy Holly) 和无数其他音乐家从车库开始，一些车库乐队从未离开过自家的车库。考虑到所有停放汽车场所的替代方案，我们不应将所有住宅车库的成本计算为停车成本，但也不应低估非住宅停车位的数量。

2. 因为路内停车位很难统计，Delucchi 把它们的成本计入道路成本。一些研究者根本不认为停车费是汽车运输成本的一部分。例如，明尼苏达大学交通经济学家 David Levinson(2002) 在《为交通网络融资》(*Financing Transportation Networks*) 一书中估计了汽车运输成本，但排除了停车成本，因为"它们不属于严格定义的交通部门"，类似于一些人对美国国防费用中中东产油区防御费用的看法 (Lexinson，2002，42-43)。除去停车费，交通系统的总成本就不完整了。

3. 美国商务部 (1998，表 11)。1997 年，州和地方公路价值 (1.3 万亿美元) 占所有州和地方基础设施价值 (3.7 万亿美元) 的 36%。其他基础设施类别在整个基础设施中所占的份额则要小得多：教育 (18%)、排水 (8%)、供水 (5%)、住宅 (4%)、设备 (4%)、医院 (3%)、保护与发展 (2%) 及其他 (20%)。这些估算不包括土地价值；由于土地价值占道路总成本的份额大于它占其他公共基础设施的份额，将土地价值纳入估算将增加道路在公共基础设施总量的比例。

4. 关于美国国内生产总值的估计参见 2004 年《总统经济报告》(*Economic Report of the President*，2004) 表 B-1，网址为 www.gpoaccess.gov/eop/。

5. 参见《沃德汽车年鉴 2003》(*Ward's Automotive Yearbook 2003*，第 269 页) 中 1990 年总车英里数 (total vehicle miles of travel)。

6. 参见《沃德机动车事实与数据 2001》(*Ward's Motor Vehicle Facts and Figures*，2001，第 64 页) 中 1990 年乘用车平均可变成本。

7. 因为 1990 年美国有 1.89 亿辆机动车，每辆车每年的停车补贴在 402 美元到 1,180 美元之间。按 2002 年通货膨胀率调整后，每辆车的年收入在 554 美元到 1,628 美元之间。如果每辆车仅占用三个停车位，那么每辆车的停车补贴每月每车位在 15 美元到 45 美元之间；这些数值对大多数城市的停车位成本而言非常低，因此即使 Delucchi 对停车补贴有过高的估计，该数值也可能偏低。由于停车标准旨在满足每种用地类型的高峰停车需求，因此似乎可以合理地假设路外停车供给（以及停车补贴总额）随汽车数量增加。一些老城市是在停车标准出台之前建设的，因此新开发项目的停车补贴可能超过所有开发项目的平均停车补贴，而且停车补贴总额的增长速度可能会快于汽车数量。由于 2002 年美国拥有 229,619,979 辆机动车（美国交通部 2002b，表 MV-1），Delucchi 的估计意味着停车补贴总额在 1,270 亿美元（如果补贴为每辆车 554 美元）到 3,740 亿美元（如果补贴为每辆车 1,628 美元）之间。

　　8. 见 2003 年《总统经济报告》(*Economic Report of the President*, 2003) 表 B-70 和 B-80，可在线查阅 www.gpoaccess.gov/usbudget/fy04/pdf/2003_erp.pdf。

　　9. 参见《沃德汽车年鉴 2003》(*Ward's Automotive Yearbook 2003*, 第 269 页) 中 1990 年总车英里数。

　　10. 见表 7-4。2001 年联邦和州的加成燃油税平均为每加仑 37 美分。因为平均燃油效率为每加仑 20 英里，燃油税增加了每英里 1.9 美分 (37 美分 ÷20 美分) 的驾驶成本。路外停车补贴至少是燃油税的 2.6 倍 (如果补贴是每英里 5 美分)，也可能是 7.9 倍 (如果每英里补贴 15 美分)。

　　11. 资产的资本价值以该资产过去总投资的累积价值减去过去折旧的累积价值测算。关于估算汽车和道路资本价值的方法可参见 Katz 和 Herman(1997)。价值用每年美元现值表示 (即不以通货膨胀为指数)。

　　12. Hu 和 Young(1999，表 20)。

　　13. Gruen(1973，89)。当 Peter Newman 和 Jeffrey Kenworthy 收集城市交通统计原始资料时，大多数城市只能估计中央商务区 (CBD) 的停车位总数，在某些情况下甚至什么也做不了。Newman 和 Kenworthy(1989，31-32) 报告说，城市停车数据几乎总是由专家们根据特定地区的特定需求不定期收集的。

　　14. Erik Verhoef(1996，97) 报告说，在荷兰，每辆车有三个停车位。

　　15. 道路的估计价值不包括土地价值。因此，停车位价值也必须去除土地价值之后，才能与道路价值进行有效的比较。2002 年，美国有 2.3 亿机动车和 400 万英里道路，即每英里道路约 58 辆汽车 (美国交通部 2002b，表 MV-1 和 HM-20)。如果每辆汽车只有 3 个停车位，那么每英里道路有 174 个停车位，或每 30 英尺道路有一个停车位。

　　16.《1997 年经济普查》(*1997 Economic Census*) 发现，1997 年美国私人停车场和停车库的总收入只有 52 亿美元 (美国人口普查局，1997)。在北美行业分

类系统 (North American Industry Classification System) 中，停车场和车库的代码为 81293。美国交通部 (2002a，表 3-A) 报告说，1997 年所有公共停车设施的总收入为 14 亿美元。停车场和车库的收入夸大了司机为停车支付的费用，如果其他人为司机支付——就像商家豁免和雇主支付的停车费，所以停车场经营者获得的收入并不是来自司机。

17. 1997 年，开车人缴付的汽车燃油、汽车税及过路费为 900 亿元。见美国交通部、联邦公路管理处、公路政策信息办公室，《1998 年公路统计》(*Highway Statistics 1998*)，表 HDF，公路用户收入分配。网址为：http://www.fhwa.dot.gov/ohim/hs98/hs98page.htm。

18. 另一种比较表明停车补贴的规模。毕马威 (KPMG Peat-Marwick，1990) 估计，1989 年，美国免费提供给汽车通勤者的停车位，其年度资本加上运营成本达到 521 亿美元。美国公交协会 (American Public Transit Association，1997) 报告说，1989 年，联邦、州和地方政府为美国所有公共交通提供了 87 亿美元的运营补贴。因此，汽车工作出行的停车补贴是所有公共交通出行运营补贴的六倍。

19. 新车平均价格数据来自于《沃德汽车年报 2000》(*Ward's Automotive Yearbook, 2000*，第 284 页) 及同一出版物的早期版本。

20. 20 世纪 60 年代，一个新停车位的成本平均为新车价格的 73%。从那时以来，停车位一直保持不变 (或变得更小)，而新车的质量有了显著提高，但与新车价格相比，新停车位成本增加了一倍多。

21.《1995 年全美个人交通调查》(*1995 Nationwide Personal Transportation Survey*) 发现，95%汽车通勤者在工作时免费停车 (美国交通部，1995a)。《2001 全美家庭出行调查》(*2001 National Household Travel Survey*) 没有询问通勤者是否为工作时的停车付费 (美国交通部，2003a)。

22. 一些人上班缺勤，因此同样的停车位可以为更多的通勤者提供服务。另一方面，空置率在 5%到 15%之间时，停车系统的运行效率最高，此时司机不需要在整个系统中搜索最后几个可用的车位。停车研究发现缺勤率通常在 5%到 15%之间，因此认为这两个因素相互抵消。

23. Vuchic(1999，77)。

24.《2001 年全美家庭出行调查》(美国交通部，2003a)。

25.《沃德机动车事实与数据 2002》。

26. David Gillen(1977a) 在一项对多伦多 CBD 通勤者的研究发现，上班时停车的平均成本为每天 1.56 美元，开车上班的平均汽车可变成本 (汽油、机油、轮胎) 为每天 0.28 美元。因此，上班开车出行的总可变成本为每天 1.84 美元 (1.56 美元 +0.28 美元)，上班时免费停车补贴占开车上班总可变成本的 85%(1.56 美元 ÷1.84 美元)。

27. Proost 和 Van Dender(2001，401)。由于车辆运行成本与行程长度成正比，而停车费与行程长度无关，因此停车收费导致更短行程的驾驶成本增加得更多。停车收费大大增加了开车上班的成本，因为每位通勤者的汽车在上班时会占用很多空间。典型的办公楼就业密度是每千平方英尺 4 人，即每位雇员 250 平方英尺办公空间。相比之下，停车场和停车楼一般每个车位约 330 平方英尺 (一半用于停车，一半用于进出通道)。工作时停放汽车占用的空间通常比司机的办公空间还多出三分之一，因此收取停车费会大大增加开车上班的成本。

28.《沃德机动车事实与数据 2002》。平均燃油效率的计算方法是将汽车和轻型卡车的总行驶里程 (VMT) 除以总燃油消耗量。

29. 幸运的是，我们的汽车没有使用其他常见的液体燃料，如健怡水 (每加仑 10 美元) 或依云水 (每加仑 21 美元)。

30. Richard Muth(1983) 研究了 20 世纪 70 年代汽油价格的快速上涨对通勤成本的影响。修正物价上涨的因素后，1973 年至 1980 年间汽油价格几乎翻了一番，但 Muth 估计开车上班的成本每英里只增加了 5%。两个原因解释了通勤成本的小幅增长。首先，汽油成本仅为汽车 10 年平均运行成本 (包括汽油、机油、折旧、维修和保养、更换轮胎、配件、销售税以及燃油税和轮胎税) 的五分之一左右。其次，由于汽油价格上涨，汽车平均尺寸下降，汽车燃油效率提高。

31. 美国交通部 (2001b，表 MF-121T)。联邦税为每加仑 18.4 美分，州税率的加权平均值为每加仑 19.08 美分。州税率从佐治亚州每加仑 7.5 美分到罗德岛每加仑 29 美分不等。

32. Apogee Research(1994，99 和 109)。Apogee 估计了住宅和非住宅停车位的总成本，不包括路内停车位的成本。Apogee 假设住宅车库的资本成本仅为 2,400 美元，并且可按 80 年折旧，因此这样估计出来的住宅停车成本似乎比较保守 (Apogee Research，1994，110)。

33. PAS 报告第 532 页，《停车提现》(*Parking Cash Out*) 描述了 Michael Cameron(1991) 和 Kenneth Small(1992) 对拥堵收费的估计。

34. Deakin 和 Harvey (1996)。

35. 为了应对拥挤收费，司机们会在非高峰时段出行，转向不收费的道路或者搬到离工作较近的地方，这样每趟工作出行的拥堵费会减少。因此，从长远来看，停车收费将使开车上班的成本增加，甚至超过每英里 22 美分的拥堵费。

36. 有关司机 99% 的行程是免费停车的证据以及平均 95% 的时间处于停车状态的证据，请参见附录 B。

37. "停车和道路使用的价格需要同时确定。随着停车收费水平提高或免费停车人数减少，拥堵收费区域内最优收费水平下降。此外，采用拥堵区收费政策后，最优停车费水平也会下降"(Calthrop、Proost 和 van Dender，2000，64)。如果不收取停车费，最优拥堵收费为每次出行 3.70 美元。当停车费为每次 1.90 美元时 (提供停车位的估计成本)，最优拥堵收费降至每次 3.10 美元。基准情形假设司机在 70% 的行程中免费停车。拥堵区内的收费因时间而异，但停车费不变化。欧洲货币单位 (ECU) 的兑换率为 1 美元 =1ECU。

38. Gòmez-Ibáñez 和 Fauth(1980)。

39. Thomson(1967)。停车价格的优化增量为每小时 0.0375 英镑 (按 2003 年价格为 0.43 英镑或 0.69 美元)，它将高峰时段的平均交通速度提高了 14%。最优拥堵费为每天 0.30 英镑 (按 2003 年价格为 3.44 英镑或 5.51 美元)，它使高峰时段的平均速度提高了 25%。Thomson 没有建模分析停车费和拥堵费的影响。1967 年的价格由英国零售价格指数换算成 2003 年的等值价格，并按 1 英镑 =1.60 美元汇率换算。2003 年，伦敦交通局对进入伦敦市中心实行每天 5 英镑的收费。

40. 伦敦交通局 (2003)。

41. Baker(1987，535) 报告的一项调查结果显示，伦敦市中心 81% 的通勤者上班时免费停车。

42. 例如，Glazer 和 Niskanen(1992，124) 说，"因此，我们不讨论停车费为用户分配更多和更少理想停车位方面的作用"。他们研究了一个"次优方案：如果道路使用费过低，则采用最优的停车费"。但没有研究如果停车费本身过低、无法有效配置停车位时会发生什么情况。

43. 一个例外是 Eric Verhoef(1996，112)，他对停车政策进行了复杂的分析，提出两个目标，"(1) 优化城市道路网的拥挤程度，(2) 优化停车活动本身"。他的结论是，停车费是配置稀缺停车资源的最优方式，但规制其他道路交通外部性是次优方式。

44. Gordon 和 Richardson(2001) 解释了稳定的区域出行时间如何与路线拥挤大幅增加同时存在，他们提供的证据表明，美国的平均通勤时间自 1969 年以来没有显著变化，也许自 1934 年以来就没有变化过。

45. 《沃德汽车年鉴 2003》(*Ward's Automotive Yearbook*, 2003，268-269)。开车的总运行成本为每年 1,600 美元 (11,766 英里/年 ×13.6 美分/英里)，相当于每天 4.38 美元 (1,600 美元 ÷365 美元)。

46. 每个停车位 200 平方英尺的面积是保守估计，因为它不包含停车场和车库内部通道所需的面积。停车总面积为 4,950 平方英里 (2.3 亿车辆 ×600 平方英尺/车 ÷ 27,878,400 平方英尺/英里)。康涅狄格州、特拉华州和罗德岛的陆地面积分别为 4,845 平方英里、1,954 平方英里和 1,045 平方英里。

第 8 章　一个寓言：最低电话安装标准

> 在一个人人有车的时代，开着私家车进入城市每座建筑的权利，其实就是摧毁城市的权利。
>
> ——刘易斯·芒福德

我们已经习惯了随处可见的免费停车，以至于可能看不到——或者不想清楚地看到——其成本和后果。不妨从一个新的角度想象一下，如果城市规划师让所有电话反向收费，让被叫方而不是呼叫方支付电话费，那么将会发生什么情况。[1] 我们再设想一下，所有反向收费捆绑在每个房屋的按揭或租金中，不单独列项，这样一来似乎谁也不会为使用电话付费了。

由于所有电话对呼叫方是免费的，因此电话使用需求急剧上升。为了避免长期忙音占线，各城市制定了最低电话安装标准，确保每座新建筑至少提供足够的电话线来处理高峰期电话。很快，每个人都希望每栋楼每个住户至少有一条电话线，再加上传真机、电脑调制解调器和防盗报警器的额外线路。开发商将提供这种电话容量的成本转嫁到住户身上，提高包括住房在内的所有商品和服务的价格。

为了帮助城市规划师预测电话需求，电话工程师调查了少数房产在通话高峰期使用的最大电话线数量，电话工程师协会[①](ITE) 按每种用地类型将结果公布在"电话生成率"手册中。然后，城市规划师参考 ITE 手册设定电话数量的最低标准，以满足数百种不同土地用途的最大电话需求。各个城市的电话数量下限标准相差很大，却没有人要求解释，也没有人给出解释。城市规划师在制定个人电话标准时，没有考虑电话价格或提供电话容量的成本。在为每一种用地类型设定个别标准时，规划师也忽视了整个标准系统的叠加效应。

联邦政府对雇主支付的远程办公补贴免征所得税，无意中刺激了高峰期电话呼叫的增加，然后政府又大力补贴地方邮件服务[②]，以缓解高峰期单独远程办公带来的电话负荷。政府在邮件服务上的支出越来越多，而邮件服务在所有通信的份额不断缩小。

为了减少高峰时段的通话量，一些城市免除了中央商务区 (CBD) 的电话数量下限标准，但是开发商仍然继续提供充足的电话容量，由于电话服务随处可见，每

---

① 原文为 Institute of Telephone Engineers，简称 ITE。(译者注)

② 原文为 local mail service，在这个例子中，地方邮件服务是电话呼叫的竞争方式。(译者注)

个人都已经习以为常了。无奈之下，一些城市限制了 CBD 内允许的电话数量，但由于电话是免费的，电话线路拥挤问题变得无药可治。一项电话需求管理①(TDM)应运而生。

最后，想象一下，如果打电话和开车出行对环境的影响是一样的。过度使用电话会污染空气，消耗自然资源，并可能导致全球变暖。规划师们疯狂地寻找解决所有问题的方法，甚至没有注意到电话数量下限标准产生的影响。

电话数量下限标准是一个笑话，但停车位数量下限标准却是真实的。城市确实要求至少提供足够的停车位来满足免费停车的高峰需求，这确实增加了车辆出行。过度的车辆出行确实污染了空气，消耗了自然资源，并有可能导致全球变暖。停车位下限标准使交通和土地市场的价格系统发生短路，造成许多意料之外但并非不可预见的后果。如果由价格而不是规划师来调控停车位数量，城市看起来会更好些，运行也会更好些。就像汽车本身，停车位是个好仆人，但却是个坏主人②。

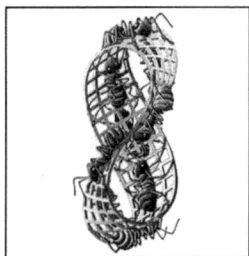

第 8 章注释

1. 在免费停车的情况下，人们出行的目的地承担了提供停车位的成本。对于对方付费电话，人们所呼叫的地区支付电话费。为 99% 的汽车出行提供免费停车位，就像为 99% 的电话呼叫提供 800 个号码一样。

---

① 原文为 telephone demand management，简称 TDM。(译者注)
② 这句话来自 Money is a good servant but a bad master。字面意思为，金钱是好的仆人，但是个坏主人。把钱用好了，它能帮助你完成很多事情；要是做什么事情都是为了钱，那就被它的丑恶面所控制了。(译者注)

第 9 章　以公共停车取代私人停车

把一堆金属费力地从一地运到另一地。然后，它被遗弃了一天，阻碍了那些试图用不那么自私的方式移动的行人。

——A. J. P. 泰勒[①]

路外停车标准有一个薄弱的理论和经验基础，消耗巨大的资金，造成极大的危害。不幸的是，它们依照立法出现在分区条例中，在规划实践中根深蒂固，使得重大的改革举步维艰。在本书的第三部分，我将提出一种彻底取消停车标准的方法，但也意识到这样的改革不会很快发生。同时，我们可以在现有体制内进行重大改革。一些城市已经开始着手在两个有希望的方向改革：

1. 用公共停车位取代私人停车位。一些城市让开发商选择付费，以代替提供所需的停车位。然后，这些城市利用这些收入提供公共停车位，取代开发商原本提供的私人停车位。

2. 减少停车需求，而不是增加停车供给。一些城市让开发商选择减少停车需求，而不是增加停车供应。为了减少停车需求，开发商通常会提供激励措施——比如给通勤者提供公交卡——鼓励替代单人驾驶方式。

这两项改革可以降低开发商的成本，改善城市设计，增加公共交通客运量，减少交通拥堵，为通勤者省钱。本章探讨第一项改革 (代赎金)，第 10 章探讨第二项改革 (减少停车需求)。

代赎金为开发商提供一个替代方案，无需按场地要求提供停车位。为了解代赎金项目，我调查了 47 个城市提供这些方案的规划官员：25 个在美国，7 个在加拿大，6 个在英国，6 个在德国，2 个在南非以及 1 个在冰岛 (见表 9-1)。[1] 我咨询管理代赎金的官员，并审查收费规定和支撑文件。调查结果归纳为四个部分：(1) 代赎金的好处，(2) 收费存在的问题，(3) 城市如何设置收费，以及 (4) 谁来决定是否提供停车位或支付费用。

---

① 艾伦·泰勒 (A.J.P. Taylor，1906—1990)，英国历史学家和记者，以演讲而闻名。(译者注)

表 9-1   收取代赎金的调查城市

美国	加拿大	英国
伯克利，加州	伯纳比，不列颠哥伦比亚	布伦特
贝弗利山，加州	卡尔加里，阿尔伯塔	哈罗
卡梅尔，加州	汉密尔顿，安大略	泰晤士河畔金斯顿
教堂山，北卡	基奇纳，安大略	雷德布里奇
克莱尔蒙特，加州	渥太华，安大略	萨顿
康科德，加州	多伦多，安大略	沃尔瑟姆福雷斯特
卡尔弗城，加州	温哥华，不列颠哥伦比亚	
戴维斯，加州		
赫莫萨海滩，加州	德国	
柯克兰，华盛顿	德累斯顿	
拉斐特，加州	法兰克福	
莱克福里斯特，伊利诺伊州	汉堡	
曼哈顿海滩，加州	慕尼黑	
蒙哥马利郡，马里兰州	纽伦堡	
山景城，加州	维尔茨堡	
米尔山谷，加州		
奥兰多，佛罗里达州	南非	
棕榈泉，加州	约翰内斯堡	
帕洛阿尔托，加州	伊丽莎白港	
帕萨迪纳，加州		
旧金山，加州	冰岛	
圣拉斐尔，加州	雷克雅未克	
圣莫尼卡，加州		
州立大学，宾夕法尼亚		
核桃溪，加州		

代赎金的好处

规划官员介绍说，代赎金对城市和开发商都有好处。这些好处分为七类。

1. 灵活性。开发商获得一个新的选择。如果提供所有要求现场停车位过于困难或者太贵，开发商可支付代赎金来代替。

2. 共享停车位。利用代赎金建设的公共停车位，允许在不同时间出现高峰停车需求的场所 (例如银行和酒吧) 共享使用，这样只需要较少的车位就可以满足高峰期共同的停车需求。

3. 一次性停车。当所有的商店都各自提供停车场，它们只愿意让自己的顾客把车停在那里。一旦顾客离开商店，商家则希望他们尽快离开、驶向另一个私人停车场，顾客不得不在附近商店再停一次车。共享的公共停车场允许司机停车一次，步行访问多个场所，从而减少车辆出行，增加步行交通。

4. **历史名胜保护**。如果新用途所需的额外停车位难以现场提供，可能会阻碍历史建筑适应性再利用①。采用代赎金取代现场停车位标准，更容易恢复历史建筑和修复历史区域。例如一栋砂石老建筑，业主可能想把它修复成一个餐馆，但因为缺乏所需的停车位而做不了。如果没有替代选择，这栋建筑可能会闲置，或者——更糟的是——被拆掉，换成一个停车场。然而，有了替代的选择，这栋建筑被修复了，更多的人找到工作，邻居们得到一个新的吃饭场所，城市获得更多的税收。

5. **合并停车位**。一些城市还允许开发商和不动产业主支付代赎金拆除现有的所需停车位。这一方案整合了分散的停车位，有助于加密开发，改善城市设计，并鼓励将停车场转换为更高端更友好的用途，从而提供更多的服务，产生更多的收入，雇更多的人。² 所有不动产业主而不仅仅是开发商都可以将更多的土地用于建筑，减少修建停车场。

6. **更少的减免**。在难以提供所需停车位的地方，开发商通常会要求减免，降低其场地的停车标准。这些减免削弱了总体规划的效力，需要繁杂的审批环节，并为某些特定的开发商 (而不是其他人) 创造不劳而获的经济暴利。通过减少必要的减免，代赎金可以让城市为所有开发商创造一个公平的竞争环境。

7. **更好的城市设计**。对无法提供停车库的小型建筑，停车标准必然导致它们修建地面停车场。因为代赎金允许商店在没有现场停车的情况下满足停车标准，所以连续的店面不会因为停车场而造成"死"空隙②。开发商可以实施加密项目而无需集合大宗地块用于现场停车，建筑师有更大的设计自由度。相比每个场地都需要提供现场停车位，公共停车楼消耗更少的土地，城市可以将停车楼建在对车辆和行人通行干扰最小的地方。为了改善街道景观，一些城市将公共停车楼的底层专门用作零售用途。因此，代赎金政策有助于一个更美观、更安全和更适合步行的城市。

对代赎金的担忧

所有调查城市的官员都建议采取代赎金政策，但一些人表示，开发商最初对此持怀疑态度。以下四点总结了开发商们关注的问题以及可能的解决方案。

1. **现场停车不足**。停车场是任何开发项目的宝贵资产，而缺少业主可控制的现场停车会降低开发项目对租客和顾客的吸引力。这种反对意见可能有一定价值，但解决方案也很简单：开发商可提供所要求的停车位而不是支付代赎金。

---

① 原文为 adaptive reuse。(译者注)
② 原文为 "dead" gaps。(译者注)

2. 费用过高。城市建设和运营停车设施的成本可能不如私营部门低。例如，城市可能会为改善停车楼的建筑设计支付额外费用，而这些较高的费用可能会增加代赎金。尽管这种情况可能发生，但大多数城市将代赎金设成低于提供公共停车场的成本。因为停车楼将坡道、电梯、楼梯井和路缘坡等固定成本分摊到更多的停车位中，公共停车场的规模经济可以进一步降低收费。[3] 城市还可以获得成本较低的免税融资。同样，开发商如果觉得代赎金太高，可以自己提供所需的停车位。

3. 没有保证。城市利用代赎金收入为公共停车场提供资金，但并不保证在何时何地提供车位。[4] 为了解决这一问题，一些城市先建设公共停车场，只按已经提供的公共停车位数量收取代赎金。然后，这些城市用代赎金偿还停车位融资产生的债务。其他城市在一定时间内如果未建成公共停车场，则退还代赎金。城市还可以允许开发商在公共停车位建成之前推迟支付代赎金。

4. 更少的停车位。城市采用代赎金为公共停车位筹集资金，但并不承诺为每一个无法提供的私人停车位都能提供一个公共停车位。通常情况下，它们提供的停车位会更少。例如，帕萨迪纳每收取三个车位的代赎金就提供两个公共停车位。当这种情况发生时，代赎金方案会减少停车位的总数。停车供给的减少可能会导致更少的顾客，并使商业处于竞争劣势。城市对最后一个问题提供了两种回应。首先，更有效地使用共享的公共停车场，可减少停车供应，以应对合用高峰停车需求。不像许多私人停车场大部分时间没有得到充分利用，城市有数量少但规模大的停车设施，可以全天使用。其次，如果城市采用代赎金为公共停车位融资，而不是发放豁免来降低停车位数量标准，那么代赎金政策实际上增加了停车供给。

尽管上述担忧不容忽视，但多数受访城市的规划官员认为，对于那些难以在现场提供所需停车位的开发商来说，代赎金已成为一种行政救济方式。实际上，代赎金给开发商提供了一个替代昂贵的现场停车位的选择，而共享的公共停车位则让市中心具备购物广场只停一次车的优势。

城市如何设置代赎金

设置代赎金有两种基本方法。第一种是根据每个项目的具体情况计算每个车位的适当费用。第二种是对所有项目按车位统一收费。贝弗利山同时采用了两种方式，因此我们可以回顾它的经验，了解为什么大多数被调查城市选择统一收费。

依个案收费

直到 1994 年，贝弗利山根据每个车位的估计成本 (包括土地和建设成本) 计算每个项目的代赎金，以便在附近修建公共停车场。在每个项目中，每个停车位设定的费用是 (1) 每车位的平均建设成本，(2) 场地半径 300 英尺范围内 60 平方

英尺土地价值 (市政停车楼每个车位的平均土地面积) 的总和。每个车位平均代赎金为 37,000 美元，最高为 53,000 美元；也就是说，开发商愿意向城市支付每个车位 53,000 美元，以获得不提供分区法规所要求停车位的许可。[5]

逐案处理的方法复杂、耗时且管理成本高，需要进行土地价值评估，以估算每个项目附近公共停车场的成本。在等待四到六个月之后，申请者通常会向市议会申请降低费用。开发商还抱怨说，由于事先不知道收费情况，给项目规划和融资带来了不确定性。

统一收费

为了解决这些问题，1994 年贝弗利山采用了统一的代赎金，事实证明，这种收费方式更便于城市管理和开发商使用。[6] 由于收费标准提前制定，开发商可以很容易将其纳入财务分析，并可以在开发过程的早期决定是提供停车位还是支付代赎金。统一收费具有简单性和确定性两个好处，这些有助于解释为什么大多数城市都制定统一的收费标准。[7]

大多数城市没有明确的政策说明收费标准的调整频率，有些收费标准多年没有变化。然而，一些城市会自动将其收费与建筑成本指数挂钩。例如，贝弗利山和帕洛阿尔托每年都会根据 *ENR* 建筑成本指数调整收费，该指数反映建筑业的成本通胀水平。[8]

柯克兰有两种不同寻常的代赎金选项。第一种选项，开发商可以为每个未提供的车位支付 6,000 美元初始费用，然后业主必须为每三个未提供的车位购买一张公共停车场的停车许可证。这一比例是基于雇员通常使用三分之一所要求停车位的估计。第二种选项是不支付初始费用，但在随后的每一年，业主必须为未提供的每个车位在公共停车场购买一张停车许可证。购买年度公共停车许可证的协议是一项与土地相关的义务，只要不提供所需的现场停车位，就对随后的业主具有约束力。这两种选项降低了开发项目的资本成本，并鼓励使用公共停车场。只要业主提供了所要求的现场停车位，随时都可以取消年度代赎金协议。

圣莫尼卡对热门的第三街长廊商业区①有一个新颖的代赎金方案。开发商不需要提供所需的停车位，而是可以每年为每平方英尺建筑面积 (无论用途如何) 支付 1.50 美元代赎金，这些钱为商店背面修建的公共停车库提供资金。[9] 根据建筑面积而不是停车位收取费用，给那些停车位数量要求较高的用地类型提供了一个喘息机会。例如，圣莫尼卡要求影院每 80 平方英尺就有一个停车位，因此影院为无法提供的停车位所支付的代赎金仅为每车位每年 120 美元 (80×1.50 美元)；这笔不高的费用有助于解释为什么许多电影院——和其他对停车位要求很高的用途，如餐馆——都在长廊开业。[10]。停车位隐藏在长廊后面，形成了一个密集的、

---

① 原文为 Third Street Promenade commercial district。(译者注)

适合步行的街景，并拥有优越的城市设计和连续的店面。

一些德国城市有代赎金分级表 (称为 *Ablösebeträge*)，市中心收费最高，向外围递减。例如，汉堡的收费标准是市中心每车位 20,705 美元，周边地区每车位 11,300 美元。

温哥华采用最复杂的方法来计算代赎金。这笔费用 (每车位 9,708 美元) 是用公共停车楼中每个车位的预计成本减去其预期收入。[11] 因此，代赎金是在公共停车楼总成本中停车人没有支付的那部分费用。支付代赎金的开发商没有补贴城市，城市也没有补贴开发商。相反，开发商在补贴停车位的实际支出。

许多城市的代赎金低于公共停车位成本。例如，哈密尔顿、莱克福里斯特和多伦多将该费用设定为停车位土地和建设成本估计值的一半。[12] 芒廷维尤、奥兰迪和沃尔纳特克里克的收费标准是市政停车楼每车位的建筑成本，不包含土地成本。[13]

当问到为什么城市将代赎金定在停车位提供成本之下时，规划师们通常回答说，如果按全部成本收取，那么费用将"过高"了。但遗憾的是，这恰恰是问题所在。当代赎金显示出提供所需停车场的全部成本时，每个人都会发现这一成本确实太高了。停车标准将停车成本隐藏在开发成本之中。只有把停车的全部费用公开，让人人都能看到，我们才能好好考虑。然而，当代赎金有暴露这一成本的风险时，城市会以低于成本收费作为回应。似乎有一种近乎病态的需要来隐藏停车的真实成本，就好像一旦被隐藏，成本就不复存在一样。

谁来决策？

大多数城市允许开发商选择是否提供停车位或支付费用，但少数城市要求开发商支付费用。例如，卡尔加里要求开发商对一半的停车位支付代赎金，并提供另一半停车位。奥兰多要求开发商支付代赎金，以代替每千平方英尺所要求的第一个停车位，并允许他们选择是否支付剩余的费用。卡梅尔和莱克福里斯特要求开发商以付费方式代替提供所有停车位。官员们列举了要求开发商支付费用而不是提供停车位的几个理由。

要求收费的理由包括：

- 鼓励共用停车场；
- 阻止地面停车场扩散；
- 强调沿街的连续店面；
- 改善行人和自行车通行；
- 减少交通拥堵；
- 改善城市设计。[14]

为什么要付费而不是提供停车位？

如果有选择权，开发商如何决定是支付代赎金，还是按要求提供停车位？这问题不仅仅在于代赎金是否低于现场停车位的成本。支付代赎金的开发商可以在不提供所需车位的情况下获得建造许可，而提供所需车位的开发商可以获得建造和拥有现场车位的许可，这是一项宝贵的资产。因此，一些开发商提供停车位的成本甚至高于代赎金，因为现场停车位为开发项目增加了价值，但代赎金的支付却没有。

开发商决定提供所需的停车位还是支付代赎金，取决于每种情况下的成本和收益 (见下栏)。假设新增一个现场停车位的资本成本为 15,000 美元。[15] 又假设新增一个现场停车位将使项目的资本价值增加 6,000 美元。[16] 在这种情况下，每个新增停车位的净损失为 9,000 美元 (15,000 美元成本减去 6,000 美元收益)。如果每个车位的代赎金低于 9,000 美元，开发商应该选择付费而不是提供停车位。

付费还是提供停车位？

新增一个停车位的资本成本	15,000 美元
新增一个停车位增加的资本价值	−6,000 美元
新增一个停车位的净损失	9,000 美元

结论：当每个车位小于 9,000 美元时应选择付费。

决定支付代赎金而不是提供现场停车位，意味着每个新增停车位的成本远远高于它带给开发商的收益。例如，在 1978 年至 1992 年间，贝弗利山的开发商平均为每个车位支付了 37,000 美元代赎金。开发商为获得不提供所需停车位的许可，愿意支付这些高额费用，这表明高成本的停车标准可能会对城市发展产生影响。

满足停车标准的费用并不总是对开发商的过高要求。我们可以将三种情况区分开来，即没有标准、部分标准或全部标准，判断哪一种属于过高要求的情形：

1. 如果开发商自愿提供所有要求的停车位，那么停车标准没有施加任何过高要求。[17]

2. 如果开发商提供所有要求的停车位，但更愿意提供较少的车位，那么开发商对非自愿提供停车位的损失是一种过高要求。

3. 如果开发商为所有要求的停车位支付代赎金，那么所有停车位标准都是过高要求。

在停车标准不是过高要求的情况下，由于代赎金给出提供一个新车位的估计成本，它能显示出开发商遵守标准的成本。

停车标准所隐含的影响费

路外停车标准类似于资助公共基础设施——如道路和学校——的影响费，这些公共基础设施是发展所必需的。Alan Altshuler 和 Jose Gómez-Ibáñez 将影响费定义为"私人土地开发商为支持基础设施和其他公共服务的法定支出，作为他们获得监管许可①的代价"。[18] 大多数城市按照建筑面积的比例征收这些影响费。比如，旧金山对新办公空间按每平方英尺 5 美元一次性收取影响费，并将收入用于公共交通。路外停车标准类似于影响费，因为城市要求开发商提供基础设施——停车位——作为获得监管许可的代价。当城市要求开发商支付代赎金而不是提供停车位时，代赎金就等价于影响费。

代赎金用官方公布的美元价值衡量停车位成本，产生了一种预期之外的副作用：它们揭示了满足路外停车标准的成本。提供所需停车位的成本通常捆绑在开发总成本中，没有单独核算，但代赎金将所需停车位的成本公开出来。因此，我们可以使用代赎金作为估算满足城市停车标准成本的方法。这个估计值可以被认为是隐藏在路外停车标准中的"停车影响费"。为了解释停车影响费，最简单的方法是计算某种用地类型——如办公建筑的停车影响费。

办公建筑的停车影响费

停车影响费依照停车标准征收，它取决于：(1) 所需停车位的数量，以及 (2) 每个车位的代赎金。表 9-2 给出 1996 年 (调查年份)29 个城市中央商务区 (CBD) 的停车标准和代赎金。[19] 表中最后一列显示了路外停车标准和代赎金如何结合产生停车影响费。

为了弄清路外停车标准和代赎金如何转换为影响费，请考虑表格的第一行。帕洛阿尔托要求每千平方英尺建筑面积提供 4 个停车位，其代赎金是每车位 17,848 美元。[20] 不提供停车的开发商必须向城市支付每千平方英尺办公空间 71,392 美元 (17,848 美元 ×4)，或每平方英尺 71 美元 (71,392 美元 ÷1,000) 代赎金。因此，停车费和代赎金加起来相当于每平方英尺办公空间 71 美元的影响费。根据《建筑施工成本数据》②(报告多种类型建筑成本的年度出版物)，2001 年，一至四层办公楼的建筑成本中位数为 74 美元每平方英尺，五至十层办公楼的建筑成本为 78 美元每平方英尺。[21] 因此，帕洛阿尔托新建办公楼的停车影响费与建筑本身的成本大致相同。

---

① 原文为 regulatory permits。(译者注)

② 原书名为 *Building Construction Cost Data*。(译者注)

表 9-2　1996 年办公建筑的停车影响费

城市 (美国城市用常规字体， 非美国城市用楷体)	停车位代赎金 (每车位)	停车标准 (每千平方英尺车位数)	停车影响费 (每平方英尺)
(1)	(2)	(3)	(4)=(2)×(3)/1,000
帕洛阿尔托，加州	$17,848	4.0	$71
贝弗利山，加州	$20,180	2.9	$59
核桃溪，加州	$16,373	3.3	$55
泰晤士河畔金斯顿，英国	$20,800	2.3	$48
卡梅尔，加州	$27,520	1.7	$46
山景城，加州	$13,000	3.0	$39
萨顿，英国	$13,360	2.7	$36
哈罗，英国	$14,352	2.3	$33
汉堡，德国	$20,705	1.5	$32
莱克福里斯特，伊利诺伊州	$9,000	3.5	$32
米尔山谷，加州	$6,751	4.4	$30
棕榈泉，加州	$9,250	3.1	$28
雷克雅未克，冰岛	$13,000	2.2	$28
克莱尔蒙特，加州	$9,000	2.9	$26
康科德，加州	$8,500	2.9	$24
戴维斯，加州	$8,000	2.5	$20
奥兰多，佛罗里达	$9,883	2.0	$20
基奇纳，安大略	$14,599	1.3	$19
教堂山，北卡	$7,200	2.5	$18
柯克兰，华盛顿	$6,000	2.9	$17
赫莫萨海滩，加州	$6,000	2.6	$16
伯克利，加州	$10,000	1.5	$15
伯纳比，不列颠哥伦比亚	$7,299	2.0	$15
温哥华，不列颠哥伦比亚	$9,708	1.0	$10
州立大学，宾夕法尼亚	$5,850	1.3	$8
渥太华，安大略	$10,043	0.7	$7
卡尔加里，阿尔伯塔	$9,781	0.7	$7
伊丽莎白港，南非	$1,846	2.3	$4
沃尔瑟姆福雷斯特，英国	$2,000	0.9	$2
平均			
美国城市	$11,197	2.8	$31
其他城市	$11,458	1.7	$20

代赎金和停车标准为 1996 年城市中心区标准。代赎金及影响费以美元表示。

把第 3 列所要求的车位数乘以 1.076，得到每 100 平方米的停车标准车位数。

把第 4 列每平方英尺影响费乘以 10.76，得到每平方米以美元计价的停车影响费。

　　如果代赎金等同于在 CBD 提供新车位的成本，那么停车影响费则代表满足城市路外停车标准的成本。有几个城市明确规定其代赎金低于每个停车位的土地和建设成本，因此在这些情况下，停车影响费可能低估开发商提供所需停车位的成本。估计的影响费从沃尔瑟姆福里斯特每平方英尺 2 美元到帕洛阿尔托每平方英尺 71 美元不等。表格的最后两行显示，美国的平均停车影响费 (每平方英尺 31

美元) 比其他国家 (每平方英尺 20 美元) 高出 55%。美国城市的代赎金略低，但其影响费较高，因为它们要求提供更多的停车位 (在美国每千平方英尺 2.8 个车位，而其他国家城市每千平方英尺仅 1.7 个车位)。[22]

表 9-2 的结果表明，停车标准显著增加了办公建筑的资本成本。如果平均停车影响费为每平方英尺 31 美元，而建造一栋 5 至 10 层办公楼的平均成本为每平方英尺 78 美元，那么所要求的停车位将使办公楼的成本增加 40%。提供所要求停车位的开发商还必须支付停车位的运营成本——清洁、照明、维修、安保、保险和物业税。因为代赎金仅基于资本成本，停车影响费低估了停车标准施加给开发过程的总成本。

虽然一些代赎金很高，但并没有给城市开发带来负担；相反，它们只是给开发商一个新的选择，以减轻满足停车标准的负担。停车标准给城市开发带来负担，而代赎金只是量化了停车成本。通常情况下，停车成本隐藏在整个开发成本中，但代赎金暴露出提供所要求停车位的高昂成本。

什么可以解释高昂的影响费？

图 9-1 显示 29 个城市办公建筑停车标准和影响费模式。横轴表示每千平方英尺总建筑面积的停车位数量标准，纵轴表示无法提供停车位所需支付的费用。每条等额影响费曲线①显示产生等额影响费的停车标准与代赎金组合。例如，最下方的曲线显示，每千平方英尺 1 个车位的标准以及每车位 10,000 美元的代赎金产

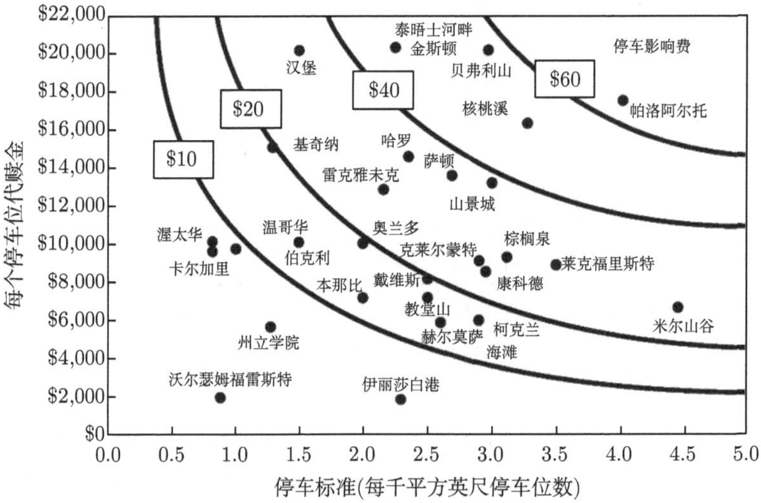

图 9-1 停车标准、代赎金以及停车影响费 (办公建筑)

① 原文为 equal-impact-fee。(译者注)

生每平方英尺建筑面积 10 美元的影响费，曲线上所有其他停车标准与代赎金的组合也是如此。[23]

水平排列的城市，每个车位的代赎金从 6,000 美元到 10,000 美元不等，由于停车标准差异很大，因此停车影响费差别很大。例如，右边的莱克福里斯特和左

表 9-3　1996 年停车影响费，对应于具有最高停车标准的用地类别

城市 (美国城市用常规字体， 非美国城市用楷体)	停车位代赎金 (每车位)	用地类型	停车标准 (每千平方英尺车位数)	停车影响费 (每平方英尺)
(1)	(2)	(3)	(4)	(5)=(2)×(4)/1,000
贝弗利山，加州	$20,180	餐馆	22.2	$448
棕榈泉，加州	$9,250	礼堂	28.6	$264
山景城，加州	$13,000	礼堂	18.0	$234
泰晤士河畔金斯顿，英国	$20,800	食品超市	7.7	$160
戴维斯，加州	$8,000	殡仪馆	20.0	$160
萨顿，英国	$13,360	食品超市	8.5	$114
基奇纳，安大略	$14,599	制造厂	7.7	$112
卡尔加里，阿尔伯塔	$9,781	桌球室	10.3	$101
渥太华，安大略	$10,043	教堂	9.8	$98
克莱尔蒙特，加州	$9,000	电影院	10.0	$90
赫莫萨海滩，加州	$6,000	电影院	13.0	$78
伯纳比，不列颠哥伦比亚	$7,299	艺术馆	10.3	$75
帕洛阿尔托，加州	$17,848	所有用途	4.0	$71
米尔山谷，加州	$6,751	礼堂	10.0	$68
哈罗，英国	$14,352	园艺中心	4.6	$67
汉堡，德国	$20,705	园艺中心	3.1	$64
核桃溪，加州	$16,373	非住宅区	3.3	$55
柯克兰，华盛顿	$6,000	餐馆	8,0	$48
卡梅尔，加州	$27,520	商业用地	1.7	$47
康科德，加州	$8,500	餐馆	4.0	$34
伊丽莎白港，南非	$1,846	娱乐场所	18,6	$34
雷克雅未克，冰岛	$13,000	非住宅区	2.2	$28
莱克福里斯特，伊利诺伊州	$9,000	餐馆	2.5	$23
奥兰多，佛罗里达	$9,883	非住宅区	2,0	$20
教堂山，北卡	$7,200	办公区域	2.5	$18
伯克利，加州	$10,000	非住宅区	1.5	$15
温哥华，不列颠哥伦比亚	$9,708	非住宅区	1.0	$10
沃尔瑟姆福雷斯特，英国	$2,000	商店	4.5	$9
州立大学，宾夕法尼亚	$5,850	所有用途	1.3	$8
平均				
美国城市	**$11,197**		**9.0**	**$99**
其他城市	**$11,458**		**7.4**	**$73**

代赎金和停车标准为 1996 年城市中心区标准。代赎金及影响费以美元表示。

把第 4 列所要求车位数乘以 1.076，得到每 100 平方米的停车标准车位数。

把第 5 列每平方英尺影响费乘以 10.76，得到以美元计价的每平方米停车影响费。

第 3 列用地类型对应的是每个城市停车标准下限的最大值。

边的卡尔加里有类似的代赎金 (9,000 美元和 9,781 美元)，但是莱克福里斯特的停车影响费 (每平方英尺 32 美元) 几乎是卡尔加里 (每平方英尺 7 美元) 的五倍，因为莱克福里斯特的停车标准 (每千平方英尺 3.5 个车位) 是卡尔加里 (每千平方英尺 0.7 个车位) 的五倍。[24]

城市规划师在决定需要多少停车位时是否考虑停车位的成本？如果他们这样做了，那么代赎金较高 (这意味着停车位成本较高) 的城市应该有较低的停车标准。图 9-1 显示一个向下倾斜的模式，左上角是高收费低标准的城市，右下角是低收费高标准的城市。但图 9-1 所示的代赎金和停车标准之间的关系并不密切。代赎金和停车标准之间的相关系数仅为 0.06，这意味着每车位的成本和所要求的数量之间几乎没有关系。当规划师设定停车标准时，成本似乎并不重要。

其他用地类型的停车影响费

更高的停车标准产生更高的停车影响费。表 9-3 显示每个城市对停车标准最高的土地用途的停车影响费。第一行显示在贝弗利山，每千平方英尺餐馆面积要求提供 22.2 个停车位 (每 45 平方英尺 1 个车位)，当开发商无法提供停车位时每车位收取 20,180 美元。停车标准和代赎金加在一起，产生一笔每平方英尺餐馆面积 448 美元的停车影响费 (22.2×20,180 美元 ÷1,000)。[25] 相比之下，贝弗利山餐馆的平均建设成本为每平方英尺 122 美元。[26] 换句话说，停车影响费是餐馆本身建设成本的 3.7 倍。

最高的停车影响费从宾夕法尼亚州立大学所有用地类型每平方英尺 8 美元，到贝弗利山每平方英尺餐馆面积 448 美元不等。停车标准的变化解释了大部分影响费的变化。[27] 例如，棕榈泉和温哥华有类似的代赎金 (9,250 美元和 9,750 美元)，但棕榈泉的停车影响费 (每平方英尺 264 美元) 是温哥华 (每平方英尺 10 美元) 的 26 倍，因为棕榈泉的最高停车标准 (每千平方英尺 28.6 个车位) 是温哥华 (每千平方英尺 1 个车位) 的 29 倍。

图 9-2 按最高停车标准的用地类型所对应的停车影响费对城市进行排列，类似于图 9-1 中的办公建筑。各城市的相对位置在两张图上发生很大的变化，因为它们的最高停车标准与办公停车标准有很大不同。[28] 从多个方面看，停车影响费无处不在。

一个后续的调查

代赎金的初步调查是在 1996 年进行的，2002 年我对样本中的美国城市进行了重复调查 (见表 9-4)。[29] 第一行显示，帕洛阿尔托已将代赎金提高到每车位 50,994 美元，相当于两个新建的市政停车楼内新增车位的成本。这两栋停车楼共有 902 个车位，建在两个可提供 189 个车位的地面停车场原址上，这样净增加 713 个车位。由于这两座停车楼的总成本是 363.6 万美元，因此每增加一个停车

位的成本为 50,994 美元 (363.6 万美元 ÷713)。[30] 停车标准和代赎金加起来相当
于一笔每平方英尺办公空间 204 美元的影响费 (50,994 美元 ×4÷1,000)。这个样
本的平均停车影响费是每平方英尺 46 美元，比 1996 年增加了 48%。增加的主要
原因是代赎金提高，而不是停车标准提高；九个城市提高了收费，只有两个城市
降低了收费。

　　其中一个城市，棕榈泉将新建筑的代赎金从 1996 年 9,000 美元/车位降低为
4,000 美元/车位，当现有建筑改变用途引发更高停车标准时仅收取 2,000 美元/车
位。其目的在于使市中心恢复活力，那里的停车标准阻碍了老建筑再利用。较低
的代赎金刺激了经济活动，并使棕榈滩峡谷大道①，即这个城市的主干道上开出许
多新餐馆。当新的用地类型增加了停车需求时，该市说服一个街区的业主们将所
有的地面停车场集中在建筑物后面，并在合并后的场地上建造了一个公共停车楼。

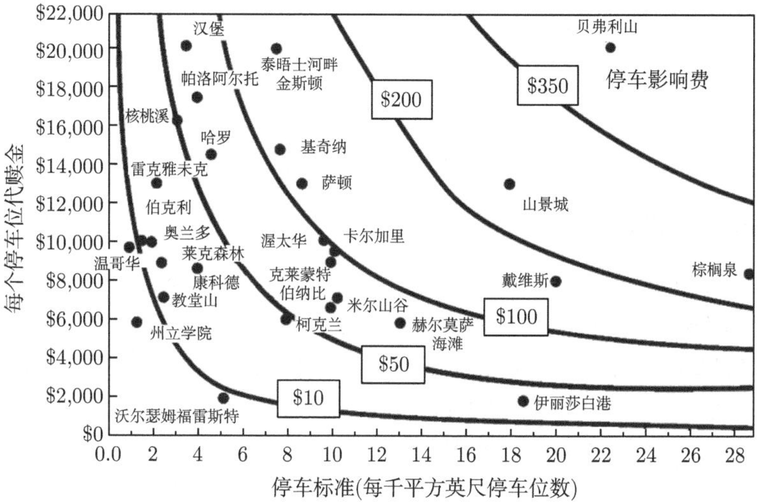

图 9-2　停车标准、代赎金和停车影响费 (对于最高停车标准的用地类型)

　　表 9-4 的第 5 列显示每个城市对办公建筑开发征收的影响费总额，它们用于
支付所有其他公共用途——如艺术、消防、公园、道路、卫生和学校。所有其他
用途的平均综合影响费为每平方英尺办公空间 1.86 美元。[31] 因此，每平方英尺办
公空间 46 美元的平均停车影响费是这些城市为其他所有公共用途征收的开发影
响费总和的 25 倍。[32] 作为另一项基准，在加州，资助学校的影响费仅限于每平
方英尺商业空间最高 41 美分。[33] 因此，平均停车影响费是加州最高的学校影响
费的 112 倍。汽车免费停放，但公立学校在资金上却捉襟见肘。

────────────────

① 原文为 Palm Canyon Drive。(译者注)

表 9-4   2002 年美国城市办公建筑停车影响费

城市	停车位代赎金(每车位)	停车标准(车位每千平方英尺)	停车影响费(每平方英尺)	其他所有影响费(每平方英尺)	比例
(1)	(2)	(3)	(4)=(2)×(3)/100	(5)	(6)=(5)/(4)
帕洛阿尔托，加州	$50,994	4.0	$204	$3.75	2%
卡梅尔，加州	$49,980	1.7	$83	$0.00	0%
山景城，加州	$26,000	3.0	$78	$0.00	0%
贝弗利山，加州	$22,678	2.9	$66	$5.88	9%
赫莫萨海滩，加州	$12,500	2.6	$36	$0.00	0%
克莱尔蒙特，加州	$9,000	4.0	$36	$2.75	8%
米尔山谷，加州	$7,543	4.4	$33	$0.00	0%
莱克福里斯特，伊利诺伊州	$9,000	3.5	$32	$0.00	0%
教堂山，北卡	$12,000	2.5	$30	$0.00	0%
戴维斯，加州	$8,000	4.4	$20	$4.08	20%
伯克利，加州	$12,000	1.5	$18	$0.00	0%
柯克兰，华盛顿	$6,000	2.9	$17	$4.71	27%
州立大学，宾夕法尼亚	$10,000	1.3	$13	$0.00	0%
棕榈泉，加州	$4,000	3.1	$12	$2.31	19%
康科德，加州	$2,500	2.5	$7	$4.45	62%
平均	$16,146	3.0	$46	$1.86	4%

注：代赎金、停车标准及影响费为 2002 年城市中心地区标准。

停车影响费与交通影响费的比较

一些城市开始对新开发项目征收交通影响费。加利福尼亚州一项调查发现，59%的县和 56%的城市征收交通影响费，以资助道路改造。[34] 在这些管辖区中，42%的收费以拟建项目每天的车辆出行次数为基础，34%的收费以项目规模 (平方英尺、住宅单元数) 为基础，23%的收费以高峰车辆出行数为基础。例如，在萨利纳斯，一次性收费为每次车辆出行每天 140 美元，出行次数通过项目规模乘以出行生成率来计算。[35] 由于市中心办公建筑的日出行生成率为每千平方英尺 10 次，交通影响费为每千平方英尺 1,400 美元 (140 美元 ×10)，即每平方英尺办公空间 1.40 美元。相比之下，每平方英尺办公空间的平均停车影响费为 46 美元，虽然上述交通影响费仅占它的 3%，但这是迫使非机动车出行者为开车和停车付费的另外一种方式。对开车的补贴增加了停车需求，而类似的停车补贴也增加了开车需求。

结论：停车标准的高昂成本

停车代赎金给开发商一种新的选择——付费，而不是按分区法规的要求提供停车位。然后，城市可以用这笔收入提供公共停车位。代赎金是一项温和的改革，它有几个重要的好处。它鼓励共享停车，减少对停车豁免许可的需求，改善城市设计，支持历史建筑保护。代赎金还实现另一个重要目标：揭示停车标准的高昂成本。当停车标准用影响费的形式表示时，城市为其他公共目标征收的影响费之和与按要求提供的停车位成本相比，可谓相形见绌。如果说影响费反映城市公共服务的优先地位，那么大多数城市的最高优先级就是免费停车。

与大多数影响费一样，目前还不清楚到底谁为所要求的停车位付费，但一些人——土地所有者、投资者、工人、开发商以及房地产的使用者不得不付费。很明显司机不付费，但如果认为因为司机不付费就没有人付费，那就错了。停车的成本并不会因为司机不付费就不存在了。考虑到所要求停车位的高昂成本及其有害后果，规划师不应不加批判地认为，停车需求会自动证明路外停车标准的合理性。需求取决于价格，但规划师几乎不考虑司机为停车支付的价格或所要求停车位的成本有多么昂贵。由于司机 99% 的行程都是免费停车，所以为满足现有停车需求而设置的停车标准将充分满足免费停车的需求，无论代价有多高。代赎金揭示了免费停车的高昂成本。

第 9 章注释

1. 我在 1996 年进行这项研究时发现这 47 个城市有代赎金。为了找到这些城市，我搜索停车标准的文献资料，咨询停车行业协会负责人，并向停车电子邮件列表发送索取信息的请求。我还问了每个城市的代表，是否知道还有其他城市收取代赎金 (一种"滚雪球"样本)。有几个城市的规划师不知道其他城市收取代赎金，我发现只有五篇发表的论文提到代赎金：Public Technology(1982)、Higgins(1985)、Weant 和 Levinson(1990) 以及 Topp(1991 和 1993)。德国一些城市也有代赎金 (Ablösebeträge)，但如下文所述，这些城市的大部分费用都是根据具体情况计算的，因此不能用于计算表 9-2 和表 9-3 所示的停车影响费用。

2. Mary McShare 和 Michael Meyer(1982, 136) 解释了在较少的空间整合停车位的好处："将停车位分散在许多小的停车场时，使用者从停车场到最终目的地的平均步行时间缩短，但对那些不使用停车位的人，由于非停车活动的密度降低，从起点到终点的平均步行时间往往延长。当停车位整合起来后，非停车活动鼓励更高的密度，不开车者将会受益。"

3. 例如，建造一个有 1,000 个车位的停车楼，比建造 10 个有 100 个车位的停车楼更便宜。

4. 在美国城市，代赎金和提供公共停车位的成本之间的"关联"(nexus) 合法地证明了收费的合理性。然而，这种关联性并不意味着城市只能将代赎金收入用于提供公共停车场。城市也可以利用这些收入为各种交通改善措施提供资金，以减少停车需求。例如，英国和德国的城市使用代赎金收入来改善公共交通。

5. 贝弗利山市规划委员会 (City of Beverly Hills Planning Commission) 工作人员报告，1992 年 4 月 22 日。

6. 在罗德奥大道，新的代赎金为每车位 25,000 美元，贝弗利大道为每车位 20,000 美元，城市其他地方为 15,000 美元，并且这些收费被 ENR 建筑成本指数收录 (贝弗利山市政条例，第 10-3.3310 节)。

7. 在接受调查的 47 个城市中，有 38 个城市制定了统一的收费标准。有 9 个城市根据个案设置可变收费，卡尔弗城的收费是开发项目 300 平方英尺土地的评估价值。哈密尔顿和多伦多的收费是在开发场地附近提供新停车位的土地和建设成本的一半。约翰内斯堡的收费是开发场所地面停车位的土地价值。法兰克福的收费取决于停车位的土地和建设成本，最高收费为 16,025 美元。圣拉斐尔的收费是原本用于所要求停车位的土地市场出清价格，加上铺路和其他改善成本。蒙哥马利县允许开发商支付物业税附加费来代替提供所要求的停车位。

8. ENR 建筑成本指数发布在 ENR 杂志上，可在以下网址获得:www.enr.com.

9. 圣莫尼卡市，"购物中心评估区和停车开发商收费"，可在线获取：http://santa-monica. org/economic- development/mall.htm。任何住宅用途的房产可获得 50% 的代赎金抵扣。

10. 剧院不提供所要求的停车位而缴纳的年代赎金是每车位 120 美元，即每个车位 80 平方英尺的剧院面积 × 每平方英尺 1.50 美元。零售业的停车标准为每 300 平方英尺一个车位，因此如果不提供所要求的停车位，年代赎金为每车位 450 美元。司机们花钱把车停在商业长廊的公共停车场里，因此许多新的餐馆和剧院并没有产生停车短缺；相反，调整停车价格是为了防止供不应求。

11. 公共停车位的成本净现值是所有资本成本和运营成本的净现值减去停车位使用年限内所有收入的净现值。成本净现值的计算方法为：(1) 停车楼的土地和建设成本，减去 (2) 停车楼 30 年预期寿命内净营业收入的折现值，再减去 (3) 停车楼 30 年后残值的折现值。因此，代赎金等于建造一个新的公共停车位所隐含的停车补贴的预期价值。

12. "由于每个车位缴纳 9,000 美元'代赎'费 ('in lieu of' fee) 只是允许业主开业，因此，从未打算以该费用覆盖提供车位的全部成本……从历史上看，'代赎'费的水平大致相当于提供一个车位成本的 50%"(给莱克福里斯特规划委员会的备忘录，1993 年 2 月 1 日，第 2 页)。一些城市的规划师说，市议员们希望将代赎金定得足够高以支付公共停车位的建设费用，同时又要足够低以吸引开发项目。但当工作人员的报告显示出建设一个停车位的实际成本时，议员们无法应对，于是制定了远低于成本的收费标准。

13. Hartmut Topp(1991，14) 报告说，德国城市的代赎金仅限于在有关地区建造一个停车位成本的 60% 至 80%。

14. 伯克利要求 30,000 平方英尺以下地块的开发商支付费用，而不是提供停车位。沃尔瑟姆福雷斯特要求开发商每千平方英尺提供规定的前 0.2 个停车位，其余的需要付费。德国城市允许中央商务区 (CBD) 的开发商只提供所要求停车位的一部分，并要求他们支付其余部分的费用。例如，开发商最多可以提供汉堡市中心土地利用所要求停车位的 25%，然后必须支付费用来代替提供其余停车位。

15. 停车位的资本成本不仅是地面停车位的土地成本或停车楼的土地和建造成本。提供所要求的停车位也可能妨碍土地另一个更有价值的用途。

16. 新增停车位增加了开发项目的资本价值，即新增收入的净现值减去拥有新增车位相关的运营成本。如果新增的停车位妨碍房产更有价值的利用，那么它甚至降低而不是增加房产的价值。换句话说，城市可能会要求开发商为减少而不是增加其房产价值的停车位付费。

17. 第 5 章表明，个别开发商可以自愿提供场地所需的所有停车位，但这种自愿提供的部分原因来自于随处可见的免费停车。因此，即使有个别开发商自愿提供其场地所需的所有停车位，整个标准体系所增加的停车位供应总量超过了市场所能提供的部分。因而，当我们考虑整个标准系统产生的影响时，每块场地停车标准强制执行的成分会更高。

18. Alan Altshuler 和 Jose Gómez-Ibáñez(1993，vii)。

19. 表 9-2 选择办公建筑是因为它们是城市中定义最统一的用地类型。表 9-2 和表 9-3 中所有城市都要求与建筑面积成比例的停车位。在被调查的 47 个城市中，有 18 个没有出现在表 9-2 和表 9-3 中，因为这些城市的代赎金或停车标准与其他城市没有可比性。布伦特、卡尔弗城、德累斯顿、法兰克福、哈密尔顿、约翰内斯堡、纽伦堡、圣拉斐尔和多伦多没有固定的费用；相反，这些城市按每个具体情况确定费用，通常考虑现场评估的土地价值。蒙哥马利县的收费是基于房产税。曼哈顿海滩 (25,169 美元/车位) 只对容积率超过 1:1 的建筑面积要求提供停车位。拉斐特 (8,500 美元/车位)、慕尼黑 (16,025 美元/车位)、雷德布里奇 (8,624 美元/车位) 和维尔茨堡 (12,820 美元/车位) 的停车标准是按净建筑面积而不是总建筑面积。旧金山 (17,135 美元/车位) 在 CBD 不要求提供停车位。帕萨迪纳允许无法提供停车位的开发商为每个停车位支付年费 (1992 年 100 美元/车位/年，随后与消费者物价指数挂钩)。圣莫妮卡的收费是每年每平方英尺建筑面积 1.50 美元。这些收费按照 1996 年的汇率换算为美元：1 美元 =1.37 加元；1.56 德国马克；66.57 冰岛克朗；3.84 南非兰特；0.60 英镑。

20. 2002 年，帕洛阿尔托将代赎金提高到每车位 50,994 美元，这是最近期的市政停车楼增加每个车位的成本。

21. R.S.Means(2001，484)。

22. 停车影响费在北美以外的地区变动范围很大。英国三个城市 (哈罗、萨顿和泰晤士河畔金斯顿) 有很高的影响费 (每平方英尺 33 至 48 美元)，因为它们的代赎金也很高。在表中，另一个英国城市 (沃尔瑟姆福里斯特) 的影响费最低 (每平方英尺 2 美元)，因为它的代赎金和停车标准都很低。在英国，代赎金的术语是"折算支付"(commuted payment)。调查中所有英国城市都是外伦敦的行政区。伦敦内部各区不再采用代赎金，因为它们已经对准许修建的停车位采用最大数量限制，取代了停车位下限标准。

23. 如果开发商自愿按规定的数量提供停车位，那么停车位下限标准就不会带来负担。因此，即使两种情况下的停车影响费相同，开发商也会倾向于低停车标准和高代赎金，而不是高停车标准和低代赎金。

24. 代赎金差别很大的城市可以收取类似的停车影响费。例如，汉堡和米尔谷有类似的影响费 (每平方英尺 32 美元和 30 美元)，但原因不同。米尔谷停车标准高，代赎金低，而汉堡停车标准低，代赎金高。米尔谷的代赎金不到汉堡的三分之一，但它的停车标准几乎是汉堡的三倍。该图显示停车标准和停车位成本在产生影响费方面的相对贡献。如果我们在图的左下角和右上角之间画一条对角线，线以上的城市相对于影响费有较高的代赎金，而线以下的城市倾向于有较高的停车标准。美国以外的城市中，75% 位于对角线以上，而美国城市中，52% 位于对角线以下。与其他国家的城市相比，美国城市要求更多的停车位，但代赎金较低。

25. 每车位 20,180 美元的代赎金在贝弗利山三种代赎金中处于中位数。为了鼓励那些开业至少两年的餐馆扩大规模，贝弗利山提供了每车位 6,265 美元的折扣代赎金，这是市政停车楼每车位建设成本的 35%，不包括土地成本。贝弗利山要求按每 45 平方英尺的餐馆面积提供一个停车位，这样打折后的代赎金相当于每平方英尺餐馆面积 139 美元的影响费 (6,265 美元 ÷45)。代赎金远低于提供停车位的成本，但停车影响费还是非常高——与新餐馆的建设成本相当。

26. R.S.Means(2001) 报告说，2001 年，美国餐馆的平均建筑成本为每平方英尺 112 美元，洛杉矶地区的建筑成本比全国平均水平高出 8.5%。

27. 最低停车标准和影响费的相关系数 r^2 为 0.60，代赎金和影响费的相关系数 r^2 为 0.12。

28. 办公建筑的停车影响费 (表 9-2 第 4 列) 与最高停车标准对应的停车影响费 (表 9-3 第 5 列) 之间相关性系数仅为 0.43。因此，图 9-1 中具有最高影响费的城市不一定具有图 9-2 中的最高影响费。

29. 佛罗里达州奥兰多不在表格中，因为它不再提供代赎金选项。相反，奥兰多的开发商如果想要提供超出规定数量的停车位，必须为每一个新增车位付费。加利福尼亚州核桃溪也不在表中，因为它的收费现在根据缴费时建造市政停车楼的成本计算。

30. 备忘录 CMR：346.02，由帕洛阿尔托市经理呈给市议会，2002 年 7 月 22 日。

31. Alan Altshuler 和 Jose Gómez-Ibáñez(1993，40) 报告说，1991 年对美国 100 个城市的调查发现，所有用途 (道路、学校、公园、供水、排水、防洪等) 的综合影响费平均为每平方英尺办公空间 6.97 美元。

32. 我们也可以比较停车影响费和支持公共交通的影响费。例如，旧金山征收美国最高的公交影响费——每平方英尺新办公空间 5 美元——用来补贴旧金山市政铁路。实行代赎金的城市平均停车影响费是全国最高公交影响费的八倍多。

33. 1986 年确定每平方英尺 25 美分的限额，并与通货膨胀挂钩 (加利福尼亚州州长规划和研究办公室，1997，第 5 章)。2002 年的价值是每平方英尺 41 美分。

34. Lawler 和 Powers(1997)。

35. 萨利纳斯的交通影响费可在线获取：www.ci.salinas.ca.us。该市采用自己的出行发生率表计算交通影响费。该表格 (基于《ITE 出行生成率手册》和其他数据) 于 1988 年采用，此后一直没有更改。

第 10 章　减少需求而非增加供给

> 提供越多的停车位，就会有越多的汽车来填满它。这就像喂鸽子一样。
>
> ——休·卡逊①

路外停车标准背后的逻辑很简单：开发项目增加停车需求，因此城市需要足够的路外停车位满足这些新需求。这样，路外停车标准可以确保汽车不会溢出到附近的街道上。这一逻辑表明，在现有路外停车标准体系内还有一种潜在的改革思路：如果开发商减少停车需求，城市应该允许他们提供更少的停车位；也就是说，城市可以让开发商选择减少停车需求而不是增加停车供给。我用三种减少停车需求策略说明这种"付停车费还是修停车位"②的选择：(1) 雇主付费的公交卡，(2) 停车提现③，以及 (3) 汽车共享。

公交卡取代停车位

向通勤者提供公交卡可以大大减少停车需求。一项针对通勤者的调查发现，当雇主开始提供免费公交卡后，员工单独开车的比例大幅下降——从提供公交卡之前的 76% 下降到之后的 60%——而且搭乘公交的比例翻了一倍还多。这些模式转变使通勤者的停车需求减少大约 19%。[1]

因为免费公交减少停车需求，所以对于为通勤者提供免费公交卡的场所，城市可以降低停车标准。例如，假设免费公交卡可使每千平方英尺建筑面积减少 1 个停车位需求；在这种情况下，提供免费公交卡可代替每千平方英尺提供 1 个停车位。[2]

生态通行证④

许多公交公司——例如达拉斯、丹佛、盐湖城和圣何塞——向雇主提供购买"生态通行证"的选项，让所有员工有权免费乘坐当地所有公交线路。这种安排将

---

① 休·卡逊 (Sir Hugh Casson, 1910—1999)，英国建筑师、室内设计师、艺术家、作家和广播员。(译者注)

② 原文为 pay or pave。(译者注)

③ 原文为 parking cash out。(译者注)

④ 原文为 Eco Passes，也译作环保通行证。(译者注)

员工乘坐公共交通的边际成本降至零,因此使公共交通 (就可感知的货币成本①而言) 类似于免费开车和停车。许多通勤者即使免费也不会乘坐公交,公交公司支付每位生态通行证持有者的成本很低,因此可以用惊人的低价出售生态通行证。在加州硅谷,圣克拉拉谷交通局 (SCVTA②) 每年向每位员工收取 5 美元至 80 美元生态通行证费用,具体取决于雇主所在地和员工人数 (见表 10-1)。[3] 通行证允许员工每周 7 天在任何 SCVTA 巴士或铁路线上无限次免费乘车。

　　生态通行证的价格比常规公交卡低得多。经常乘车的人通常会购买常规交通卡,公交公司假设购买者经常使用公交卡进行定价。生态通行证的价格要低得多,因为雇主为通勤者购买生态通行证时并不考虑他们是否乘坐公交。SCVTA 生态通行证的价格是常规公交卡 (每年 420 美元) 的 1% 到 19%。

表 10-1　圣克拉拉谷交通局生态通行证价格表 (每位雇员年度价格)

雇主地点	雇员数			
	1~99	100~2,999	3,000~14,999	15,000+
圣何塞市中心	$80	$60	$40	$20
公共汽车和轻轨服务地区	$60	$40	$20	$10
只提供公共汽车服务地区	$40	$20	$10	$5

来源: 圣克拉拉谷交通局,2002。

　　一个例子可以帮助解释生态通行证定价。假设一家有 100 名员工的公司为所有没有免费停车位的通勤者提供常规交通卡。常规交通卡的价格是每年 400 美元,20 名通勤者选择乘坐公共交通。在这种情况下,公司每年支付 8,000 美元购买 20 张常规交通卡 (每位员工 400 美元 × 20 人),相当于每位员工每年 80 美元 (每年 8,000 美元 ÷100 位员工)。然而,如果公交公司向 100 名通勤者每人每年收取 80 美元生态通行证费用,同样可以收到每年 8,000 美元 (每位员工 80 美元 ×100 人),与每年 400 美元的价格出售 20 张常规公交卡的收入相同。

　　公司为 100 个生态通行证或 20 个常规公交卡支付相同的总金额,但生态通行证提供了一个关键的优势。有了常规公交卡,企业为通勤者提供免费停车或免费公交。有了生态通行证,企业为每个人提供免费停车及免费公交;这样,即使是平时开车上班的通勤者也可能偶尔乘坐公交。企业为所有通勤者提供生态通行证的成本,并不高于企业为不使用免费停车的通勤者提供常规公交卡的成本。[4] 向所有通勤者提供生态通行证也比每月确定谁有资格获得常规公交卡要简单易行。

　　如果雇主为每位员工提供生态通行证,而不仅仅是为不开车的人提供常规公交卡,那么公交乘坐率应该上升,这可能会增加公交公司提供服务的成本。[5] 但是,如果公交系统常规公交和地铁的运力过剩——大多数美国公交系统就是如此——

---

① 原文为 perceived monetary cost。(译者注)

② 原文为 Santa Clara Valley Transportation Authority,简称 SCVTA。(译者注)

其成本不会增加，而且系统将变得更有效，每位乘客的成本更低。美国公共交通只有 27% 的座位经常占用。[6] 如果生态通行证吸引更多的通勤者乘坐公交，可能会填补原本空闲的座位。

生态通行证的成本效果①

我们可以通过比较生态通行证的成本及其节约的停车成本估算其成本效果。SCVTA 服务的两个城市——山景城和帕洛阿尔托——都有停车费代赎金，这使我们能够估算出减少所需停车位带来的节约额 (见第 9 章)。为了进行成本效果比较，我先做两个假设：一种保守，另一种乐观。在保守的情况下，选择所有的假设都是为了表明生态通行证具有高成本和低节约。在乐观的情况下，所有的假设都是为了显示低成本和高节约。表 10-2 显示这两个估计值。

表 10-2   生态通行证的成本效果 (硅谷)

	假设	
	保守	乐观
1. 车位代赎金 (每停车位)	$ 26,000 (山景城)	$ 50,994 (帕洛阿尔托)
2. 停车标准 (车位每千平方英尺建筑面积)	3 (山景城)	4 (帕洛阿尔托)
3. 所要求车位的资本成本 (每平方英尺建筑面积)	$78 (3×$26,000/1,000)	$204 (4×$50,994/1,000)
4. 车位需求减少率 (%)	19%	19%
5. 所要求车位的资本节约 (每平方英尺建筑面积)	$ 15 ($78×19%)	$39 ($204×19%)
6. 生态通行证年人均成本 (每雇员每年)	$80	$5
7. 每千平方英尺雇员数 (每千平方英尺建筑面积)	4	4
8. 每平方英尺生态通行证年度成本 (每平方英尺建筑面积每年)	$0.32 ($80×4/1,000)	$0.02 ($5×4/1,000)
9. 每 1 美元生态通行证年度成本带来 的资本成本节约 (每年)	$46 ($15/$0.32)	$ 1,938 ($39/$0.02)
10. 生态通行证年度成本占所节约资本 成本的比例 (每年)	2.2% ($0.32/$15)	0.1% ($0.02/$39)

保守假设：低代赎金，低停车标准，高生态通行证成本。

乐观假设：高代赎金，高停车标准，低生态通行证成本。

2002 年，对未按要求提供停车位的情形，山景城每车位收取 26,000 美元，帕洛阿尔托收取 50,994 美元 (表 10-2 第 1 行)。[7] 因为山景城要求每千平方英尺办公空间有 3 个停车位，帕洛阿尔托要求每千平方英尺办公空间有 4 个停车位，所以在山景城，开发商如果不能提供所要求的停车位必须缴纳一笔每平方英尺办公

---

① 原文为 Cost-Effectiveness，也可译为成本效用、成本有效性等。(译者注)

空间 78 美元的代赎金，而在帕洛阿尔托，代赎金为每平方英尺 204 美元 (第 3 行)。

一项调查对比硅谷雇主提供生态通行证前后的变化，发现通勤者停车需求下降近 19%。[8] 在这种情况下，一个城市的办公楼开发商如果为所有通勤者提供生态通行证，那么停车标准就能降低 19%(第 4 行)。如果生态通行证将停车标准降低 19%，那么山景城每平方英尺办公空间的停车资本成本将降低 15 美元，帕洛阿尔托每平方英尺降低为 39 美元 (第 5 行)。

硅谷的公司每年为每位员工支付 5 到 80 美元的生态通行证 (第 6 行)。如果每千平方英尺办公空间有 4 位员工 (第 7 行)，那么生态通行证的成本为每千平方英尺办公空间每年 2 美分到 32 美分 (第 8 行)。[9] 它带来的优势很明显：对于每平方英尺的办公空间，每年在生态通行证上花费 2 美分到 32 美分，将减少所要求停车位的一次性资本成本约 15 美元到 39 美元。

我们可以将这些每平方英尺的数字转换为每年购买生态通行证的潜在资本节约。在保守假设下，生态通行证每年成本为 32 美分 (高的年度成本)，为所需停车位节省了 15 美元 (低的资本节约)。在这种情况下，每年花 1 美元购买生态通行证，将为提供所需停车位的初始资本成本节省 46 美元 (第 9 行)。根据乐观的假设，生态通行证每年只需花费 2 美分就可节省 39 美元。在这样的情况下，每年花 1 美元购买生态通行证将节省 1,938 美元的所需停车位成本。

上述两个例子表明，开发商如果每年花 1 美元购买替代的生态通行证 (在建筑完工并赚钱之后)，就可以在所需停车位的初始资本成本上节省 46 美元到 1,938 美元——即使在保守的情况下，这也是一个不可思议的交易。虽然该建筑将减少 19% 的停车位供应，但生态通行证可减少 19% 的停车需求，较少的停车供应可满足需求。除了减少停车需求，生态通行证还为建筑内每一位员工提供新的边际收益。

第 10 行显示生态通行证的年度成本占所节约资本成本的比例。在保守假设下，生态通行证的年成本是所需停车位资本节约额的 2.2%。在乐观假设下，每年成本仅为资本节约额的 0.1%。如果开发商的资本成本每年在 2.2% 以上，那么生态通行证每年支付的停车费利息将比每年支付的公交费节省更多。可见，生态通行证是一项好的投资。

这些估算仅涉及山景城和帕洛阿尔托，然而，与增加停车供应的高成本相比，减少停车需求的成本很低，这表明生态通行证可以极大降低满足停车标准的成本。由于只涉及资本成本，这两项估算还低估了生态通行证的成本效果。因为需要运营和维护的停车位数量减少，生态通行证也将减少所需停车位的运营和维护成本，停车楼每个车位平均每年约 500 美元。[10] 最后，提供替代生态通行证的开发商仍然可以为所有想开车的通勤者提供免费停车，因为减少的停车供给将满足缩减后的停车需求。[11] 在其他条件相同的情况下，大多数员工更愿意为提供免费停车和免费公交的企业工作，而不是那些只提供免费停车的企业，因此，免费公交卡是一种免税的附加福利，有助于吸引和留住劳动者。

生态通行证代替停车位的效益

许多开发商可能希望提供生态通行证代替规定的停车位，将停车位的前期资本成本转化为每年的公交补贴。生态通行证可以为开发商、业主、雇主、通勤者、公交公司和城市带来好处。对各方利益的简要描述表明，每个人都可以从生态通行证的替代安排中有所收获。

开发商和业主。一些开发商可能会犹豫是否提供比城市要求更少的停车位，因为他们担心这会使一个项目不受租户欢迎。生态通行证可以绕过这一障碍：通过吸引一些通勤者从开车转向公交，生态通行证可以减少停车需求，并且，面向所有租户的免费公交应该能增加项目的市场吸引力。生态通行证也可以帮助开发商满足缓解交通压力的要求，减少项目的环境影响，并可能加快审批过程。

传统的代赎金除了允许开发商在不提供所需停车位的情况下进行建设外，并没有给开发商带来任何与场所相关的好处。由代赎金资助的公共停车位使周边地区的所有开发商受益，而不仅仅是支付代赎金的开发商。[12] 相比之下，生态通行证为购买它们的开发商提供了一个与场所相关的特定收益 (开发项目中所有员工都可免费乘车)，而对其他开发商则没有任何好处。出于这个原因，开发商可能更愿意购买替代的生态通行证，而不是支付常规的代赎金，但代赎金能为每个人都可以使用的公共停车场提供资金。

更少的停车位也可以在建筑建成后节省开支。对一栋尚未租赁的新建筑而言，停车场的资本成本是一个沉重的固定负担。相比之下，生态通行证的年度成本随建筑内员工的数量变化，如果建筑空置一半，成本就很低。因此，支付可变成本的生态通行证而不是固定成本的停车位可以减少开发商的风险，提高项目融资的可行性。

开发商和建筑业主可以给建筑中所有通勤者提供生态通行证，这种额外的便利应该会带来更高的租金。或者，可以通过要求所有租户为员工提供生态通行证，而将生态通行证的成本转移给雇主。不管怎样，生态通行证比免费停车更具有可盈利性。

雇主。通过引导一些通勤者由汽车转向公交，生态通行证可以为雇主节省一些他们现在用于补贴停车的钱。为所有通勤者提供免费交通的额外福利也将有助于招募员工。生态通行证对雇主来说是一项减税开支，对通勤者来说则是一种免税福利。如果雇主在减少停车补贴上节省的钱比在生态通行证上节省的钱多，他们将获得更高的利润。[13]

通勤者。生态通行证显然有益于乘坐公交上班的通勤者，通常开车上班的通勤者在汽车无法使用的日子里可将通行证视为一种保险方式。生态通行证为通勤者提供日常灵活的出行方式；公共交通始终是一种选择，而不是长期承诺。通勤者也可以使用生态通行证进行非工作出行。在硅谷的调查中，60% 的通勤者报告说，他们的生态通行证用于通勤以外的其他目的，平均每月有 4 次非工作出行。

公交公司。生态通行证是一种由私营部门支付的需求侧公交补贴。如果开发商能提供生态通行证而不是所要求的停车位，生态通行证的销量将会增加。停车补贴的减少将为生态通行证提供资金，并为公交公司提供可靠的收入来源。公交规划师还可以在开发商长期承诺购买生态通行证的站点增加公交服务，因为在所有通勤者都可以免费乘车的地方，交通需求将更高。这些服务的改善将使所有公交乘客受益，而不仅仅是生态通行证持有者，而且可能会吸引更多支付全额票价的乘客。

城市。停车标准增加了停车位供给，而生态通行证增加了公共交通需求。因此，提供生态通行证以代替所要求的停车位，将把汽车的供给侧补贴转变为公交的需求侧补贴。配建停车位数量的适当减少取决于生态通行证减少停车需求的程度，城市应该明确规定提供生态通行证的减免额度，而不是施惠于开发商和业主，在停车标准上给予豁免。正如其他分区法规一样，停车位数量豁免也不是例行公事，必须有证据支持；举证责任转移到开发商身上，开发商必须证明不需要某些停车位。为申请停车位豁免提供数据支持的专项研究可能要花费几千美元，但并不能保证一定会获得豁免。如果城市明确规定对提供生态通行证的开发商适当降低停车标准，那么停车需求管理将变得既可行又能盈利。例如，在西雅图，如果向所有员工提供公交卡，并且公交服务距离开发项目 800 英尺以内，则可将开发项目的停车标准降低 10%。

城市可以在公交导向式发展 (TOD) 中进一步缩减配建停车位数量，因为生态通行证在具有更好公交服务的地点减少更多的停车需求。在这些地区，采用生态通行证代替停车位可以在不增加车辆流量的情况下提高密度。然而，加利福尼亚州一项 TOD 调查发现，在所研究的 11 个地点中有 7 处，城市并没有降低停车标准。[14] 许多城市似乎认为，更多的公共交通不会减少停车需求，相反，更多的停车位也不会减少公共交通需求。

生态通行证代替停车位可以显著降低 TOD 的成本，因为在密度较高的地区停车位更贵。加州交通部的一项研究指出，TOD 中的停车标准负担更高：

> TOD 密度的增加，再加上改善行人到公交车站的可达性目标，通常意味着建设停车楼。这些停车楼内每个停车位造价为 10,000 美元到 30,000 美元，而地面停车位每个造价约为 5,000 美元……这些增加的

成本会对项目的财务可行性产生负面影响，即使这些项目在其他方面
是有利可图的。因此，如果 TOD 的设计和选址能够减少所要求停车
位的数量，那么成本节约将是显著的。[15]

如果城市不减少 TOD 所要求停车位的数量，使其与建筑中每个车位增加的
成本相称，那么 TOD 所要求停车位的成本将高于常规开发项目的成本。例如，假
设城市在常规开发项目中要求每千平方英尺建筑面积提供 4 个停车位，开发商的
地面停车成本为每车位 5,000 美元；因此，所要求停车位成本为每平方英尺建筑
面积 20 美元 (4×5,000 美元 ÷1,000)。同时，假设城市在 TOD 中每千平方英尺
仅要求 2 个车位，开发商的停车楼成本为每车位 20,000 美元；因此，TOD 所要
求停车位的成本为每平方英尺建筑面积 40 美元 (2×20,000 美元 ÷1,000)，即常
规开发项目成本的两倍。允许 TOD 项目开发商提供低成本的生态通行证来代替
高成本的停车位，可以提高 TOD 的财务可行性。

一项对加州出行模式的研究发现，实际上，TOD 的雇主更愿意为通勤者提供
免费停车位，而不是交通补贴。以洛杉矶为例，在好莱坞的 TOD 上班族中，89%
的人可以免费停车，而只有 19% 的人可以享受公交补贴。在奥兰治县，87% 的阿
纳海姆 TOD 通勤者享受免费停车，而只有 8% 的通勤者得到公交补贴。在圣迭
戈，一个米申谷[①]TOD 项目中 83% 的通勤者享有免费停车，而只有 17% 的通勤
者获得公交补贴。[16]TOD 还被引入免费停车常态化的地区，而其他地区的免费停
车方式对 TOD 居民的出行行为产生了重大影响[②]。对于 TOD 地区的居民，那些
雇主提供免费停车的人中只有 5% 仍然乘坐公交上班，而那些雇主没有提供免费
停车的人中有 45% 乘坐公交上班。[17] 如果任何地方停车都是免费的，TOD 将很
难影响人们的出行行为，即使在 TOD 所在的地区也是这样，而且公交费用仍然
很高。

提供生态通行证而不是停车位将增加公交乘客量，降低公交导向式发展的成
本，改善城市设计，减少对停车位豁免的需求，减少交通拥堵、空气污染和能源
消耗。像大多数情况那样，如果公交系统的运力过剩，这些收益将以较低的成本
实现。此外，提供替代方案的城市将鼓励就业增长，因为开发成本将低于有停车
位要求而没有替代方案的邻近城市。减少停车需求也将使土地从停车位转移到其
他用途，雇用更多的员工，产生更多的税收。

作为替代方案的生态通行证比传统的停车费代赎金更简单易行，因为它们不
需要建造、运营和维护停车楼。城市可以通过在未提供所需停车位的土地上实施
契约或有条件地使用许可，来强制业主履行购买替代生态通行证的义务。公交公

---

① 原文为 Mission Valley。(译者注)
② TOD 地区的居民会因为 TOD 地区以外的免费停车 (工作、娱乐等) 而坚持开车，不坐公交 (即使坐公交
很方便)。(译者注)

司将获得强大的财政激励，确保业主按规定购买生态通行证，并且公交公司可以在执行过程中提供帮助，因为在每个地点的合同将自动显示业主是否履行了义务。[18]

在多样化土地利用中以公交卡取代停车位

上述测算主要针对在工作场所提供公交卡的情形。但是，城市也可以在其他用地类型，如大学、剧院、体育场馆、酒店和公寓等，允许公交卡取代停车位。

一些大学与当地公交公司签订合同，接受学生 (在某些情况下还包括教职工)ID 卡作为公交卡。ID 卡的功能与生态通行证一样，减少了校园停车需求。这些项目一般称为无限制乘坐卡①，在过去十年中迅速推广。[19] 无限制乘坐项目并不提供免费公交；相反，它们是支付公交费用的一种新方式。大学向公交公司支付费用，所有符合条件的大学社区成员都可以免费乘车。例如，加州大学洛杉矶分校于 2000 年开通无限制乘坐项目，教职工通勤至校园的公交分担比率从项目开始之前的 8.6% 上升到之后的 20.1%。教职工乘坐公交的人数上升 134%，单独驾驶的人数减少了 9%。[20] 如果大学提供这些无限制乘坐卡，城市可免除它们按规定必须修建的部分停车场。

一个类似的安排是体育场馆向所有购票者提供免费公交。华盛顿大学与西雅图地铁公司签订了一份合同，允许体育场馆门票在比赛当天用作地铁票。1984 年 (项目开始之前) 到 1997 年间，乘地铁达到哈士奇体育场②的持票人比例增加了近五倍 (从 4.2% 增加到 20.6%)。[21] 在门票中包含地铁票，尤其适用于不常出现停车需求高峰的土地利用情形，每年也许只有几天高峰。建造足够的停车场以满足高峰需求是非常浪费的，因为比赛日可以提供额外的公共交通服务，以相对低的成本为高峰需求服务。虽然与停车标准问题无关，但在 2004 年雅典奥运会期间，所有持有比赛门票的乘客都可以免费乘坐公交，与会者几乎所有行程都使用公共交通工具。在德国许多城市，音乐会和体育赛事的门票也作为赛事当天的公交卡。如果季票持有者每项赛事都有一张免费的公交卡，就有更大的动力考虑将公共交通作为一种替代方式，他们在停车费上的节省也会相当可观。

这种公交代替停车的安排可以推广到所有用地类型。例如，向每一位客人提供公交卡的酒店可能会吸引更多不带车的游客。客人可以避免租车的麻烦和支出，增强游客在没有车的新城市尝试公共交通的意愿。即使没有任何监管激励，一些酒店已经提供免费班车前往热门目的地，或为客人提供公共交通免费代币。如果城市以降低停车标准作为回报的话，更多的酒店将开始提供免费公交卡。例如，加州科罗纳多降低了向客人提供免费过境车票的酒店和汽车旅馆的停车标准。[22]

---

① 原文为 Unlimitied Access。(译者注)

② 原文为 Husky Stadium。(译者注)

如果公寓开发商给居民提供免费公交卡，城市也可以降低他们的停车标准。宾夕法尼亚州立大学中心区交通局①每年向每间公寓收取大约 100 美元费用 (取决于具体位置)，以便向所有居民提供为其公寓楼服务线路的公交卡。交通局也鼓励参与的开发商在其场地设计中加入公交便利设施 (公交候车亭和公交停靠道)。公寓业主将这些公交卡作为他们提供的设施之一进行宣传。公寓公交卡吸引的租客所拥有的汽车数量低于平均水平，这种方法适合公交服务良好、停车供应较少的地区。

作为替代方案的生态通行证不仅适用于新开发项目——如果业主提供公交卡，城市也可以允许业主取消部分现有土地用途所需的停车位。这种替代方案将允许停车场转变为加密开发，提高密度和改善城市设计，而不会增加交通量。相比之前的停车场，新开发将会提供更多的就业机会，产生更多的税收，这可能是最具有财政效率的土地利用方式了。例如，俄勒冈波特兰正在将地铁站 P+R 停车场②改造成 TOD。23 将地铁站的免费停车场改造成带有生态通行证的 TOD，可以增加而不是减少公交的乘坐率。

最后，如果开发商打算提供比标准更多的停车位，城市可以要求他们减少停车需求。例如，如果办公建筑停车位下限标准是每千平方英尺 4 个车位，而开发商希望每千平方英尺提供 5 个车位，那么城市可以要求开发商在该场所提供生态通行证，以换取建造额外车位的许可。这不会限制停车位的最大数量，但开发商在获得增加停车供应的许可之前，必须设法减少停车需求。提供公交卡可以减少停车需求，足以让开发商不再愿意提供超过规定数量的停车位。

综上所述，每年少量的公交卡支出可以大大降低许多土地用途所需停车位的巨额资本成本。这种新的替代方案将为开发商和雇主节省资金，给通勤者一个新的选择，填补公交车上的空座位，并减少交通拥堵和空气污染。

停车提现代替停车位

另一种降低停车标准的方法是为通勤者提供一种选择，即"提现"③雇主支付的停车补贴。让通勤者在免费停车和等值现金之间进行选择，说明即使是免费停车也要付出代价——放弃一笔现金④。提现的选择抬高了通勤者停车的有效价格，而不收取额外费用⑤。通勤者可以继续在工作中免费停车，而现金选项也奖励那些

---

① 原文为 Centre Area Transportation Authority。(译者注)
② P+R 是 park-and-ride 的缩写，这里是指具有停车 + 换乘 (公交) 功能的停车场。(译者注)
③ 原文为 cash out，也译作兑现、现金支付等。(译者注)
④ 原文为 the forgone cash。(译者注)
⑤ 让通勤者在免费停车或现金提现之间作选择，目的是让通勤者认识到免费停车的成本等价于现金提现 (即有效价格)。(译者注)

选择合乘、乘坐公交、步行或骑车上班的人。

加州法律要求许多提供免费停车的雇主同时也向通勤者提供现金支付的选择。对加州雇主的案例研究表明，提现方案使开车上班的比例减少 11％。[24] 因为提现减少了了停车需求，它还可以降低新开发项目的停车标准。涉及该议题的法律规定，城市对提供停车提现的开发项目必须降低其停车标准：

> 如果某项商业开发项目实施停车提现计划，城市或县……应给予该项目适当的停车标准减免，否则，标准减免将对新的商业开发项目直接生效。[25]

该法规还允许开发商选择在现有开发项目中用停车提现代替部分所需停车位：

> 对于已实施停车提现计划的现有商业开发项目的请求，市或县应根据证明减少的停车需求情况适当降低停车标准，不再需要停车的空间可用于其他适当用途。[26]

换言之，如果雇主想将其业务扩展到以往用于停车配建的土地上，他们可以选择停车提现方案。这种选择将为成长中的公司提供就地扩张的机会，而不是在其他地方寻求更大的用地空间。

停车提现会减少停车需求吗？

城市应该为提供停车现金支付的开发商降低停车标准，但加州的立法并没有具体规定降低多少；它只是说停车标准应"根据证明减少的停车需求情况"而降低。这是一个相当模糊的标准，但是，在提供现金支付后开车上班的汽车数量减少了，这表明可以适当降低标准。表 10-3 显示南加州提供停车现金支付的雇主的案例研究结果。[27]

表格的上半部分 (通勤者需求) 显示停车提现如何减少每位通勤者使用汽车上班的数量。城市通常需要与建筑面积成比例的停车位，因此表格将每位通勤者使用汽车的数量转换为每千平方英尺的汽车数量。[28] 为了估算所有出行目的 (不仅仅是通勤) 所需的停车位总数，我们还必须考虑访客的停车需求、停车需求高峰期通勤者停车百分比以及为确保到达的车辆能够找到停车位而必须留出的空位比例。表 10-3 的下半部分 (非通勤者需求) 显示停车需求的其他组成部分。

通勤者停车。当雇主提供免费停车而不是提现选择时，通勤者每千平方英尺建筑面积停放 3.2 辆车。有了提现选择，通勤者每千平方英尺停放 2.8 辆车。因此，停车提现减少了通勤者每千平方英尺 0.4 个车位的停车需求，即 13％。

访客停车。访客也会占用停车位。托马斯·希金斯对圣迭戈办公建筑的调查估计,访客停车需求为每位员工 0.1 个车位。[29] 每千平方英尺有 4 名员工,因此访客的停车需求为每千平方英尺 0.4 个车位。

空置系数。占用率在总容量的 85% 到 95% 之间,停车系统的运行效率最高,这样进入的车辆不必搜寻整个系统就能找到空位。停车顾问委员会[①]建议,车位数量应比预计需求多 5% 到 10%。[30] 在预计通勤者和访客需求量的基础上增加 10%,相应的配建停车位数量每千平方英尺增加 0.3 个。

表 10-3 停车提现降低停车需求

通勤需求	雇主支付停车费时每千平方英尺停车位数量			
	无	有	减少	
(地点/案例编号)	提现	提现	#	%
(1)	(2)	(3)	(4)=(3)−(2)	(5)=(4)÷(2)
洛杉矶市区 (5)	2.9	2.2	−0.7	−24%
洛杉矶市区 (8)	2.9	2.4	−0.5	−16%
世纪城 (1)	3.0	2.7	−0.3	−9%
世纪城 (4)	3.7	3.3	−0.3	−9%
世纪城 (3)	3.4	3.1	−0.3	−9%
圣莫尼卡 (6)	3.6	3.3	−0.3	−9%
圣莫尼卡 (7)	3.5	3.3	−0.2	−5%
西好莱坞 (2)	2.3	2.2	−0.1	−5%
案例平均	3.2	2.8	−0.4	−13%
非通勤需求				
访客停车	+0.4	+0.4	0	0
空置系数	+0.3	+0.3	0	0
高峰期停车系数	−0.2	−0.2	0	0
总停车需求	**3.7**	**3.3**	**−0.4**	**−11%**

来源:Shoup(1997b,表 1)。8 个研究案例按停车需求降序排列 (第 4 列)。

高峰期停车系数。"高峰期停车系数"是指高峰需求时停车的司机百分比。由于并非所有司机都在高峰停车累积期间[②]停车,所以高峰停车需求小于开车上班的汽车总数。洛杉矶市区的一项调查发现,94% 的通勤者在需求高峰期停车。[31]换句话说,高峰停车需求比开车上班的汽车数量低 6%。因此,高峰停车需求每千平方英尺比开车上班的汽车数量少 0.2 个车位。[32]

总停车需求。如果雇主支付停车费而不使用提现方案,由此得出的停车需求估计值为每千平方英尺 3.7 个车位,如果使用提现方案,则每千平方英尺 3.3 个车位 (见表 10-3 底部的总停车需求)。[33] 这一结果表明,停车提现减少了约 11%的停车需求,表明城市对于提供现金支出选择的开发项目可以减少 11% 的停车标

---

① 原文为 Parking Consultants Council。(译者注)
② 原文为 during the peak parking accumulation。(译者注)

准。虽然这个数字取决于每个地点的情况，但我们可以用它来估计使用提现方案减少配建停车位需求的成本效果。

停车提现的成本效果

停车提现将停车补贴转换为现金补助，通勤者可将这笔钱用于任何出行方式。我们可以将停车提现的成本与提供停车位所节省的成本进行比较，估计停车提现的成本效果 (见表 10-4)。

假设提供所要求停车位的成本为每车位 10,000 美元 (第 1 行)。[34] 先前的案例研究表明，停车提现减少高峰停车占用率达每千平方英尺办公空间 0.4 个车位 (第 2 行)，因此每平方英尺办公空间可减少 4 美元的所需停车位成本 (第 3 行)。雇主每年只花 24 美元向每位雇员提供停车现金支出 (第 4 行)。[35] 这个成本很低 (每位雇员每月只有 2 美元)，因为雇主在停车上节省的钱几乎与他们向通勤者支付的现金一样多。如果每千平方英尺有 4 名雇员 (第 5 行)，那么停车现金支出每年平方英尺办公空间的费用仅为 10 美分 (第 6 行)。

我们可以将这些数字转换成每年现金支出每一美元在停车方面的资本节省。如果停车提现的成本现值为每年每平方英尺办公空间 10 美分，并且建造所要求停车位的预付成本节约为每平方英尺 4 美元，则停车提现每年花费 1 美元，可节省所需停车位的初始资本成本 40 美元 (第 7 行)。每年停车提现的成本仅为所需停车位资本节约的 2.5%(第 8 行)。因此，如果每年的资本成本高于 2.5%，那么停车提现产生的节约将超过支出。

表 10-4　停车提现的成本效果

1. 每车位资本成本	每车位 $10,000
2. 停车需求减少量	每千平方英尺 0.4 车位
3. 停车的资本节省	每平方英尺 $4($10,000×0.4/1,000)
4. 提现的人均年度成本	每年每位雇员 $24.23
5. 每千平方英尺雇员数	每千平方英尺 4 位雇员
6. 每平方英尺提现的年度成本	每年每平方英尺 $0.10($24.23×4/1,000)
7. 停车提现每 1 美元年度成本的资本节约	每年 $40($4.00/$0.10)
8. 停车提现支出的年度成本占资本节约比例 (%/年)	每年 2.5%($0.10/$4.00)

停车提现还可以减少停车位的运营和维护成本 (包括物业税)，因为随着停车标准降低，需要的停车位会更少。此外，为通勤者提供兑现停车补贴的选择是一项有助于招聘和留住员工的有价值的附加福利。综合考虑之后，停车提现是一项不错的投资。

共 享 汽 车

另一个可行的替代政策是提供共享停车位，而不是私人停车位。一个方便的共享汽车选项可能会说服一些居民不购买第二辆 (甚至第一辆) 汽车，从而减少停车需求。罗伯特·塞维罗和蔡育新对旧金山城市汽车共享项目的研究发现，近90%的会员来自 0-1 辆车的家庭，远高于该市此类家庭 71% 的比例。在城市汽车共享项目第二年年底，29% 的会员处理掉一辆或多辆汽车，而只有 8% 的会员增加了车辆拥有量；结果，21% 的会员减少了所拥有的车辆数量。他们在 6.5% 的出行和 10% 的车辆行驶里程 (VMT) 中使用了共享汽车。[36]

考虑这样一个城市，它要求每套公寓配建一个停车位，对于一个有 100 套公寓的住房，看看这种替代性的汽车共享安排是如何发生作用的。不妨假设，为住户提供一辆共享汽车可以使建筑内十户家庭选择不购买私人汽车。在这种情况下，城市可以允许一个共享停车位代替十个私人停车位，这样配建停车位的数量将从100 个减少到 91 个。开发商将根据合同承诺，只要不提供私人停车位，就为居民提供共享汽车安排。这样所要求停车位的减少量可能会大得多。例如，旧金山规划部门批准一项豁免，同意建造 141 个单元的交响乐塔①公寓，它只有 51 个停车位 (而不是所要求的 141 个停车位)，部分原因是开发商承诺为汽车共享运营商City CarShare 提供两个停车位用于汽车共享。建筑中停车位收费已经与公寓租金分开了。[37]

公寓楼车库里的共享汽车就像介于出租车和私家车之间的物品，每个居民都可以使用，这使公寓更受房客的欢迎。这种安排将为开发商 (提供更少停车位) 和居民 (拥有更少的汽车) 节省资金，同时不影响任何人在需要时使用汽车的权利。汽车共享组织也将吸引到会员，将其汽车投放在更多的地点，使俱乐部会员更加受益。

共享汽车选项可以扩展到许多土地用途。例如，城市可以允许酒店、办公建筑和大学提供一些共享停车位以换取停车标准的减少。通过为司机提供大部分免费停车，路外停车标准减少了汽车共享的需求。相比之下，让开发商选择提供共享停车位代替私人停车位，可以增加汽车共享需求，降低开发成本，并减少开车需求。

实施因地制宜的政策

在大多数雇主和开发商提供免费停车、大多数通勤者独自开车上班以及公共交通容量过剩的情况下，采用三项政策——生态通行证、停车提现和汽车共享代替

---

① 原文为 Symphony Towers。(译者注)

所要求的停车位——是合适的。美国大多数城市都满足这三个条件。在美国，91%的通勤者开车上班，95%的汽车通勤者上班时免费停车，公共交通只有27%的座位被占用。[38] 大多数城市要求提供充足的现场停车位，如果开发商为所有通勤者提供生态通行证或停车提现，城市还可以为他们降低停车标准。

在那些几乎没有雇主提供免费停车、很少有通勤者独自开车上班、公共交通已经拥挤不堪的城市，生态通行证和停车提现是无法发挥作用的——但这些地区肯定对路外停车标准不会要求过高。然而，在许多确实需要过多路外停车的城市，如果让开发商提供一些选项，如生态通行证、停车提现和汽车共享来降低所要求停车位的成本，则会使每个人受益。

结论：提供选项来减少停车需求

常规的代赎金让开发商可以选择为公共停车位融资，而不是必须按规定提供私人停车位。城市也可以让开发商选择减少停车需求，而不是增加停车位供给，这种适度的改革将为各方带来实质性的收益：

1. 停车需求的减少可以将土地从停车位转移到生产性活动，雇佣更多工人并产生更高税收。

2. 通过减少停车场的数量和规模，降低停车需求，改善城市设计。

3. 雇主们减少停车位节省下来的钱，可以为通勤者提供新的附加福利——生态通行证或停车提现。这项新的附加福利类似于增加工资，有助于招聘和留住员工。

4. 除了通常提供的上班免费停车，通勤者获得新的附加福利——免费公交或现金收入。

5. 为开发商和业主省钱。他们可以用较低的公共交通、停车提现或汽车共享的年成本代替高昂的停车资本成本。更少的车辆出行可以减少项目对环境的影响，有助于开发商满足缓解交通压力的规制要求①。

6. 由供给侧对所需停车的资本补贴转为需求侧对公共交通的补贴，增加的公共交通客流量使公共交通机构有能力改善服务。

7. 减少车辆出行可以减少交通拥堵、空气污染和能源消耗。

生态通行证和停车提现节省成本是有效果的②，因为上下班乘坐公交的支出要比工作时免费使用的停车位便宜得多。案例研究表明，开发商每年花费1美元购买生态通行证，那么至少可以在所需停车位的资本成本上节省46美元。如果每年在停车提现上花费1美元，那么还可以在所需停车位资本成本上节省40美

① 原文为 traffic mitigation requirements。（译者注）

② 原文为 cost effective。（译者注）

元。减少停车需求的低成本与增加停车供给的高成本相比，表明生态通行证和停车提现是低成本高效益的策略。对成本效果的比较在两个有名的汽车成瘾地区进行：硅谷 (生态通行证) 和南加州 (停车提现)。如果生态通行证和停车提现可以减少这两个地区的停车需求，那么其他城市可能也会取得不错的效果。

第 10 章注释

1. 圣克拉拉谷交通局 (1997)。独自驾车上班的汽车数量下降 21%。由于一些通勤者从合乘转为公交，而且合乘者每人驾驶的车辆少于一辆，因此上班时驾驶的汽车总数仅下降 19%。公交的比例从发放免费公交卡之前的 11%，增加到之后的 27%。

2. 作为购买公交卡而不是提供所需停车位的行政先例，一些城市允许业主在公共车库购买停车许可证，而不是提供所要求的现场停车位。例如，华盛顿柯克兰允许业主每年因为没有提供所需停车位而支付 1,020 美元的代赎金，业主每付一笔费用，就可以获得一张公共车库的停车证。这一义务与土地有关，并要求未来的业主支付年费或按要求提供停车位。

3. 请参阅 SCVTA 的网站 www.vta.org/eco_pass.html，有关生态通行证的详细信息。生态通行证价格承诺包含一趟搭乘车辆回家 (a guaranteed ride home) 的服务。在乘坐公交车上班的任何一天，通勤者在生病、紧急情况或意外加班的情况下，都可以免费乘坐出租车回家。在科罗拉多州博尔德和丹佛以及犹他州盐湖城，公共交通系统也提供类似的生态通行证项目。

4. 生态通行证避免了"逆向选择"问题。逆向选择的概念是在保险领域提出的。逆向选择是指潜在损失更大的人倾向于购买更多的保险。这一趋势导致了更高的损失赔付，然后每个被保险人的保险费都会更高。同样，逆向选择也增加了向公众出售常规公交卡的成本。因为经常乘坐公交的人通常会购买月票，所以公交公司必须在假定持票人经常乘坐公交的基础上对月票定价。雇主之间也可能存在逆向选择。拥有许多公交通勤者的公司将有购买生态通行证的动机，这将增加公交运营商的成本。

5. 在这个例子中，20% 的通勤者选择常规公交卡。因为所有的通勤者都能获得生态通行证，而不仅仅是那些每天乘公交的人，那么公交的日乘坐率可能会上升。虽然一些选择常规公交卡而不是停车位的通勤者可能会在某些日子开车上班，但那些以前每天开车上班的人可能会偶尔乘坐公交。

6. 关于美国公共交通系统的年客运里程和年度车辆收入里程数据，见美国联邦公共交通管理局 (1998)。用 1997 年 175 亿公交乘客周转量 (passenger miles traveled on bus transit) 除以公交服务 16 亿车辆收入英里数 (vehicle revenue miles of service on bus transit)，得出平均乘坐率为每辆公交车每英里 10.9 人 (17.5÷1.6＝ 每车 10.9 人)。用平均乘坐率 10.9 人[①]除以平均 40 个座位的公交车容量，得出平均座位占用率为 27％(10.9÷40＝27％)；也就是说，如果所有乘客在旅途中都有座位，那么只有 27％ 的公交座位被占用。这种计算方法高估了公交车的座位数，因为有些乘客是站着而不是坐着。公交车平均乘客人数为 10.9 人，这可能看起来很低，但 Davis 和 Diegel(2002，表 2.11) 估计 2000 年公交车平均乘客人数只有 9.2 人。当然，一些公交车辆在高峰期会挤满人，但在所有公交车辆行驶里程中占比很小，平均座位占用率只有 27％。如果在必须增加载客量以运载更多乘客的时段，生态通行证提高乘坐率，新增乘客的边际成本可能会很高。

7. 2002 年各城市代赎金见表 9-4。

8. 圣克拉拉谷交通局 (1997)。

9. 假设每位员工的生态通行证一年花费 80 美元。如果每千平方英尺办公空间有 4 名员工，那么生态通行证每千平方英尺办公空间每年花费 320 美元 (4×80 美元)，或每平方英尺办公空间每年花费 32 美分 (320 美元 ÷1000)。SCVTA 的最高收费标准仅在圣何塞市中心，每位员工每年 80 美元，其他地方的最高收费标准仅为 60 美元。因此，该表将山景城和帕洛阿尔托生态通行证的最高成本高估了 33％，表 10-2 中的计算更加保守。

10. Mary Smith(1999，535)。这个估算不包括物业税。

11. 如果路外停车标准满足通勤者免费停车的需求，雇主就有足够的停车位为每个人提供免费停车。如果城市对停车标准的减少量与替代生态通行证产生的停车需求减少量相等，那么所要求的停车位供给仍然满足免费停车的需求，但每个人也可以免费乘坐公交。

12. 支付常规代赎金为公共停车楼融资的开发商无意中补贴了他们的竞争对手，后者也从公共停车场中受益。

13. 例如，如果生态通行证每位员工每年花费 40 美元，并且他们减少 19％ 的通勤停车需求 (如硅谷)，如果公司每年为每位员工提供的停车补贴超过 211 美元，那么生态通行证每年可为每位员工节省 40 美元以上的停车补贴 (因为每年 211 美元停车补贴减少 19％ 意味着每年节省 40 美元)。许多公司花在停车补贴上的钱远远超过每位员工每年 211 美元 (每月 17.60 美元) 的盈亏平衡点。

[①] 原文误为 10.6。(译者注)

14. 加州交通部 (2002，附录 B)。

15. 加州交通部 (2002，1)。

16. Lund、Cervero 和 Willson(2004，88)。

17. Ibid(64)。

18. 雇员还将知道他们的雇主是否继续提供生态通行证，他们可能会举报雇主未能遵守提供生态通行证的约定。

19. 大学为这些项目起了各种各样的名字——比如 BruinGO、ClassPass、SuperTicket 以及 UPass。参见 Brown、Hess 和 Shoup(2001) 对 35 个无限制出行项目的调查。到 2002 年已经有 60 多个项目。

20. Brown、Hess 和 Shoup(2003)。

21. 华盛顿大学交通办公室 (1997)。

22. "如果酒店或汽车旅馆……向客户和员工提供免费公交车票，类似地提供自行车免费使用，以及提供现场使用的电话、传真、带调制解调器的电脑和其他商用机器等，城市在停车计划审查期间可将其设施的停车标准降低 20%"(科罗纳多市政法规，第 86.58.230E 节)。德国城市的许多酒店还将酒店客人的身份证作为公交卡。

23. 波特兰 TriMet(2002，3-11)。

24. Shoup(1997b，表 1)。这项研究也可参见 PAS 报告第 531 号《停车提现》(即将出版)。

25. 加州健康和安全法规，第 65089 节。

26. Ibid。

27. Shoup(1997b) 评估了这些案例。

28. Shoup(1997b，表 1) 显示在给通勤者选择兑现停车补贴前后，每个通勤者开车上班的汽车数量。洛杉矶市中心的一项员工调查发现，办公室的平均占用密度为每千平方英尺 4.2 名员工 (Barton Aschman Associates，1986)。在对八家公司的案例研究中，缺勤率 (疾病、假期、远程办公和旅行) 从 5% 到 27% 不等，平均每天有 10% 的员工缺席。给定占用密度为每千平方英尺 4.2 名员工、平均员工缺勤率为 10% 的情况下，表 10-3 显示雇主为通勤者提供停车提现选择前后，每千平方英尺办公空间开车上班的汽车数量。

29. Higgins(1993) 假设每位员工每天平均接待 0.5 位访客，访客停车周转率为每天 4 人，单独驾驶的比例为 85%。如果每位雇主员工有 0.5 位访客，其中 85% 的访客开车前来，访客停车周转率为每天 4 次，那么访客的停车需求为每位员工 (0.5×0.85)÷4=0.1 个停车位。

30. 停车咨询委员会 (1992，5)。

31. Wilbur Smith 和 Associates(1981)。Hartmut Topp(1991，7) 报告说，德国法兰克福通勤停车的高峰期停车系数约为 85%。

32. 当雇主提供免费停车而没有提现选项时，通勤者开车上班为每千平方英尺 3.2 辆车。高峰期的停车需求比这少了 0.2 个车位，因为这些汽车中有 6%没有停在上班高峰需求期间。

33. 表 10-3 的估算值并未表明每千平方英尺的停车需求正好为 3.7 或 3.3 个车位。案例研究地点之间的巨大差异表明，并非所有办公建筑都有一个"正确"数量的停车位。尽管如此，确实有证据表明，提现选项减少了停车需求，城市可以允许开发商、业主和雇主提供停车提现，而不是按需求提供一些车位。

34. 假设每个车位 10,000 美元的成本低于 UCLA 自 1961 年以来建造的 15 栋停车楼中任何一栋停车楼每个车位的成本 (以 2002 年美元计)(见表 6-1)。

35. Shoup(1997b，207)。

36. Cervero 和 Tsai(2003，5，24-25)。典型的共享汽车行程为 5.5 英里，花费 32 美元。典型的共享汽车每天租出 7 小时。

37. 美国环境保护机构 (2004，25)。交响乐塔公寓位于 Van Ness 大街 724 号，旧金山住房行动联盟 (San Francisco Housing Action Coalition) 网站上有介绍：www.sfhac.org/images/HAC_Board_1.pdf。作为参与汽车共享的额外激励，开发商甚至可以每年给每位居民在汽车共享组织中支付少量的会员费。例如，在洛杉矶，一个共享汽车计划的年费是 25 美元，另外每小时收费 10 美元。可参见 Flexcar 网站：www.flexcar.com。

38. 参见 Shoup(1997b，201) 关于工作时免费停车和开车上班的通勤者所占比例的数据，以及 Brown、Hess 和 Shoup(2001) 关于公交座位占用率数据。

第 II 部分　为停车而巡游

　　他从奥伯林大道转入第三大道东北段时，在前方成排停靠的汽车中隐约看到一个空位。但一位竞争对手将车滑进了车位，错失这个机会让他火冒三丈。前面又有一辆车要离开路边，巴比特放慢了速度，对着后面压过来的车伸出手，激动地让一位老妇人快向前走，同时避开一辆从车身一侧俯冲过来的卡车。当前轮咬住前车的锻钢保险杠时，他停了下来，猛然刹住方向盘，倒向空车位，用十八英寸的空间，熟练而巧妙地将车与路边拉平。这不愧是一场驾驭自如、精妙绝伦的冒险啊。

　　　　　　　　　　　　　　　　　　——辛克莱·刘易斯，《巴比特》 ①

---

① 辛克莱·刘易斯 (Sinclair Lewis，1885～1951)，美国作家。主要作品有《大街》、《巴比特》和《阿罗史密斯》等，其中《巴比特》(1930) 获诺尔文学奖，使他成为美国第一位诺贝尔文学奖获得者。《巴比特》是一部反映美国 20 世纪 20 年代商业文化繁盛时期城市商人生活的小说，塑造了一个典型的商人形象"巴比特"，漫画式地表现出美国商业文化的方方面面，具有文化关照和艺术欣赏的双重价值。(译者注)

第 11 章 巡　游

我爸没付停车费，我妈、我弟也一样，没人会付停车费。为什么我要付钱呢？说不定还能得到免费服务呢。

——乔治·科斯坦萨[①]

当一种资源为公共所有时，"首占权"[②]意味着任何人一旦获得该资源，就有权占用它。以海里的鱼为例，任何捕到鱼的人都可以把它留下来，毕竟其他人也可以捕到鱼，因此没有人想把它放回海里继续繁殖。海洋渔业的共同所有权[③]导致广泛的过度捕捞，许多物种枯竭，捕鱼难度加大。[1]2003 年，发表在《自然》杂志上的一项研究发现，自 20 世纪 50 年代以来，工业捕鱼船队已将海洋中 90% 的大鱼捕捞殆尽，如巨型金枪鱼、箭鱼和马林鱼[④]。[2] 加拿大渔业生物学家、研究报告作者之一兰森·迈尔斯说："过去渔民常常出海捕捞这些庞然大物，但现在再也找不到了。它们不在那里，我们把它们吃掉了。"[3]

免费路边停车是共同所有权的另一个例子，因为所有司机都可以在"先到先得"原则上使用。[4] 路边停车位就像海里的鱼：停车位属于占用它的任何人，但如果你离开，就失去了它。在所有路边停车位被占用的地方，随着时间推移会有车辆腾出几个空位，但司机必须巡游寻找一个腾出的车位。自从汽车发明后不久，司机们就开始巡游寻找免费的路边停车位，造成交通拥堵、空气污染和能源浪费。

20 世纪的巡游

当只有少数富人拥有汽车时，巡游还不是个问题，但随着司机数量增加，寻找路边空车位变得愈发困难。在一本 20 世纪 20 年代的游记《沿着扬基人的足迹

---

① 原人名 George Costanza，来自 NBC 电视台的《宋飞正传》(*Seinfeld*)。它是 20 世纪 90 年代美国最受推崇的情景喜剧，由 Tom Cherones 执导，Jerry Seinfeld、Jason Alexander(饰 George Louis Costanza) 等主演。《宋飞正传》讲述了四个平常人的生活，主角没有衣着光鲜，也没有奇能异才。George Costanza 是主人公宋飞多年的好友，纽约扬基棒球队的一个工作人员。《宋飞正传》除巧妙的故事构思外，还暗藏着哲理，被很多大学当作研究课题。(译者注)

② 原文为 the right of "first possession"，也译为第一占有权、优先占有权等。(译者注)

③ 原文为 communal ownership。(译者注)

④ 原文为 giant tuna, swordfish, and marlin。(译者注)

游览新英格兰》①中，克拉拉·怀特塞德描述了她在康涅狄格州开车旅行时遇到的问题：

> 我们出发去看镇上的景色……我们在街区里转了又转，想找个地方停车……每个路边都是黑压压的，塞满倒着停放的车辆……"这儿有个空位！"唉！可它在街道的另一边。我们只好开向下一个拐角，希望能掉头，可交通警察总是明确示意我们不能掉头，直到一次又一次，我们发现自己……恰好处在正中央，纠缠在车流中。5

自 20 世纪 20 年代以来，除了每个街角不再有交警之外，巡游停车几乎没有什么变化。在路边停车免费、而路外停车又很贵的地方，一些司机固执地寻找免费的路边停车位，而不是花钱停在路外停车场。例如，2000 年西雅图的停车调查发现，"尽管免费的路内停车位已经爆满，在付费的路外停车场，车位往往随时可用"。6

每个人都清楚如何在巡游和付费之间选择，但我们对巡游的集体后果几乎一无所知。例如，在拥挤的街道上，有多少巡游的汽车只是为了在路边停车，而不是去往别的地方？巡游浪费了多少燃料，造成了多少空气污染？从个人角度巡游是合理的，因为它为司机节省一些停车费，但从集体角度巡游却不合理，因为它浪费时间，堵塞交通，浪费燃料，还污染空气。

巡游有一个自相矛盾的现象：作为交通运输的一个方面，分析师对它知之甚少，而其他人却知之甚多。所有的司机都曾有过巡游的经历，根据所居住的地方，巡游可能是他们日常生活一个重要组成部分。想想纽约，美国的巡游之都。为了便于打扫街道，纽约禁止星期一、星期三和星期五在街道一侧停车 90 分钟，星期二、星期四和星期六禁止在街道另一侧停车。7 每天有 90 分钟禁止在正在打扫的街道一侧停车，在这期间，居民们巡游寻找新的停车位，或者在路另一侧允许停车之处双排停车②。纽约市在每年 32 个法定和宗教节日暂停这项错边停车规定③，但在其他日子里纽约人必须挪车。8 许多年来，纽约人一直在巡游寻找备用停车位。弗兰克·麦考特（《安琪拉的灰烬》④ 的作者）描述了一个人在 20 世纪 50 年代对停车的痴迷：

> 哈里·鲍尔……的停车问题让弗吉尔抓狂……他早买了一辆大车……但从没开车去过任何地方……他把车从街道一边挪到另一边，来来回回，反反复复地挪动。有时，为了在第二天找个空车位，他带着小

---

① 原书名为 *Touring New England on the Trail of the Yankee*。（译者注）
② 原文为 double park。（译者注）
③ 原文为 alternate-side regulations。（译者注）
④ 原书名为 *Angela's Ashes*。（译者注）

铝制沙滩椅，往车旁一坐。或者他在附近走来走去，到处寻找一个车位，要是发现了一个空车位，他会很兴奋，像突发心脏病一样冲向他的车，把它开到新的地方，但车位现在已经不见了，原先的车位也被人占了，没有车位，他只得开着车到处乱跑，诅咒着政府。有一次我和他在一起，他差点撞倒一位传教士和两个老妇人……他可以把那辆车停在车库里，一个月八十五块钱，但这比他支付的租金还要多，哈里·鲍尔是绝对不会浪费一分钱的。[9]

当然，哈里·鲍尔只关心自己的每一分钱，而不关心他寻找免费停车位给其他人带来的成本。

记者们经常讨论巡游，《纽约时报》有时也会给出如何正确巡游的建议。例如，1987 年的一篇文章建议：

> 睁大眼睛寻找一只握紧拳头的手……这意味着他们手里拿着车钥匙，如果跟踪他们，就可以得到他们的停车位；[或者] 睁大眼睛寻找尾气，这意味着有人正在启动一辆停着的车；[或者] 寻找汽车上红色的刹车灯，这是他们可能要移动的迹象。[10]

纽约对停车的痴迷一直延续到电视连续剧中。在《宋飞正传》某一集里，乔治对伊莱恩解释他的策略："看，我有自己的方法。我首先在门前寻找梦寐以求的停车位，然后慢慢地以同心圆的方式扩展搜索范围。"他拒绝支付路外停车费。[11]

在一些地方，巡游成了法律纠纷问题。1975 年，科罗拉多州最高法院就路外停车标准的宪法效力做出裁决，称：

> 对交通问题的研究一致认为，空气污染与开车人在一个又一个街区缓慢地寻找停车位有关。在环境问题备受关注的今天，我们不能相信，尚无立法责成那些邀请大量人员到其场所的人——他们继而堵塞我们市民的街道、空气和耳朵——让他们提供停车设施，以便将汽车放在停车位上，并保持安静。[12]

"街道两侧的吉特巴舞"
威廉·E. 盖斯特
《纽约时报》，1985 年 1 月 16 日

约翰尼有一份据说只在纽约才有的工作。他是一个看车人①。从纽约问题衍生出来的一种特殊职业。

约翰尼的一位客户说："当你付不起天价的车库费，也不能开着车，一遍又一遍地绕着街区寻找停车位——这里的停车位寸土寸金——或者等你快崩溃了，那就去找约翰尼。"

约翰尼管着大约 20 辆左右的汽车，把它们从街道一边移动到另一边，这项解困服务的收费范围从老客户每月 25 美元到新客户每月 60 美元不等。

"我不想再有顾客了，"这位头发花白的看车人、大楼兼职管理者说，"但我要多少钱他们就给多少。这里附近的车库一个月要 200 多元，有些人也懒得起来挪车。"

一位西 78 大街的看车人声称，他看管的有些车每月能挣上 150 美元。

"有时候"，一个客户说，"我有六个星期没看到我的车，也不知道它在哪里。"而约翰尼知道。在约翰尼看管的一些街道上，错边停车规定②汽车必须在上午 8 点到 11 点之间离开路边；而在其他街道上，时间是上午 11 点到下午 2 点。

"我付了所有的罚单，"约翰尼说，"要是他们把车拖走，我就死定了。这得花掉我 100 多美元。"

在这个寒风凛冽的早晨，约翰尼不得不跳起来发动几辆车，把门锁解冻。他干这个已经 20 年了，可还是感慨能找到的停车位越来越少，这项工作越发难做了。

曼哈顿管理部门已经接受双排停车③这种合(违)法行为的存在，而且，在警方决定对双排停车者开罚单的地区，纽约人为争取双排停车的合法权利进行激烈的抗议。

双排停车的老手们透露了一些奇特的策略来避免被堵死。他们说，在挡风玻璃上贴个诸如"别占道-有产妇"之类的便条似乎不起什么作用了。"尽量选择路尽头的位置，方便随时进出"，一个老手这样说，"不要把车停在树旁边，不然你就不能开下人行道了。"

在位于西 79 街的社区里，杰拉尔德·迈耶是一位饱受苦难的驾车者心目中的民间英雄。迈耶先生为自己总能在街上找到停车位感到自豪。

"我试着把它当作一个游戏，"他说，"否则你会疯掉。"

"你要有鹰的眼睛和敏捷的驾驶能力，"迈耶先生说，"你要看人家找钥匙的手，听叮当的声音。你必须了解附近的医生、牙医和店主长什么样，他们开什么样的车，每天什么时候离开。"

他说，"曾经有一段时间，附近有一家殡仪馆，你可以把车非法停在那里，警察会认为你是死者的某位亲友。"

---

① 原文为 car shepherd。(译者注)
② 原文为 alternate-side-of-the-street parking regulations 。(译者注)
③ 原文为 double parking。(译者注)

迈耶先生最近退休了，不再需要他的车了。出于好心，他把车送给了同样住在曼哈顿的儿子。他的儿子很快识破了他的伎俩，把车还给他。

交通研究者偶尔提到巡游。例如，在一项世界银行对中美洲城市交通问题的研究中，安东尼・丘吉尔认为，"低廉的停车费造成排队，甚至更严重的拥堵，因为车辆徒劳地转着圈找位置停车，而那些绝望的司机只好非法停车"。[13]

这些轶事证实了一件众所周知的事实：司机们为了在路边停车而不断巡游。巡游产生一个移动的队列，司机们等着路边腾空，却看不到有多少辆车在队列中，因为巡游者与去往他处的车辆混合在一起。尽管如此，一些研究者估计了有多少辆车在巡游以及找到路边车位需要多长时间。他们观看交通流录像带，访谈在路边停车的司机，并亲身体验巡游。以下 16 项有关巡游的研究在 1927 到 2001 年间进行，按时间顺序逐一介绍。由此估算的结果取决于所研究的地点，但交通中 8% 至 74% 的车辆都在巡游停车，找到路边车位的平均时间从 3.5 分钟到 13.9 分钟不等。

底　特　律

关于巡游的第一项研究在底特律进行。1927 年，霍利・辛普森 (后来成为交通工程师协会[①]主席) 通过计算下午 2 点到 6 点之间在底特律中央商务区 (CBD) 两个地点反复经过观察点的汽车数量来测量巡游停车的情况 (表 11-1)。在一处观察点，有 76 辆车共经过 360 次，平均每辆车经过 4.7 次 (其中一辆车经过同一观察点 24 次)。在第二处观察点，有 188 辆车共经过 689 次，平均每辆车经过 3.7 次 (其中一辆车经过同一观察点 17 次)。辛普森估计，经过第一处观察点的汽车中有 19% 在巡游，经过第二处观察点的汽车中有 34% 在巡游。

这两处路边停车位在一天中大部分时间里都被占满。辛普森发现，在高峰时段实际停车数比合法停车位多出 28%，并且有 40% 的停放车辆违反了相关停车规定。只有 22% 的车在路边停放一个小时以上，但它们占据市中心 60% 的可用停车位小时数[②]。辛普森在进行这一计算时指出，正确测量停车位消耗的方法不是简单地计算任何一次停放的汽车数量，而是将停放的汽车数量乘以停放的时间长度，即停车小时数[③]。一天中，大量短暂停留的汽车通常对任何一个时间段的总停车量贡献很小，而几辆整天停放的汽车则占了任何一个时间段总停车量的大部分。因此，几辆汽车长时间停留可以占用大部分可用停车容量[④]，而很多短时停泊车辆所占份额相对较小。因此，缩短平均停车时间会增加一天中可以停在路边的汽车数量。

---

① 原文为 Institute of Traffic Engineers。(译者注)

② 原文为 available parking-space-hours。(译者注)

③ 原文为 parked-car-hours。(译者注)

④ 原文为 available parking capacity。(译者注)

表 11-1   底特律的巡游

地点	巡游车数	经过同一点的次数	每车平均次数	每车最大次数	巡游占交通的比例
一	76	360	4.7	24	19%
二	188	689	3.7	17	34%

来源：Simpson(1927, 85)。

辛普森还预测采用免费路外停车之后可能产生的许多问题。他认为："与其帮助解决街道交通问题，它很有可能产生相反的效果，诱导大量不必要的车辆使用。免费停放是一种经济谬论。"[14]

华盛顿特区

1933 年，美国公共道路局[①]进行了一项测试：在早高峰时段，测量沿三条不同路线行驶六英里到位于西北部 15 大街和 E 大街的商务部大楼所需的时间。[15] 研究人员使用秒表和里程表测量每段行程的时间和距离——开车到 15 大街和 E 大街交叉口，寻找路边的车位，然后步行到商务部大楼。结果如表 11-2 所示。开车的平均时间为 25 分钟，搜索路边车位的平均时间为 8 分钟，步行到商务部大楼的平均时间为 9 分钟，总的行程时间为 42 分钟。开车占总行程时间的 60%，巡游占 19%，步行占 21%。总的行程时间比司机无需巡游就能够将车停在目的地的时间长 68%。到商务部大楼的六英里行程中，行驶速度为每小时 14.2 英里，但加上随后的搜索和步行时间，总的行程速度下降到每小时 8.5 英里。这种慢速一定特别烦人，因为研究人员在一辆汽车上进行了时间试验，据说测试车辆"具有最新的汽车设计，精确的流线型设计使挡泥板和车身表面几乎不会积聚一粒灰尘。"[16]

表 11-2   华盛顿特区六英里行程的开车、巡游和步行时间 (分钟)

	开车	巡游	步行
行程时段	25.4	8.0	9.0
总行程时间比例	60%	19%	21%

来源：Hogentogler、Willis 和 Kelley (1934)。

纽黑文和沃特伯里

下一个关于巡游的研究在 27 年后的 1960 年进行。马修·休伯当时在耶鲁公路交通局[②]工作，后来成为明尼苏达大学土木工程教授。他在康涅狄格州纽黑文和

---

① 原文为 U.S. Bureau of Public Roads。(译者注)
② 原文为 Yale Bureau of Highway Traffic。(译者注)

沃特伯里中央商务区调查了 3,200 名路边停车者和 2,700 名路外停车者，了解他们在找到一个停车位之前已经巡游了多远。司机们一停车就接受访谈，要求每个人追溯行程起点和停车位之间的路线 (每次访谈都会提供中央商务区地图，以帮助司机追踪路线)。休伯说，司机们可能在到达目的地之前开始寻找停车之处，因此要求他们确定搜索从哪里开始。这些访谈平均分布在 7 月相对清闲的夏季、11 月常规的秋季和 12 月圣诞节前的高峰期之间。

在纽黑文，找到路边车位之前的平均巡游距离是 1,041 英尺，在沃特伯里则是 930 英尺 (表 11-3)。[17] 18%的路外停车者报告说，他们停在路外车位前曾寻找过路边车位，他们在纽黑文巡游的平均距离是 2,377 英尺，在沃特伯里则是 1,613 英尺。休伯的数据还显示，在纽黑文中央商务区中，巡游停车的距离至少占车辆行驶里程 (VMT) 的 17%。[18]

表 11-3　康涅狄格州纽黑文和沃特伯里的巡游

	停车前的巡游距离 (英尺)					
	纽黑文		沃特伯里		总计	
	路边	路外	路边	路外	路边	路外
男性	1,011	2,034	908	1,615	952	1,793
女性	1,129	2,683	993	1,610	1,049	2,137
所有人	1,041	2,377	930	1,613	977	1,963

来源：Huber(1962)。

伦　敦

在美国公共广播公司 (PBS)《浮城谜事》①一段情节中，科迪莉亚·格雷很晚才回到伦敦侦探社，她解释说："我花了半个小时，试图找到一个咪表停车。"[19] 英国道路研究实验室②的研究表明，格雷女士不是独自一人在巡游，她的巡游给更多的人带来不便，影响人数比在她办公室等候的客户还要多。1965 年，研究人员进行了停车-访问③测试，模拟在伦敦如何寻找路边车位。他们把车开到一个地址，然后记录下找到路边车位的时间。在伦敦三个不同地区寻找一个车位所需的搜索时间平均为 3.5、3.6 和 6.1 分钟。[20]

停车巡游堵塞交通，增加了每个人的出行时间，包括公交乘客。公交车和巡游的汽车通常都使用离路边最近的车道，由于行驶时间导致公交车的大部分资金和运营成本，巡游寻找低价的路边车位增加了公交车出行的时间和金钱成本。当

---

① 原文为 Mystery。(译者注)

② 原文 Britain's Road Research Laboratory。(译者注)

③ 原文为 park-and-visit，也译为停车-逗留、停车-参观等。(译者注)

道路研究实验室进行停车-访问测试时，在伦敦市中心高峰时间乘坐公共汽车的人数几乎是乘坐汽车人数的两倍。因此，为寻找路边车位而巡游对公交乘客造成的延误比对汽车司机的延误还要多。[21]

　　除了让公交速度变慢，交通拥堵也阻碍公交按照日程表安排运行，由此带来的服务不确定性进一步降低公交系统的载客能力。F. J. 劳埃德认为，1957 年苏伊士运河关闭后，导致燃料配给严重不足和伦敦市中心交通拥堵急剧减少，这两种影响都得到了体现：

> 公交车不仅正常、自由地运行，而且经验表明公交在完全没有增加定期服务班次的情况下搭载了大量的额外乘客。给公交提速……并不是全部的目的和目标。公交必须有规律地按时间表运行，这样就可以用较少的公共汽车运载一定数量的乘客。在苏伊士运河停运时期，公交车得到了更好的利用，服务效率大大提高。[22]

　　然而，在燃料充足且价格低廉的情况下，更多的人想自己开车。更多的开车出行增加对停车的需求，而路边停车供应不变的情况下，竞争产生更多的巡游。由于交通拥挤，巡游减慢公共汽车的速度，导致公交无法按时间表运行，进而增加了运营成本。这种更慢、更不可靠、更昂贵的公交服务使乘客倍感失望，使他们从公交转向汽车，这进一步加剧了拥堵，加速公交的螺旋式下降。

巴　　黎

1977 年，休伯特·利维-兰伯特利用 1977 年巴黎交通模拟模型发现：

> 对街道上的私人汽车停车实行适度定价 (市中心每小时 50 美分，郊区每小时 25 美分)[2002 年 1.68 美元和 84 美分] 将使私人交通量减少 24%，将高峰小时车速从每小时 6 英里增加到 9 英里，在 1975 年产生约 1.63 亿美元的消费者剩余 [2002 年 5.45 亿美元]，其中大部分货币价值相当于每天节约 600,000 小时交通时间。[23]

利维-兰伯特估计，68% 的总节约时间将惠及机动车驾驶者，32% 惠及公交乘客。

弗 赖 堡

1977 年，德国汽车俱乐部在弗赖堡市中心每个十字路口安装摄像机，并用摄像机跟踪随机挑选的汽车从一个十字路口行驶到另一个十字路口。研究者估计，在摄像头追踪到的 800 辆汽车中，令人吃惊的是，74% 的汽车都是为停车而巡游，一旦找到停车位，他们会立即停车。平均而言，这些车在找到停车位之前要经过 6 分钟的搜索。摄像机揭示了另一个值得注意的发现：正如研究者报告的那样，在司机们慢速行驶寻找停车位的过程中，巡游使他们产生心理上的变化：

> 这种对停车位的执着使许多司机变成了不择手段的疯子。当无计可施时，他们就会把车停在任何可用空间上，包括禁止停车区，人行道，甚至是十字路口。[24]

在一些地方，为找车位而巡游的车辆占到总交通量的四分之三，那么交通系统、环境甚至人们的精神健康都会大大退化。

耶路撒冷和海法

1984 年，伊兰·萨洛蒙对前往耶路撒冷中央商务区 (CBD) 的通勤者进行一项研究，调查车主是否开车上班以及在哪里停车的决定。尽管人们普遍认为 CBD 存在严重的停车问题，但他发现还是有 90% 的车主开车上班。在 849 名司机样本中，受访者回复一份关于工作行程的邮件问卷，从上午八点到下午早些时候，平均搜索停车位的时间是 9 分钟。问卷还询问受访者对耶路撒冷市中心停车的看法，萨洛蒙总结了他们的观点：

> 停车位被视为一种应该由政府提供的"免费公共产品"。因此受访者们提出的解决办法通常涉及建造更多的设施和降低费率。[25]

当面临停车位短缺时，大多数司机的自然反应是建议增加停车位，加大补贴力度，而不是提高停车价格。

2002 年，约拉姆·希夫坦对 200 名海法卡梅尔中心商业区的造访者进行一项研究，询问司机们寻找停车位的时间。其中三分之二的受访者在停车前巡游超过 5 分钟，另外三分之一巡游超过 10 分钟。[26]

剑　桥

1985 年，玛丽安娜·奥马利在马萨诸塞州剑桥市哈佛广场商业区调查了车辆巡游。由于路边停车的计价器价格是每小时 50 美分，而路外停车的商业价格是每小时 3 美元，所以司机们通过巡游来省钱。为了测量搜索时间，她进行了一系列停车-访问测试：

为了确定巡游的平均距离，我在三个随机选择的地点进行巡游。我的十三次巡游都是在上午 10 点到下午 3 点 30 分之间完成。我的策略是开车到达某个地点，然后试着在该地点四分之一英里半径内找到一个停车位。[27]

她发现，在哈佛广场找到一个停车位平均需要 11.5 分钟，具体时间从 2 到 25 分钟不等，平均巡游距离为 1.27 英里。从停车位到预定目的地的平均步行距离为 0.25 英里，耗时约 7.5 分钟。她还估计，哈佛广场的交通中有 30% 的车辆都在寻找路边停车位。[28]

开 普 敦

1993 年，彼得·克拉克对南非开普敦的路边停车者进行了一项调查，发现中心城区的平均搜索时间为 12.2 分钟。[29] 搜索时间的中位数为 10 分钟；22% 的司机搜索时间不到五分钟，还有 4% 的司机搜索时间超过 25 分钟。60% 的停车者表示，他们很难找到路边停车位，短期停车者似乎更关心他们花在寻找停车位上的时间，而不是价格。克拉克通过陈述性偏好分析①估计路边停车需求的价格弹性为 −0.22，而搜索时间的弹性为 −0.61；也就是说，司机对找到路边停车位所需时间的敏感度是对路边停车位价格敏感度的三倍。需求价格弹性 −0.22 表明，停车价格上涨 10%，只能使停在街道上的汽车数量减少 2%。调查还表明，在这减少的 2% 中，大多数人还将继续前往中心城区，但会把车停在路外停车场。[30]

纽 约

2002 年，卡尔文·特里林出版了第一部停车小说《泰珀不出门》②，为纽约在停车故事的万神殿③中赢得一席之地。主人公默里·泰珀沉迷于停车，一旦有了好位置，他就坐在车里看报纸，不愿意放弃这一到手的宝贵地产。巡游在小说中扮演着重要的角色——不仅有狩猎的挫折，还有胜利的喜悦。泰珀和他女儿之间的这番交流见证了一切：

"爸爸……我记得你以前经常把车停在街上，每天晚上把车从街的一边换到另一边，因为有错边停车的规定。记得当时我还是个小女孩，有时我和妈妈不得不等你吃饭，而你却在找一个第二天可以合法停车

---

① 原文为 stated-preference analysis。（译者注）
② 原书名为 *Tepper Isn't Going Out*。（译者注）
③ 原文为 in the pantheon of parking tales。（译者注）

的地方。然后你进来说，'猜猜怎么着？一个漂亮的车位'！这多好啊。你设法把车停在街上，每天晚上你都有一个小小的胜利。也许我只记住了胜利。也许有那么几个晚上，你看了又看，不得不放弃。"

"那是错边停车的一个奇怪之处，"泰珀说，"根本没有办法放弃。"

即便如此，他有时也会怀念那些在上西区街区兜圈子找车位的夜晚。为了清扫街道，大部分街区都受错边停车法规的管制，他从长期的经验中知道，哪一边街道标着"周一、三、五上午 8 点到 11 点禁止停车"，哪一边标着"周二、四、六"，哪一边居然标着"周一到周四"或者"周二到周五"，而哪一边只是为了让人保持警觉，标着"上午 11 点到下午 2 点"而不是"上午 8 点到 11 点"。他常常记不住的是一周中的哪一天是第二天——也就是停车法规对应的第二天——究竟是哪一天，他都养成了一个习惯，在找到一个车位而标志牌没提到是哪一天时，就会半压着嗓子重复这句话。

当他在沿着街道行驶，寻找一个被错边停车者们称为"明天可用"的停车位时，他会念叨着"周二、周二、周二"，一遍又一遍，好像在念叨着某种咒语。他会聚精会神听着点火开关启动的声音。还会快速地扫视一圈，希望能看到仪表盘上闪烁的灯光，这表示有人刚打开车门，可能要开出车位了。有些夜晚，他完全有信心找到一个车位。有几天晚上，他几乎可以想象自己手臂上有一个大大的文身，上面写着"为停车而生"。还有几天晚上，他溜进一个标着"周一、三、五禁止停车"的空位，当汽车停在路边后，发出一声"周二"，声音大到足以吓到路人，他知道，这一切只是个时间问题。[31]

特里林不太愿意把他的书称为纽约最佳小说[①]，但他确实承认这是一本有关纽约的最佳停车小说。在接受《纽约时报》采访时，特里林描述了如何寻找他所说的上好车位[②]的技巧：

> 他必须在一个没有太多车位的地方。难度增加了车位的美感……你转过一个街角，别人的车都并排停着，突然你发现了一个空位，而一个低级停车人[③]——如果我可以用这个词的话——一个低级停车人不会注意到的空位。你只听到点火的咔嗒声。司机坐进车里，把车开出来，你再把车倒进去，动作一气呵成。[32]

① 原文为 the ultimate New York novel。(译者注)
② 原文为 a Beautiful Spot。(译者注)
③ 原文为 a lesser parker。(译者注)

当然，特里林并不是唯一在寻找错边停车位方面有特殊技能的纽约人。以哥伦比亚大学霍斯特·斯托默教授的科学方法为例，1998 年他因"发现一种带有微量电荷激发特性的量子流体的新形态"而获得诺贝尔物理学奖。在 2000 年的一次采访中，斯托默描述了在曼哈顿寻找路边停车位的策略：

> 我开着一辆破旧的车——因为我把车停在街上。我认为，停车费永远不会比租车费高。而在纽约，停车费比租一辆像样的车还贵。所以每天晚上我都想方设法找个停车位。这是一个真正的挑战，通常我都会成功。几乎所有时间我都住在纽约，现在大约有整 5 年了，我已经能够给自己找到一个停车位。当他们有游行什么的时候，我不得不把车停在车库里，而其他时候，我就会找一个路边车位。当然这里有错边停车。直到八点你都没事，但你得把车开走。这其实也不坏；它能让你起床，然后出门。你确实会摸索出一些策略。例如，你知道如何在路上开快车，不要把消防栓当成停车位。我知道消防栓在哪里。而且停车位也非常少。因此找到相邻两个停车位的概率非常小。就像 n 的平方。通常在消防栓前面你可以找到两个开口——大约有两个停车位长。所以你可以相对快一些。你不必看那些前后有两个位子的地方。只需要去那些有一个位子的地方就够了。这很好，因为大家没有意识到，许多人都开得很慢，你可以超过他们，然后你就在他们前头，你可以看到整条街。这真会给你很大的优势，因为所有这些停车位都在等着你，而不是等着那些刚被你超车的人。[33]

对诺贝尔物理学奖得主或其他任何人而言，巡游停车并不是最佳的时间利用。然而，由于错边停车耗费太多时间，许多街道停车者已经学会如何利用它。在清扫街道一侧没有停车位的时间里，一些司机坐在对面街道上双排停放的车里，等待着清扫经过后收回车位的机会。《纽约时报》的一篇文章报道了这些双排停车者在等待停车位时都做了些什么：

> 对希拉里·莫尔豪斯来说，把她的白色克莱斯勒 PT 巡洋舰①挪到西 22 街的另一边，就像去看电影一样。她打开空调，把苹果 iBook 插在车内的点火器上，然后开始看 DVD。[34]

纽约提供了大量机会对巡游进行严谨的研究，但令人惊讶的是相关研究却不足。John Falcocchio、Jose Darsin 和 Elena Prassas 是唯一试图估算在纽约找到路边停车位所需时间和巡游交通占比的学者。[35]1995 年，他们通过访谈工作日在

---

① 原文为 Chrysler PT Cruiser，克莱斯勒汽车公司的一款车型。(译者注)

路边停车的司机，估算了在曼哈顿 CBD 寻找路边停车位所花的时间 (表 11-4)。在上午 8 点到 10 点之间，找到路边车位的平均时间为 7.3 分钟，在上午 11 点到下午 2 点之间，找到路边车位的平均时间为 10.6 分钟。他们还测量了受访者所在街区的路边车位占用率，发现这是影响搜索时间的最重要因素。他们还估计，在曼哈顿市中心中城西区，搜索路边停车位占车辆行驶里程数的 8%。

表 11-4　曼哈顿的巡游

地点	平均巡游时间 (分钟)		巡游占交通的比例
	上午 8 点到上午 10 点	上午 11 点到下午 2 点	
中城西区	6.3	7.9	8%
中城东区	7.7	10.2	不详
市中心富尔顿街	12.4	13.9	不详
平均	7.3	10.6	不详

来源：Falcocchio、Darsin 和 Prassas (1995)。

旧　金　山

旧金山是另一个需要寻找路边停车位的城市，找车位吞噬了本该花在更重要事情上的时间。一位居民对《旧金山纪事报》说："你花了大半辈子的时间在市中心开车到处找停车位，这对你的婚姻不利。"[36]

为了探索巡游的原因和后果，旧金山州立大学的罗伯特·萨尔茨曼开发了一个巡游停车仿真模型。这个"四街区短期路内停车" (FSTOP) 模型[①]模拟司机在街区内绕行直到找到停车位或者在经过一定圈数的绕行后没有找到停车位就离开的行为。萨尔茨曼用西门户大街[②]收集的数据测试了模型，那里咪表价格为每小时 50 美分：

> 和许多城市商业区一样，旧金山西门户大街是一个购物、用餐和完成各种必要任务的绝佳场所。西门户大街六个街区的商业区内有 200 多个按小时收费的停车位，供那些想光顾附近商业而开车前来的顾客使用。然而，困难在于，这些停车位的占用率通常在每天大部分时间里都超过 95%。对于那些开车前往该地区的人来说，找到一个方便的停车位可能是一种令人沮丧、耗时甚至危险的经历。[37]

当调整参数使 FSTOP 的输出与观测或估计的数据相匹配时，找到车位的平均搜索时间为 3.2 分钟。因为只有 49% 的司机在西门户大街上找到了路边停车位，每个司机找到路边停车位的总搜索时间是 6.5 分钟 (3.2÷0.49)。[38]

---

① 原文为 Four-Block Short-Term On-Street Parking model，简称 FSTOP 模型。(译者注)

② 原文为 West Portal Avenue。(译者注)

萨尔茨曼观察到 25％的停车者有计价违规行为（超过计费时间或根本不付费）。另外 9％的人会给咪表投币来获得超过一小时限制的额外时间。萨尔茨曼总结了他的发现，认为：

> 旧金山和美国其他许多城市的路内停车收费系统①几十年来管理方式几乎没有变化。尽管在许多地方大量使用，但城市官员没有积极主动地管理它们。因此，无论是公共停车场还是人们光顾的生意场所都没有提供应有的服务。39

悉　尼

最后，在世界的另一边——澳大利亚悉尼——巡游与其他地方差不多。2001年，交通经济学家戴维·亨舍发现，在悉尼市中心找到路边停车位的平均搜索时间为 6.5 分钟。40 他还估计，司机们愿意支付 3.5 倍的工资单价来减少搜索时间；也就是说，工作时每分钟挣 10 美分的人愿意花 35 美分来减少一分钟搜索时间。因此，司机们似乎认为停车巡游是一项特别艰巨的工作。

只巡游不停车

像所有的社会行为一样，巡游是一种复杂的现象，即使不是为了停车也可能巡游。埃诺基金会②报告了一种叫做"移动停车"③的巡游变体，它是固定停车④的替代方案：

> 大多数停车研究只考虑静态停放的车辆。很少有人考虑到"移动着停放的车辆"。所谓"移动停车"是指司机因缺乏停车位开着车四处转悠，而其他人则去购物或处理其他事务。41

移动停车比固定停车便宜。2002 年，新车的平均行驶成本为每英里 12 美分。42 按每小时 10 英里计算，因此，开车的运行成本为每小时 1.20 美元。在停车费超过每小时 1.20 美元的地方，巡游比停车更便宜。

在埃诺基金会的另一份出版物中，威尔伯·史密斯查尔斯·莱克劳定义了另一种巡游方式，称为"实时"停车⑤：

---

① 原文为 on-street metered parking systems。（译者注）
② 原文为 the Eno Foundation。（译者注）
③ 原文为 mobile parking。（译者注）
④ 原文为 stationary parking。（译者注）
⑤ 原文为 "live" parking，也译作动态停车等。（译者注）

在许多情况下，短期停车通过"实时"停车来实现，在这种停车中，司机留在车内，在乘客离开、办理业务或送货时让汽车空转。在"禁止停车"的街道上、非占用的装卸区和其他禁止司机离车的地方，许多城市允许此类停车。在某些情况下，"实时"停车视为"双排停车"①而获得准许，但不建议采用这种做法。[43]

移动停车和"实时"停车可能代价高昂，尤其对雇主而言。例如，在犹他州大学城普罗沃，《普罗沃每日先驱报》报道说，"普罗沃分区检查员有时结对前往杨百翰大学以南地区——其中一人去检查，另一人去开车，这样就不必寻找停车位。"[44] 也就是说，城市实施低价的路边停车，然后派两位规划师去完成一人的工作，以解决停车位短缺问题。当一位规划师在进行分区检查时，另一位规划师要么在车里等着，要么在拥挤的交通中开车转悠，污染了空气，浪费了能源。

结论：一个世纪的巡游

表 11-5 总结了 11 个城市 16 项关于巡游的研究结果。大约有 8% 到 74% 的交通是在寻找停车位，而找到路边停车位需要花 3.5 分钟到 13.9 分钟。但这些可以追溯到 1927 年的研究主要还是对历史的回顾。数据收集时可能不太准确，结果取决于一天中的时间、具体地点和进行观测的季节。尽管如此，今天的巡游与 20 世纪 20 年代以来司机们所做的相似，这些研究至少表明，几十年来寻找价格低廉的路边停车位浪费了大量的时间和燃料。这些研究是有选择性的，因为研究者选择他们希望能找到巡游的地方开展研究——路边停车价格过低、人满为患的街道。但是，由于世界上大多数大城市最繁忙的地区，路边停车位的价格过低，人满为患，因此巡游的太阳将永不落下。

即使每辆车的搜索时间很短，也会产生惊人的交通量。考虑一个拥挤的市中心区域，需要三分钟才能找到路边车位。如果停车周转率为每天每个车位 10 辆车，那么每个路边车位每天产生 30 分钟的巡游时间，如果平均巡游速度为每小时 10 英里，那么每个路边车位每天产生的车辆行驶里程 (VMT) 为 5 英里。根据第 19 章的估计，平均每个街区周围有 33 个路边停车位，因此每个街区每天的巡游停车量为 165 VMT。一年下来，这相当于每个街区 60,000 VMT(相当于绕地球两次以上)。巡游使本来就很拥挤的交通变得更糟糕。

如果路内停车比路外停车更便宜，那么对个人而言巡游可能是合理的。然而，总的来说，巡游堵塞交通，浪费燃料，造成事故，污染空气。当城市对路边停车定价过低时，就会产生所有这些问题。任何东西定价过低都会造成短缺，路边停

---

① 原文为 double parking。(译者注)

车也不例外。而路边停车短缺反过来造成对路外停车标准的需求，从而增加所有城市发展的成本。路边停车定价过低相当于对稀缺的城市土地严重管理不善，对交通、城市、经济和环境产生广泛的影响。

表 11-5　21 世纪的巡游

年份	城市	巡游占交通比例	平均巡游时间 (分钟)
1927	底特律 (1)	19%	
1927	底特律 (2)	34%	
1933	华盛顿		8.0
1960	纽黑文	17%	
1965	伦敦 (1)		6.1
1965	伦敦 (2)		3.5
1965	伦敦 (3)		3.6
1977	弗莱堡	74%	6.0
1984	耶路撒冷		9.0
1985	剑桥	30%	11.5
1993	开普敦		12.2
1993	纽约 (1)	8%	7.9
1993	纽约 (2)		10.2
1993	纽约 (3)		13.9
1997	旧金山		6.5
2001	悉尼		6.5
平均		**30%**	**8.1**

底特律、伦敦和纽约后面括号里的数字代表同一城市的不同地点。

来源：Simpson(1927)，Hogentogler、Willis 和 Kelley(1934)，Huber(1962)，Inwood(1996)，$Bus+Bahn$ (1977)，Salomon(1984)，O'Malley(1985)，Clark(1993)，Falcocchio、Darsin 和 Prassas(1995)，Saltzman(1997) 以及 Hensher(2001)。

第 11 章注释

1. Gordon(1954) 阐述了作为公共财产的渔业经济学。

2. Myers 和 Worm(2003)。

3. "研究发现，海洋中的大鱼正被捕捉殆尽"，《洛杉矶时报》，2003 年 5 月 15 日。

4. 稀缺而免费的路边停车类似于伯克利大学经济学家齐格弗里德·西里阿希 (Siegfried Ciriacy) 给出的术语——易耗资源 (fugitive resource)："某种资源之所以被称为'易耗'的，是因为它们必须通过物尽其用的方式'被获得'。"许多汽车在一个拥挤的地区巡游，路边停车位之所以是一种易耗资源，因为如果你不是第一个看到车位腾空的人，那么别人就会得到它。加州大学洛杉矶分校经济学家哈罗德·德姆塞茨 (Harold Demsetz，1967) 定义了三种形式的财产所有权：公共、私人和国家。公共所有权是指社区中每个人都有使用财产的权利，私人所有权是指个人所有者可以排除他人使用财产，国家所有权是指国家可以排除任何人使用财产。在这个框架下，免费路边停车位代表公共所有权。司机们花时间和燃料寻找免费的路边停车位，就像捕鱼船队花时间和金钱寻找免费的鱼一样。随着越来越多的司机想停车，寻找停车位所需的时间也在增加，正如随着越来越多的渔船驶入大海，捕鱼所需的努力也在增加。而路边停车的时间限制与一年中允许捕鱼的时间限制或每种鱼类的允许渔获量限制相似。

5. Whiteside(1926，124)。

6. 西雅图战略规划办公室 (2000，15)，楷体来自原文。这项调查在 26 个社区的 35 个研究区域进行。

7. O'Donnell(1995，16)。2000 年，环卫部门认定 90 分钟时间足以让街道清扫机完成工作，许多住宅区街道上的错边停车禁令从 3 小时减少到 90 分钟。

8. 例如，纽约市暂停在宰牲节 (Idul-Adha)、圣灵感孕日 (Immaculate Conception) 及五旬节 (Shavuot) 错边停车规定。纽约市交通部提供有关这些法规的附加信息，网址为：www.ci.nyc.ny.us/htm/dot/home.html。在那些允许全天停车的地方居民们已经把车停在街道一侧，因为他们预计禁止在街道另一侧停车的时间内自己的车会被堵住，如果想在街道清理时间内使用车辆，他们中的一些人也会双排停车 (double park)。

9. McCourt(1999，324-325)。

10. Enid Nemy，"找到路边车位和出租车不亚于获赠神奇大礼"，《纽约时报》(1987 年 1 月 11 日)。

11.《宋飞正传》，"停车位"。《宋飞正传》其他几集也提到了停车："错边"、"残疾人停车位"以及"停车库"。

12. Williams 和 Taylor(1986，8) 说，关于路外停车标准合宪性的法律决议长达 60 页，是美国规划法中最长的决议。科罗拉多最高法院 1959 年的判决 (丹佛市和县诉丹佛·比伊克公司，*City & County of Denver v. Denver Buick, Inc.*，141 Colo 121，347 P2d 919(1959)) 认定，路外停车标准是违宪的，因为它侵犯了私人财产权，但后来 1975 年被科罗拉多州最高法院的判决推翻 (斯特劳德诉阿斯彭市，*Stroud v. City of Aspen*，532 P2d 720(Colo 1975))。

13. Churchill(1972，111)。还有娱乐性的巡游，这是美国年轻人的惯例。就像沙滩男孩乐队 (Beach Boys) 唱道："她开着爸爸的车，收音机发出刺耳的高音，她以最快速度巡游，她会很开心，很开心，很开心，直到她爸爸开走雷鸟车。"撇开青少年不谈，大多数人巡游本身并不是目的。

14. Simpson(1927，88)。1939 年至 1941 年，辛普森担任交通工程师学会 (后来成为交通运输工程师学会) 主席。

15. Hogentogler、Willis 和 Kelley(1934)。他们在三条路线上每条各走了两趟：从第十六大街和阿拉斯加大道，从第三十七大街和通劳路 (Tunlaw Road)，以及切维切斯环路 (Chevy Chase Circle)。

16. Hogentogler、Willis 和 Kelley(1934，197)。

17. Huber(1962，表 7)。报告中提到路外停车司机的巡游距离是指那些先想在路边停车而到处巡游，然后还是停在路外停车场的司机所驶过的距离；他们的平均巡游距离比那些找到路边停车位的司机要长，也许因为这些失败的巡游者寻找路边车位时异常不走运，最后只好把车停在路外停车场。男性比女性更有可能停在路边：女性在路边停车司机中占 26%，却在路外停车者中占 57%(Huber，1962，表 3)。因为当时汽车在狭窄的地方操纵能力很差，对于没有动力转向和自动变速器的司机来说，平行停车 (parallel parking) 是一件很困难的事情，这可能有助于解释性别差异。

18. Huber 发现，12 月份路边停车的平均巡游距离比 11 月份多 823 英尺，而路外停车的平均巡游距离则多 655 英尺。他估计，与 11 月份相比，12 月份的巡游每天增加 3,379 VMT，相当于增加了中央商务区 (CBD)20%的车辆总行程。由于 12 月比 11 月的巡游增加 20%的 VMT，巡游产生的 VMT 至少占 12 月 VMT 总量的 17%(20%÷120%＝17%)。

19. 根据 P. D. 詹姆斯 (P. D. James，1972) 同名小说改编的 1997 年电视剧《不适合女人的工作》(An Unsuitable Job for a Woman) 中的一段情节，由波士顿 WGBH 出品。

20. Inwood(1966)。

21. Thomson(1967，367)。Smeed 和 Wardrop(1964，309) 报告说，"在伦敦市中心街道的公共汽车和汽车乘客中，上午 9:30 到下午 5:00 之间乘公共汽车出行的比例为 70%，在下午 5 点到 6 点之间的高峰时段乘公共汽车出行的比例为 77%。"

22. Lloyd(1967，371)。

23. Levy-Lambert(1977，303)。1975 年货币价值通过美国消费者——所有城市消费者——物价指数换算为 2002 年等价量。另见 Levy-Lambert(1974)。

24. Bus + Bahn，"Kommentar überflüssig"(1977 年 8 月，第 2 页)。

Topp(1993，85) 报告说，在德国城市非法停车很普遍，占总停车量的 40％到 50％。他还报告说，"在市中心，巡游车辆反复出现，最高可达 50％至 70％的总车流量"，但他说，准确的测量却很困难 (Topp，1993，91)。另一项关于德国亚琛市中心停车的研究报告称，在正常交通期间，市中心多达 40％的司机在寻找停车位 (经济合作与发展组织，1980，57)。

25. Salomon(1984，208)。

26. Shiftan(2002，41)。Yehuda Gur 和 Edward Beimborn(1984) 开发了一个停车选择模型，其中包括"搜索时间"(looking time)，他们将该时间定义为司机要找到停车位必须付出的等待时间。他们在海法市对模型进行了测试，虽然没有报告搜索时间，但模型显示"寻找或等待停车位所花费的时间与停车场的使用水平呈递增关系"(Gur 和 Beimborn，1984，55)。

27. O'Malley(1985，8)。

28. O'Malley(1985) 通过观察新空出的车位被第一个看到并占用的司机比例来估计巡游的车流比例。有关此方法的讨论参见第 14 章。每小时两英里的步行速度考虑到在红绿灯处等待通过十字路口的时间。

29. Clark(1993a，5)。

30. Clark(1993b，5)。

31. Trillin(2001，15-16)。考虑明尼苏达州圣保罗雪灾应急部门实行的停车规定，就像 2003 年 11 月 1 日上映的 Garrison Keillor《草原归家人》(Prairie Home Companion) 里讲的一样。"如果有降雪，我们将在今晚 8:45 到 11:35 之间在住宅区街道北侧清理积雪，然后再清理南侧，除非降雪超过 3 英寸，在这种情况下将采用如下做法：偶数车牌的汽车可以在周一、周二、周四停放在街道有奇数门牌号一侧，或者停放在东侧，以最靠近一侧为宜。"一位居民厌倦了来回挪车，他的妻子建议说："我有个主意。这次只要关上车库的门，也许他们就看不到我们的车了。"

32. Mel Gussow，"对特里林来说，停车是目的，而不是手段"，《纽约时报》(2002 年 2 月 2 日)。尽管特里林有那样的专长，但他现在租了一个车库，不再在街上停车。

33. Abrahams(2000)。

34. David Wallis，"公共空间的私人场所：错边停车之禅宗"，《纽约时报》(2003 年 10 月 26 日)。

35. Falcocchio、Darsin 和 Prassas(1995)。纽约中城西区的研究区域以第 6 大道和第 10 大道为界，位于第 54 街和第 57 街之间。中城东区的研究区域以列克星敦大道 (Lexington Avenues) 和麦迪逊大道 (Madison Avenues) 为界，位于第 25 街和第 33 街之间。市中心富尔顿街的研究区域以富尔顿街 (Fulton Street)、公园

街 (Park Row)、布鲁克林桥 (the Brooklyn Bridge) 和戈尔德大街 (Gold Street) 为界。巡游的 VMT 是停在路边的汽车数量、每次停车的平均搜索时间和该区域的平均交通速度的乘积。(每小时停车次数)×(每次停车的车辆巡游小时数)×(每小时英里数)= 每小时巡游的 VMT。

36. Steve Rubenstein, "汽车共享计划可以让旧金山司机从停车麻烦中解脱出来",《旧金山纪事报》, 2001 年 3 月 9 日。

37. Saltzman(1997, 79)。

38. 每位路边停车司机 6.5 分钟的搜索时间, 计算包括那些最终无法找到车位的司机的搜索时间。对其他城市搜索时间的观察不包括那些未找到车位司机的额外搜索时间, 因此这些其他城市的平均搜索时间可能低估了当地的总搜索时间。

39. Saltzman(1997, 89)。

40. Hensher(2001, 118)。

41. Eno Foundation(1942, 16)。

42.《沃德机动车事实与数据 2002》。

43. Smith 和 LeCraw(1946, 15)。

44. "解决南普罗沃停车问题的办法迟迟未见踪影",《普罗沃每日先驱报》, 2004 年 3 月。

第 12 章　为路边停车正确定价

汽车……竟然指望过着免租的生活，这无疑是一种讽刺。

——沃尔夫冈·朱克曼[①]

　　免费的路边停车启动了免费路外停车场的规划过程。如果路边停车是免费的，而开发商没有提供足够的路外停车位来满足免费停车的需求，那么社区居民就会抱怨停车的溢出效应 (真实的、预期的或只是想象的)。这些抱怨导致城市规划师和民选官员提高路外停车配建标准，直到溢出问题得到解决。城市试图要求市场提供适当数量的路外停车位，而不是合理确定路内停车的价格。

　　规划师在制定停车标准时通常不会想到巡游。相反，规划师设定路外停车标准以减轻开发项目产生的影响，而且通常假设提供免费的路边停车。他们试图估算一个项目将增加的交通量以及容纳新增交通所需的停车位数量。在目前体制下，依靠停车价格实现供需平衡是不可能的选项。

　　在城市规划中路外停车标准已经根深蒂固，抱怨这些标准似乎徒劳，就像抱怨地心引力一样。大多数司机认为免费路边停车是一种权利，几乎每个人都理所当然地接受路外停车标准，似乎它们是绝对必要的。但是，免费路边停车并不是一种权利，更多的路外停车位也并不是保持路边车位可用的唯一方法。更好的策略是对路边停车收取公平的市场价格。

路边停车是公共产品吗？

　　有人认为城市不应该对路边停车收费，因为它是一种公共产品，但路边停车与经济学家定义的公共产品恰恰相反。公共产品有两个经济特征。首先，它们在消费上具有非竞争性：一个人的使用并不会减少留给其他人的数量。例如，我听收音机广播并不妨碍其他人收听。第二，公共产品具有非排他性：一旦产品生产出来就很难收费，因为任何人都不能被排除在其利益之外。[1] 同样，一旦广播节目播出，就很难向收听者收费。因此，广播节目是公共产品，即便是私人提供的。路边停车不具备公共产品的任何一种特征，即便它是公共提供的。首先，它在消费上是竞争的，因为一次只能有一辆车占用一个停车位。其次，停车收费很容易做

---

① 原人名为 Wolfgang Zuckerman。(译者注)

到。路边停车位更接近私人产品，而不是公共产品。此外，不对路边停车收费所产生的社会成本——交通拥堵、空气污染、事故、浪费时间和燃料——是巨大的。

时 间 限 制

大多数城市通过限制路边停车位的使用时间来解决路边停车位短缺问题；也就是说，城市对路边停车收取低价，而依靠时间限制来产生周转量。哥伦比亚大学经济学家、诺贝尔经济学奖获得者威廉·维克里①发表了几篇关于停车的论文，他在 1954 年解释为什么时间限制是管理停车位的一种低效方式：

> 这样的规定，几乎必然在停车位配给方面效率极低。如果没有人愿意在规定的时间内停车，那么这项规定就没有效果，而如果有人急需停车两个小时，比如说停在一个限制一小时的车位上，那么就会被禁止，必须去其他地方停在一个不太方便的车位上，即使他的需要程度更大，并且愿意为这一特权付出更多的钱来取代两个一小时的停车者。2

时间限制不仅效率低下而且难以执行。调查经常显示在有时间限制的免费停车区，超过一半的汽车要么违反时间限制，要么停在一个非法车位上。以西雅图为例，一项对 35 个地区路内停车的研究发现，在有一小时时间限制的车位上，平均停车时间为 2.1 个小时。3 即使不违反时间限制，司机也可以通过经常移车来规避限时规定。《弗雷斯诺市蜂报》②这样描述加州弗雷斯诺市中心工人每天玩的"停车宾果"游戏③，"员工们甚至在白天结对离开去互换车位……工人们站在车位里抵御流氓汽车的袭击。"4 弗吉尼亚州亚历山大市的一项研究发现，学校管理员每三个小时定期把教师的车开到一个新的路边车位，以逃避时间限制。5 因此，学区就这样花着公共的钱来违反城市规定。时间限制导致了这种繁琐且非法的规避行为。执行成本高昂，而城市的收入仅来自罚款——这是一种在政治上不受欢迎的收入来源，征收成本很高。

合理的价格

城市与其限制路边停车的持续时间，不如对停车收取合适的价格。这个价格多少才合适呢？合适的价格将平衡——随时间变化的——停车需求与路边停车位

---

　　① 威廉·维克瑞（William Vickrey，1914~1996）。在信息经济学、激励理论、博弈论等方面都做出了重大贡献。1996 年，瑞典皇家科学院决定把诺贝尔经济学奖授予威廉·维克瑞与英国剑桥大学詹姆斯·莫里斯，以表彰他们"在不对称信息下对激励经济理论作出的奠基性贡献"。（译者注）

　　② 原文为 Fresno Bee。（译者注）

　　③ 原文为 parking bingo。（译者注）

的固定供给。合适的价格可能高，也可能低，但停车位不会出现短缺，司机也不必费劲去找停车位。

如果正确定价的目标是让路边车位保持一定的空置率，司机无需巡游即可停车，那么这个空置率是多少？交通工程师通常建议大约 15%——即每七个车位中就有一个车位——应该保持空置，以确保车辆进出方便。[6] 这种空置车位提供缓冲消除了巡游的需要，并且任何一个地点附近的一两个街区内通常有一些车位保持空置。如果我们接受这一建议，路边停车的正确价格将在一天中有所不同。以中央商务区 (CBD) 为例，中午大家都要去吃午饭或跑腿办事儿，快递员们争相赶往目的地，路边停车的价格就会很高。晚上 7 点在同一个地方，当大多数人都回家时，需求急剧下降，价格也随之下降。图 12-1 说明了路边停车的市场出清价格[①]（需求量等于供给量的价格）。街道上的路边停车位供给是固定的，因此位于85% 占用率的直线表示空置率为 15% 的路边停车位供给。路边停车的需求曲线向下倾斜，与垂直供给曲线相交的点表示路边停车价格将"清空市场"。(市场出清价格使需求量与供给量相等，达到市场均衡。此时市场"清空"所有的短缺和剩余)。如果价格过低，就会导致过度拥挤和巡游。如果过高，许多停车位仍然空置，宝贵的资源没有得到充分利用。在这个假设的例子中，当停车需求很高时 (曲线 D_1)，每小时 1 美元是合适的价格。当需求适中时 (曲线 D_2)，每小时 50 美分是合适的价格。当需求较低时 (曲线 D_3)，即使是免费停车，占用率也只有 70%，因此合适的价格是零。如果很多车位都空了，即使是低价也偏高，如果所有车位都满了，那么即使是高价也偏低。

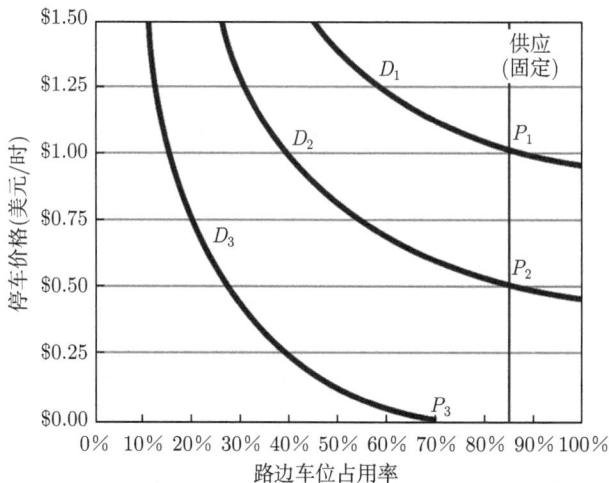

图 12-1　路边停车的市场价格

① 原文为 market-clearing price，也译作市场结算价格。(译者注)

威廉·维克里在 1954 年提出了一种可变价格政策。他建议，停车收费表应当互联互通，停车收费价格应当设定——

> 在这样一个水平，保持停车量足够低，以便几乎总有车位为那些愿意付费的人使用……收费表可以这样安排：当 20 个车位中有 3 个以上 (15%) 空置时，不收取任何费用；只有 3 个车位空置时，仅收取少量费用；车位占用得越多，费用就会越高，如果所有车位都占用，收费会相当高。[7]

当价格为零而占用率低于 85% 时，停车应该是免费的，因为新增一个用户的边际成本为零，在这个意义上停车变成一种公共产品。但随着需求的增加，公共产品的使用变得拥挤，需要时间才能找到一个空位，因此新增一个用户的边际成本也随之增加。因为路边停车位的供给是固定的，所以价格必须提高才能保证车位供应。只有价格为零且占用率超过 85% 时，路边停车才是一种需要收费的拥挤性公共产品①。[8] 达到 85% 占用率的价格并不是"自由市场"价格；相反，它是一种针对公共服务的公共价格，应该为实现改善交通、土地利用和环境的公共目标设定。维克里指出，通过这一定价政策，"激励每位停车者尽可能将车停在需求量较小的地方，并且长期停车的人自然倾向于将车停在离需求量最大区域更远的地方"。[9] 定价的目标是能有效地管理停车以及城市从有效的管理中获得收入。

英国交通经济学家菲利普·古德温将价格视为管理交通的一种方式，他对两种政策进行了区分。[10] 第一种政策是"正确定价：在目前收费偏低的地方，正确定价将减少交通量"。第二种政策是"让我们决定想要多少交通量，然后用价格来实现它"。为路边停车设置 85% 的目标占用率代表第二种政策；而对于一个典型的街区，这意味着街道两边各有一个空车位。管理人员不会为路边停车选择正确的价格；相反，选择正确的占用率将产生正确的价格。[11] 一旦选定了目标占用率，计价器就可以动态、联网和自发地运行，并始终处于"开启"状态。

如果城市对路边停车收费合适，就可以取消时间限制，以此产生停车周转率。城市可以仅仅依靠价格维持少量的空位并产生周转率。当然，价格不可能持续波动以保持精确的 85% 占用率，但它可以频繁变化，避免长期过度拥挤或使用不足。如果有 15% 的车位是空置的，那么这个价格就算合适的。[12]

城市如何全天对路边停车收取变化的价格呢？基本思想很简单，第 15 章将介绍各种计价变化的电子停车收费表。不妨假设，经验显示实现几个空位的正确价格是：从午夜到早上 6 点价格为零；从早上 6 点到 8 点每小时 25 美分；从早上 8 点到下午 6 点每小时 1 美元；从下午 6 点到午夜每小时 50 美分。假设你在

---

① 原文为 congestible public good。(译者注)

早上 7 点到达，想停上 3 个小时。那么你应该往计价器里投多少钱？投入第一个 25 美分会让你停上一小时 (直到上午 8 点)。之后每多投 25 美分，就有 15 分钟的时间。所以你必须为这三个小时付 2.25 美元 (第一个小时 25 美分，接下来的两个小时 1 美元)。计价器显示每个小时的停车价格，在高峰时段你的钱只能换来更少的时间。如果想停 24 个小时，你得支付 13.50 美元 (午夜到早上 6 点不收费，早上 6 点到 8 点 50 美分，上午 8 点到下午 6 点 10 美元，下午 6 点到午夜 3 美元)(见表 12-1)。

表 12-1　假设的停车计价器费率

时段	小时价格	每 25 美分可停时间 (分钟)
午夜 ~ 上午 6 点	免费	
上午 6 点 ~ 上午 8 点	$0.25	60
上午 8 点 ~ 下午 6 点	$1.00	15
下午 6 点 ~ 午夜	$0.50	30

城市可以定期审查价格，检查其是否实现目标占用率。如果某个时段——例如午餐时间——总是出现停车位短缺，可以减少每 25 美分的分钟数。如果在某个时段总是出现停车位过剩，可以增加每 25 美分的分钟数。采用更新的多车位电子咪表[①]，停车管理部门可以监控占用率，远程重新配置价格表，并将新的费率无线发送到附近所有咪表上 (见第 15 章)。这些平衡调整将在繁忙时段保留空车位，在非繁忙时段填补空车位。这种安排与现有的咪表在白天统一收费、夜间免费的做法仅有细微的差别。

上面的例子使用"将 25 美分硬币塞进咪表"这种熟悉的场景，只是为了说明人们在高峰期投币换得的时间越来越少；实际上，电子咪表可以接受信用卡、借记卡和手机支付，无现金交易让司机不必携带一口袋零钱支付停车费。多车位咪表还可以在交互式图形屏幕上显示信息，包括价格表的变化。这些信息可以采用多种语言，并有图形辅助，引导用户完成交易。例如，纽约市在曼哈顿市中心使用多车位咪表收取浮动价格，白天第一个小时收费 2 美元，第二小时收费 3 美元，第三个小时收费 4 美元，晚上和周末每小时收费 2 美元。

现在城市只在计价器上公布路边停车价格，司机们不得不把车停在路边，然后去计价器上看要付多少钱。因此，按一天不同时间收取不同的价格，不会增加司机在任何行程中停车价格的不确定性。价格也比许多现有的路边停车标志更容易理解。如果把价格公布在计价器上，司机按自己想要的时间付多少钱就不存在不确定性，并且由于这些价格在各处产生空位，任何人想在路边停车却因为价格太高而决定离开，至少不会浪费时间找路边车位。司机们通常从经验中了解到，在

---

① 原文为 multispace electronic meters。(译者注)

他们经常光顾的地区路边停车的价格是多少，并学会判断价格以一种可预测的方式变化。作为出行计划的辅助手段，城市可以在网站上发布路边停车价格表，以便司机可以在出行前决定要在哪里停车。最终，车载导航系统可以设置司机目的地的路边和路外停车价格模式。

路边停车的可变价格一开始似乎不切实际，但路边停车收费已经在白天（当计价器工作时）和夜间（当停车免费时）之间发生变化。[13] 亚洲、欧洲和美国的拥堵收费标准各不相同，以适应不断变化的出行需求和固定的道路空间供应。汽油价格也随着供需平衡而波动，因此很难想象汽油会以其他固定价格的方式销售。实际上，20 世纪 70 年代，当汽油价格被短暂控制时，结果是灾难性的。汽车在加油站排起长队，戏剧性地表明不让价格随供需波动的弊端。巡游寻找廉价的路边停车位会产生类似的现象。交通中的巡游者与那些驶往别处的车辆混杂在一起，好比排队等待加低价汽油的情形，而巡游造成的危害更大。排队等候加油显然浪费了司机的时间，但巡游无形中堵塞了交通，污染了空气，浪费了燃料。

大多数商业停车场的价格因一天中的具体时间和一周中的星期几而不同。每当停车场的占用率接近 100% 时，运营商就会本能地提高价格，一些运营商声称没有"车位停满"标志，因为压根就不需要。为了确定路内停车的价格，城市可以采用商业运营商确定路外停车价格的传统四步流程：

1. 看看你的停车位是满的还是空的。

2. 检查你的竞争对手。

3. 如果你的车位满了，而他们的还空着，那就提高你的价格。

4. 如果你的空着，而他们的已经满了，那就降低你的价格。

然而，路边停车不应该完全像私人拥有的路外停车场一样定价。商业运营商的目标是实现私人利益最大化，而不是社会利益最大化，而且，因为他们面临向下倾斜的需求曲线，所以可以通过大量空置率实现利润最大化。[14] 如果停车场的资本和运营成本是固定的，而无需考虑占用率，则其业主可以在某个占用率上实现最大收益和利润，此时降低价格以吸引更多客户也不会产生额外收益，即使较低的价格吸引更多客户。换言之，通过降价吸引来新的客户，但不足以抵消现有客户因支付较低价格造成的收入损失。图 12-2 描述了一个案例，一个有 100 个车位的停车场在占用率仅为 50% 时获得最大收入。x 轴为价格，需求曲线是一条向下倾斜的直线，当价格为零时，占用率为 100%，当价格为每小时 1 美元时，占用率为零。85% 的占用率出现在价格为每小时 15 美分时，此时总收入为 12.75 美元/时（15 美分 × 85 个占用车位数 =12.75 美元）。每小时 25 美元的最高收入以每小时 50 美分的价格计算（50 美分 × 50 个占用车位数 =25 美元）。如果目标是 85% 的占用率，以确保可用停车供给的有效利用，则总收入仅为最大可能收入的一半左右。[15]

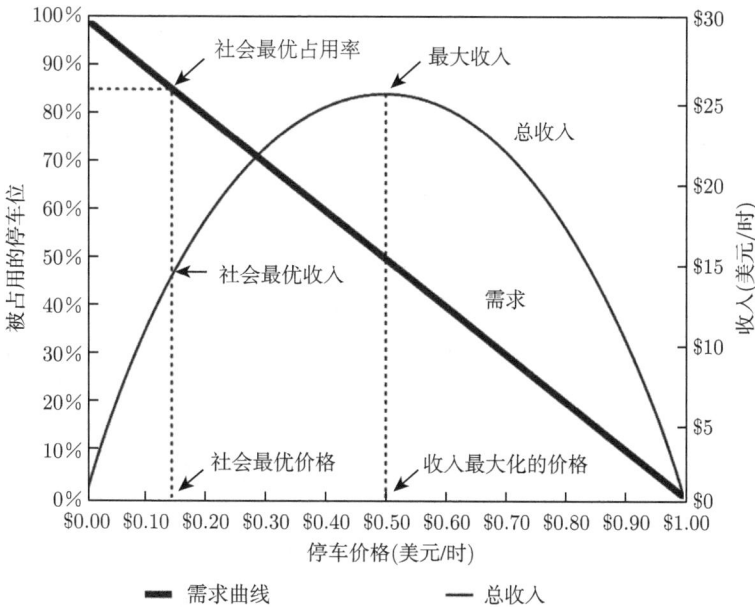

图 12-2　停车价格、占用率和收入

　　尽管追求利润最大化的停车场业主通常在空置率较高的情况下运营，但他们的定价策略是如何设定停车价格以管理路边停车位的可变需求，并防止过度拥挤，以免严重扰乱交通系统。

　　巡游和双排停车是路边停车价格过低的直接结果，它们大大降低市中心街道的通行能力。在拥挤的街道上，一辆并排停放的汽车可以阻塞整个车道，所有司机都必须挤入狭窄的道路中，车辆排成望不到边的长龙。双排停车和巡游并非源于市场失灵，不是市场无法提供适当数量的路外停车位。相反，它们来自政府失灵，政府不能对路边停车正确定价。如果城市对路边停车定价，确保留出少量空位，那么对于固定供给的路边停车，任何一点需求的增长都会引发价格上涨，而不会出现短缺。开发商和商户可以选择为客户提供实时停车位数量，城市也从停车的溢出价值中获得公共收入。路边停车正确定价的目的不是为了欺骗司机，也不是为了收入最大化。相反，路边停车的正确价格是避免产生短缺的最低价格。

路边停车的外部成本

　　路边停车的市场价格将消除巡游，并在停车者之间有效分配可用的车位。然而，路边停车也有外部成本，这些成本可能会使路边停车的价格更高。1961 年，艾伦·沃尔特斯利用英国道路研究实验室的调查结果，估计了城市交通速度与交通流量、停在道路两侧的车辆数量以及穿过道路的行人数量的函数关系。速度对路边停车数量的弹性为 −0.1，这表明停车数量增加 10% 会降低 1% 的交通速度。[16] 然后，沃尔特斯考虑两个因素来估算路边停车每车小时[①]的外部成本：(1) 停车数量小幅增加时降低的交通速度，以及 (2) 现有交通流的总成本。他估计，按 1961 年价格计算，路边停车的边际外部成本为每车小时 0.11 英镑 (按 2002 年价格计算为每车小时 1.52 英镑或 2.44 美元)。[17]。

最近，印度理工学院塔拉克纳思·马苏姆德[②]分析了进出路边停车位对交通流的影响。他解释说，打算在路边停车的司机在到达空位之前就开始减速，这会引发连锁反应。跟在减速车辆后面的车辆也会减速，与前车保持安全的车头距离。轻微车流的变化以"冲击波"形式在车流中传播，迅速降低车速。当停放的车辆离开路边进入车流时也会发生类似的干扰。当车辆已经停好或取消停车后，跟随其后的车辆加速以恢复正常速度，产生另一个类似于减速阶段的冲击波，但方向相反。[18] 即使路边停车收费以确保空位和消除巡游，也会发生这些交通干扰[③]。它们与停车事件 (进入或离开路边车位) 的次数有关，而不是与路边停车的汽车数量有关。每辆停在路边的车辆都会造成两次交通干扰，一次是进入路边车位时，另一次是离开路边车位时。然而，对于给定的停车时间和周转率，停车事件的数量以及路边停车的外部成本与路边停车的汽车数量成正比。

马苏姆德对加尔各答三条街道的交通流进行录像，并利用录像结果估计路边停车造成的交通干扰如何降低行驶速度。这三条街道的平均速度分别下降了 8%、16% 和 18%。他还估计，在两条免费停车的街道上，路边停车的外部成本超过了路边停车者的收益，而在一条停车收费的街道上，路边停车的收益超过了外部成本。[19]

路边停车的外部成本显然取决于街道的交通流量。如果交通量很小，周转率较低，外部成本就会很低，因为很少或没有汽车因车辆进出路边车位而减速。但是如果交通拥挤，每次进出停车位都会极大地延误大量出行者。因此，路边停车的外部成本可能会超过产生 85% 占用率所需的市场价格。如果路边停车者把外部成本强加给其他驾驶者，那么即使市场出清价格较低，他们为停车支付的价格至少应包含这一成本。因此，产生 85% 占用率时的价格是应该收取的最低价格，而余下的问题仍然是价格应该有多高，或者是否应该允许路边停车。在外部成本足够高的时段和地点，城市通常禁止路边停车，以消除车辆进出路边车位造成的交通干扰，并在道路上形成额外的行驶车道。

---

① 原文为 vehicle-hour。(译者注)
② 原人名为 Taraknath Mazumder。(译者注)
③ 原文为 traffic disturbances。(译者注)

需求响应价格

　　为什么路边停车的市场定价如此罕见？通常情况下，要改变城市任何一处的停车收费标准，市议会必须通过一项决议。因此，收费标准是一个政治问题，而不是一个经济问题，议员们自然不愿提高选民停车费的价格。因此，计价器费率很少变动，停车价格也不会随供求关系变化。路边停车的固定价格在需求高的时候导致短缺，在需求低的时候使得收费过高。在这种不灵活的价格机制下，城市如何对路边停车位收取市场价格？

目标占用率

　　路边停车的市场出清价格反映了经济效率和政治声望之间的典型冲突：价格是有效配置所必需的，但政治上似乎是不可能的。一种回避冲突的方法是重新定义停车政策目标。市议会不必直接投票决定路边停车价格，而是可以设定一个目标占用率①——比如 85%——并指导停车管理部门制定正确的价格实现这一平均占用率。然后，停车管理部门可以监控占用情况，并按照达到目标费率的最低价格收费。这样一来，政治辩论将不再是价格问题，而是占用率问题，市议会可以回避单个计价器如何收费的责任。客观的市场力量决定路边停车正确价格，而不是个别议员的投票。目标占用率才是最终目标，路边停车价格是实现这一目标的手段。

　　如果城市通过对路边停车定价达到目标占用率，那么司机们会在高峰期发现路边有空置停车位，或者发现价格是波动的，就像杂货店顾客在 12 月发现超市货架上有蓝莓那样吃惊。目标占用率是一个明确的目标，每个人都可以看到它是否正在实现。因为很多司机愿意为方便的路边停车买单，而大多数城市需要资金支付公共服务，市场定价的路边停车可以让车位随处可见，提高交通效率，提高公共收入。

一个先例：HOT 车道

　　拥挤路边停车的市场价格类似于拥挤高速公路的拥堵收费。按司机的需求设定拥堵费是不寻常的做法，但并非史无前例。在圣迭戈以北的 I-15 高速公路上，单人车辆 (SOVs)②可以支付可变通行费来使用高占用车辆 (HOV)③车道，通行费收入用于支付交通走廊上额外的公共交通服务。在此之前，HOV 车道的运力过剩，而相邻的混合车道则严重拥堵。愤怒的单驾司机抱怨说，HOV 车道没有得

---

① 原文为 target occupancy rate。(译者注)

② 原文为 single-occupant vehicles，简称 SOVs。(译者注)

③ 原文为 high-occupancy vehicle，简称 HOV。(译者注)

到充分利用，并主张车道应该开放供所有司机使用。为了更好利用未使用的通行能力，圣迭戈政府协会 (SANDAG)① 转而向单驾司机提供购买许可证的选择，以便在目前称为高占用/收费 (HOT) 车道② 上使用过剩的通行能力。然而，随着许可证需求的增加，需要提高通行费以免造成 HOT 车道拥堵。单驾司机们再次抗议，不愿支付更多费用。在公众强烈反对的情况下，作为 SOV 通行费的设立者，SANDAG 理事会也不想提高 HOT 车道的收费。取而代之的是理事会选择让计算机系统保持 SOV 通行费上下浮动，以确保 HOT 车道平均速度在 54 英里/时的最低目标之上。[20] 需求自动决定防止拥堵所需的通行费。需求高则收费高，需求低则收费低。在提交给加州立法机构的一份报告中，SANDAG 这样描述这个系统：

> 每次出行的费用根据 HOV 车道上的交通状况动态变化。可变收费的目的在于最大限度地利用车道，同时保持车道畅通……交通流量数据用于确定何时应更改费用以及更改到什么水平。在固定时间 (例如早上 7:15) 使用 HOV 车道，每次出行费用可能每天或每月都不相同，因为费用是基于 HOV 车道的实时情况。系统操作基于一个简单的对照表，其中包含不同时间段的最高费率。每 6 分钟从收费区的线圈探测器读取一次数据……并与表格进行比较，以确定价格，然后将价格显示在电子收费显示屏上。价格通常以 0.25 美元幅度变化，并且系统的设计使任何 6 分钟间隔内的最高价格正常上涨幅度为 0.5 美元。[21]

根据交通量的不同，单人驾驶的通行费通常在 50 美分到 4 美元之间，但在特殊情况下，比如免费车道上发生事故，通行费可能会高达 8 美元。这种动态定价类似于连续拍卖 HOT 车道上的可用空间，每六分钟自动调整一次通行费以达到市场出清：单驾者决定是否支付通行费来参加这次拍卖。因此，付费者支付的最低价格将保证在拼车车道上快速通行。如果价格上涨，政府官员可以推卸责任，说这不是他们做的——而是单驾者干的！

I-15 收费试验取得了巨大成功。[22] 由需求决定的通行费保证交通自由流动，并为由需求决定的停车价格提供一个实际的案例。由于路边车位供给是固定的，停车价格不必每六分钟变动一次，但可以根据需求变化。解决长期过度使用或使用不足的办法显而易见：即调整价格。[23] 将停车价格设为自动执行以实现目标占用率——比如 85%——这为担心选民反对涨价的政府官员提供了掩护。实际上，是需求——而不是市议会——设定防止停车短缺的必要价格。因此，城市对停车者收取最低的价格以确保他们有一个车位。

---

① 原文为 San Diego Association of Government，简称 SANDAG。(译者注)
② 原文为 high-occupancy/toll (HOT) lanes。(译者注)

就像拥堵费上下调整以达到目标速度一样，停车价格也可以上下调整以达到目标占用率。动态收费以及由需求决定停车价格的想法并不新鲜，威廉·维克里在 1954 年推荐了这种方法。[24] 20 世纪 50 年代的原始计量技术使威廉·维克里的想法显得古怪，他的建议也成为他所谓的"经济学创新失败"之一。[25] 维克里说，该建议"在发表时被编辑无缘无故地评论，大意是，编辑当然同意真正的解决方法是路外停车，但这几乎是不正确的，当然也不能为我所写的任何东西所证明。"[26]

价格能控制停车需求吗？

如果路边停车价格可以自动调整达到目标空置率，那么司机们就可以通过自己的出行行为来为停车定价。路边停车市场可以像正常的市场一样运行——经过民选官员决定适当的空置率后，确保不需要巡游也有可用的停车位。

价格是传递稀缺信号的简单方式，但它真的能有效管理路边停车吗？一个精心设计和评估的实验表明，合理定价的路边停车不但可以确保空位，还可以改善整个交通系统运行。这个实验是迄今为止对停车价格影响最广泛的研究。这项研究于 1965 年在伦敦市中心进行，显示路边停车价格上涨的效果。路边停车价格在第一个地区翻了两番，在第二个地区翻了一番，在第三个地区保持不变 (见图 12-3)。

图 12-3　1965 年 5 月伦敦停车区域新停车计费的分布情况

为了研究价格上涨对出行时间的影响，英国道路研究实验室在价格上涨前后进行了 620 次停车-访问测试。研究人员驱车前往一个选定的地址，然后记录找到一个空的路边车位所花的时间。司机还记录了把车停在路边车位的时间，步行往返所访问地址花费的时间，最后记录了把车开出停车位的时间。因此，与司机无需巡游就可以将车停在目的地附近的情况相比，总的停车–访问时间衡量了增加的出行时间。[27] 如果每个街区至少有一个停车位仍然空置，司机就不需要巡游，并且可以在目的地附近停车。无需花时间巡游，也不用走很远的路去目的地，这些都能减少司机出行的时间成本。当路边停车的货币价格上升时，出行的时间价格会相应地下降。

　　道路研究实验室的司机访问了 31 个地址中的每一处，在停车价格上涨之前和之后分别去了 10 次。这些地址不是随机选择的，而是重要的商业和旅游目的地，如国家美术馆。其中 15 个地址处所在的区域，路边停车价格上涨四倍至每小时 0.10 英镑 (2002 年价格为每小时 1.56 英镑或 2.5 美元)。[28] 另有 11 个地址所在区域的价格上涨一倍至每小时 0.05 英镑 (2002 年价格为每小时 0.78 英镑或 1.25 美元)，剩余 5 个地址所在区域的价格保持不变，为每小时 0.025 英镑 (2002 年价格为每小时 0.39 英镑或 0.62 美元)。

　　表 12-2 显示了停车价格上涨前后三个区域停车–访问的平均时间。在价格上涨四倍的区域，停车–访问的平均时间下降了 66%。在价格上涨一倍的区域，停车–访问的平均时间减少了 38%。而在价格没有变化的区域，停车–访问的平均时间几乎保持不变。在价格上涨四倍的区域，停车–访问时间的减少为司机每次出行节省了 8.35 分钟，而在价格上涨两倍的区域，为司机节省了 3.08 分钟。

表 12-2　　伦敦停车价格上涨前后的停车-访问时间 (分钟/出行)

停车价格变化	搜索时间			停放时间			步行时间			总停车–访问时间			
	提价前	提价后	变化量	提价前	提价后	变化量	提价前	提价后	变化量	提价前	提价后	变化量	变化率
4 倍	6.10	1.04	−5.06**	0.56	0.37	−0.19**	6.04	2.94	−3.10**	12.70	4.35	−8.35**	−66%**
2 倍	3.46	1.40	−2.06*	0.50	0.42	−0.08	4.19	3.24	−0.95	8.14	5.06	−3.08*	−38%*
不变	3.55	3.32	−0.23	0.47	0.52	0.05	5.75	5.53	−0.22	9.77	9.37	−0.40	−4%

* 在 5% 水平上统计显著。

** 在 1% 水平上统计显著。

来源：Inwood(1996，表 2)。

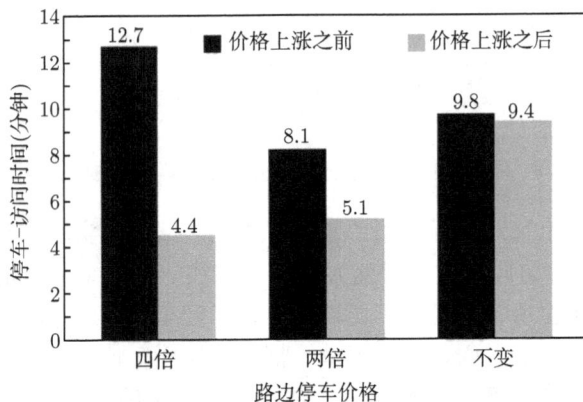

在停车价格上涨的区域，停车-访问时间有所下降，这是因为总时间的三个组成部分——巡游、停车和步行的时间——都减少了。其中，搜索时间的减少占了停车–访问时间减少的大部分。在价格上涨四倍的区域，平均搜索时间下降 83%，而在价格上涨两倍的区域下降 60%。在价格上涨四倍的区域，搜索时间对路边停车价格的弹性为 −1.26，而在价格上涨两倍的区域弹性为 −1.18。[29] 这些结果表明，在所有路边停车位都占用的情况下，路边停车价格上涨 10% 使寻找停车位所需的平均搜索时间减少约 12%。[30]

表 12-3 显示在停车价格上涨四倍的区域内 15 个目的地的停车–访问时间。在这 15 个目的地中有 14 处停车–访问时间下降，降幅高达 95%。

表 12-3　伦敦停车价格升至四倍前后的停车-访问时间 (分钟/出行)

目的地	巡游时间		停车时间		步行时间		总停车–访问时间			
	提价前	提价后	提价前	提价后	提价前	提价后	提价前	提价后	变化量	变化率
坎伯兰酒店	2.91	2.45	0.73	0.41	6.20	4.47	9.84	7.33	−2.51	−26%
英国标准局	1.56	0.09	0.51	0.23	3.61	0.56	5.68	0.88	−4.80	−85%
塞尔福里奇商店	2.90	2.10	0.49	0.55	4.01	5.20	7.40	7.85	0.45	6%
芬维克商店	10.88	2.37	0.50	0.64	6.83	5.71	18.21	8.72	−9.49	−52%
加拿大办事处	1.59	0.20	0.69	0.22	4.73	1.42	7.01	1.84	−5.17	−74%
卡拉里奇酒店	5.53	1.38	0.77	0.80	5.71	2.29	12.01	4.47	−7.54	−63%
伯克利广场大楼	4.90	0.44	0.85	0.51	7.23	1.58	12.98	2.53	−10.45	−81%
女王剧院	13.18	0.46	0.45	0.46	6.57	2.92	20.20	3.84	−16.36	−81%
皮特罗宾森商店	10.97	1.05	0.58	0.22	7.37	3.96	18.92	5.23	−13.69	−72%
约翰李维斯商店	9.48	1.48	0.50	0.47	8.10	2.93	18.08	4.88	−13.20	−73%
斯图尔特之家	8.06	0.11	0.55	0.22	6.36	0.37	14.97	0.70	−14.27	−95%
丽兹酒店	11.49	1.00	0.54	0.20	8.63	5.60	20.66	6.80	−13.86	−67%
查尔斯之家	2.82	1.08	0.35	0.15	4.46	2.07	7.63	3.30	−4.33	−57%
国家美术馆	2.50	0.75	0.29	0.21	6.49	2.83	9.28	3.79	−5.49	−59%
布什大厦	2.68	0.67	0.56	0.19	4.30	2.24	7.54	3.10	−4.44	−59%
平均	**6.10**	**1.04**	**0.56**	**0.37**	**6.04**	**2.94**	**12.70**	**4.35**	**−8.35**	**−66%**
标准差	4.14	0.78	0.15	0.20	1.53	1.72	5.38	2.47	−4.44	−59%

来源：Inwood (1966, 表 2)。

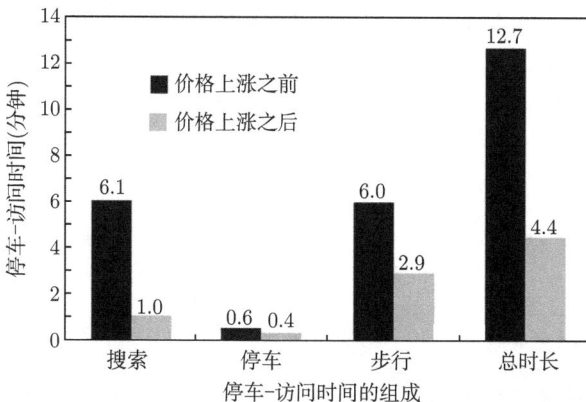

　　出行时间的可预测性是交通系统一个重要目标，但找到廉价路边停车位所需的时间却是高度不可预测的。当所有路边车位都占用时，搜索时间的主要决定因素是运气。如果恰好在别人开出车位时你把车开进去的话，找到一个车位可能需要不到一分钟，但有时找到车位可能需要半个小时。因此，想要避免迟到的司机必须提早出发，以防需要很长时间才能找到停车位。表 12-3 中最后一行显示，停车价格上涨后，总停车–参观时间的标准差 (衡量预期的变化程度①) 下降了59％。[31] 由于提高路边停车价格减少了寻找路边停车位所需时间的变化程度，也减少了出行时间的不确定性，这是停车正确定价的另一个好处。

　　图 12-4 中格罗夫诺广场②的三张照片显示咪表费率上涨如何导致路边空置率增加，进而减少停车–访问时间。照片 (a) 摄于 1958 年，恰好在安装停车咪表 (英国第一只咪表) 之前，显示所有路边车位都被占用，并且许多汽车都是并排停放。[32] 照片 (b) 摄于 1965 年 5 月，恰好在咪表费率上升时，显示所有停车位仍被占用，但双排停车已经消失。照片 (c) 摄于 1965 年 8 月，当时停车价格上涨四倍，照片出现了空置车位，司机可以不用巡游就在访问地点附近停车。涨价后，司机平均每次巡游时间从 6.1 分钟下降至 1.04 分钟，降幅为83％(表 12-2 和表 12-3)。价格上涨后，搜索时间的减少占所节约的停车–访问时间的 61％。[33]

　　路边停车价格上涨四倍的区域是世界上最富裕的住宅区之一。图 12-4 中的照片拍摄于梅费尔③的格罗夫诺广场——这里几乎是财富的同义词——人们可能怀疑把停车价格提高到 1965 年每小时 0.10 英镑也可以大大减少需求。但是道路研究实验室的证据显示，即使在这里，停车需求对价格也很敏感。特别要注意的是，随着路边停车价格上涨，停在路边 (以及并排停放) 的劳斯莱斯的数量在减少。

　　在像格罗夫诺广场这样的地方，路边停车的市场价格并不公平。在 20 世纪中叶 (当时许多开车人仍然认为路边停车应该是免费的，这是理所当然的)，经济学家艾伦·戴和拉尔夫·特维认为，城市应该对路内停车收费，因为开车人"没有权利将汽车留在路上，也没有权利将钢琴摆在路边"。他们认为，为了公平起见，伦敦路内停车收费应该与附近路外停车库一样高：

---

① 原文为 a measure of expected variability。(译者注)
② 原文为 Grosvenor Square。(译者注)
③ 梅费尔 (Mayfair) 是伦敦一个上流住宅区。(译者注)

(a) 1958年2月至3月，在第一个西区
停车收费咪表安装之前(注意右侧
的双排停车①)

(b) 1959年4月，停车咪表收费每小时
6便士(所有可用的咪表停车位被占
用——典型的场景持续到1965年5
月)

(c) 1965年8月，停车咪表收费为每小
时2先令(大量咪表停车位空闲)

图 12-4　格罗夫诺广场；停车咪表价格上涨对路边可用停车位的影响

图片来源：英国道路研究实验室

　　[路内停车] 收费的理由，基本上是出于公平的考虑。不妨假设游
客之所以会把车停在车库里，是因为他们找不到任何允许 [路内] 停车
的空位。如果停在车库里，比如说花费 2 先令 6 便士 [或 0.125 英镑]，
这意味着他们愿意为街道上的车位花同样的钱。凭什么有些游客那么
幸运，到达时 [街道上] 正好有空位而享受了免费停车，而其他人却为
此支付 2 先令 6 便士？……一般来说，停车咪表收费应该与附近停车
库差不多。这个费率在市中心不同区域不一样，也不应该一样，毕竟在

① 原文中 double parking 误做 double banking。(译者注)

不同地区空间的稀缺性并不相同。空间最稀缺的地方价格必须最昂贵，
这样节约使用空间的动机才会最强烈。[34]

仅从机会均等来看，路边停车定价过低并不比给其他公共服务打折更公平。
比如说，如果城市按照先到先得原则，把公共住房分配给任何想要的人，甚至是
有钱的吝啬鬼，那么每个人都会感到愤怒。通过巡游方式分配路边车位，不仅不
公平 (从随机奖励少数幸运司机的意义上来讲)，而且浪费了司机的时间，增加了
交通拥堵。路边停车位是一项宝贵的公共资产，对其定价过低在财政、社会和环
境方面都是不负责任的。

对路边停车定价以确保几个空置的停车位，以此减少巡游，这并不意味着出
行费用将变得负担不起。当司机们适应了为停车支出较高的货币成本和较低的开
车时间成本，他们可以采用以下几种策略让停车更加经济省钱：

1. 他们可以缩短停车时间。
2. 他们可以拼车，并分摊停车费。
3. 他们可以把车停在路外停车场。
4. 他们可以把一些出行调整到停车相对便宜的非高峰时段。
5. 他们可以更多采用公交、骑车和步行出行。

每种策略都减少了高峰时段停车位的使用。特别值得注意的是，将出行转向
步行、骑车、高载客汽车和公共交通会减少车辆出行，而不会减少人的出行。这
些让停车经济省钱的方法表明，公共交通不是单独驾驶的唯一替代选择，公共交
通的可用性并不是对路边停车收取市场价格的先决条件。

潜在需求的存在使人们很难预测什么价格才能保持 15% 的路边车位空置率。
例如，假设提高路边停车价格使平均停车时间减少 15%。这似乎足以产生空的车
位并消除巡游。但是，有些空位可能很快就被那些一直在巡游或选择不停在路外
的司机填满，而且即使出现几个空位，也可能吸引新司机前来，之前他们因停车
位不足而却步。因此，维持几个空位所必需的价格要高于使停车时间减少 15% 所
需的价格。尽管如此，有证据表明，路边停车的市场定价可以产生足够的空车位，
以保证停车方便，并消除巡游。

两个后续的观察

1965 年后，道路研究实验室停止了停车–访问研究，而我在 1983 年访问伦敦
时，对该地区的 15 个地址进行了重新测量，那里的停车咪表价格 1965 年上涨四
倍。尽管停车咪表的价格从 1965 年每小时 0.10 美元上涨到 1983 年每小时 0.60
美元，但总体价格水平上涨得更快，因此，停车咪表的实际价格 (扣除通货膨胀因
素后) 自 1965 年以来已经下降了 19%。

一个无车停放的咪表停车位，在格罗夫诺广场——或其他任何地方——是一个罕见的场景。我逐个访问了每个地址。平均搜索时间为 7.9 分钟，与道路研究实验室 1965 年发现的咪表涨价前 6.1 分钟相差不大，但远高于涨价后 1.04 分钟。最长的搜索时间是在国家美术馆花了 27 分钟，在那里我卷入 (并有所贡献) 一场巨大的交通堵塞。如果不考虑国家美术馆的那次观察，平均搜索时间为 6.6 分钟，几乎与 18 年前，即 1965 年咪表涨价前的结果相同。[35] 这一结果表明，如果咪表价格跟不上停车需求，那么所有老问题都会重现 (见表 12-4)。

表 12-4　1983 年伦敦停车–访问时间 (分钟/出行)

目的地	巡游	停车	步行	总计
坎伯兰酒店	14.05	0.10	15.42	29.57
英国标准局	1.33	0.67	3.07	5.07
塞尔福里奇商店	11.83	0.82	9.17	21.82
芬维克商店	15.23	0.62	3.38	19.23
加拿大办事处	3.70	0.60	6.45	10.75
卡拉里奇酒店	4.48	1.02	3.77	9.27
伯克利广场大楼	2.87	1.42	3.87	8.16
女王剧院	5.00	0.30	15.00	20.30
皮特·罗宾森商店	2.68	0.77	6.67	10.12
约翰·李维斯商店	8.28	0.00	9.00	17.28
斯图尔特之家	1.85	0.98	1.00	3.83
丽兹酒店	8.32	2.07	7.67	18.06
查尔斯之家	1.08	0.58	3.53	5.19
国家美术馆	26.67	0.58	13.00	40.25
布什大厦	11.25	1.25	12.70	25.20
平均 (1983)	**7.91**	**0.79**	**7.58**	**16.27**
平均 (1965) 提价前	**6.10**	**0.56**	**6.04**	**12.70**
平均 (1965) 提价后	**1.04**	**0.37**	**2.94**	**4.35**
标准差 (1983)	6.77	0.51	4.51	9.93

近年来，伦敦停车收费价格迅速上涨。2007 年 7 月我再次去了格罗夫诺广场。当时的收费标准是每小时 4 英镑 (约合 6 美元)，而且有几个空位，汽车频繁进出停车位，这表明周转率很高。这些观察结果表明，即使在停车需求量大的富裕地区，市场定价的停车收费也能产生路边空位和车辆周转。

结论：对路边停车合理定价

当然，巡游并不是排队的唯一形式。当你去看电影时，可以先找一个停车位，排队买票，排上另一个队进场，然后在电影开始前再排另一个队去买爆米花。但是，这些其他形式的排队与巡游不同，因为它们只会浪费你自己的时间。而巡游还会造成交通堵塞，浪费燃料，污染空气。因此，当城市对路边停车收费过低时，就会产生严重的问题。而如果城市对路边停车收费合适，司机就总能在目的地找到一个方便的地方停车，而无需巡游。"合理定价"①是公共经济学的一条公理，而合理的路边停车价格是让各处空置几个车位的最低价格。但是，如果城市对路边停车收取了错误的价格，司机们在巡游时会浪费惊人的时间和燃料，并造成灾难性的交通堵塞和空气污染。

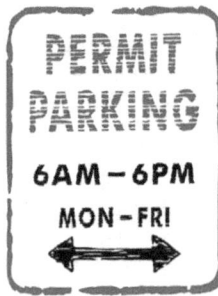

PERMIT
PARKING
6AM – 6PM
MON – FRI

第 12 章注释

1. 关于公共品的定义，参见 Friedman(2002，596) 或 Stiglitz(1988，75)。

2. Vickrey(1954，62)。

3. 西雅图战略规划办公室 (Seattle Strategic Planning Office，2000，16)。司机违反时间限制有很长的历史。Miller McClintock(1924，360) 写道："从理论上讲，这些规定 [时间限制] 废除了'街头停车霸'(street hog)，让司机们可以轮流使用路边车位。然而，在实际操作中，由于无法强制执行，此举收效甚微。据估计，在大多数城市里，如果全部警力除了执行停车限制之外没有其他职责，也无法顺利完成这项任务。车主只是把车稍微挪动一点，就能获准在路边再停上一段时间，这让司机们很容易规避停车时限。"1937 年，罗切斯特工程学会交通委员会 (Traffic Committee of the Rochester Engineering Society) 主席报告说："在罗切斯特进行的十一次年度调查中，没有停车咪表的地方，超过 50% 的汽车超时停放，我相信这一比例在该州每个城市都是一样的，毕竟在没有咪表情况下，对限时停车不可能 100% 强制执行。"(Brown，1937，54)。Buxton Williams 和 Jon Ross(2003) 在一项无咪表停车位调查中发现，45% 的停车位都被非法占用。Hartmut Topp(1991，4) 报告说，即使在通常守法的德国，有 40% 到 50% 的停车是违法的。

4. 这些周期性的挪动车辆既浪费时间，偶尔还会导致冲突。"42 岁的 Patrick Ortiz 承认，他能做到的 [挡开另一辆车] 只有这么长时间，要看那位司机的决心，

①　原文为 Get the prices right。(译者注)

以及 '取决于那辆汽车的大小' "(《弗雷斯诺蜂报》, 2000 年 7 月 16 日)。芝加哥大学法学教授 Richard Epstein(2001, 13) 说: "当那些想停车的人要求家人或朋友站岗守着车位直到他们能够到达时, 冲突就很可能发生——有时候只有一分钟, 但往往是更长时间……因此, 这种做法必然会降低道路承载能力, 而且当沮丧的司机试图将自己的车停到路边车位, 结果却发现车位已经被人占据了, 往往会导致丑陋的冲突。"

5. Olsson 和 Miller(1979)。

6. Brierly(1972)、May(1975) 以及 Witheford 和 Kanaan(1972)。

7. Vickrey(1954, 64)。Vickrey 可能是第一人, 推荐现在被称为按车位计费的咪表 (pay-by-space meters), 这种咪表在一根柱子上安装几个传统的计价器, 并在人行道上画上数字, 以确定哪个车位对应哪个计价器。他推测, "在此基础上, 可能有五到七个车位可以方便地控制在一起"(Vickrey, 1954, 67), 而这就是现代按车位计费的咪表通常控制的车位数量。他甚至注意到, 地面上的雪会覆盖人行道上画的数字, 进而给这种安排带来困难。

8. Bryan Ellickson(1973) 分析了公共品的拥挤问题, 他称之为拥挤 (crowding)。"当一位新加入的消费者导致需要增加资源来维持当下所有人消费的公共品水平时, 我们将把这种公共产品称为 '拥挤'。"(Ellickson, 1973, 417)

9. Vickrey(1954, 64)。除了消除车位短缺, 市场价格还将车位分配给那些最看重其价值的司机, 这是一个很大的优势。Edward Glaeser 和 ErzoLuttmer(2003) 解释了纽约的租金控制如何把有价值的公寓分配给那些估值低的居民, 比如那些一年只使用公寓几周的居民。类似地, 由于路边停车定价过低, 一些估值低的司机占据了车位, 而其他估值高的司机却不得不绕着街区转圈, 寻找一个空位停车。

10. Goodwin(2001, 29)。这两种方法被称为价格型和数量型政策来处理外部性。

11. Vickrey(1955, 618) 写道: "基于边际成本原则对路边停车进行计费的话, 需要每小时费率有相当大的波动, 毕竟街区内车位占用率 100% 是会波动的。"因此, 他设想了一条非常陡峭的供给曲线, 而不是隐含目标占用率 (如 85%) 的垂直线。为了推导出这条供给曲线, 他建议估算巡游的边际社会成本, 并用这一成本确定路边停车价格。因为这种社会成本的估算需要大量信息, 而目标占用率的确定要简单得多, 也会产生大致相同的结果。

12. 大多数城市都将周转率作为安装咪表的目标, 但即使没有时间限制, 市场价格也会导致很高的周转率。如果目标只是产生更快的周转率, Robert Saltzman(1994) 建议应当提高更长停放时间的每小时收费价格。例如, 停车三小时的收费应当比一小时高三倍以上。然而, 路边停车的时间限制会使需求曲线向下移动，降低停车的市场出清价格，并减少路边停车的收入。当然，如果想要减少路边停车数量，城市可以选择低于 85% 的目标占用率。例如，为了给交通留出更多的道路空间，城市可以禁止在街道的一侧停车。或者考虑到停车需求的随机变化性，城市可以将平均占用率设定为 75%，这样实际占用率就不会经常达到 100%。

13. 传统的咪表在夜间是免费的，即使那时路边车位可能很拥挤。夜间免费停车可能源于这样一种想法，即停车咪表的目标是产生周转率。在凌晨 3 点设置一小时的停车限时毫无意义，但如果此时车位不足，计价停车确实是有意义的。如果按价格而不是时间限制分配车位，则夜间的价格可能较低，但不必为零。

14. Richard Epstein(2001, 25) 指出："可以推测，理想的 [路边停车收费] 系统是城市从停车位使用中获得最大收益的系统。"但这混淆了城市的管理目标和商业停车经营者的目标，后者的目标是利润最大化，而不是社会效益。如果路边停车定价的目标是实现 15% 空置率，那么较高的价格和较低的占用率可以增加收入，但会留下太多空置的车位。

15. 例如，对洛杉矶市中心停车情况的研究中，2003 年一项调查发现，路外停车场和停车库在周六下午的占用率仅为 38%，工作日晚上仅为 10%(Kimley-Horn and Associates 2003)。亚利桑那州坦佩市的一项停车调查发现，在周五晚上很难找到停车位时，只有 52% 的车位被占用 (Minett, 1994)。由于处于"垄断竞争"中，商业停车场经营者面临着向下倾斜的需求曲线。如果不管占用率如何，所有成本都是固定的，那么经营者将以需求弹性为 1 的价格实现收入和利润最大化。如果需求缺乏弹性 (小于 1)，提高价格将增加收入和利润。如果需求具有弹性 (大于 1)，降低价格将增加收入和利润。如果成本是固定的，那么只有在需求弹性为 1 的价格下才能获得最大利润。商业停车经营者对短期停车的收费高于长期停车，因为在每小时相同的价格下，长期停车的需求比短期停车的需求更有弹性。经营者区分长期停车和短期停车的供给类型，以利用这两种需求的不同弹性。同样，早鸟 (early-bird) 价格也有利于那些没有月票的通勤者，这大概是因为他们到达得早，而且比那些通常晚到但偶尔全天停车的人对价格的地理分布模式更敏感。当经营成本随着占用率提高而增加时，利润最大化的业主会将价格提高到单位弹性价格之上，因为降低的运营成本将补偿减少的总收入。当最大收入低于维持开业的成本时，停车场就会关闭。

16. Walters(1961)。这一弹性是根据平均交通流量和速度、路边泊车数量和行人数量等条件估计的。当停在路边的汽车数量比平均值高出一个标准差时，弹性为 −0.17。停车周转率可能也会影响交通流量。

17. 该外部成本根据平均交通流量和速度、路边泊车数量和行人数量进行估算。如果停车价格降低了停车的数量，边际外部成本就会降低。1961 年价格由英国零售价格指数换算成 2002 年价格，并以 1 英镑 =1.6 美元的汇率换算成美元。Wlaters(1961，162) 承认，他的估算实证基础不足，但得出的结论是："路边停车应该收取有效的价格。"

18. Mazumder(2004，8-10)。Yousif 和 Pumawan(1999) 在英国曼彻斯特研究了司机们进出路边车位时的停车操作。他们发现，进入一个停车位会给移动的车辆造成更多的延误，因为停车者会迫使移动的车辆减速、转弯，或者有时停下来。而在离开车位时，司机通常会在移动的车流中等待并选择一个可接受的安全间距，因此对交通流的影响较小。

19. Mazumder(2004，第 5 章)。车速降低是由于车辆进出路边车位造成的，而不是留在路边的车辆造成的。三条街道的交通流量分别减少了 4%、9%和 5%。

20. 目标是在 HOT 车道上保持至少 C 级的服务水平。《公路通行能力手册》将公路的服务水平分为 6 个字母等级，A 表示最高质量，F 表示最低质量。高速公路 C 级服务水平是指平均速度大于每小时 54 英里，每车道英里 (per lane-mile) 的最大密度为 30 辆乘用车 (交通研究委员会，1985，3-8)。

21. 圣迭戈政府协会 (San Diego Association of Governments，1999，8)。第 I 阶段采用月票，从 1996 年 12 月到 1998 年 3 月。第 II 阶段于 1998 年 4 月开始，采用电子不停车收费，并以浮动定价按行程收费。有关该项目的信息可访问 http://argo.sandag.org/fastrak/info.html。

22. 关于动态定价如何将收费责任从政治家转移到司机身上的讨论，参见 Hultgren 和 Kawada(1999，24)。圣迭戈政府将向 SOV 开放的 I-15 HOV 车道称为快速车道，并将该项目称为快线通项目 (FasTrak program)。有关该项目的信息可访问：www.sandag.cog.ca.us/。因为 HOV 车道上其他未使用的通行能力出售给单独驾驶的司机，一些人的情况变好了，而没有人的情况变坏——这个项目达到了帕累托最优。

23. Oskar Lange(1936) 在与哈耶克 (Friedrich Hayek) 关于社会主义经济效率的辩论中提出，社会主义管理者应该采用试错法制定价格：当出现供给短缺时调高价格，而在供给过剩时调低价格。因此，路边停车的市场出清价格具有良好的资本主义和社会主义血统。Lange 的建议对于管理社会主义经济是非常不切实际的，但对于停车场却很有效。

24. Vickrey(1994，1-2) 提出，根据该区域占用的车位数目，使用多个停车咪表按变化的价格收费，其"想法是在空位充足时免费停车或几乎免费停车，并在其他时间让收费变化，与其他人不得不进一步寻找车位的成本相对应。"最初的提议发表在 Vickrey(1954) 中，并再版于 Vickrey(1994)。

25. 1992 年，Vickrey 任大西洋经济学会 (the Atlantic Economic Society) 主席时，致辞的题目是"我在经济学上的创新失败"(Vickrey，1993)。他提到，由

需求决定的停车价格是他对边际成本定价的第一次尝试。

26. Vickrey(1993，2)。1954 年 Vickrey 关于路边停车市场定价的原始提议再版于 Vickrey(1994，56-65)。在 1954 年那篇文章的序言中，编辑对 Vickrey 的提议这样写道："不幸的是，所提议系统的复杂性使其实用性存在很大的怀疑空间……当然，Vickery 先生 [原文如此] 也同意，无论停车位的利用效率有多高，只要采用路内停车，就无法实质性地解决停车问题。"(Vickrey，1954，62)。

27. Inwood(1966，2) 介绍说："把汽车开到一个选定的地址，然后在街道上定时搜索一个空闲的咪表停车位 (在所访问地址大约四分之一英里范围内)。当发现一个空闲的咪表停车位时，记录将车停在路边所需的时间，以及步行到"访问"地址的大门和从大门返回所需的时间。最后，还要记录把车从咪表停车位开出来的时间。在伦敦市中心寻找空咪表车位的策略，很大程度上取决于通往最近已知咪表停车位的可用单行道的限制，并按所访问地址的接近程度依次检查。"

28. 英镑由英国零售价格指数调整为 2002 年价格，并按 1.60 美元兑 1 英镑的汇率换算成美元。

29. 使用需求弹性的中点公式计算弹性。关于中点公式的解释参见 Mansfield (1983，533) 或 Samuelson 和 Nordhaus(1989，425)。

30. 搜索时间减少 12% 是由于停车价格增加 10%，再乘以搜索时间对路边停车价格的弹性 −1.2 而得到。

31. 表 12-2 最后一行的标准差是指这 15 个地点的平均值，而 150 个单独观测值 (每个地点 10 个) 的标准差会更高。因此，表 12-2 低估了市场定价的路边停车对出行时间不确定性的减少程度。

32. D. van der Goot(1982) 在荷兰哈勒姆 (Haarlem) 停车研究中发现，路边车位的占用率 (停车数量占合法可用停车位的百分比) 高达 400%。在尝试预测停车位置时，他估计只有当合法的路边车位占用率超过 120% 时，司机才会被说服不去停车。

33. 表 12-2 和表 12-3 显示，在价格涨到四倍的区域，搜索时间减少 5.06 分钟，占总停车–访问时间减少 8.35 分钟的 61%。

34. Day 和 Turvey(1954，411)。

35. 1965 年，Inwood(1966，4) 在讨论增加咪表计费的影响时预测，"过去伦敦街头的停车经验表明，实行每小时两先令 [0.1 英镑] 收费后，由计费导致的拥堵减少可能不会持续很长时间，因此推断，由于收费太高而必须降低收费的做法是不明智的。"他说得对。

第 13 章 选择巡游

> 只要观察一位惊慌失措的司机，在找不到停车位的情况下，拼命想把车停好，就可以看出，我们并不总是按照理性原则行事。
>
> ——卡尔·波珀[①]

你如何选择巡游还是付费？本章提供一个简单的模型帮助回答这个问题。开发一个理性巡游模型似乎毫无意义，因为有些司机在任何情况下都拒绝支付停车费，巡游时的行为也显得不理性。然而，即使经济模型不能预测每个人如何选择巡游，我们也不应该假设大多数司机是非理性的。不管怎样，本章介绍的模型显示巡游时怎样做才是理性行为，并且它的预测结果是可以验证的。

巡游，还是付费

我们给模型设定一个场景，假设路边停车免费但非常拥挤，你不得不花时间寻找一个停车位。[1] 你可以停在路外停车场，不需要等待但必须付费。在花时间寻找路边停车位和花钱停在路外停车场之间权衡，你是应该巡游还是付钱？答案取决于找到一个路边停车位需要多长时间以及在路边停车可以节省多少钱。

司机们并没有明确计算是巡游还是付费，但有几个因素会影响他们的选择。要对他们的选择进行建模，不妨考虑以下变量（及其单位）：

p 路边停车的价格 (美元/时)

m 路外停车的价格 (美元/时)

t 停车持续时间 (小时)

c 寻找路边停车位花费的时间 (小时)

f 巡游的燃料成本 (美元/时)

n 汽车载客人数 (人)

v 巡游的时间价值 (美元/(时·人))

---

① 卡尔·波珀 (Karl Popper, 1902~1994)，哲学家，批判理性主义的创始人，著有《历史决定论的贫困》《开放社会及其敌人》《科学发现的逻辑》和《猜想与反驳》等，1976 年当选英国皇家科学院院士。(译者注)

首先，考虑如果你能找到一个路边停车位，那么在停车上能省多少钱。路边停车的价格为每小时 p 美元，而路外停车的价格为每小时 m 美元，因此在路边而不是在路外停车每小时节省 $m - p$ 美元。路边停车节省的费用等于停车持续时间 (t) 乘以路外与路边停车的价格差，即 $t(m - p)$。例如，如果路边停车是免费的，路外停车每小时收费 1 美元，而你停车两个小时，那么在路边停车可以节省 2 美元。[2]

其次，巡游有燃料成本。如果你的车以每小时 f 美元的速度消耗燃料，而你巡游了 c 小时，那么巡游所消耗的燃料总成本是 fc。例如，如果燃油成本为每小时 1 美元，而你巡游了 6 分钟 (0.1 小时)，则燃油成本为 10 美分。[3]

第三，巡游有时间成本。你对节约时间的重视程度取决于你的收入以及许多与每次出行相关的特定因素：是否有急事、天气、风景、安全等等。时间的价值因人而异，但即使是同一个人，时间的价值也会因环境的不同而有所不同。每个人的巡游时间成本是时间价值 (v) 乘以巡游时间 (c)，即 vc。由于车内每个人都得花上相同的时间巡游，因此车内所有人的总时间成本是车内人数 (n) 乘以每个人的时间成本 (vc)，即 nvc。因此，如果你独自一人在车里，每小时节省的时间价值为 9 美元，而在停车前巡游了 6 分钟，那么你花在巡游上的时间成本是 90 美分 (9 美元 ×1×0.1)。在车里增加一个乘客，时间成本增加 一倍，达到 1.80 美元，第二个乘客则为 2.70 美元，以此类推。[4]

在路边停车节省的钱以及为路边停车而巡游的成本为

$t(m - p)$ (1) 路边停车节省的钱

fc (2) 路边停车巡游的货币成本[①]

nvc (3) 路边停车巡游所花费时间的货币化
                             成本[②]

$fc + nvc = c(f + nv)$ (4) 路边停车巡游的货币成本
                                       及 (货币化) 时间成本

如果路边停车比路外停车更便宜，你最多会巡游多长时间 (用 c^* 表示)？如果你想花整整 c^* 分钟去寻找一个路边车位，那么巡游和付费停车之间没有成本差异，因此你对这两种选择是无差异的。[5] 当在路边停车节省的钱 $t(m - p)$ 等于巡游的金钱和时间成本 $c^*(f + nv)$ 时，就会出现这种均衡。所以，如果你希望找到一个路边停车位的时间比 c^* 长，那么你应该付钱把车停在路外。但如果你认为这将短于 c^*，你应该去巡游寻找路边停车位。

---

① 原文为 monetary cost。(译者注)

② 原文为 monetized cost。(译者注)

当巡游成本等于路边停车节省的成本时，达到盈亏平衡点：

$$c^*(f + nv) = t(m - p) \tag{5}$$

解出 c^*，得到你在巡游和付费之间无差异的搜索时间：

$$c^* = \frac{t(m - p)}{f + nv} \tag{6}$$

当搜索时间为 c^* 时，你发现在路边停车代替路外停车不会带来净节省。城市因路边停车价格过低而损失的钱不会归你或其他任何人所有，而是消耗在巡游的时间和燃料里。而且，由于拥堵交通中的每个司机都会给其他司机造成时间延迟，所以巡游会让所有的司机，甚至那些不想停车的司机，情况变得更糟。巡游就是这样一个例子，正如英国交通专家菲利普·古德温所说，"亚当·斯密所主张的个人追求自身的最大利益，加起来并不等于杰里米·边沁[①]所主张的为大多数人带来的最大利益。"[6]

均衡搜索时间：一个例子

我们可以用一个例子说明均衡搜索时间。假设你打算停车一小时 $(t = 1)$，路外停车场每小时收费 1 美元 $(m = 1)$，而路边停车是免费的 $(p = 0)$。因此，你在路边停车而不是在路外停车可以省 1 美元。如果你以每小时 10 英里速度行驶，每加仑汽油可行驶 20 英里，那么巡游一小时消耗 1/2 加仑汽油。如果汽油价格是每加仑 2 美元，那么燃料价格就是每小时 1 美元 $(f = 1)$。你一个人在车里 $(n = 1)$，每小时节省的时间价值 9 美元 $(v = 9)$。那么均衡的搜索时间 c^* 为

$$c^* = \frac{t(m - p)}{f + nv} = \frac{1(1 - 0)}{1 + (1 \times 9)} = 0.1 \text{ 小时} = 6 \text{ 分钟}$$

在这种情况下，花上 6 分钟找到一个路边停车位是值得的。如果燃料费每小时为 1 美元，你巡游了 6 分钟 (0.1 小时)，那么为燃料花费了 10 美分。停车一小时可节省 1 美元，因此路边停车可节省 90 美分 (用停车节省的 1 美元减去燃料费 10 美分)。从某种意义上说，你每小时"挣"了 9 美元 (巡游 0.1 小时节省了 90 美分)。如果你把节省的时间定为每小时 9 美元，那么 6 分钟搜索时间会让你在寻找路边停车位还是立即付路外停车费之间变得无差异了。找了 6 分钟后，你在路边免费停车并不比付 1 美元立即停在路外停车场好多少。

[①] 杰里米·边沁 (Jeremy Bentham, 1748~1832)，英国法理学家、功利主义哲学家、经济学家和社会改革者。他是英国法律改革运动的先驱和领袖，以功利主义哲学的创立者而闻名于世，还对社会福利制度的发展有重大贡献。(译者注)

　　这个例子说明三个结果。首先，"免费"路边停车并不是真的免费。虽然它的成本不是自掏腰包 (就像把钱投入停车咪表里一样)，但它花费的时间和燃料都是用来寻找路边车位的。免费路边停车不会让司机过得更好，其他人的情况也会更糟，因为巡游会造成交通拥堵和空气污染。如果城市不对路边停车按市场价收费，还会损失原本应该得到的收入。

　　其次，司机花在巡游上的时间是他们为路边停车支付的价格，这个价格取决于每个人的时间机会成本。[7] 在这个例子中，单独驾驶的人如果认为节省的时间超过每小时 9 美元 (或拼车的乘客一致认为他们的时间价值超过每小时 9 美元)，就应该立即付费停车，而那些时间价值较低的司机应该去巡游。因此，免费路边停车吸引了那些时间价值较低的单驾司机。因此，在那些提供免费路边停车的地方以及那些单驾司机认为自己时间价值较低的地方，都会存在较长的搜索时间。

　　最后，当路边停车的货币价格上涨时，巡游的均衡搜索时间下降，因此提高路边停车价格会减少等量的巡游时间和燃料成本。因此，路边停车收入不像是一种将收入从开车人转移到政府的税收，而是一种费用，它减少开车人的时间和燃油成本，同时增加路边停车的货币成本。因此，路边停车者的净负担为零，因为开车人减少的巡游成本等于所支付的停车费，而个人对时间和燃料消耗的节约转化为新的公共收入。

巡游的报酬

　　当路边停车收费低于相邻的路外停车场时，就会产生巡游的激励。为了说明这种激励有多强，表 13-1 给出了南加州 20 个地点在工作日中午路边停车和路外停车的价格。第 3 列显示每个地点最近的路边停车价格，第 4 列显示路外停车场第一个小时的价格。在每个地点，路边停车都比路外停车便宜。平均而言，路边停车的价格仅为路外停车的 14%(0.78 美元 ÷5.67 美元)。

　　第 5 列显示司机在路边停车而不是在路外停车一小时可以省下的钱。例如，假设你想到洛杉矶市政厅城市规划部门参观一小时。路边停车费 1.50 美元，而路外停车费 3.30 美元，这样路边停车可省 1.80 美元。节省的费用从 50 美分 (长滩市政厅) 到 9 美元 (西好莱坞布鲁斯之家①) 不等，而路边停车平均节省的费用是 4.89 美元。这些节省的费用为巡游提供了经济激励。

　　现在假设在每一个地点都需要 6 分钟才能找到一个路边的空位。那么一个司机每小时花在寻找路边车位上"赚"了多少钱？第 6 列回答了这个问题 (如果我们忽略司机相对较小的燃油成本，就像大多数司机可能做的那样)。在洛杉矶市政厅，一位司机开车巡游 6 分钟，节省 1.80 美元，每小时就能赚到 18 美元 (1.80 美

---

　　① 原文为 the House of Blues。(译者注)

元 ÷0.1 小时)。巡游的报酬从长滩市政厅每小时 5 美元到布鲁斯之家每小时 90 美元不等，所有地点的平均报酬都是每小时 49 美元。如果只需要 6 分钟就可以找到一个路边停车位，那么这些时间值得去花。

表 13-1　在南加州巡游报酬 (为路边停车 1 小时巡游 6 分钟)

场所	位置	停车 1 小时价格		为路边停车 1 小时巡游 6 分钟的报酬	
		路边	路外	路边停车节约	每小时巡游时间节约
(1)	(2)	(3) \$/时	(4) \$/时	(5)=(4)−(3) \$	(6)=10×(5)\$/时
比特摩尔酒店	洛杉矶市区	\$2.00	\$7.00	\$5.00	\$50
中国剧院	好莱坞	\$1.00	\$8.00	\$7.00	\$70
体育馆	洛杉矶市区	\$0.25	\$6.00	\$5.75	\$58
布鲁斯之家	西好莱坞	\$1.00	\$10.00	\$9.00	\$90
洛杉矶市政厅	洛杉矶市区	\$1.50	\$3.30	\$1.80	\$18
洛杉矶县博物馆	威尔谢中区	\$0.50	\$5.00	\$4.50	\$45
洛杉矶大城市运输局	洛杉矶市区	\$0.00	\$6.00	\$6.00	\$60
洛杉矶音乐中心	洛杉矶市区	\$1.50	\$8.00	\$6.50	\$65
长滩市政厅	长滩	\$2.00	\$2.50	\$0.50	\$5
米高梅广场	圣塔莫尼卡	\$0.35	\$6.30	\$5.95	\$60
帕萨迪纳市政厅	帕萨迪纳	\$1.00	\$6.00	\$5.00	\$50
帕萨迪纳剧院	帕萨迪纳	\$0.00	\$1.00	\$1.00	\$10
里根办公大楼	洛杉矶市区	\$1.50	\$6.75	\$3.70	\$37
圣莫尼卡市政厅	圣莫尼卡	\$0.50	\$4.20	\$3.70	\$37
圣莫尼卡码头	圣莫尼卡	\$0.50	\$7.00	\$6.50	\$65
南加州政府机构	洛杉矶市区	\$2.00	\$8.00	\$6.00	\$60
联合车站	洛杉矶市区	\$0.00	\$6.00	\$6.00	\$60
加州大学洛杉矶分校	西木区	\$0.50	\$7.00	\$6.50	\$65
南加州大学	洛杉矶市区	\$0.25	\$6.00	\$575	\$58
威尼斯海滩	威尼斯	\$0.00	\$5.00	\$5.00	\$50
平均		**\$0.78**	**\$5.67**	**\$4.89**	**\$49**

假设：1 位单独驾驶者在工作日中午为了找到路边车位停车 1 小时而巡游 6 分钟。

价格是指在离目的地最近之处停车 1 小时的价格。

数据在 2001~2002 年采集。

　　当然，平均巡游时间并不是在任何地方都是 6 分钟，并且巡游报酬也没有真正高达每小时 90 美元。在某些地点，路外停车较高的价格会增加平均搜索时间，或者导致司机把车停到更远、更便宜的地方去，然后步行长距离到达目的地。尽管如此，路边停车在大多数地点都能省钱，而这种省钱正是鼓励司机去巡游而不是付费停在路外停车场的原因。那些花更长时间寻找路边车位的司机们，虽然他们每分钟巡游"赚"的钱更少，但他们也造成了更多的交通拥堵和空气污染，而这个成本由每个人共同承担，而不是由巡游者单独承担。巡游的司机们并没有为自己的选择承担所有的成本。

路外停车的价格结构使司机的巡游决策变得复杂。例如，表中所列的路外停车场一小时停车价格并不意味着在布鲁斯之家停车每小时要花 10 美元，因为在一些路外停车场，第一个小时的价格是全天价格一半以上。许多路外停车场在开始的两或三小时收取固定价格，这就解释了为什么只停一小时成本会如此之高。在布鲁斯之家，路边停车价格不需要每小时 10 美元就可以消除对巡游的激励。为了减少巡游，路边停车价格需要变得足够高，从而产生几个空车位，因为在这种情况下巡游变得毫无意义。然而，大多数地点的停车价格太低了，导致路边停车位短缺以及无数对"停车问题"的抱怨。例如，一位学生在加州大学洛杉矶分校附近找不到路边停车位而表示不满 (那里路边停车位价格是每小时 50 美分，而路外停车价格是每天 7 美元)。学校《每日布鲁因报》①刊登了他的抱怨：

> 我 9：30 有一个讨论，为了复习第二天的期中考试，当我提前一小时过去找车位时，哪儿也找不到一个空位了……在绕着街区转了 45 分钟后，我决定买个停车位，否则就要冒上课迟到的风险。[8]

价格过低的路边停车造成了这种疯狂 (以及最终不成功) 的巡游。

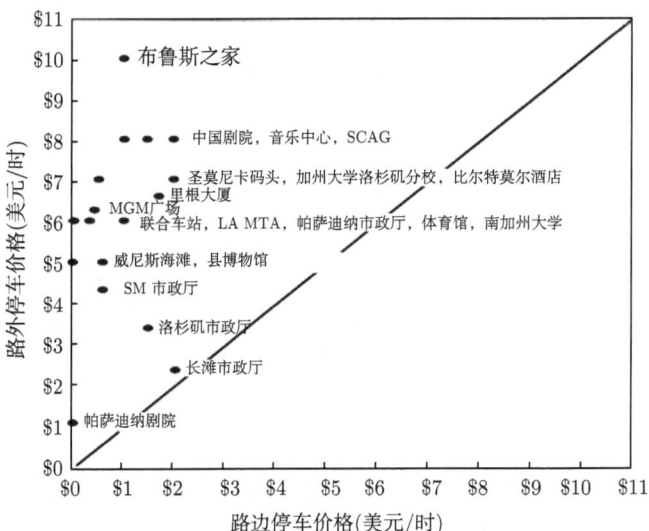

图 13-1　南加州巡游报酬 (工作日中午停车 1 小时)

为了解美国其他地区的路边停车价格是否偏低，我收集了全美 20 个城市同一地点——市政厅——中午 1 小时在路边和路外停车价格的类似数据。[9] 表 13-2 显示了结果。平均价格是路边停车每小时 1.17 美元，而路外停车每小时 5.88 美元。在纽约，巡游为司机节省的钱最多，那里路外停车第 1 个小时是 14.38 美元，而路边停车费只有 1.50 美元。除了帕洛阿尔托 (路边和路外停车都是免费的) 和旧金山 (路边和路外停车都是每小时 2 美元)，在所有的城市巡游都会省钱。在这 20 个城市中，路边停车的平均价格仅为路外停车价格的 20%，并且路边停车的最高价格仅为每小时 2 美元。

表 13-2　市政厅巡游报酬 (路边停车 1 个小时)

城市	州	停车 1 小时价格 ($/时)		路边车位节约 ($/时)
		路边	路外	
(1)	(2)	(3)	(4)	(5)=(4)−(3)
巴尔的摩	马里兰州	$2.00	$6.00	$4.00
伯克利	加州	$0.75	$1.00	$0.25
波士顿	马萨诸塞州	$1.00	$11.00	$10.00
水牛城	纽约州	$1.00	$3.00	$2.00
坎布里奇	马萨诸塞州	$0.50	$4.00	$3.50
芝加哥	伊利诺伊州	$1.00	$13.25	$12.25
休斯顿	得克萨斯州	$0.25	$1.50	$1.25
长滩	加州	$2.00	$2.50	$0.50
洛杉矶	加州	$1.50	$3.30	$1.80
新奥尔良	路易斯安那州	$1.25	$3.00	$1.75
纽约市	纽约州	$1.50	$14.38	$12.88
帕洛阿尔托	加州	$0.00	$0.00	$0.00
帕萨迪纳	加州	$1.00	$6.00	$5.00
费城	宾夕法尼亚	$1.00	$3.00	$2.00
波特兰	俄勒冈州	$1.00	$1.50	$0.50
圣迭戈	加州	$1.00	$6.00	$5.00
旧金山	加州	$2.00	$2.00	$0.00
圣巴巴拉	加州	$0.00	$5.00	$5.00
圣莫尼卡	加州	$0.50	$4.20	$3.70
西雅图	华盛顿	$1.00	$8.00	$7.00
平均		$1.17	$5.88	$4.71

假设：单驾者在工作日中午停车 1 小时。价格是指在市政厅最近车位停放 1 小时的价格。数据在 2001—2003 年采集。

波士顿路外停车价格偏高 (11 美元)，一种解释是该市对市中心可用的路外停车位设定了上限。库存总量冻结在 1975 年水平——35,500 个停车位。如果开发商想建新的停车位，就必须购买现有但已停用的停车设施所拥有的许可证。[10] 停车供应上限推高了路外停车场的市场价格，同时也产生一个讽刺的结果：路外停车价格上涨，加上路边停车价格低廉，增加了巡游的激励。波士顿限制私人路外停车场的供应，却未能为公共路边停车制定合理的价格。2003 年，一项对北美 53 个城市停车价格的调查发现，波士顿中央商务区 (CBD) 路外停车位的平均价格为每月 390 美元，每天 30 美元。[11] 相比之下，波士顿对市内所有咪表的收费相同 (每小时 1 美元)。波士顿并没有用价格来控制路边停车的需求，而是鼓励司机们为寻找停车位而巡游。

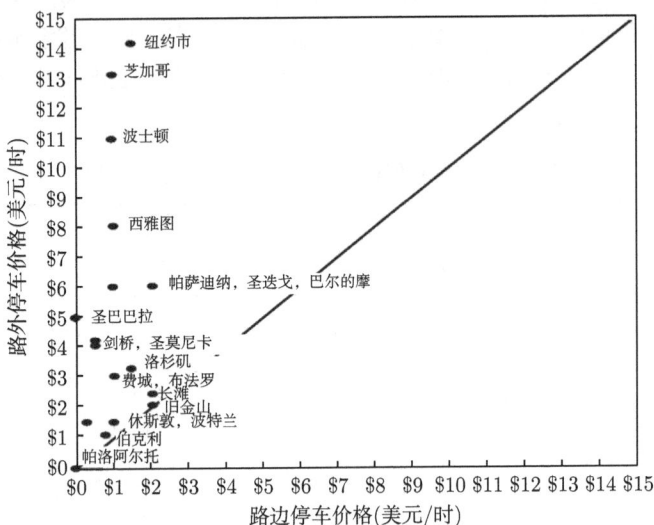

图 13-2　　市政厅的停车价格 (工作日中午停车 1 小时)

　　波士顿的路外停车上限在通往城市的道路上缓解了拥堵,这一点上它是有道理的,但它未能遵循市场价格规律来限制路边停车,增加了城市内部的拥堵。如果由于停车场和停车库总是满的,汽车排起长队,经常占据街道,造成交通拥堵,那么每个人都会批评路外停车场的经营者。然而,城市通过压低路边停车价格造成相同的结果,却没有人注意到,因为搜寻路边停车位的汽车一般隐藏在交通流中。更糟糕的是,巡游浪费燃料,污染空气,导致交通事故,恶化行人环境。城市通过降低路边停车位价格制造了巡游现象。

　　当然,路边停车位价格偏低不仅仅是美国的现象。J．迈克尔·汤姆森在《大城市及其交通》①一书中观察到:

　　　　由于历史原因,所有城市都继承了免费停车的传统,而且随着街道上停车位越来越少,许多城市认为免费提供路外停车才是正确的做法。为了控制不断出现的停车乱象,只有在这种迫切的需要驱动下,大多数城市才开始实行停车收费,首先是对路外停车,然后对路内停车收费。然而,现阶段的收费水平通常远低于经济成本。[12]

　　因此,全球范围内司机们都在绕圈寻找价格低廉的路边停车位。

---

① 原书名为 *Great Cities and Their Traffic*。(译者注)

寻　租

路边停车费是临时使用公共土地的租金，从这个意义上说，路边停车带来潜在的经济节约，巡游可以视为对这种节约的一种"寻租"行为。当路边停车定价过低 (即这个租金过低) 时，司机们会花费时间和燃料来竞争便宜的路边停车位。斯坦福大学经济学教授安妮·克鲁格分析了竞争性寻租行为，她解释在寻租情况下稀缺资源是如何浪费的：

> 寻租导致某些活动的私人成本和社会成本之间的差异……寻租活动往往是竞争性的，并且投入资源来争夺租金。13

巡游中浪费的时间和燃料使土地租金耗散，城市原本可以通过对路边停车位收取市场价格获得这笔收入。14 路边停车者在巡游中花费时间和燃料，城市损失路边停车位的潜在租金，而每个人都要承担交通堵塞和空气污染的额外成本。寻找价格低廉的路边停车位是一个负和博弈①。

路边停车价格过低是巡游问题的症结所在。通过将路边停车价格设置低于附近的路外停车场，城市给巡游提供了激励。15 如图 13-1 和图 13-2 所示，从原点出发的 45 度线显示路边停车和路外停车场价格相等的地方。在左上三角中，所有路边停车和路外停车的价格组合表示路边停车比路外停车便宜的地方，除了两个观察值之外，其余都落在这个三角中。通过提供价格偏低的路边停车位，城市鼓励市民巡游。相比之下，市场定价的路边停车将减少寻找廉价路边停车位的竞争中浪费的时间和燃料。它还将产生公共收入，将长期停车者转移到路外停车场，为短期停车者开放更多的路边停车位，并减少交通拥堵和空气污染。

两种定价策略

城市可使用两种定价策略来抑制巡游。第一种策略对路边停车按市场价收费。如公式 (6) 所示，当路边和路外停车的价格相等时 $(p = m)$，均衡巡游时间 (c^*) 为零。如果路边和路外停车花费相同的钱，为什么还要开车四处寻找一个路边空位呢？因为路边停车位 (在你花费时间和燃料去寻找它之后) 和路外停车位花费相同的钱，就不能靠巡游来节省任何费用。如果所有的路边停车位都被占用，并且巡游也不存在任何经济激励，那么你就应该在不浪费时间和燃料的情况下把车停在路外停车场。16

---

① 原文为 negative sum game，即负和博弈，指双方冲突和斗争的结果，所得小于所失，就是通常所说的其结果的总和为负数，也是一种两败俱伤的博弈，结果双方都有不同程度的损失。(译者注)

然而，如果路边停车位仍然免费，那么另一种抑制巡游的策略就是将路外停车价格降至零。其逻辑是一样的：如果路外停车免费，为什么要找路边停车位呢？由于路边和路外停车的价格再次相等 ($m = p = 0$)，均衡巡游时间就再次为零。因此，城市可以通过对路边停车收取市场价格来减少巡游，或者要求提供足够多的路外停车位，并使其价格降至零。尽管路边停车价格是城市直接控制的为数不多的政策变量之一，但几乎所有美国城市都选择要求提供充足的路外停车位，而不是对路边停车收取市场价格。

弹　　性

表 13-3 显示模型中的每一个变量如何影响巡游或付费的停车决策。第二列给出 c^*(司机愿意巡游的最长时间) 相对于第一列变量的偏导数。六个因素影响了巡游决策：(1) 路边停车的价格，(2) 路外停车的价格，(3) 停车时长，(4) 燃料价格，(5) 车内人数，以及 (6) 时间价值。

表 13-3　均衡搜索时间 (c^*)

变量	c^* 的偏导数	c^* 的弹性
p(路边停车价格)	$\frac{\partial c^*}{\partial p} = +\frac{t}{f+nv} < 0$	$\eta_p = +\frac{p}{m-p} < 0$
m(路外停车价格)	$\frac{\partial c^*}{\partial m} = +\frac{t}{f+nv} > 0$	$\eta_m = +\frac{m}{m-p} > 0$
t(停车时长)	$\frac{\partial c^*}{\partial t} = -\frac{m-p}{f+nv} > 0$	$\eta_t = +1$
f(巡游燃油成本)	$\frac{\partial c^*}{\partial f} = -\frac{t(m-p)}{(f+nv)^2} < 0$	$\eta_f = -\frac{f}{f+nv} < 0$
n(人数)	$\frac{\partial c^*}{\partial n} = -\frac{tv(m-p)}{(f+nv)^2} < 0$	$\eta_n = -\frac{nv}{f+nv} < 0$
v(时间价值)	$\frac{\partial c^*}{\partial v} = -\frac{nt(m-p)}{(f+nv)^2} < 0$	$\eta_v = -\frac{nv}{f+nv} < 0$

注释：
开车人愿意为路边车位花费的时长 (c^*) 为

$$c^* = \frac{t(m-p)}{f+nv}$$

c^* 对变量 i 的弹性 (η_i) 为

$$\eta_i = \frac{\partial c^*/\partial i}{c^*/i}$$

第三列显示 c^* 对每个变量的弹性。弹性系数用 η(希腊字母 eta) 表示。这些弹性显示每个变量的微小变化如何增加或减少司机愿意巡游的时间。有下面五项引人注目的结论。

第一，搜索时间对路边停车价格的弹性仅取决于路边停车和路外停车的价格。图 13-3 显示了这种弹性，考虑到上述其他变量的值如前文假设的那样。[17] 当路边停车价格便宜时，这种弹性很低，这意味着提高价格——比如将价格从每小时 10 美分增加一倍到 20 美分——对路边停车位的空置几乎没有影响。这一结果可能让一些人得出结论：路边停车位的需求缺乏弹性，提高价格不会产生空位。但随着路边停车的价格接近路外停车的价格，即使是小幅上涨，也能产生路边空位，减少拥堵。路边停车的需求可能完全没有弹性，直到其价格接近路外停车的价格，但在两种价格相等的某一点上，需求突然变得非常有弹性。[18] 因为影响弹性的变量会随着地点及一天中的时间而有所不同，我们甚至无法估计某个地点路边停车需求的价格弹性，更不用说所有的位置了。如果需求是有弹性的，价格小幅上涨可以减少路边的拥堵，而不会产生太多的收入。但是，如果需求缺乏弹性，那么为减少路边拥堵让价格上涨将产生可观的收入。

第二，当路边停车免费时，搜索时间对路外停车价格的弹性是 +1。因此，将路外停车价格降低 10%，就能减少人们愿意巡游时间的 10%。

第三，搜索时间对停车时长的弹性为 +1。停车时间越长，巡游时间就越长。例如，在其他条件相同的情况下，一名司机想停车的时间是另一名司机的两倍，那么他就愿意花上两倍的时间去寻找路边停车位。路边停车最适合于短暂出行和高周转率，但想要长时间停车的司机有更强的激励去寻找路边停车位。

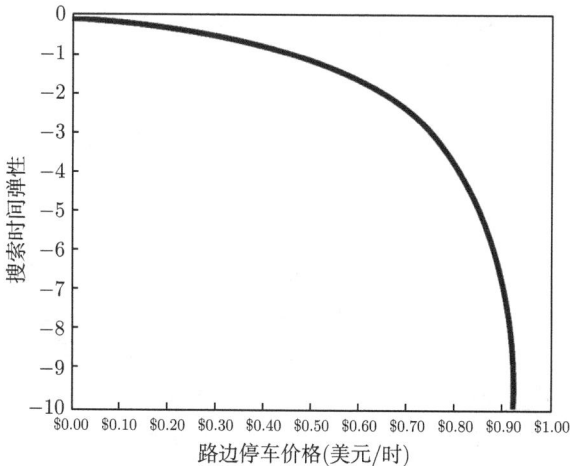

图 13-3　搜索时间的路边停车弹性

第四，搜索时间对燃料成本的弹性取决于燃料成本、车内人数和时间价值。如果燃料成本远低于时间价值，燃料成本的增加对巡游意愿影响不大。如果巡游的燃料成本为每小时 1 美元，而时间价值为每小时 9 美元，那么单驾司机巡游对燃

料价格的弹性仅为 −0.1。因此，将汽油价格提高 10%，司机愿意巡游的时间只减少 1%。例如，如果当汽油价格为每加仑 1 美元时，你愿意花 6 分钟寻找路边停车位，那么当汽油价格提高到每加仑 1.10 美元，你愿意搜索的时间只会减少 4 秒。

最后，搜索时间的弹性对于车内人数和他们的时间价值是相同的。因此，车里的人越多以及他们的时间价值越高，对巡游意愿的影响也就越大。一位每小时价值 8 美元的单驾司机以及四人拼车、每人每小时价值 2 美元，在其他条件相同的情况下，他们都愿意花上相同的时间巡游，因此价格低廉的路边停车主要吸引了单驾司机。

一 个 算 例

如果我们做一些简化的假设，可以用一个数值例子说明路边停车价格如何影响交通系统。考虑一个稳态均衡状态，其中想要在路边停车的司机数量及停车的时间长度取决于路边停车的价格。当价格为每小时 1 美元时，供需完全平衡：所有车位都被占用，当一辆停靠的车辆离开路边停车位时，另一辆车刚好到达。当价格低于每小时 1 美元时，路边停车位数量不足，而价格较高时，就会有车位闲置。[19]

为了保持计算的简单，考虑一个有 100 个路边停车位的区域。表 13-4 中的第 1 列和第 2 列显示路边停车价格是如何影响路边停车位需求量；当价格为每小时 1 美元时，100 名司机想在路边停车，因此需求正好等于供给，占用率为 100%（第 4 列）。[20] 那么，当价格为每小时 1 美元时，所有路边停车位均被占用，当有人到达时，恰好总有人正在离开，所以不需要巡游。然而，如果价格低于每小时 1 美元，过剩的需求就会导致巡游。例如，当价格为每小时 70 美分时，111 位司机想在路边停车；由于只有 100 个停车位，11 辆汽车在等待路边空位出现时必须巡游（第 5 列）。[21]

停车价格不仅影响到想在路边停车的司机数量，还会影响他们在找到停车位后要停多久。第 6 列显示平均停车时长作为价格的函数；例如，当价格为每小时 1 美元时，停车时长为 60 分钟，而当价格为每小时 70 美分时，停车时长上升到 67 分钟。[22] 因此，便宜的路边停车增加了路边停车位的需求量，降低了周转率（它是平均停车时长的倒数）；按每小时 1 美元价格计算，周转率为每车位每小时一辆车，但价格为每小时 70 美分时，它下降到每小时 0.9 辆车（第 7 列）。周转率为新到达的汽车提供了路边停车的机会，因此，路边停车价格过低有两个不良影响：它增加了想在路边停车的司机数量，减少了一个小时内出现的空车位数量。

通过增加巡游汽车数量和降低周转率，低价的路边停车增加了每个车位的平均搜索时间。当价格为每小时 70 美分时，每个车位的周转率为每小时 0.9 辆车；

表 13-4 巡游作为路边停车价格的函数

路边停车需求与供给			占用率	巡游数量	停车时间	周转率	每小时空位	下一分钟停车概率	平均巡游时间	停车收入	巡游流量	过境流量	交通中巡游占比	巡游车辆行驶里程
价格	需求	供给												
$/时	停车小时数/时	停车小时数/时	%	车数	分钟	车数/时	车位/时	%	分钟	$/时	车数/时	车数/时	%	程/时
(1)	(2)	(3)	(4)=(2)/(3)	(5)=(2)-(3)	(6)	(7)=60/(6)	(8)=100×(7)	(9)=(8)/60/(5)	(10)=60×(5)/(8)	(11)=(1)×(3)×(4)	(12)=18×(5)	(13)	(14)	(15)=10×(5)
$0.50	123	100	100%	23	74	0.81	81	6%	17	$50	407	100	80%	231
$0.60	117	100	100%	17	70	0.86	86	9%	12	$60	291	100	74%	166
$0.70	**111**	**100**	**100%**	**11**	**67**	**0.90**	**90**	**13%**	**8**	**$70**	**199**	**100**	**67%**	**113**
$0.80	107	100	100%	7	64	0.94	94	23%	4	$80	122	100	55%	69
$0.90	103	100	100%	3	62	0.97	97	50%	2	$90	57	100	36%	32
$1.00	**100**	**100**	**100%**	**0**	**60**	**1.00**	**100**	**100%**	**0**	**$100**	**0**	**100**	**0%**	**0**
$1.10	97	100	97%	0	58	1.03	103	100%	0	$107	0	100	0%	0
$1.20	95	100	95%	0	57	1.06	106	100%	0	$114	0	100	0%	0
$1.30	92	100	92%	0	55	1.08	108	100%	0	$120	0	100	0%	0
$1.40	90	100	90%	0	54	1.11	111	100%	0	$127	0	100	0%	0
$1.50	89	100	89%	0	53	1.13	113	100%	0	$133	0	100	0%	0

将这个周转率乘以 100 个路边车位，总的停车周转率为每小时 90 个车位 (第 8 列)，即每分钟 1.5 个车位。同样地，在价格为每小时 70 美分时，111 位司机想停在 100 个路边停车位，因此有 11 位司机不得不去巡游。如果把每分钟可用的 1.5 个车位除以 11 辆巡游的汽车，那么一位巡游司机在下一分钟内找到路边车位的概率为 13%(第 9 列)。反过来，可简单算出平均巡游时间是 11 位巡游者除以每分钟可用的 1.5 个停车位，即 8 分钟 (第 10 列)。因此，降低路边停车价格会增加巡游车辆的数量，减少每小时新增的空车位数量，并增加寻找空位所需的平均时间。

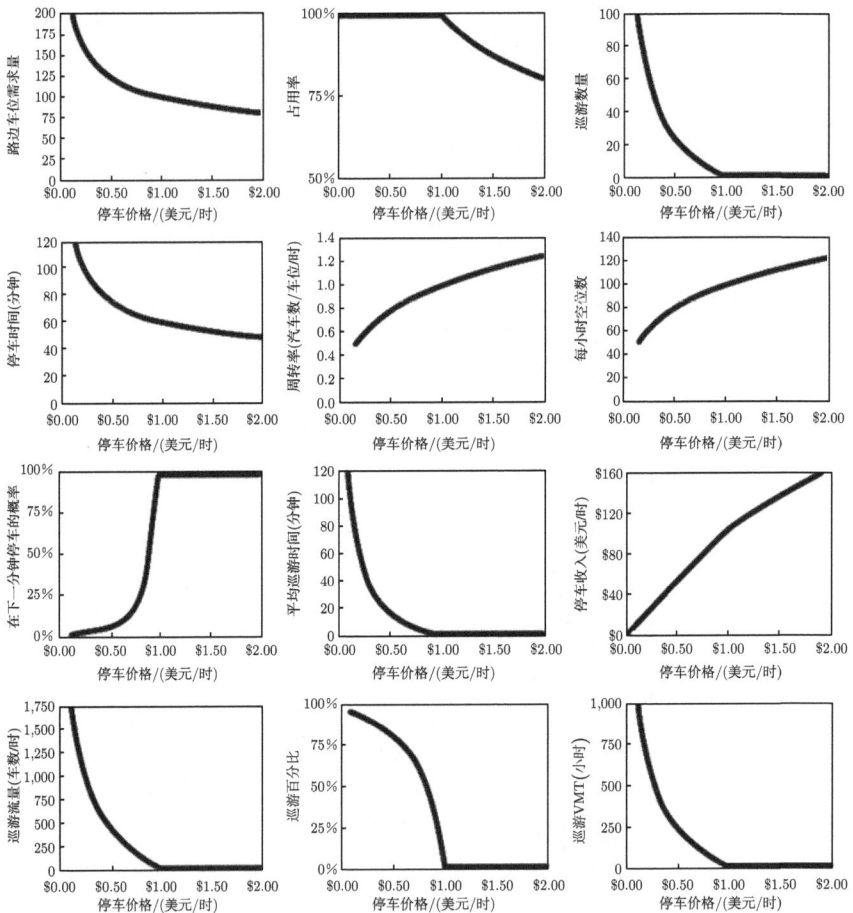

图 13-4　路边停车价格变动结果

把停车价格降低到每小时 1 美元以下，也会减少 100 个路边停车位的收入。以每小时 1 美元的咪表价格计算，收入是每小时 100 美元。然而，降低价格并不能增加停车的数量，因此收入会成比例下降 (第 11 列)。相反，将价格提高到每小时 1 美元以上，并不能成比例地增加收入，因为有些停车位空置，根本没有收入。例如，将价格从每小时 1 美元提高到 1.5 美元，即提高 50%，只会增加 33% 的收入。然而，收入最大化并不一定是路边停车定价的正确目标，因为它可能导致路边停车位为该地区的游客服务——这种宝贵的公共资源未得到充分利用。

第 12、13、14 列显示路边停车价格对巡游交通占比的影响。[23] 如果咪表价格为每小时 70 美分，并且假设每小时有 100 辆车沿着街道行驶，它们不全是为了停车而巡游，那么街道总交通量的 67% 在巡游。最后，第 15 列显示巡游车辆每小时行驶的车英里数 (VMT)。[24] 当咪表价格为每小时 70 美分时，100 个路边停车位的巡游每小时产生 113 VMT，或每个车位略高于每小时 1 VMT。

图 13-4 显示表 13-4 的结果。x 轴上显示的——自变量——为路边停车价格，y 轴为因变量。当价格低于每小时 1 美元时，所有的路边停车位都被占用了，有些汽车还在巡游。把价格提高到每小时 1 美元，所有的路边停车位仍然被占用，而巡游车数量和平均巡游时间在下降。当价格高于每小时 1 美元时，有些车位空置，司机一到就可以停车，而且没有汽车在巡游。虽然这个简单的数值例子假设到达和离开车辆之间存在完美稳态匹配，并且忽略了路边停车需求的随机变化，但它仍能反映路边停车价格如何影响许多重要的交通变量。价格过低的路边停车位会减少周转率，增加寻找路边空位的时间，减少公共收入，增加车辆的巡游里程。相比之下，市场定价的路边停车增加总的公共收入，并消除巡游。

复 杂 情 况

当然，巡游决策远比一个简单的模型复杂得多，我提出五个潜在的复杂因素。第一，节约时间的价值不是一成不变。不同的人对节约时间有不同的看法，即使同一个人在不同的日子、时间和出行中对节约时间的看法也有所不同。甚至对于一次特定的出行，节省时间的价值可能会随着你的巡游而增加，因为寻找路边停车位的时间越长，你到达目的地迟到的可能性就越大。因此，你可能会开车四处转了一段时间，然后绝望了，付钱停在路外停车场。

第二，你事先不知道要花多长时间才能找到路边停车位。在一个正常的排队中，你可以看到前面有多少人，队列移动的速度有多快，因此可以大致估计需要多长时间才能得到服务。但是巡游更像是在一个未知长度的队列中等待，下一个被叫到窗口的人由抽签决定。你可能会在下一分钟找到一个路边车位，也可能需要半小时。因此，找到路边车位所需的时间是一个随机变量，其分布和期望值都是未知的。以前在该地区巡游的经验可能会给你一些预判，但你仍然不知道还有多少其他司机在巡游，或者路边车位周转的频率有多高。尽管如此，巡游时收集到的信息可能会改变你对找到路边车位需要多长时间的猜测。你可能会看到前面的其他车辆似乎也在巡游，这个信息降低了很快找到路边车位的可能性。因此，你可以开着车在周围转一圈，以衡量在合理时间内找到路边空位的概率。[25] 与正常排队相比，巡游是一种风险行为，厌恶风险的司机可能会选择立即支付路外停车费，而不是冒险寻找路边停车位。另一方面，敢于冒险、享受搜寻刺激的司机会增加平均搜索时间和巡游的外部成本。

虽然巡游时获得的信息有助于决定是否值得继续巡游，但花费的时间是沉没成本，不应该影响决策。这个问题类似于耶鲁大学心理学教授罗伯特·斯滕伯格给出的例子——将硬币放进坏了的停车咪表：

> 我们许多人都有过这样不愉快的经历：把硬币投入停车咪表，转动旋钮，发现硬币没有启动咪表。我们是投入更多的硬币，换一个停车位，还是希望不会被罚款？"沉没成本"是我们每个人都会以这样或那样的形式面临的问题。我们进行一些投资；投资结果不太成功，但既然已经投资了，所以我们可能会继续投资，希望最终投资会有回报。但要多长时间才足以决定是时候寻找另一项投资——或停车位呢。[26]

如果一些司机认为花在巡游时间上的沉没成本是继续巡游的理由，他们将增加平均搜索时间来寻找路边停车位。

第三，路边停车和路外停车并不是完美的替代品，司机也不会仅根据价格来决策。如果你没有零钱使用咪表，或者你想停留得比规定的时间长，那么可以把车停在路外停车场，即使那里的费用更高。另一方面，路边停车可能更方便，特别是对于短时停车，或者它似乎比地下车库更安全。威廉·维克里解释说，因为路边停车在大多数情况下比路外停车更方便，因此其价格必须高于相邻的路外停车场，才能创造出路边空位并抑制巡游。[27] 例如，贝弗利山 CBD 的路边停车每小时收费 1 美元，而在市中心停车场提供两个小时免费停车；然而，路边停车位经常被占用，这表明司机非常看好路边停车的便利。斯蒂芬·迪林等人对 1,040 名在密歇根州安阿伯市路外停车的司机进行调查，发现 42% 的受访者更愿意将车停在街道上。[28] 对威尔士加的夫 1,560 名购物者进行的调查中，阿曼达·纳尔逊发现，51% 的女性表示她们在天黑后使用停车楼时感到焦虑，另外 32% 的人说她们在天黑后从未在停车楼里停过车。因此，路边停车位的价格可能必须远远高于附近路外停车场的价格时，才能产生一个可接受的路边车位空置率。路边停车位的市场价格并不是简单地等同于附近路外停车场的价格，而是处于一个能够让占用率达到 85% 的水平。如果女性比男性更喜欢路边停车，那么路边停车的市场价格可能会增加女性司机使用路边车位的比例。

第四，你可能不知道所有地点停车的费用，也不知道要走多远才能到达最终目的地。因此，您可以将车开到目的地，然后开始环顾四周寻找车位，如果停车的货币成本不是很高，则可以直接将车停在目的地，不做任何比较。

最后，除了巡游或付费停车之间的简单选择之外，还有其他选择。你也可以把车停在一个非法的路边停车位，冒着吃罚单的风险。或者，你也可以开车到附近有现成路边停车位的地方，或停在价格较低的路外停车场，然后再走更远的路到目的地。但是，尽管有这样或那样复杂的情况，基本的教训是一样的：如果城市对路边停车收费太低，司机们就会四处巡游。

巡游是理性的吗？

这些计算假设司机停车时的行为是理性的。果真如此吗？当然，经济学家是这样认为的。加里·贝克尔①在诺贝尔奖演讲中提到了一则轶事：

> [我] 当时开车去哥伦比亚大学参加一位经济理论专业学生的口试。我迟到了，不得不迅速决策是把车停在停车场，还是冒着罚款风险把车非法停在路边。我计算了吃罚单的概率、罚金以及把车停在停车场里的成本。我决定值得冒一次风险，把车停在了路边。(我没有吃到罚单)。29

贝克尔因"将微观经济分析领域扩展到人类行为和相互作用的广泛领域，包括非市场行为"获得诺贝尔奖，因此他自己的理性行为应该不会让我们感到惊讶。30

理性行为是经济分析的核心，哲学家卡尔·波珀爵士认为，理性行为也是所有社会科学的核心。31 但波珀补充说，理性并不是普遍规律，他用寻找停车位说明非理性行为：

> 只要观察一位惊慌失措的司机，在找不到停车位的情况下，拼命想把车停好，就可以看出，我们并不总是按照理性原则行事。32

有些司机可能会认为"没有停车位"和"没有免费停车位"情况是相同的。然而，如果一个司机想要在巡游和付费停车之间做出合理的选择，一个简单的模型可以解释这个决定的基本原理。波珀以慌乱的司机寻找停车位为证据，证明我们并非总是理性行事，他总结道："任何模型，无论是物理学还是社会科学领域，一定是过于简单化了。它必须省略很多，也必须过分强调很多。" 33 或者正如阿尔伯特·爱因斯坦所说，"让一切尽可能简单，但不要过于简单。"

---

① 加里·S. 贝克尔 (Gary S. Becker, 1930~2014)，美国著名经济学家，芝加哥经济学派代表人物之一，芝加哥大学教授，1992 年诺贝尔经济学奖得主，被誉为 20 世纪最杰出的经济学家和社会学家之一。

司机们在决定是否巡游时不使用数学模型，但该模型的所有假设都是合理的，其所有预测都是可验证的假设。一个模型虽然不能预测每个人的行为，但它确实表明如果你想在巡游中保持理性该如何行为。你甚至可以参考自己的经验来检验模型的预测。假设你想停在一个免费路边车位，但所有的路边车位都被占用。路外停车每 15 分钟收费 1 美元，价格虽高但车位可以立即提供。如果你急于到达目的地，是否就不太可能去寻找路边停车位？如果你车里还有几位乘客？如果你打算只停一会儿？如果你对这些问题的回答是肯定的，那么这个模型可以正确地预测你的选择。

信息的作用

除了路边停车价格过低外，路外停车场可用车位信息不足也会导致巡游。如果价格不能响应需求，保持几个车位空闲，司机们就必须开车四处寻找停车之处。为了减少对路外停车位的搜索，各城市正在试验停车诱导系统，提醒司机有可用的路外停车位。[34] 德国科隆 STADTINFOLKÖLN(CityInfoCologne) 是最先进的系统之一，它将出行信息发送到个人电脑、车内显示屏以及城市战略要地的可变信息标牌①上。其工作原理如下：

> 独立的停车库配备了"加减"线圈探测器②，记录每个设施空置车位的确切数量。这些数据被传输到中央计算机，并将信息显示在可变信息标牌上。数据分析软件根据某一停车设施的满载率 (基于历史数据) 预测驾驶者到达该设施时的占用状态。当一个车库的可用车位低于某一最低限度时，信息标牌会变为闪烁状态，警告驾驶者所选择的车库车位不足，有可能被拒绝进入。此外，STADTINFOLKÖLN 还计划提供可用的路边收费停车位预测。这些可用的路边收费停车位将采用一周内任何一天和任何时间的收费停车位历史占用数据得出的算法进行预测。路边停车位预测将与停车场数据结合起来，提供科隆市中心任何时间停车位的综合状况。[35]

如果一个城市能从历史数据预测出路边停车位的占用率，那么它也可以预测在过度占用时提高收费标准，在占用率不足时降低收费标准。调整价格以保持路边车位的可用性，远比广播警告经常性的短缺要简单得多。

更好的信息总是很有价值的，但对可用停车位信息的需求一定程度上源于扭曲的价格。如果停车错误定价在某些地方造成短缺，而其他地方造成过剩，城市

---

① 原文为 variable message signs。(译者注)

② 原文为 "add-and-subtract" loop detectors。(译者注)

可以提供有关这些短缺和过剩的更好信息帮助司机找到空位，但对停车诱导系统效果的研究很少提及停车价格。[36] 一种可替代的方法是在每个地点收取合适的停车价格，这样停车场就不需要挂出"停满"标志，而且，如果人们愿意支付公平的市场价格，每个人都可以在任何地方停车。

为了解决长期停车短缺的问题，欧盟正在发起一项基于互联网的停车系统 (称为 e-PARKING) 测试，该系统可以让司机们预定停车位。在预定车位时，司机会得到一个进入代码，允许停车库在车辆到达时识别司机身份，然后司机"只需按一下手机按钮"就可以进入车库。[37] 欧盟电子停车 e-PARKING 计划显示政府为解决这个问题所做的荒谬 (而昂贵) 的努力，如果城市仅仅是对停车位收取市场价格，这个问题就会消失。

对停车收取合适的价格并提供价格的地理信息，有助于司机找到最适合的价格和地点组合。目前为司机提供数字地图和语音导航的车载导航系统，最终可能会为司机提供目的地路边和路外停车价格模式的实时信息。如果你输入想停车的时间以及对减少步行至目的地时间的重视程度，导航系统最终可能会告诉你确切的停车地点。

如果必须在更好的价格和更好的信息之间做出选择来解决停车问题，我会选择更好的价格。两者加在一起总比单独一个好，但忽视价格改革，转而利用先进技术传播由价格扭曲产生的短缺和过剩信息却是错误的。试想，苏联是否应该通过开发复杂而昂贵的技术，发布所有购买产品排队长度的实时信息，来应对所有产品由价格引起的短缺问题？市场价格包含大量有关供求波动信息，而这些价格是向司机传递信息的简单方式。需求响应式停车价格可以让空置的停车位随处可见，而停车诱导系统可以为司机提供不同地点和价格的建议。

结论：一份巡游邀请

在路边停车收费过低、车满为患的地方，一些司机会寻找路边停车位，而不是花钱把车停在路外停车场。本章介绍了司机如何决定巡游还是付费的模型。该模型预测，对路边停车位收取市场价格——至少等于附近的路外停车价格——会消除巡游的经济激励。因此，在制定路边停车的价格时，政府在很大程度上决定司机是否会巡游。巡游只是司机个人对政府定价政策的反应。路边停车收费过低是一种不正当的公共补贴，因为它鼓励司机做一些伤害他人的事情，甚至可能不会让司机自己受益。然后政府必须通过增加开支来解决巡游造成的交通堵塞和污染问题，想要补偿损失，反而损失得更多。为路边停车确定合适的价格，几乎会使每个人受益。

第 13 章注释

1. 对于这个模型，我假设，如果在路边和路外停车两种情况下，停车价格和找到车位所需的时间是相同的，那么你选择路边还是路外停车是无差异的。我还假设，你在两种情况下只按分钟付费。实际上，如果你想停车的地方恰好有空位，路边停车通常会更方便。路边停车通常也以较小的时间增量 (如 6 分钟或 10 分钟) 提供服务，而路外停车场则以较大的时间增量 (如 20 分钟或 30 分钟) 提供服务。

2. 我假设，你事先知道要停多长时间，并且只需支付确切的停车时间。停车费是你停车分钟数的线性函数，但没有预先承诺你停车的时间。第 15 章介绍的停车咪表允许你为停车的确切时间付费，并在停车之后确定收费。

3. 如果汽油价格为每加仑 1 美元，而你的车每加仑汽油行驶 20 英里，那么巡游成本是每英里 5 美分。如果你以每小时 20 英里速度巡游，巡游的燃料成本是每小时 1 美元。

4. 花在巡游上的时间成本，v，对车内的人而言可能不同。如果每个人时间价值的权重相同，我们可以把 v 解释为他们的平均时间价值。

5. 这里忽略从停车场步行至最终目的地的时间，而第 18 章给出包含停车和步行的模型。

6. Goodwin(1997，2)。Goodwin 说的是一般的交通拥堵，而没有特别关注停车巡游。

7. Smolensky、Tideman 和 Nichols(1972，95) 认为："排队可以看作以时间衡量的价格，而时间价格和货币价格一样，根据消费者的偏好、收入和机会成本确定。"Arnott、Rave 和 Schöb(在即将发表的论文中) 解释道，路边停车的广义价格是巡游的时间成本加上停车费，并且认为，由于时间成本减少等于停车费增加，因此提高停车费并不意味着改变广义停车价格的均衡。

8. 给《每日布鲁因报》的信，2001 年 8 月 20 日。位于乡村地区的大学，巡游停车也是一个问题。以该报报道的得克萨斯州奥德萨市得州大学帕米亚盆地分校 (University of Texas of the Permian Basin) 学生人数不断增长所造成的停车问题为例："这种增长导致学生们为避免上课高峰期，不得不把车停在离教室和演讲厅更远的地方，比如英语专业大四学生温蒂·奎洛德兰。奎洛德兰说，有一天她开车在校园里转了 40 多分钟找车位，因此她放弃了一门原本可以达到学位最后要求之一的课程。奎洛德兰说：'你整个上午都在兜圈子。'"(得州大学帕米亚盆地分校租用穿梭巴士以缓解拥挤的停车，《奥德萨美国人报》，2003 年 9 月 9 日)。

9. 这些城市是一些随机选择的地区样本，我和研究助理访问这些城市并收集数据。然而，样本显示，在许多大城市和小城市，路边停车可能比路外停车便宜很多。选择市政厅是因为它是每个人都认识的标准参考点。

10. 波士顿交通部 (Boston Transportation Department，2001)。波士顿空气污染控制委员会 (Boston Air Pollution Control Commission) 负责管理波士顿市区 (市中心) 的 "停车位冻结" ("parking freeze") 计划。向公众开放的停车位数量冻结在 1975 年水平，但波士顿空气污染控制委员会可以对一栋建筑内的员工、客人或顾客专用的私人路外停车位签发豁免许可。住宅区停车场没有上限。1977—1997 年间，路外停车位的供应总量仅增加了 9%，1997 年，波士顿市区共有 35,500 个公共停车位，占 59,100 个路外停车位的 60%。在东波士顿、南波士顿、洛根机场 (Logan Airport) 采取另外的停车位数量冻结方案。俄勒冈州波特兰市在 CBD——也有类似的限制——称为停车上盖 (parking lid)。1995 年，它被每千平方英尺净可租赁面积 0.7 个停车位的标准取代，部分原因是没有停车位的历史建筑正在失去附近的地面停车场，而且越来越难出租 (Portland TriMet, 2002, 3-9)。

11. Colliers International(2003，28-29)。波士顿 CBD 非预约保留的停车位最高价格为每月 600 美元，最低价格为每月 285 美元。

12. Thomson(1977，63-64)。

13. Krueger(1974，291)。克鲁格还解释说，大多数人并不认为自己在租金竞争中是寻租者。类似地，H. Scott Gordon(1954，135) 说："作为公共财产的自然资源，对个人而言是免费的，但对社会而言却是稀缺的。在不受管制的私人开采下，它们不可能产生租金；这只能通过将其变为私有财产或者公共 (政府) 财产的方法实现，在任何一种情况下都必须服从统一的指导权。"

14. Frech 和 Lee(1987，98) 指出："当商品隐含成本 (按排队所花的时间加上显性的货币价格计算) 等于将需求量减少到供给量所需的价格时，排队将处于平衡状态。"类似地，Gordon(1954，132) 说："[渔业] 能够产生的租金因捕捞劳动的分配不当而消散。这就是为什么渔民并不富裕的原因，尽管事实上，海洋的渔业资源是人类最丰富和最坚不可摧的。总的来说，唯一致富的渔夫是那些幸运儿，或者渔业被置于一种社会控制下，将开放资源变成拥有产权的渔业生产者。"Tollison(1982,76) 认为："从社会角度看,花在执行交易过程中的资源被浪费掉了。这些支出不会增加社会产品 (充其量是零和)，它们的机会成本构成了社会的生产损失。"在关于自由进入和寻租的文章中，Higgins、Shughart 和 Tollison(1988，128) 得出结论，"在一个奖励是基于'努力'的市场中，进入费是不可退还的，而且参赛者是风险中性的……租金完全消散。"

15. 正如交通顾问 Herbert Levinson(1982，217) 所说，"路边停车比相邻的路外停车场更昂贵是至关重要的。"

16. 如果司机更喜欢路边停车而不是路外停车，路边停车的价格必须高于路外停车的价格，以产生路边空车位，并抑制巡游。

17. 路外停车的价格是每小时 1 美元 ($m = 1$)。你想停一小时 ($t = 1$)。巡游的燃料成本是每小时 1 美元 ($f = 1$)。你独自一人在车里 ($n = 1$)。你的时间价值是每小时 9 美元 ($v = 9$)。

18. 例如，当路边停车的价格为每小时 25 美分，路外停车的价格为每小时 1 美元时，$\eta_p = -0.25/(1-0.25) = -0.33$；因此，将价格提高 10%，司机愿意巡游的时间仅减少 3.3%。但当路边停车价格为每小时 75 美分时，$\eta_p = -0.75/(10.75) = -3$；因此，将价格提高 10%，司机愿意巡游的时间减少 30%。然而，即使如此大幅度缩短搜索时间，也可能不会产生许多路边空位。如果路边停车比路外停车便宜，提高路边停车价格的主要效果是减少巡游，而不是产生路边空位，因为司机们会继续占用任何可用的路边车位。

19. 路边停车到达和离开的随机性意味着需要一个空位作为缓冲，这样司机通常能在目的地附近找到停车的地方。由于路边停车的人到达比离开的多，空置率将下降，相反，离开比到达的多，空置率则会上升，但存在几个空位将允许大多数司机到达后尽快停车。在一个完美的刀刃平衡 (knife-edge balance) 中，在一辆停泊的汽车离开时，恰好一辆新到达的汽车停在路边。

20. 假定路边停车价格和需求量之间的关系为 $q = 100p^{-0.3}$，路边停车需求的价格弹性为 -0.3。

21. 当咪表价格低于每小时 1 美元时，巡游的时间成本是路边停车货币价格的附加费，而这一时间成本会限制路边停车需求。为了简单起见，我在计算想要在路边停车的司机人数时忽略这个时间成本。实际上，当计价器价格低于每小时 1 美元时，巡游的时间成本将限制巡游者数量，第 5 列夸大了巡游车数量。

22. 假设路边停车价格与停车时间的关系为 $d = 60p^{-0.3}$，停车时间对价格的弹性为 -0.3。

23. 如果每 100 延尺有三个路边停车位，那么 100 个停车位的路边长度是3,000 英尺 (0.57 英里)，而一辆以每小时 10 英里速度巡游的汽车，每小时可以沿路边行驶 18 趟。一个小时内绕着街区行驶的车辆总数是第 5 列中巡游车数量的18 倍。

24. 一小时内巡游的总 VMT 为巡游车数量 (第 5 列) 乘以它们每小时 10 英

里的平均速度。

25. Thompson 和 Richardson(1998) 建立了一个停车搜索行为模型，解释司机们如何对路外停车设施进行选择。他们将停车选择看作是一个搜索过程，在这个过程中司机根据经验获得的最新知识做出一系列相关决策。令人惊讶的是，他们的模型表明长期的经验并不一定会带来更好的停车选择。

26. Sternberg(2001，190)。

27. Vickrey(1954，64)。类似地，Topp(1993，85) 认为："最方便的停车位是路内停车位，那里的停车费通常也比车库里的停车费低。这些停车位——甚至是非法停车位——产生的搜索流量和等候车辆都比车库车位多。"

28. Deering 等 (1998，15)。

29. Becker(1993，389)。

30. 在线查看诺贝尔电子博物馆 (Nobel e-Museum)：www.nobel.se/economics /laureates /index.html.

31. Popper(1985，359) 坚持认为，要模拟一种社会状况，我们只需要"假定所涉及的各类人或代理人的行为是充分或者适当的；也就是说，与当时的情况一致"(楷体字来自原文)。

32. Popper(1985，361)。

33. Popper(1985，361)。在过度简化下，我忽视巡游决策其实属于一个更大的决策，即出行决策的一部分。Richard Arnott 和 John Rowse(1999, 98-99) 开发了一个停车模型，把巡游纳入出行决策中："我们的基本模型如下。这座城市位于一个圆的外围，在空间上是对称的。每单位距离有一定数量的停车位。停车需求来源于出行需求。出行机会根据一个外生、随机、时间不变的过程产生。如果一个特定的人出行到特定的地点，并在那里停留一段特定的时间，那么这次出行机会将给她带来好处。她坐在家里等待出行的机会，当得到一个机会后决定是否接受它？如果接受了，她会采取什么交通方式？如果打算开车，她会决定在离目的地多远的地方开始巡游找停车位？然后使用第一个可用的停车位，并步行至目的地。"虽然 Arnott 和 Rowse 确实将巡游嵌入是否出行的更大决策中，但他们并不认为路边停车和路外停车的价格差异是巡游的激励，而这是我分析的重点。

34. Khattak 和 Polak(1993) 解释停车信息如何影响司机的行为。

35. "科隆智能停车管理系统"(Cologne's Intelligent Parking Management System)，《创新简报》(*Innovation Briefs*)，第 13 卷，第 3 期，2002 年 5 月/ 6 月。在线信息参见网址 www.innobriefs.com/。

36. 例如，参见 Hester、Fisher 和 Collura(2002) 关于路外停车的内容以及 Basu 和 Little(2002) 关于路边停车的内容。

37. 参见《国际智能交通系统》(*ITS International*) 中的"缩短搜索时间"

(Cutting the Search Time)，2002 年 1 月/ 2 月，第 8 卷，第 1 期，第 65 页。
欧洲公路联合会 (European Road Federation) "电子停车 (E-PARKING)" 项目
描述可在线查阅 www.erf.be/projects/pr_eparking.htm.。在新加坡，城市电子道
路收费系统现已扩展到停车库。司机进出车库的信息通过电子方式记录下来，费
用从汽车信用卡余额扣除，就像在路上付通行费一样，司机进出车库不需要停车
(Fabian，2003，10)。